21世纪高等职业教育精品教材 · 金融类

国际金融实务

（第三版）

李军燕 主 编 | 楼映江 副主编

GUOJI JINRONG SHIWU

东北财经大学出版社 Dongbei University of Finance & Economics Press | 大连

图书在版编目（CIP）数据

国际金融实务 / 李军燕主编．—3 版．—大连：东北财经大学出版社，2021.9

（21 世纪高等职业教育精品教材・金融类）

ISBN 978-7-5654-4254-4

Ⅰ．国… Ⅱ．李… Ⅲ．国际金融-高等职业教育-教材 Ⅳ．F831

中国版本图书馆 CIP 数据核字（2021）第 149172 号

东北财经大学出版社出版

(大连市黑石礁尖山街 217 号 邮政编码 116025)

网 址：http：//www.dufep.cn

读者信箱：dufep@dufe.edu.cn

大连日升彩色印刷有限公司印刷 东北财经大学出版社发行

幅面尺寸：185mm×260mm 字数：408 千字 印张：17.75

2021 年 9 月第 3 版 2021 年 9 月第 1 次印刷

责任编辑：李丽娟 石建华 徐 群 责任校对：吉 扬 刘 佳

封面设计：冀贵收 版式设计：原 皓

定价：42.00 元

教学支持 售后服务 联系电话：(0411) 84710309

如有印装质量问题，请联系营销部：(0411) 84710711

第三版前言

习近平总书记在全国高校思想政治工作会议中强调：所有课堂都有育人功能，不能把思想政治工作只当作思想政治理论课的事。要把做人做事的基本道理、把社会主义核心价值观的要求、把实现民族复兴的理想和责任融入各类课程教学之中，使各类课程与思想政治理论课同向同行，形成协同效应。因此，高职教育应当深度挖掘、仔细梳理专业课程中的思政元素，使其与专业课程教学有机融合，对学生进行潜移默化的思政影响。

国际金融的总体思政元素是：全球经济治理重点要共同构建公正高效的全球金融治理格局，维护世界经济稳定大局。在当前世界经济发展不平衡态势加剧、国际金融风险有增无减的背景下，“要稳步推进国际经济金融体系改革，完善全球金融治理机制，为世界经济健康稳定增长提供保障”。要领悟和践行习近平这一金融思想的核心要义，将其有机融入国际金融学科教学及国际金融教材建设中。

国际金融是一门覆盖面很广的学科，而且与现实的经济活动密切相关，具有很强的实务性和可操作性。它研究的是国际货币关系、国际金融活动及运行规律、国际金融交易及相关业务，并以此探讨国与国之间的经济与金融关系。国际金融既包括国际货币体系、国际收支、外汇与汇率、国际储备、国际金融市场、国际金融机构、国际资本流动等国际金融要素的基本内涵和历史沿革，也包括外汇管制、国际收支统计、国际储备管理、外汇交易、外汇风险防范、国际融资途径、外债管理等国际金融实务的基本运作和现实创新。国际金融教学涉及所有不断发展变化的国与国之间金融关系的理论与实践。

《国际金融实务》教材历经多年高等职业教育教学实践检验，在国际金融专业教育和国际金融通识教育中发挥了一定的作用。本次修订继续保持原有版次全面、系统、严谨、精练、反映现实的风格，在基本框架和主体要素不变的前提下，力求及时反映世界经济和金融的最新内容和最新变化，同时引入了国际金融教学的思政元素。本教材内容丰富，体系完整，形式活泼。通过“学习目标”勾勒出各章的知识要点；通过以二维码形式表现的“本章专栏”深入解读重要的国际金融现象；通过“知识链接”栏目延伸知识体系；通过“焦点关注”及时跟进我国涉外金融的最新动态；通过“关键术语”“问答和思考题”“实务操作题”等各种形式对相关知识进行总结、运用和检测，深入浅出、通俗易懂地介绍国际金融的基本概念和要素，讲解国际金融的基本业务。

本教材适合高等职业教育金融学专业学生，以及其他经济类和管理类专业学生使用，也可作为普通的金融知识读本，使读者了解国际金融的一般知识，掌握国际金融业务的基本操作。

本教材由李军燕任主编，楼昳江任副主编。本次修订由李军燕组织并负责统稿。具体修订分工为：李军燕负责第一、二、三、四、五、六、七、八、九章的修订；楼映江负责第十章的修订。

由于作者水平有限，书中可能有不当与疏漏之处，恳请读者和同行专家批评指正。

编者

2021 年 5 月

第一版前言

随着各国经济开放度的不断提高和世界经济一体化的不断推进，国际金融现象与人们的经济活动之间的联系日益紧密。从我国的情况来看，对外贸易条件的改变和贸易顺差的增减、人民币汇率形成机制的改革、热钱涌动和资本项目的开放、人民币自由兑换及人民币国际化的进程等诸多问题正影响着我国的对外交往。

国际金融是一门覆盖面很广的学科，而且与现实的经济活动密切相关，具有很强的实务性、可操作性。它研究的是国际货币关系、国际金融活动及运行规律、国际金融交易及相关业务，并以此探讨国与国之间的经济与金融关系。国际金融既包括国际货币体系、国际收支、外汇与汇率、国际储备、国际金融市场、国际金融机构、国际资本流动等国际金融要素的基本内涵和历史沿革，也包括外汇管制、国际收支统计、国际储备管理、外汇交易、外汇风险防范、国际融资途径、外债管理等国际金融实务的基本运作和现实创新，即涉及所有的、不断发展变化的国与国之间金融关系的理论与实践。

为了体现国际金融实务的特点，同时又为了完整而清晰地反映上述内容，我们在本教材的编写过程中，总结了多位教师关于国际金融丰富的教学与实践经验，依托山西省财政税务专科学校省级精品课程“国际金融”（主持人为本教材主编），并借鉴多种国内外优秀的国际金融著作和教材之所长，力求做到：从案例出发，提出问题，引入概念，设计情境，详尽解读。据此，本教材的独特之处在于：

1.内容丰富，体系完整，形式活泼。首先，通过“本章引言”勾勒出各章的知识要点；其次，通过节前的“案例导入”和“问题提出”激发读者对相关内容的兴趣；再次，通过“本章专栏”深入解读重要的国际金融现象；最后，通过“学习效果评价”“关键术语”“问答和思考题”“案例题”“实训题”等各种形式对相关知识进行总结、运用和检测，深入浅出、通俗易懂地介绍国际金融的基本概念和要素，讲解国际金融的基本业务。

2.密切联系实际，既反映现实业务，又具有一定的前瞻性。本教材无论是描述现象还是诠释问题，都注意收集、选择和应用具有代表性的最新统计资料和信息。如在国际收支平衡表的编制问题上，尽管我国目前依然按照国际货币基金组织《国际收支手册》（以下简称《手册》）第五版的相关要素编制，但必须考虑《手册》第六版针对国际收支平衡表和国际投资头寸表的最新编制要求，以便为将来更新编制方法打下基础。因此，本教材除了介绍仍在使用的《手册》第五版的主要内容外，还介绍了《手册》第六版的基本框架，并解释了国际货币基金组织对国际收支项目的调整及《手册》的演变。

3.运用外汇模拟交易系统软件开展实训教学，强化学生的实际操作技能。通过与深圳市智盛信息技术有限公司合作，本教材提供了金融投资实战平台，在实训部分增加了相关业务模拟实训操作的内容，学生可以进行模拟外汇交易，使学生“身临其境”，增强学生的实际操作能力。

本教材适合高职高专金融学专业学生及其他经济类和管理类专业学生使用，也可作为普通的金融知识读本，使读者了解国际金融的一般知识。

选购本教材的教师还可以免费获得由深圳市智盛信息技术有限公司提供的试用账号（期限为1~3个月），进行相关业务的模拟实训操作及教学活动，详情请咨询电话400-888-9026。

本教材由李军燕任主编，楼昳江任副主编。各章编写分工为：李军燕编写第二章，第三章第一、二、三节和第五章；楼昳江编写第一章，第三章第四节，第四章第一、二节和第六章；孙黎编写第四章第三、四节和第九章；王冬吾编写第七章、第八章和第十章。

由于作者水平有限，书中可能有不当与疏漏之处，恳请读者和同行专家批评指正。

编者

2015年2月

目录

第一章
国际货币体系

【学习目标】

通过本章学习，应该达到以下学习目标：

知识目标：掌握国际货币体系的基本概念、内容及类型；了解国际货币体系的演变过程；掌握国际金本位体系、布雷顿森林体系、牙买加体系的内容及特点；了解欧元的运作机制，理解单一货币的作用和区域货币一体化的特征。

技能目标：能够结合实际分析、评价现行的国际货币体系。

国际货币体系是解决国际支付问题、调节国际资金流动和形成汇率安排的组织框架。国际货币体系是国际货币金融关系稳定的基础。通过本章学习，可以了解在国际范围内开展各种经济活动所处的整体金融环境。

第一节 国际货币体系概述

一、国际货币体系的基本概念

国际货币体系是指国际货币制度、国际金融机构以及由习惯和历史沿革形成的约定俗成的国际货币秩序的总和。其中，国际货币制度是指各国政府为适应国际贸易和国际支付的需要，对货币在国际范围内发挥世界货币职能所作的一系列安排，包括为此所确定的原则、采取的措施和建立的组织机构。

国际货币体系的主要功能是促进国际贸易和国际支付手段的发展，使国际生产与分配的基本经济过程尽可能顺利而有效地运行。一个理想的国际货币体系，可以促成世界各国劳动力的有效分工和充分运用，以达到世界生产总值的极大化，并使全部生产在世界各国之间的分配处于最能被接受的状态。

二、国际货币体系的内容

国际货币体系主要包括以下几个方面的内容：

1.国际收支及其调节

国际收支是各国对外经济活动的系统记录。从世界经济的全局来看，国际收支及其调节是国际货币制度最主要的问题。当一国国际收支出现不平衡时，政府应采取什么方式去弥补这一缺口？若调节机制失灵或不健全，会使整个国际货币体系失去运行的基础。因此，国际货币体系的首要内容就是确定国际收支调节机制，其可以有效地帮助和促进国际收支出现不平衡的国家进行调节，并使各国在国际范围内能公平地承担国际收支调节的责任和负担。

2.汇率及汇率制度

汇率及汇率制度的内容包括：首先，本国货币与其他货币之间的汇率如何确定，如货币比价确定的依据，货币比价波动的界限，货币比价的调整，维持货币比价所采取的措施，对同一货币是否采取多元比价等。其次，各国货币的可兑换性，也就是一国对外支付是否受到限制，一国货币可否自由兑换成支付货币。有时一国对某些项目的国外支付加以限制，对另外一些项目的支付则不加限制，还有的国家对国外一切项目的支付都加以限制。

3.国际储备资产的确定

一国政府应持有何种为世界各国所普遍接受的资产作为储备资产，用以维持国际支付原则和满足国际收支的需要，这不仅取决于各国本身的经济状况，还取决于国际社会的协调或普遍可接受性。在此基础上，整个国际社会需要多少储备资产，新的储备资产如何供应与创造等，都需要有国际性的规则与制度。

4.国际货币活动的协调与管理

国际收支调节、汇率制度、国际储备体系都牵涉不同的国家，而这些国家又都有着不同的社会经济条件和特定的政策目标，所以在国际货币体系中，就产生了国际货币活动的协调与管理问题。国际货币活动的协调与管理通常是通过国际货币机构和组织进行的，具体落实在制定若干各方所共同认可和遵守的规则、惯例和制度上。

在上述四个方面中，国际储备资产的确定，即是以黄金还是不兑现的信用货币为储备资产是最根本的，它决定了整个国际货币体系的性质和运作特点。

三、国际货币体系的类型

根据国际储备资产划分，国际货币体系可分为金本位体系、金汇兑本位体系和信用本位体系。金本位体系，只以黄金作为国际储备资产或国际本位货币；金汇兑本位体系，指同时以黄金和可以直接兑换黄金的货币作为国际储备资产；信用本位体系，也称不兑现的纸币本位体系，指以外汇（如美元或英镑等）作为国际储备资产而与黄金无任何联系。

根据汇率制度划分，国际货币体系可分为固定汇率体系和浮动汇率体系。

根据历史演进及习惯称谓划分，国际货币体系大体可分为国际金本位体系、布雷顿森林体系和牙买加体系。

第二节　国际货币体系的演变

一、国际金本位体系

国际金本位体系是在英国、拉丁货币联盟（含法国、比利时、意大利、瑞士）、荷兰、若干北欧国家及德国和美国实行国内金本位的基础上自发形成的，它盛行于19世纪70年代至1914年第一次世界大战爆发期间，是世界金融历史上第一个具有国际性、统一性、规范性和代表性的国际货币体系。

金本位制是以一定成色及重量的黄金为本位货币的一种货币制度，黄金是货币体系的基础。在国际金本位体系下，黄金充分发挥世界货币的职能，它充当国际支付手段、国际购买手段和作为社会财富的代表，在国与国之间转移。

实行金本位制的国家都对其货币的单位规定了一定的含金量，各国货币以含金量为基础彼此兑换。这样，在各国之间自然形成了一个统一而又松散的国际货币体系，即国际金本位体系。其统一性表现为黄金是最主要的国际储备，其国际支付原则、结算制度是统一的，各国货币都有各自的含金量，因此都必然是固定汇率制。松散性表现为没有一个公共的国际组织的领导与监督，各国自行规定其货币在国际范围内发挥世界货币职能的办法。

由于当时英国在世界经济体系中的突出地位，国际金本位体系实际上是一个以英镑为中心、以黄金为基础的国际货币体系。在金本位体系的全盛时期，黄金是各国最主要的国际储备资产，英镑则是国际最主要的清算手段，黄金与英镑同时成为各国公认的国际储备。英镑之所以与黄金具有同等重要的地位，是由于当时英国具有强大的经济力量，伦敦成为国际金融中心，英国也是国际经济与金融活动的中心，于是形成一种以黄金和英镑为中心的国际金本位体系，也有人称之为英镑汇兑本位体系。

（一）国际金本位体系的类型

各国的金本位制度按其货币与黄金的联系程度，分为金币本位制、金块本位制和金汇兑本位制。

1.金币本位制

最早实行金币本位制的国家是英国。1816年，英国政府颁布了铸币条例，发行金币，规定1盎司黄金为3镑17先令10.5便士，银币则处于辅币地位。1819年，英国政府又颁布条例，要求英格兰银行的银行券在1821年能兑换金条，在1823年能兑换金币，并取消对金币熔化及金条输出的限制。从此，英国实行了真正的金币本位制。19世纪90年代至20世纪初，金币本位制已经被欧美各国普遍采用。

（1）金币本位制的内容和特点。

金币本位制的主要内容是：①用黄金来规定货币所代表的价值，每一货币单位都有法定的含金量，各国货币按其所含黄金重量而有一定的比价；②金币可以自由铸造，任何人都可按本位币的含金量将金块交给国家造币厂铸成金币；③金币是无限法偿的货币，具有无限制的支付手段的权利；④各国的货币储备是黄金，黄金可以自由输出与输入。当时，各国货币可以自由兑换，对外支付没有任何限制，实行自由、多边的结算，黄金是最后的国际结算手段。由此可见，金币本位制具有“三自由”特征：金币自由铸造、自由兑换和黄金自由输出及输入。

金币本位制是一种比较稳定、健全的货币制度。由于金币可以自由铸造，金币的面值与其所含黄金的价值就可保持一致，金币数量就能自发地满足流通中的需要。金币可以自由兑换各种价值符号（金属辅币和银行券），这样就能稳定地代表一定数量的黄金进行流通，从而保持币值的稳定，不致发生通货膨胀。因黄金可在各国之间自由转移，保证了外汇行市的相对稳定，金币本位制下的国际收支存在如英国经济学家休谟所揭示的“价格-铸币流动机制”，可以实现自动调节。

（2）金币本位制的崩溃。

随着主要资本主义国家之间矛盾的发展，破坏国际货币体系稳定性的因素也日益增加。到1913年年底，英、法、美、德、俄五国占有世界黄金存量的2/3，绝大部分黄金为少数强国所占有，这就削弱了其他国家货币制度的基础。一些国家为了准备战争，政府支出急剧增加，于是大量发行银行券，导致银行券兑换黄金越来越困难，这就破坏了自由兑换的原则。在经济危机时，商品输出减少，资金外逃严重，引起黄金大量外流。各国纷纷限制黄金流动，黄金不能在各国间自由转移。由于维持金币本位制的一些必要条件逐渐遭到破坏，国际货币体系的稳定性也就失去了保证。1914年第一次世界大战爆发后，各国停止银行券兑换黄金并禁止黄金输出。战争期间，各国实行自由浮动的汇率制度，汇价波动剧烈，国际货币体系的稳定性已不复存在，于是金币本位制宣告结束。

2.金块本位制和金汇兑本位制

第一次世界大战结束后，各国企图恢复金本位制。但是，经历了一次世界大战，世界经济情况发生了很大的变化。首先，各国的经济实力对比发生了改变。英国的海外资产损失严重，由债权国变为债务国，而美国则大发战争财，变成了债权国。其次，第一次世界大战期间，各国为了筹措军费，实行通货膨胀政策，导致战后各国物价与工资上涨的程度大不相同，因而真正的均衡汇率难以确定。再次，物价普遍上涨，而黄金价格保持原有水平不变，结果使黄金生产数量下降，黄金存量对世界生产与国际贸易的比率低于战前。在这种情形下，金铸币流通的基础已经遭到削弱，原来的金币本位制度难以恢复。1922年在意大利热那亚城召开的世界货币会议决定采用“节约黄金”的原则，实行金块本位制和金汇兑本位制。

热那亚会议之后，美国仍实行金币本位制，英国和法国实行金块本位制，其他欧洲国家均通过间接挂钩的形式实行了金汇兑本位制。

（1）金块本位制的特点包括：①政府停止铸造金币。②市场上没有金币流通，只有代表金币的银行券流通。③银行券不能兑换金币，只能兑换金块，并且有兑现的最低限度。例如，英国以银行券兑换黄金的最低限额为相当于400盎司黄金的银行券，约合1 700英镑，低于限额不予兑换；法国规定银行券兑换黄金的最低限额为21 500法郎，约合423盎司黄金。④黄金仍可自由输出和输入，但由中央银行掌管黄金的输出和输入，禁止私人输出黄金。中央银行保持一定数量的黄金储备，以维持黄金与货币之间的联系。

1929年，全球性的经济危机爆发，英、法、比利时、荷兰、瑞士等国在世界性经济危机袭击下，先后放弃了这项制度。

（2）金汇兑本位制的特点表现为：在金块本位制或金币本位制国家保存外汇，其货币在国内不能兑换黄金，只能兑换与黄金有联系的外汇（英镑、美元），外汇在国外（伦敦、纽约）可以兑换黄金。这实际上是把黄金存于国外，而国内中央银行以外汇作为准备金发行纸币流通。国家禁止黄金自由输出，黄金的输出和输入由中央银行负责办理。这种制度下人们难以直接到国外用外汇去兑换黄金，故称“虚金本位制”，它体现了小国对大国（即“中心国”）的依附关系，通过无限制买卖外汇维持与金块本位国家货币的联系，即“钉住”后者的货币。

由于这种制度的突出特征表现为本国货币“钉住”别国货币，因此，这种货币制度实际上是一种附庸的货币制度。实行这种制度的国家多为殖民地或附属国家。第一次世界大战前的印度、菲律宾、马来西亚、一些拉美国家和地区，以及20世纪20年代的德国、意大利、丹麦、挪威等国家，均实行过这种制度。伴随1929年国际金本位制度的瓦解，金汇兑本位制也不复存在。

这个时期，实行金块本位制和金汇兑本位制度的国家的国际储备中，除黄金外，外汇占有一定的比重，但黄金仍是最后的支付手段，所以仍然属于国际金本位货币体系范畴。但是，国际金本位货币体系的基础已经严重削弱，不如第一次世界大战前的金币本位制了，金块本位制和金汇兑本位制因此也称为不完全或残缺不全的金本位制。1929—1933年世界性经济危机爆发，迫使各国放弃金块本位制和金汇兑本位制，资本主义各国组成了相互对立的货币集团和货币区，国际金本位体系退出了历史舞台。

（二）国际金本位体系的特征

1.黄金执行国际支付手段和国际储备货币的职能

在国际金本位制度下，黄金充分发挥世界货币的职能，充当国际支付手段、国际购买手段和作为社会财富的代表。金币可以自由铸造，银行券可自由兑换成黄金，黄金可以自由输出入。

2.各国货币的汇率由其法定平价决定

在国际金本位制下，各国货币都规定有法定的含金量，各国货币的汇率由其含金量之比即法定平价来决定，所以国际金本位制是严格的固定汇率制度。当然，由于外汇供求关系的变动，外汇市场的实际汇率会围绕法定平价上下波动，但由于金本位制下黄金可以自由输出入，所以汇率的波动幅度始终维持在黄金输送点之间。

3.具有自动调节国际收支的机制

英国经济学家休谟提出“物价与铸币流动机制”，即当一国国际收支不平衡时，会引起黄金的输出入，而黄金的流动又会使该国银行准备金发生变动，银行准备金的变动将引起国内货币数量的变化，从而影响国内物价，物价的变动又会导致进出口变动，最后纠正国际收支的不平衡。

（三）国际金本位体系崩溃的原因

金本位制度在刚开始实行的一段时期，确实给部分西方国家和国际贸易带来了一个“黄金时代”，但随着时间的推移，当黄金产量无法满足日益增长的国际支付需求，当经济危机和世界战争席卷而来时，金本位体系的缺陷就暴露无遗：

（1）黄金生产量的增长幅度远远低于商品生产增长的幅度，黄金不能满足日益扩大的商品流通需要，这就极大地削弱了金铸币流通的基础。

（2）黄金存量在各国的分配不平衡。

（3）第一次世界大战爆发，黄金被参战国集中用于购买军火，并停止自由输出和银行券兑现，从而最终导致金本位制的崩溃。

（四）对国际金本位体系的评价

从总体上看，国际金本位制是一种比较稳定、理想的国际货币制度，对于当时的世界经济发展起到了一定的积极作用，主要表现为：

（1）国际金本位制有效地控制了通货膨胀。在金本位制度下，各国货币都规定了含金量，如果银行券发行量过多，银行便无法保证银行券对黄金的自由兑换，因此有效地控制了通货膨胀。由于黄金生产量低于其他行业的生产量，物价还表现出下降趋势。

（2）国际金本位制保证了汇率的稳定。由于外汇市场的汇率是围绕黄金输送点上下波动，幅度较小，基本上是稳定的，因此汇率的稳定有助于消除国际经济中的不确定因素，促进国际贸易和国际金融的发展。

（3）可以依靠市场机制调节国际收支，政府不需要付出干预行为涉及的各种代价。

二、布雷顿森林体系

（一）布雷顿森林体系的建立

国际金本位体系崩溃后，各国货币竞相贬值，导致激烈的货币战，国际货币金融关系呈现出一片混乱局面。而在20世纪30年代世界经济危机和第二次世界大战后，各国的经济政治实力发生了重大变化，美国登上了资本主义世界盟主地位，美元的国际地位因其国际黄金储备的巨大实力而空前稳固。这就使建立一个以美元为支柱的有利于美国对外经济扩张的国际货币体系成为可能。

1944年7月1日至22日，在美国新罕布什尔州的布雷顿森林召开了由44个国家参加的“联合国货币金融会议”，会议围绕第二次世界大战后国际货币制度的结构和运行等问题展开，并通过了以美国财政部顾问怀特提出的“怀特计划”为基础的《国际货币基金协定》和《国际复兴开发银行协定》，总称《布雷顿森林协定》，建立了布雷顿森林体系。该体系的实质是一种以美元为中心的国际货币体系。在这一体系中，美元与黄金挂钩，各国货币与美元挂钩，美元处于中心地位，起到了世界货币的作用。

以美元为中心的布雷顿森林体系的建立，使国际货币金融关系又有了统一的标准和基础，混乱局面得以稳定。

(二) 布雷顿森林货币体系的主要内容

1.成立国际货币基金组织

建立永久性国际金融机构——国际货币基金组织（IMF），对货币事项进行国际磋商，是布雷顿森林体系的一大特色。《国际货币基金协定》确定了IMF的宗旨：在汇率政策、经常项目的支付和货币的可兑换性等问题上，确定国际性的行为规则，为会员国调整国际收支不平衡提供融通资金，在一定程度上维护国际金融秩序的稳定。

2.实行“双挂钩”制

所谓“双挂钩”制，是指美元与黄金挂钩，其他货币与美元挂钩。“双挂钩”制的设计如图1-1所示。

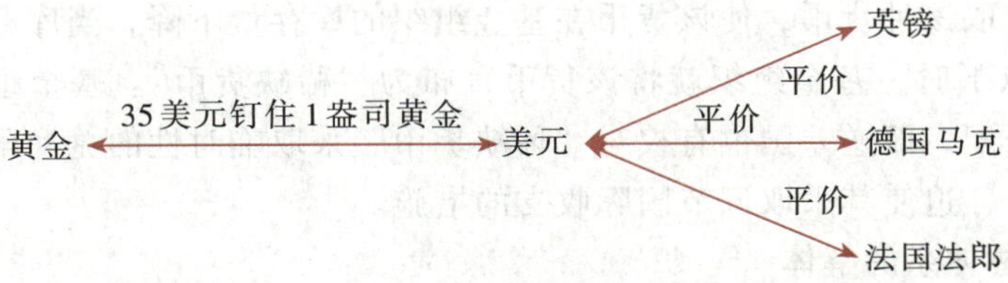

图1-1 “双挂钩”制的设计

美元与黄金挂钩是指：①各国确认1934年1月美国规定的1美元的含金量为0.888671克纯金，35美元换1盎司黄金的黄金官价；②美国准许各国政府或中央银行随时按官价向美国兑换黄金；③其他国家的货币不能兑换黄金。同时，为了黄金官价不受国际金融市场金价的冲击，各国政府需协同美国政府干预市场的金价。

其他货币与美元挂钩是指：各国货币与美元保持固定比价，通过黄金平价决定固定汇率，或者不规定本国货币的含金量，只规定与美元的汇率。例如1946年，1英镑的含金量为3.58134克纯金，1美元的含金量为0.888671克纯金，则英镑与美元的含金量之比为：1英镑=4.03美元（3.58134/0.888671），这便是法定汇率，即黄金平价。因此，布雷顿森林体系实际上是一种国际金汇兑本位制。

3.可调整的固定汇率制

各国按照各自货币含金量与美元含金量比较确定的汇率，意味着各国之间的汇率是固定汇率。平价确定后就不能随意变动。各成员方政府有义务与IMF合作，随时干预外汇市场使本国货币与美元的市场汇率波动幅度保持在平价±1%以内，以维持汇率的稳定。各国不能任意改变其货币的含金量，只有在成员方的国际收支发生根本性不平衡时，才能改变其货币平价。布雷顿森林体系的这种汇率制度被称为“可调整的固定汇率制度”。

4.储备制度

《布雷顿森林协定》（以下简称《协定》）中关于货币平价的规定，使美元处于“等同”黄金的地位。从此，美元就成了国际清算的支付手段和各国的主要储备货币，所以布雷顿森林体系一般称为美元-黄金本位制。实际上在布雷顿森林货币体系中，黄金无论在流通还是在国际储备方面的作用都有所降低，美元则成为这一体系的主角。作为储备货币发行国的美国有两点基本责任：一是美联储保证美元按照官价兑换黄金，维持协定成员方对美元的信心；二是提供足够的美元作为国际清偿手段。

5.国际收支的调节机制

弥补国际收支逆差，向成员方融通弥补逆差所需资金，是国际货币体系顺利运转的必要条件。为此，《协定》规定，设立普通贷款账户，向国际收支发生暂时困难的成员方提供贷款，以弥补逆差，但贷款数量与成员方缴纳的份额是相关的。国际货币基金组织成员方份额的25%以黄金或可兑换成黄金的货币缴纳，其余则以本国货币缴纳。成员方发生国际收支逆差时，可用本国货币向基金组织按规定程序购买（即借贷）一定数额的外汇，并在规定时间内以购回本国货币的方式偿还借款。成员方所认缴的份额越大，得到的贷款也越多。贷款只限于成员方用于弥补国际收支赤字，即用于经常项目的支付。成员方借用普通贷款的累计最高限额为其缴纳份额的125%。

此外，《协定》还规定了顺差国也有调节国际收支的责任，这主要体现在《协定》的“稀缺货币条款”上。当一国国际收支持续保有顺差，则逆差国对顺差国货币需求增加，并向基金组织借取该种货币，使该货币在基金组织的库存量下降，当库存量下降到该成员方份额的75%以下时，基金组织就将该货币宣布为“稀缺货币”。基金组织可按逆差国的需要实行限额分配，而逆差国也有权对“稀缺货币”采取临时性的兑换限制，由此影响顺差国的出口贸易，迫使其采取调节国际收支的措施。

（三）布雷顿森林体系的解体

布雷顿森林体系是以美元为中心的国际货币体系，美元的稳定与否是布雷顿森林体系稳定的关键。第二次世界大战之后，美元经历了从“美元荒”到“美元灾”和“美元危机”的过程，布雷顿森林体系是在美元危机的频繁爆发中走向解体的。

第二次世界大战结束初期，欧洲各国资金短缺、物资匮乏，而美国的经济实力在第二次世界大战期间却大大提高。各国急需从美国进口商品，但购买美国商品必须用美元或黄金支付，而各国黄金数量有限，无力向美国出口换取美元，这使美国国际收支大量盈余，其他国家大量需求美元，引起国际市场上美元供不应求，美元汇率上涨。到1949年，美国黄金储备高达245亿美元，占当时整个资本主义世界黄金储备总额的73.4%，而世界其他国家则发生了“美元荒”。

在20世纪50年代中期以后，由于西欧经济的恢复和日本经济的起飞，美国对外贸易面临严峻的挑战，各国经济实力对比发生了变化，美国经济实力相对减弱。1950年以后，除个别年度略有顺差外，其余各年度都是逆差，并且逆差有逐年增加的趋势。至1971年，仅上半年，逆差就高达83亿美元。美国国际收支逐渐恶化的主要原因是：①从1948年开始，美国执行“马歇尔计划”，对外提供经济援助，大量美元流入西欧各国，使西欧国家经济得以恢复和发展，其商品流入国际市场，获得了较多的黄金和美元。②自1950年起，美国推行对外扩张政策，军费开支大增，大量美元流出国境，国际收支出现逆差。③美国的低利率政策促使国内资金外流，美国逆差不断扩大。这样在20世纪60年代以后一些国家原来普遍存在的美元不足现象变成了美元大量过剩，美元不断贬值，形成“美元灾”。随着国际收支逆差的逐步增加，美国的黄金储备也日益减少。

其他国家为了避免汇率风险，不愿在国际支付中接受美元，美元地位极度虚弱，经常成为被抛售的对象。“美元危机”是指国际金融市场上人们大量抛售美元，引起黄金价格上涨、美元汇率急剧下跌的现象。

自20世纪60年代到70年代发生了多次“美元危机”，并最终导致布雷顿森林体系的崩溃。

（1）第一次美元危机发生在1960年10月。伦敦黄金市场价格猛涨到41.5美元/盎司，超过官价20%，美元大幅贬值，美元作为布雷顿森林体系所规定的储备货币第一次显示出信任危机。

为了减缓美元危机，维持布雷顿森林体系的运作，美国和IMF采取了以下一系列的措施：

①建立黄金总库。美元危机所引起的国际金融市场抢购黄金风潮，使得金价不断上涨。为维持黄金官价，美国联合英国、瑞士、法国、联邦德国、意大利、荷兰、比利时七国于1961年10月建立了黄金总库，各国按一定的比例共拿出2.7亿美元的黄金，指定英格兰银行为总库的代理机构，按市场规则运作，维持黄金市场价格的稳定。

②借款总安排。由于国际收支恶化，美国需要借用联邦德国马克、法国法郎等货币，以平衡国际收支、稳定美元汇率，但在国际货币基金组织的基金中，美国所占份额较多，西欧国家所占份额较小，因而不能满足美国对这些货币的需求。于是在美国倡议下，IMF于1961年11月在巴黎召开会议，由黄金总库的八国加上加拿大和日本共十国，签订了资金达60亿美元的“借款总安排”协议。规定当基金组织缺少西欧等国的货币时，可由基金组织向“借款总安排”的有关国家借入，转贷给需要的会员国，实际上主要是支持美国。参加“借款总安排”的十国也叫“十国集团”。

③货币互换协定，亦称互惠借款协定。在美元汇率趋跌的情况下，美元被大量抛售。为加强对外汇市场的干预，1962年3月，美国分别与14个西方主要国家，主要是“十国集团”国家签订了“货币互换协定”，该协定为双边协定。其主要内容是：两国中央银行应在约定期间内相互交换一定金额的对方货币。在未使用之前，须以定期存款或购买证券的形式存于对方。当约定到期，则根据实行互换时的汇率相互偿还对方货币。

（2）第二次美元危机发生在1968年3月。20世纪60年代中期，随着美国对越战争的扩大，其国际收支进一步恶化。1968年3月爆发了空前的第二次抛售美元、抢购黄金的浪潮。在半个月中，美国黄金储备流失14亿多美元。黄金总库已无力平息抢购黄金的风潮。因而3月15日解散黄金总库，实行“黄金双价制”，即只允许各国中央银行按官价用美元向美国兑换黄金，至于黄金市场的价格则任由供求关系决定，各国政府不再维持35美元1盎司的黄金官价。

为了缓和美元危机，早在1965年美国就在IMF提出创设特别提款权的方案，其目的是要进一步扩大基金组织的贷款能力，从而能够利用这种“纸黄金”来弥补国际收支赤字，减少美元外流，并逐步用特别提款权来代替黄金作为国际储备，为以后建立一种既能脱离黄金又不触动美元特权地位的新的货币体系奠定基础。1969年10月，IMF第24届年会通过了设立特别提款权的决议。

（3）第三次美元危机发生在1971年夏天。由于美国的国际收支进一步恶化，美元大量外流以及不断加剧的通货膨胀，美元汇率不断出现下跌的波动。1970年美元贬值的形势越来越明显。1971年5月到7月，国际金融市场又一次掀起抛售美元、抢购黄金和联邦德国马克等西欧货币的浪潮。面对巨额的国际收支逆差和各国中央银行挤兑黄金的压力，尼克松政府于8月15日宣布实行“新经济政策”，停止履行外国政府或中央银行用美元向美国兑换黄金的义务，不再以每盎司黄金等于35美元的官价兑换黄金。这意味着美元与黄金脱钩，支撑国际货币体系的两大支柱有一根已倒塌。

在国际金融市场极度混乱的情况下，西方“十国集团”于1971年12月达成《史密森协定》，其主要内容是：美元对黄金贬值7.89%，即38美元等于1盎司黄金；一些国家的货币对美元升值，比如日元、联邦德国马克等；扩大汇率波动界限，由平价上下1%扩大到上下2.25%。尽管《史密森协定》勉强维持了布雷顿森林体系的固定汇率制，但美元与黄金可兑换性的终止，等于抽去了其支柱，布雷顿森林体系的核心已经瓦解。

（4）取消固定汇率制度。1972年下半年，美国国际收支状况继续恶化，人们对美元的信用彻底地失去了信心，国际金融市场上再次爆发了美元危机。美国政府于1973年2月被迫宣布第二次世界大战后美元第二次贬值，美元对黄金贬值10%，即黄金官价由每盎司38美元再提高到42.22美元。但美元的再度贬值仍未能制止美元危机，伦敦黄金价格一度涨到每盎司96美元，联邦德国和日本的外汇市场被迫关闭达17天之久。在这种情况下，西方国家经过磋商达成协议：取消本币对美元的固定比价，宣布实行浮动汇率制。

1973年3月16日，欧洲共同市场9国在巴黎举行会议并达成协议，联邦德国、法国等国家对美元实行“联合浮动”，彼此之间实行固定汇率。英国、意大利、爱尔兰实行单独浮动，暂不参加共同浮动。此外，其他主要西方货币也都实行了对美元的浮动汇率。至此，战后支撑国际货币体系的另一支柱，即固定汇率制度完全垮台，同时这也就宣告了布雷顿森林体系的最终解体。

（四）对布雷顿森林体系的评价

1.布雷顿森林体系的作用

布雷顿森林体系是在第二次世界大战中极不平衡的政治经济局势下建立起来的，它反映了各国对国际金融稳定的良好愿望，同时也不可避免地融进了美国谋求金融霸主的意图，从而使美国成了最大受益者。抛开这一点，布雷顿森林体系支撑了20世纪60年代资本主义世界高速增长的“黄金时代”，对全球经济发展起到了一定的积极作用。

第一，在布雷顿森林体系下，相对稳定的汇率制度促进了国际贸易的发展。作为布雷顿森林体系的支柱之一，固定汇率制在很大程度上消除了由于汇率波动而引起的动荡，稳定了主要国家的货币汇率，有利于国际贸易的发展。

第二，促进各国国内经济的发展。在布雷顿森林体系下，为维持固定汇率制，各国必须注重内部均衡，国内经济比较稳定，危机和失业情形较第二次世界大战前有所缓和。

第三，有助于生产和资本的国际化。汇率的相对稳定，避免了国际资本流动中引发的汇率风险，有利于国际资本的输入与输出；为各国间的融资创造了良好环境，有助于金融业和国际金融市场的发展，也为跨国公司的生产国际化创造了良好的条件。

第四，国际货币基金组织和世界银行的活动对世界经济的恢复和发展起到了一定的积极作用。国际货币基金组织提供的短期贷款暂时缓和了第二次世界大战后许多国家的收支危机，协助成员方建立经常性交易的多边支付制度，消除妨碍世界贸易的外汇管制。世界银行提供和组织的长期贷款和投资不同程度地解决了成员方第二次世界大战后恢复和发展经济的资金需要。

2.布雷顿森林体系的缺陷

布雷顿森林体系虽然有助于国际金融市场的稳定，对第二次世界大战后的经济复苏也起到了一定的作用，但是布雷顿森林体系存在着严重的缺陷。

（1）布雷顿森林体系存在无法克服的“特里芬难题”。以美元为中心的国际货币制度能在一个较长的时期内顺利运行，是与美国雄厚的经济实力和充足的黄金储备分不开的。维持布雷顿森林体系的基础必须具备三个基本前提：一是美国国际收支必须保持逆差，提供足够的美元作为国际清偿手段以及稳定美元价值。但若美国国际收支持续性逆差，美元对外价值长期不稳，美元则会丧失其中心地位，危及布雷顿森林体系存在的基础。二是美国必须拥有绝对的黄金储备优势，才能保持美元对黄金的兑换。若美国黄金储备流失过多，储备不足，则难以履行兑换义务，则布雷顿森林体系难以维持。三是黄金价格维持官价水平，才能不使美元比价下降。若美国黄金储备不足，无力进行市场操作和平抑金价，则美元比价就会下降，国际货币制度的基础也就会随之动摇。因而，布雷顿森林体系存在着自身无法克服的内在矛盾，即供给不足则国际清偿手段不足，而美元供给过多又不能保证全部兑换黄金，这将会导致储备货币美元的信用危机。这一内在矛盾使美元处于一种进退两难的状况中。美元的这种两难，是美国经济学家特里芬于20世纪50年代首先预见到的，故又称“特里芬难题”。“特里芬难题”最终导致了20世纪70年代初布雷顿森林体系的崩溃。

（2）美元作为国际主要储备资产享有一种特权地位。美国可以利用美元直接对外投资，操纵国际金融事务，弥补国际收支赤字。这就造成拥有美元储备国家的实际资源向美国转移，这种现象在西方叫作“铸币税”，即货币发行国家通过发行货币可获得一个净收益，因为流通中铸币或纸币的面值和金银条块及其铸造成本之间是有很大差额的，从而美国可以取得巨大的铸币税收益。同时由于各国货币汇率钉住美元，也造成了各国货币对美元的依附关系，使得美国的货币政策对各国经济有着重大影响。

（3）布雷顿森林体系过分强调汇率的稳定，而忽视了国际收支的调节机制。在布雷顿森林体系下，汇率是固定的，各国有义务维持本国货币与美元的平价关系。只有当一国发生严重国际收支不平衡时，征得IMF同意，才能变动法定平价。而判断一国国际收支是否严重失衡亦缺乏统一的标准。事实上各国很少能够变动平价。即使变动平价的要求最终得到批准，失衡的国际收支也早已对该国造成了严重的影响，因此就失去了汇率这一重要经济杠杆对国际收支的调节机制。

（4）布雷顿森林体系所实行的固定汇率制在一定程度上可能造成成员方的通货膨胀。在各国货币对美元的汇率超过“协定”所规定的界限时，各国政府有义务在外汇市场上进行干预活动，以平抑汇价。如果一国发生国际收支顺差，那么汇率升值的压力将迫使官方金融机构大量抛售本国货币，买进美元，促使美元汇率回升。结果这些国家的货币供应量增多，从而加剧世界通货膨胀。另外，在美元过剩的情况下，如果抛售美元，则会引起美元危机，如果保持美元，又将遭受贬值的损失。

（5）国际收支失衡的调节责任不对称。在布雷顿森林体系下，虽然逆差国可能会在压力下降低汇率或者实行紧缩性的货币政策，IMF却无法迫使顺差国提高汇率或者实行扩张性的货币政策，国际收支不平衡的调节落在逆差国一方的肩上。同时，因为美元是国际储备货币，即使美元定值过高也不能降低美元的汇率，即使美国大量的国际收支逆差也不能实行紧缩性的货币政策。如果美国严格按照黄金储备的增加来增加货币供应，则势必造成储备货币的缺乏，制约世界经济和贸易的发展。

三、牙买加体系

布雷顿森林体系崩溃之后，国际金融秩序动荡不安。国际货币基金组织于1972年7月成立了一个专门委员会，具体研究国际货币制度的改革问题，该委员会由11个主要工业国家和9个发展中国家共同组成。委员会于1974年6月提出一份“国际货币体系改革纲要”，对黄金、汇率、储备资产、国际收支调节等问题提出了一些原则性的建议，为以后的货币改革奠定了基础。1976年1月，国际货币基金组织理事会“国际货币制度临时委员会”在牙买加首都金斯敦举行会议，讨论《国际货币基金协定》的条款，经过激烈的争论，签订达成了《牙买加协议》。同年4月，国际货币基金组织理事会又通过了以修改《牙买加协议》为基础的《国际货币基金协定第二次修正案》，并于1978年4月1日起生效。于是，国际货币体系进入了一个新的阶段，逐渐形成了以《牙买加协议》为基础的现行国际货币体系新格局。这一新的国际货币体系被称为牙买加体系。

(一)《牙买加协议》的主要内容

《牙买加协议》涉及汇率制度、黄金问题、扩大IMF对发展中国家的资金融通、增加成员方在IMF的份额等。其主要内容包括以下几个方面：

1.浮动汇率制合法化

《牙买加协议》正式确认了浮动汇率制的合法化，承认固定汇率制与浮动汇率制并存的局面，成员方可自由选择汇率制度。同时，IMF继续对各国货币汇率政策实行严格监督，并协调成员方的经济政策，促进金融稳定，缩小汇率波动范围。协议还规定，实行浮动汇率制的成员方应根据经济条件逐步恢复固定汇率制度，在将来世界经济出现稳定局面以后，经IMF总投票权的85%多数票通过，可以恢复稳定的但可调整的汇率制度。这部分条款是将已经实施多年的有管理的浮动汇率制度予以法律上的认可，但同时又强调了IMF在稳定汇率方面的监督和协调作用。

2.推行黄金非货币化

协议做出了逐步使黄金退出国际货币的决定，并规定：废除黄金条款，取消黄金官价，成员方中央银行可按市价自由进行黄金交易；取消成员方相互之间以及成员方与IMF之间须用黄金清算债权债务的规定；对IMF所持有的黄金应逐步加以处理，其中1/6（2 500万盎司）按市价出售，以其超过官价（每盎司42.22美元）部分作为援助发展中国家的资金。另外1/6按官价由原缴纳的各成员方买回，其余部分约1亿盎司，根据总投票权的85%做出的决定处理，向市场出售或由各成员方购回。

3.增强特别提款权的作用

协议主要提高了特别提款权的国际储备地位，扩大其在IMF一般业务中的使用范围，并适时修订特别提款权的有关条款。协议规定，参加特别提款权账户的国家可以用特别提款权来偿还国际货币基金组织的贷款，使用特别提款权作为偿还债务的担保，也可用特别提款权进行借贷。

4.增加成员方基金份额

成员方的基金份额从原来的292亿特别提款权增加至390亿特别提款权，增幅达

33.6%。

5.扩大信贷额度，以增加对发展中国家的融资

用出售黄金所得收益设立“信托基金”，以优惠条件向最贫穷的发展中国家提供贷款或援助，以解决它们国际收支的困难。

（二）牙买加货币体系的运行特征

1.储备货币多元化

与布雷顿森林体系下国际储备结构单一、美元地位十分突出的情形相比，在牙买加体系下，国际储备呈现多元化局面，美元虽然仍是主导的国际货币，但美元地位明显削弱了，由美元垄断外汇储备的情形不复存在。日元、英镑、德国马克（1999年以后被欧元所取代）等所占的比重不断上升。黄金非货币化，黄金在国际储备中的地位下降。

2.汇率安排多样化

牙买加体系确认了布雷顿森林体系崩溃后浮动汇率制的合法性，继续维持全球多边自由支付原则。在牙买加体系下，浮动汇率制与固定汇率制并存，允许汇率制度安排多样化，并试图在世界范围内逐步用更具弹性的浮动汇率制取代固定汇率制。一般而言，发达工业国家多数采取单独浮动或联合浮动，但有的也采取钉住自选的货币篮子。对发展中国家而言，多数是钉住某种国际货币或货币篮子，单独浮动的很少。不同汇率制度各有优劣，浮动汇率制可以为国内经济政策提供更大的活动空间与独立性，而固定汇率制则减少了本国企业可能面临的汇率风险，方便生产与核算。各国可根据自身的经济实力、开放程度、经济结构等一系列相关因素去权衡得失和利弊。

3.多种渠道调节国际收支

国际收支主要是通过汇率机制、利率机制、资金融通机制等进行调节。其中，汇率机制，简单来说，就是通过汇率的升值或贬值来调节国际收支。利率机制，是通过改变利率水平，影响货币供给量变动、影响相对物价水平来达到影响国际收支的目的。资金融通机制则是一种短期的缓解国际收支问题的对策，在国际收支逆差时，通过国际信贷来平稳国际收支，包括国际货币基金组织的干预和贷款、国际金融市场的媒介作用和商业银行的活动，以及有关国家外汇储备的变动等因素。

（三）对牙买加体系的评价

储备货币、汇率安排和国际收支调节多样化的运行特征使牙买加体系发挥了积极作用。多元化的储备结构摆脱了布雷顿森林体系下各国货币间的僵硬关系，为国际经济提供了多种清偿货币，在较大程度上解决了储备货币供不应求的矛盾；多样化的汇率安排适应了多样化的、不同发展水平的各国经济，为各国维持经济发展与稳定提供了灵活性与独立性，同时有助于保持国内经济政策的连续性与稳定性；而多种渠道的国际收支调节并行，使调节更为有效与及时。

在牙买加体系中，虽然美元的国际本位和国际储备货币地位遭到削弱，但其在国际货币体系中的领导地位和国际储备货币职能仍得以延续，IMF原组织机构和职能也得以存续。这个现存国际货币体系被人们戏称为“无体系的体系”，规则弱化导致重重矛盾：

第一，现行国际货币体系下的储备货币虽然呈多元化趋势，但由于美国的政治经济实力，美元储备地位的削弱并没有动摇美元在国际货币体系中的霸主地位，美元在国际货币体系中仍居领导地位。这也就没能解决布雷顿森林体系下的“特里芬难题”，而人们仍然

称现行体系为美元本位体系。

第二，汇率频繁浮动，加剧了国际金融市场和体系的动荡和混乱，套汇、套利等投机活动更加猖獗，国际汇率无序运行，这在金融全球化、自由化，资本流动规模日益增大的情况下很容易引发金融危机。此外，汇率变化难以预测也不利于国际贸易和投资。

第三，国际收支调节机制还不健全，且缺乏有效的国际协调与合作机制，全球性的国际收支失衡问题日益严重，多种国际收支调节机制并没有缓解当前各国所面临的国际收支困难，顺差国长期顺差，逆差国长期逆差，如美国长期巨额的逆差已经成为世界经济发展的隐忧。

知识链接1-1　　美元本位制

现行国际货币体系本质上是美元本位制。罗纳德·麦金农的《失宠的美元本位制：从布雷顿森林体系到中国崛起》对第二次世界大战后美元本位制的不同阶段提供了历史性和分析性视角，以求更好地理解美元本位制的生命力以及未来崩溃的可能性。自1945年《布雷顿森林协定》通过以来，美元就成为银行间进行国际支付清算以及政府为设定汇率而实施干预的核心货币，此外，美元是初级产品国际贸易中主导性的标价货币及官方外汇储备中的主要货币。由美元主导的国际货币体系决定了全球产业分工体系、贸易格局以及金融运行规则；美国凭借美元支配了整个世界的经济资源并影响了其他国家的政治、经济各领域。

尽管美元本位制强有力的网络效应大幅提高了多边贸易的金融效率，却几乎没有人青睐于它。美元本位制在促进全球经济增长的同时引发了全球经济失衡、全球流动性过剩以及全球金融动荡等问题。

推荐阅读：麦金农 R.失宠的美元本位制：从布雷顿森林体系到中国崛起［M］.李远芳，卢瑾，陈思翀，译.北京：中国金融出版社，2013.

第三节　欧洲货币体系

一、欧洲货币体系的建立和欧洲货币一体化

（一）欧洲共同体的建立——欧洲货币一体化的开端和基础

1951年4月8日，法国、联邦德国、意大利、荷兰、卢森堡和比利时西欧6国在巴黎签订了有效期为50年的《欧洲煤钢共同体条约》，确定建立煤钢共同市场，为西欧联合奠定了基础。1957年3月25日6国政府在意大利首都罗马签订了《欧洲经济共同体条约》和《欧洲原子能共同体条约》，统称《罗马条约》。《罗马条约》明确规定，共同体的优先目标是建立共同市场，在共同市场的基础上实现人员、商品、服务和资本的自由流通。1965年4月8日，上述六国在布鲁塞尔签订《布鲁塞尔条约》，决定将3个共同体的机构合并，统称欧洲共同体。《布鲁塞尔条约》于1967年7月1日生效，欧洲共同体正式成立。

1973年2月，欧洲共同体多数国家为了保持货币区域内的货币稳定，促进经济发展，达成了建立联合浮动集团（Joint Floating Group）的协议，决定共同体成员方之间的货币仍实行固定汇率，规定波动幅度不超过2.25%，而对美元及其他货币则实行联合浮动汇率

制。加入联合浮动汇率制的国家有8个，即联邦德国、法国、荷兰、比利时、卢森堡、丹麦6个共同体成员方，以及瑞典、挪威2个非共同体成员方。英国、爱尔兰和意大利3个成员方暂不参加，仍实行单独浮动。

（二）欧洲货币体系——欧洲货币一体化的制度安排及深化

1977年，美元再次爆发严重危机，造成欧洲货币汇率的剧烈波动，直接影响联合浮动制的稳定。面对这种形势，共同体国家决定进一步加强合作。1978年7月在不来梅召开的欧共体首脑会议和同年12月在布鲁塞尔召开的欧共体理事会上，各方进行协商，通过了关于建立欧洲货币体系的决议。比利时、丹麦、卢森堡、联邦德国、荷兰和法国当即同意参加欧洲货币体系；意大利和爱尔兰于同年12月宣布加入；英国暂不参加，但同意实行保证英镑对其他欧共体国家的货币保持稳定汇率的政策。欧洲货币体系原定于1979年1月1日实行，但因法国与联邦德国等成员方之间在农产品价格的货币补偿金额问题上发生争执而延期。后经反复磋商、相互让步，才使决议于1979年3月13日开始生效。至此，欧洲货币体系正式建立并进入到制度安排的层面。

欧洲货币体系的实质是一个集团内部的固定的可调整汇率制度。欧洲货币体系主要有三个组成部分：欧洲货币单位（European Currency Unit，ECU），稳定汇率机制（Exchange Rate Mechanism，ERM），欧洲货币合作基金（European Monetary Cooperation Fund，EMCF）。

1.欧洲货币单位

欧洲货币单位是类似于特别提款权的一个“货币篮子”，其价值是欧共体成员方货币的加权平均值，每种货币的权数根据该国在欧共体内部贸易中所占的比重和该国国民生产总值的规模确定。以这种方式计算出来的欧洲货币单位具有价值稳定的特点。该计算方法也决定了在ECU的组成货币中，联邦德国马克、法国法郎和英镑是最为重要的三种货币，其中又以联邦德国马克所占的比重最大，马克汇率的上升或下降，对欧洲货币单位的升降往往具有决定性的影响。根据规定，ECU中的成员方货币权数每5年调整一次，但若其中任何一种货币的变化超过25%，则可随时对权数进行调整。

作为欧元前身的欧洲货币单位，其作用主要包括以下三个方面：①作为欧洲稳定汇率机制的标准。成员方在确定本国货币汇率时，以欧洲货币单位为依据，其货币与欧洲货币单位保持固定比价，然后，再由此中心汇率套算出同其他成员方货币的比价。②作为决定成员方货币汇率偏离中心汇率的参考指标。③在欧共体内，它具有记账单位、清算手段和干预手段等职能，并构成欧共体各国的一种外汇储备资产。

2.稳定汇率机制

稳定汇率机制是欧洲货币体系的核心组成部分。根据该机制的安排，汇率机制的每一个参加国都确定本国货币同欧洲货币单位的（可调整的）固定比价，也即确定一个中心汇率，并依据中心汇率套算出与其他参加国货币相互之间的比价。这种汇率制度被称为格子体系或平价网。在欧洲货币体系成立后的10年内，它的内部固定汇率不断在调整，而使其汇率体制得以生存。

需要指出的是，并不是所有欧共体成员方都参加了稳定汇率机制。联邦德国、法国、比利时、丹麦、意大利、荷兰、卢森堡和爱尔兰是该机制的初始参加国。英国虽然于1973年就加入了欧共体，但直到1990年10月才加入稳定汇率机制。而1992年9月它又与意大利一同退出这一汇率机制。西班牙和葡萄牙于1986年加入欧共体，但它们进入稳定汇率机制的时间则分别推至1989年6月和1992年4月。

3.欧洲货币合作基金

为了保证欧洲货币体系的正常运转，欧共体于1979年4月设立了欧洲货币合作基金，集中其成员方各20%的黄金储备和外汇储备，作为发行欧洲货币单位的准备。欧洲货币合作基金的主要作用是向成员方提供相应的贷款，以帮助它们进行国际收支调节和外汇市场干预，保证欧洲汇率机制的稳定。

（三）欧洲经济货币联盟——欧洲货币一体化的高级形式

1.《德洛尔报告》与《马斯特里赫特条约》

1989年6月，以欧共体委员会主席雅克·德洛尔为首的委员会向马德里峰会提交了“德洛尔计划”。该计划与“魏尔纳计划”相似，规定从1990年起，用20年的时间，分三个阶段实现货币一体化，完成欧洲经济货币同盟的组建。

《德洛尔报告》提出了货币联盟建立须具备的三个条件：①保证货币完全和不可取消的自由兑换；②在银行和其他金融市场充分一体化的基础上，实现资本的完全自由流动；③取消汇率的波动幅度，实行不可改变的固定汇率平价。该报告虽然没有明确提出在货币联盟内部必须有单一的货币，但把单一货币看作“货币联盟的一个自然和理想的进一步发展”，并提出建立一个欧洲中央银行体系（European System of Central Banks，ESCB）的设想。

鉴于各成员方对《德洛尔报告》的反应各不相同，为实现欧洲经济和货币联盟，推进欧洲的统一，1991年12月，欧共体在荷兰马斯特里赫特峰会上签署关于欧洲经济货币联盟的《马斯特里赫特条约》（以下简称《马约》）。《马约》的目标是：最迟在1999年1月1日前建立“经济货币同盟”（Economic and Monetary Union，EMU）。届时将在同盟内实现统一货币、统一的中央银行（European Central Bank）以及统一的货币汇率政策。为实现上述目标，《马约》规定了一个分三个阶段实现货币一体化的计划。

《马约》还规定，只有在1999年1月1日达到以下4个趋同标准的国家，才能被认为具备了参加EMU的资格条件：①通货膨胀率不得超过3个成绩最好的国家平均水平的1.5个百分点；②当年财政赤字不得超过GDP的3%，累积公债不得超过GDP的60%；③政府长期债券利率不得超过3个最低国家平均水平的2个百分点；④加入欧洲经济货币同盟前两年汇率一直在欧洲货币体系汇率机制规定的幅度（±15%）内波动，中心汇率没有重组过。

经过不懈努力，欧共体各成员方议会于1993年10月底通过了《马约》，1993年11月1日，欧共体更名为“欧盟”。1995年芬兰、奥地利、瑞典加入欧盟，欧盟成员方增至15个。同年的《马德里决议》将单一货币的名称正式定为欧元（EURO），并通过推行实施欧元的最后方案。方案决定于1999年1月1日正式启动欧元，并最迟于2002年元旦，欧元纸币和硬币开始流通，各成员方货币经过半年过渡期后退出流通。欧洲货币一体化自此开始进入了稳定的发展阶段。

1997年10月，欧盟15国外长签署《阿姆斯特丹条约》，该条约包括《稳定与增长条约》、《新的货币汇率机制》和《欧元的法律地位》三个文件，为欧元如期启动扫清了最后障碍，并提供了法律保证。

2.欧元问世与欧元区的扩展

欧元（EURO，货币符号€，代码EUR）是欧洲经济货币同盟（EMU）单一货币的名称，是EMU国家的统一法定货币，加入欧元的国家合称为欧元区（Eurozone)。1998年5月，欧盟布鲁塞尔特别首脑会议正式批准11个成员方首批加入欧元。同年7月1日，欧洲中央银行正式成立，欧元区各国中央银行成为欧洲中央银行的分支机构。1999年1月1日，欧元如期启动。

截至2015年，欧元是19个国家的货币。欧元区国家包括：奥地利、比利时、芬兰、法国、德国、爱尔兰、意大利、卢森堡、荷兰、葡萄牙、西班牙、希腊、斯洛文尼亚、塞浦路斯、马耳他、斯洛伐克、爱沙尼亚、拉脱维亚、立陶宛。

此外，一些非欧盟国家和地区，如摩纳哥、圣马力诺、梵蒂冈、黑山、科索沃和安道尔等，也使用欧元作为支付工具。

欧元由欧洲中央银行和各欧元区国家的中央银行组成的欧洲中央银行体系负责管理。总部坐落于德国法兰克福的欧洲中央银行有独立制定货币政策的权力，欧元区国家的中央银行参与欧元纸币和欧元硬币的印刷、铸造与发行，并负责欧元区支付系统的运作。

二、统一货币的作用

欧盟之所以要实行单一货币，主要是为提升欧洲国家的政治和经济地位。第二次世界大战前，欧洲以其强大的经济实力为后盾，曾长期称雄于世界。第二次世界大战后，欧洲国家的世界地位大幅度下降，随着欧洲复兴计划的实施，欧洲各国越来越希望在政治、经济上联合起来，以达到与美国、日本等经济强国相抗衡的目的。从1958年的欧共体发展到1993年的欧盟，欧洲各国在经济上的合作不断加深。相应地，欧盟各国在经济上合作的愿望也越来越强。

从经济利益的角度讲，实行统一货币会给欧盟各国带来以下好处：

1.增强自身经济实力，提高竞争力

欧元启动以后，统一货币与统一市场的共同促进无疑会带来新的经济增长，使得欧盟在与美国和日本等经济强国的竞争中处于有利地位。

2.减少内部矛盾，防范和化解金融风险

在经济竞争日益全球化、地区化、集团化的大趋势中，统一货币是最有力的武器之一。欧盟是当今世界一体化程度最高的区域集团，但对国内市场动荡的冲击仍然缺乏抵御能力。1995年的“墨西哥比索危机”、1996年的“日元危机”，都一度导致欧盟经济增长滑坡、出口下降、就业减少。事实证明，欧盟浮动汇率机制下各自为政的多国货币币值“软硬”不一，利率的差别、汇率的变动等因素都引发过欧盟内部金融秩序的混乱。欧元作为单一货币正式使用后，上述问题大大得到缓解。

3.简化流通手续，降低成本

欧元的使用，不仅简化了手续，节省了时间，加快了商品与资金流通的速度，而且还减少了近300亿美元的兑换和佣金损失，使欧盟企业无形中降低了成本，增强了竞争实力。随着欧元地位的上升和欧洲资本市场的发展，成员方的资金成本也会下降，有利于投资和经济增长。

4.增加社会消费，刺激企业投资

在欧盟内部，尽管统一的大市场已经建立，但由于多种货币的存在，同样的资源、商品、服务在不同的国家表现出不同的价格。实施单一货币，由欧洲中央银行体系制定和实

施统一的货币政策，各国的物价、利率、投资利益将逐步缩小差别或趋于一致，物价和利率水平总体下降，居民社会消费扩大，企业投资环境改善，这有利于欧盟总体经济的良性发展。

三、欧元对国际货币体系的影响

欧元对国际货币体系的影响主要体现为权力效应和示范效应。

1.权力效应

欧元的权力效应是指欧元改变了美元在国际货币体系中的权力地位，从而对国际货币体系产生巨大的影响。

一种货币在国际使用范围有多大取决于经济实力、币值稳定性、对外经济关系的密切程度和金融市场的结构。由于美国和欧元国拥有的这些决定要素十分相似，因此，欧元的引入将造成国际货币体系的两极格局，美元在此前所发挥的显著作用将逐渐削弱。由于欧元所代表的经济实力以及欧元作为国际货币地位的确立决定了欧元在国际货币体系中的权力，同时也就决定了欧元对国际货币体系的影响力。欧洲将会凭借强大的统一货币来参与国际货币体系规则的制定，遏制美元的主导地位。

2.示范效应

欧元的示范效应使世界其他地区有可能模仿欧元的成功而尝试进行地区性的货币合作，因为区域性的货币合作是为了加强参与国货币的安全地位，并能够降低经济交往的成本，从而为参与各方的经济增长都带来好处。因而在1999年1月欧元启动后不久，中国香港货币管理部门就提出建议，认为在亚洲实行共同货币不仅可以给这个地区带来稳定的货币，而且可以降低亚洲各国的成本。1997年的亚洲金融危机对所有亚洲国家都是一个深刻的教训，因此，开展亚洲区域内的货币与金融合作就成为有关国家在危机后的一个自然选择。除了亚洲货币合作之外，非洲也出现了类似的发展。在2001年3月的苏尔特首脑会议上，非洲国家将1963年成立的非洲统一组织改建为非洲联盟。2001年5月生效的非洲联盟遵循欧洲联盟的模式，建立议会、中央银行、货币基金和法院。当然，无论是亚洲还是非洲，要想达到欧洲货币一体化的程度，还必须经历一个艰难而又漫长的过程。

本章专栏

欧债危机与欧元区

总之，欧洲货币一体化的成功对其他货币联盟产生了积极的示范效应，从而推进了国际货币汇率安排在分散化趋势下对固定汇率制的回归。

焦点关注：国际货币体系的改革

关键术语

国际货币体系　国际金本位体系　布雷顿森林体系　双挂钩制　特里芬难题　美元危机　牙买加体系　特别提款权　欧洲货币体系

问答和思考题

1.国际货币体系的演变经历了怎样的过程？

2.简述国际金本位体系的内容和特点。

3.布雷顿森林体系有哪些特点？它在第二次世界大战后起到了什么作用？

4. 分析布雷顿森林体系崩溃的原因。

5. 简述牙买加体系的内容及其运行特征。

6. 现行国际货币体系存在哪些问题?

7. 简述欧洲货币体系的内容和欧洲货币一体化的进程。

8. 试分析单一货币对货币区经济的作用。

9. 试分析欧元对国际货币体系的影响。

10. 试对本章主要内容进行总结。

实务操作题

一、案例题

1. 收集资料，结合国际金融形势的发展，尤其是近些年来爆发的全球性金融危机，分析当前国际货币体系的缺陷，并针对各种改革方案提出你的看法。

2. 2001年上海APEC会议期间，“欧元之父”蒙代尔发表了自己对未来世界货币格局变化的看法：“世界将出现三大货币区，即欧元区、美元区和亚洲货币区（亚元区）。”这个建议获得许多亚洲国家的积极响应。在2002年7月召开的亚欧财长会议（ASEM）上，日本财务大臣盐川正十郎提出一项提案，为未来以单一货币为目标的亚洲货币体系描绘出大体的轮廓。他预测2030年前后将推出亚元、亚洲中央银行和货币同盟。2003年蒙代尔建议，设立由亚洲地区某一组货币组成的共同货币，争取在每个国家不放弃本币的情况下，让一种叫作“亚元”的区域性货币在亚洲流通。

通过考察亚洲货币合作的发展进程，对亚洲实行单一货币的可能性给出自己的评价。

3. 非洲南部的津巴布韦共和国是全世界恶性通胀最严重的国家。2009年在其首都哈雷拉，一位大妈抱着总值3万亿津巴布韦元的钞票搭公车，只为支付约合3.5元人民币的车费。更有意思的是，司机大叔根本懒得清点，收下就对了。据报道，津巴布韦2008年7月的通胀率达到天文数字：2.31亿%。2009年1月，其央行发行面值100万亿津巴布韦元的大钞，1的后头有14个0，也算是一项世界纪录。为了抑制犹如脱缰野马的通胀，津巴布韦政府在4月正式废掉国币，宣布以美元和南非币为流通货币，不过旧津巴布韦元还在民间继续流通。

自金本位制崩溃，尤其是1976年黄金非货币化以来，国际货币体系已不再具有相对稳定性。通货膨胀，纸币贬值，汇率剧烈波动，使货币金融领域日益陷于动荡和混乱之中。人们把国际金融的动荡不安归结为国际货币问题，甚至是纸币本位体系问题，昔日关于黄金和美元的地位之争一直延续至今，而恢复金本位体系的辩论也从未停止过。尽管主流经济学家认为，现代经济是信用经济，恢复金本位体系简直是不可能，恢复金本位体系一定是“开历史倒车”，或者简直就是“把全世界的人都当成了傻瓜”。但还是有相当一部分学者或政府官员认为恢复金本位制才是解决当前国际金融秩序混乱的根本方法。

根据以上资料，请思考：为什么人们留恋金本位体系？你认为金本位体系有没有可能恢复？

二、实训题

网络实训

登录国际货币基金组织网站（http：//www.imf.org/），了解特别提款权（SDR）的作用、价值构成以及基金组织的分配情况。

第二章
国际收支

【学习目标】

通过本章学习，应该达到以下学习目标：

知识目标：理解国际收支的含义；掌握国际收支平衡表的项目设计及编制原理；明确国际收支平衡与否的判断标准；理解国际收支失衡的原因及失衡的经济影响；掌握国际收支自动调节机制与政策调节措施。

技能目标：根据实际的国际经济交易编制国际收支平衡表；能够解读分析我国国际收支平衡表和国际投资头寸表，结合我国国际收支状况进行分析，提出适合我国的国际收支调节对策。

国与国之间会发生各种各样的经济交往，如商品进口和出口，资本输出与输入，无偿援助和捐赠等。这些往来关系都涉及一定的货币金额，反映一国外汇收入与支出的增减，外汇资产与负债的变化，这就是国际收支的内容。本章将展示一国基本的涉外经济关系，解读国际收支的内涵，介绍如何记录国际收支项目及其金额并编制国际收支平衡表，如何分析国际收支平衡与不平衡状况，以及如何调节国际收支失衡。本章还结合我国国际收支状况，阐述了我国国际收支管理的基本方法。

第一节　国际收支概述

一、国际收支的概念

国际收支（balance of payments，BOP）是国际金融学中最重要、使用频率最高的核心概念之一。国际收支源于世界各国间经济、政治、文化等方面的往来活动，其含义也随着各国经济交往的扩大而不断发展和丰富。

（一）早期的国际收支

随着国际经济交易的变化与发展，国际收支被赋予不同的内涵。最早的国际收支概念出现在17世纪初叶重商主义时代，当时最主要的国际经济交易是对外贸易，并由此产生了国家间的结算清偿与金银货币的收付。而重商主义者认为，贸易顺差可以聚集金银，经常维持出口超过进口是国家致富的永恒原则。因而，国际收支被表述为一国对外贸易的差额。这一概念流行了很长时间，一直到金本位制崩溃。这期间，由于一些主要国家的贸易收支始终处于顺差状态，所以国际收支问题并未引起太多重视。

（二）狭义的国际收支

第一次世界大战后，国际经济与金融交往不断扩大，出现了大规模短期资本流动和巨额战争赔款，人们开始把国与国之间的债权债务关系以及由此产生的清偿问题列为国际收支的内容。由于各国货币制度不同，国际结算大都以外汇票据作为主要工具，构成了外汇的收入和支付。国际收支的概念演化为一个国家在一定时期内由于政治、经济、文化等各种对外交往而发生的、必须立即结清的、来自其他国家的货币收入总额与付给其他国家的货币支出总额的对比，简言之，就是一国的外汇收支。这是狭义的国际收支概念。这一概念具有两个特点：一是以支付为基础，即只有现金支付的国际经济交易才能计入国际收支；二是外汇的收支必须立刻结清。这一时期许多国家国际收支相对平衡的局面被打破，各国开始重视国际收支问题。

（三）广义的国际收支

第二次世界大战结束后，国际经济活动的内涵、外延有了新的发展，对外贸易已不能涵盖全部的国际经济交易，诸如政府之间的无偿援助、赔偿、私人侨汇、资本的大规模国际流动等频繁发生，极大地丰富了国际经济交易的内容。另外，虽然国际收支的绝大部分要通过外汇进行，而且外汇收支的盈余或亏损所形成的国家外汇储备的增减变化对一国具有重要意义，但并非所有的国际经济交易都表现为外汇的收与支，例如易货贸易、补偿贸易、无偿援助和私人捐赠中的实物部分、清算支付协定下的记账、以实物进行的国际直接投资等，而这些在国与国之间的往来中时有发生，影响越来越大。因此，以支付为基础的狭义的国际收支概念已不能反映一国对外往来的实际情况和总量。目前，世界各国广泛采用广义的国际收支概念，即国际收支是指一个经济体在一定时期内其居民与国外非居民之间的以货币形式表示的全部经济交易的系统记录。它反映了一国对外经济往来的全部货币价值总和，包括货物、服务和收入、对世界其他地方的金融债权和债务的交易以及无偿转移项目。

为了进一步统一和明确国际收支的含义，国际货币基金组织在《国际收支手册》中对国际收支做出如下解释："国际收支是指一经济体在一定时期内（通常为1年）全部对外经济往来的系统的货币记录。它包括：①一个经济体与世界其他经济体之间商品、劳务和收益的交易；②该经济体持有的货币黄金、特别提款权的所有权变动与其他变动，以及这个经济体对世界其他经济体的债权、债务的变化；③无偿转移，以及从会计意义上讲，需要对上述不能相互抵消的交易和变化加以平衡的对应记录。"

二、国际收支的特征

要正确理解广义的国际收支概念及国际货币基金组织对国际收支的定义，必须把握其基本特征：

（一）国际收支以经济交易为基础

国际收支所反映的内容是以经济交易为基础，而不是以外汇支付为基础。

国际收支中的经济交易涉及所有的从一个经济实体向另一个经济实体转移的经济价值，既包括用外汇收付的经济交易，也包括以实物、技术形式进行的经济交易，这些交易不涉及货币收支或根本无须货币支付，如易货贸易、补偿贸易、以实物形式提供的无偿援助等，但需将其折算成货币记录在国际收支中，因而国际收支记录的是全部的国际经济交易。其具体包括：①物物交易：商品、服务与商品、服务之间的交易，如易货贸易、补偿贸易等；②物币交易：金融资产与商品、服务之间的交易，如商品进出口、劳务输出和输入等；③金融资产与金融资产之间的交易，如货币资金借贷、货币或商品的直接投资，有价证券投资以及无形资产（如专利权、版权）的转让等；④无偿的商品、服务转移，如无偿的物资捐赠、服务和技术援助等；⑤无偿的金融资产转移，如债权国对债务国给予债务注销，富有国家对低收入国家的投资捐赠等；⑥根据推论存在的交易，如以直接投资的投资收益对当地进行再投资，并没有发生实际资源（资金或商品）在两国间的流动，但根据推论它是属于居民与非居民之间的交易，因而也需要在国际收支中予以记录。

（二）国际收支是一个流量的概念

国际收支记录的是在一段时期（通常指1年）内，一国与他国发生的各项经济往来情况。这与记录一个国家在一定日期对外资产和对外负债的国际借贷不同。

国际借贷是指一个国家或地区在一定日期对外资产和对外负债的汇总记录，它反映的是某一时点上一国居民对外债权债务的综合情况。国际借贷与国际收支既有联系，又有区别。二者的联系是，在非现金结算条件下，国家之间的经济交往总是先形成债权债务关系，如商品、劳务和资本的输出、输入等，两国在未进行结算前，输出国形成对外债权，输入国形成对外债务，这种关系就是国际借贷关系。国际借贷关系一经结算即告消失，但在结算过程中却引起国际收支的发生，债权国会得到外汇收入，债务国会支出外汇，这就分别形成两个国家的国际收支。可见，国际借贷是产生国际收支的直接原因。但有时，国际收支又反作用于国际借贷，因为国际收支的某些变化会引起国际借贷活动的展开。

二者的区别表现在：①国际借贷表示一个国家在一定日期对外债权债务的综合情况；而国际收支则表示一个国家在一定时期对外全部经济交易的综合情况。②国际借贷是个静态的概念，表示的是一种存量（余额）；国际收支是个动态的概念，表示的是一种流量（发生额）。③国际借贷只包括形成债权债务关系的经济交易，范围小；国际收支则包括一切对外发生的经济交易，范围大。

因此，国际借贷关系用国际投资头寸账户反映；国际收支关系用国际收支平衡表反映。国际投资头寸（IIP）表是显示某一时点上价值的报表。国际收支平衡表是特定时期内居民与非居民之间的经济交易汇总表。

（三）国际收支统计的主体是“经济体”，而不是“国家”

国际货币基金组织强调国际收支统计的是一个经济体与世界上其他经济体之间的各种经济交易。一个经济体由作为特定经济领土居民的所有机构单位组成。我国大陆与我国香港、澳门、台湾地区之间的各种经济往来应纳入国际收支范畴。

（四）国际收支记录的是居民与非居民间的交易

判断一项经济交易是否应包括在国际收支范围内，所依据的不是交易双方的国籍，而是依据交易双方是否分属居民与非居民的范畴。所谓居民（resident），是指在一个国家的经济领土内居住达一年或一年以上的具有一个经济利益中心的机构单位，否则为非居民（non-resident）。

国际货币基金组织在《国际收支和国际投资头寸手册》中指出：“一个机构单位，如果在一经济领土内有某种场所、住所、生产地或者其他建筑物，并且在这些地方或者从这些地方，无限期地或者有限期但却长期地从事或者打算继续从事大规模经济活动和交易，那么该单位是该经济领土内的居民。机构单位的地点无须固定，而只需在同一经济领土内。在实际操作时，将机构单位在一个实际或预计地点的时间定义为一年或一年以上。尽管将一年作为具体的期间有些武断，但可避免不确定性，并促进国际上的统一。”

因此，理解居民的概念应准确把握一个国家的经济领土、经济利益中心和机构单位这三个关键词。

1.经济领土

最常用的经济领土概念是指由一个政府有效实施经济管理的地区。一个国家的经济领土包括：①一国政府所管辖的陆地区域；②该国领空；③领海和邻近水域下的大陆架，包括对捕鱼权、燃料或矿物权行使管辖的所在区域；④在海上领土中，属于该领土的岛屿；⑤该国在世界其他地方的领土飞地。飞地是明确划分的经所在国政府同意由本国政府拥有或租用，用于外交、军事、科学或其他目的的地区，如大使馆、领事馆、军事基地、科学站、移民办事处、援助机构、具有外交身份的中央银行代表处等。货币联盟与经济联盟被视为经济领土。

2.经济利益中心

这是指一个经济单位在一个国家的经济领土内是否已经有一年或一年以上的时间大规

模地从事经济活动或交易，或计划如此行事。

3.机构单位

机构单位即居民单位，包括家庭和组成家庭的个人、政府、企业和非营利机构等。

居民与居民之间的经济交易属于国内交易，不属于国际收支范畴。只有居民与非居民之间的经济交易才属于国际收支范畴。居民与公民在概念上有交叉，但二者并不等同。公民是一个法律上的概念，仅指个人，是基于国籍标准来划分的，而居民是一个经济上的概念，是以居住地为标准划分的，包括个人、政府、法人和社会团体等经济体。

按照上述原则，移民属于其工作所在国的居民。一个企业国外子公司是其所在国的居民，是其母公司所在国的非居民。官方外交使节、驻外军事人员永远是派出国的居民、所在国的非居民。国际性机构，如联合国、国际货币基金组织、世界银行等是任何国家的非居民。出国进行全日制学习的人员一般继续属于其出国学习前常住领土的居民，即使其学习课程的时间超过了一年。但如果他们打算在完成学业后继续留在其学习的领土内，则转为其学习所在领土内的居民。如果认为学生迁移到另一个不同领土的动机是暂时的，即他们的主要经济利益中心仍然在本国领土，那么其居民地位所在的领土将不发生改变。学生在其东道国经济体内的学费和其他支出纳入旅行类别。对于到国外求医的人员，同留学生一样，其主要利益中心仍然在其求医前具有居民身份的领土内。

我国国际收支的所有交易均发生在我国大陆居民（不包括港、澳、台地区）与非我国大陆居民之间。我国居民是指：①除外国驻华使领馆外籍工作人员及其家属以外的所有在我国境内居留一年以上的自然人；②我国短期出国人员（在外居留时间不超过一年），在外留学、就医人员及我国驻外使领馆工作人员及其家属；③所有在我国境内登记注册的企事业单位；④我国各级政府机关（含我国所有的驻外使领馆）、部队以及除国际组织驻华办事处、外国驻华使领馆以外的所有法人或团体。

第二节　国际收支平衡表

一、国际收支平衡表的概念

一国国际收支的具体内容反映在该国的国际收支平衡表中。国际收支平衡表是国家间经济、金融联系的账面表现，它反映一国在国际经济中的地位和实力变化的情况。因此，国际收支和国际收支平衡表是国际金融研究的基础和主线。

国际收支平衡表（balance of payments statement，BPS），也称国际收支账户，是系统地记录一国一定时期内（年度、半年或季度）各种国际经济交易项目及其金额的一种统计报表，它集中反映了一国国际收支的总貌和具体构成。通常，国际收支平衡表的货币单位是国际收支平衡表编制国的货币。在作为国际收支基础的复式记账会计制度下，每笔交易的记录由两个分录组成，贷方分录合计金额与借方分录合计金额相等。

二、国际收支平衡表的账户结构和内容

国际收支平衡表在编制时需要按照会计学的复式簿记原理（每个项目都有相等金额的

借方记录和贷方记录），以某一特定的货币为计量单位，采用简明的表格形式，将一个国家在某一特定时期内与世界上其他国家间发生的经济交易反映出来，它所包含的内容十分繁杂，其账户或项目一般应根据国际经济交易的内容与范围，按照经济分析的需要来设置。但由于各国对外交易的内容与范围不尽相同，经济分析的需要也不完全一样，因而编制的国际收支平衡表也有所不同。

（一）国际货币基金组织确定的国际收支平衡表的标准格式

为规范成员方国际收支平衡表的编制，国际货币基金组织用专门的《国际收支手册》对各国在编制国际收支平衡表中使用的概念和规则给出建议；国际货币基金组织定期发布有关各成员方国际收支情况的《国际收支统计年报》。截至目前，2008年12月更名出版的《国际收支和国际投资头寸手册》第六版为最新版本，对国际收支账户的标准构成做出了最新规定，不同于原有的账户设置；同时，强调国际投资头寸账户统计的重要性。其中，国际收支内的不同账户根据提供和获得经济资源的性质加以区分，即包括经常账户（货物和服务账户、初次收入账户、二次收入账户）、资本账户、金融账户、误差与遗漏账户四大类（见表2-1）。第六版的国际收支统计与国民收入统计、货币金融统计在概念和数据上保持一致。

表2-1　　第六版国际收支平衡表　　单位：

国际收支	贷方	借方
1.经常账户		
经常账户差额（+顺差；-逆差）		
1.A 货物和服务		
货物和服务差额（+顺差；-逆差）		
1.A.a 货物		
货物贸易差额（+顺差；-逆差）		
1.A.a.1 国际收支口径的一般商品		
1.A.a.2 转手买卖下的货物净出口		
1.A.a.3 非货币黄金		
1.A.b 服务		
服务贸易差额（+顺差；-逆差）		
1.A.b.1 对他人拥有的实物投入的制造服务（加工服务）		
1.A.b.2 别处未涵盖的维护和维修服务		
1.A.b.3 运输		
1.A.b.4 旅行		
1.A.b.5 建设		
1.A.b.6 保险和养老金服务		
1.A.b.7 金融服务		
1.A.b.8 别处未涵盖的知识产权使用费		
1.A.b.9 电信、计算机和信息服务		
1.A.b.10 其他商业服务		
1.A.b.11 个人、文化和娱乐服务		
1.A.b.12 别处未涵盖的政府货物和服务		

续表

国际收支	贷方	借方
1.B 初次收入		
初次收入差额（+顺差；－逆差）		
1.B.1 雇员报酬		
1.B.2 投资收益		
1.B.2.1 直接投资		
1.B.2.1.1 股权和投资基金份额收益		
1.B.2.1.2 利息		
1.B.2.2 证券投资		
1.B.2.2.1 股权和投资基金份额的投资收益		
1.B.2.2.2 利息		
1.B.2.3 其他投资		
1.B.2.3.1 准公司收益提取		
1.B.2.3.2 利息		
1.B.2.3.3归属于保险、养老金计划和标准化担保计划投保人的投资收益		
1.B.2.4 储备资产		
1.B.2.4.1 股权和投资基金份额收益		
1.B.2.4.2 利息		
1.B.3 其他初次收入		
1.B.3.1 生产税和进口税		
1.B.3.2 补贴		
1.B.3.3 租金		
货物、服务和初次收入差额（+顺差；–逆差）		
1.C 二次收入		
二次收入差额（+顺差；–逆差）		
1.C.1 广义政府		
1.C.1.1 对所得、财富等征收的经常性税收		
1.C.1.2 社会保障缴款		
1.C.1.3 社会福利		
1.C.1.4 经常性国际合作		
1.C.1.5 广义政府的其他经常转移		
1.C.2 金融公司、非金融公司、住户和为住户服务的非营利机构		
1.C.2.1 个人转移（居民和非居民住户间的经常转移）		
1.C.2.2 其他经常转移		
1.C.3 养老金权益变化调整		
2.资本账户		
资本账户差额（+顺差；–逆差）		
2.1 非生产/非金融资产的取得（借记）/处置（贷记）总额		
2.2 资本转移		
2.2.1 广义政府		
2.2.1.1 债务减免		
2.2.1.2 其他资本转移		
2.2.2 金融公司、非金融公司、住户和为住户服务的非营利机构		
2.2.2.1 债务减免		
2.2.2.2 其他资本转移		
净贷出（+）/净借入（–）（经常账户和资本账户差额）		

续表

国际收支	金融资产的净获得	负债的净产生
3.金融账户		
净贷出（+）/净借入（-）（金融账户）		
3.1 直接投资		
3.1.1 股权和投资基金份额		
3.1.2 债务工具		
3.2 证券投资		
3.2.1 股权和投资基金份额		
3.2.2 债务证券		
3.3 金融衍生工具（储备除外）和雇员认股权		
3.3.1 中央银行		
3.3.2 存款性公司，中央银行除外		
3.3.3 广义政府		
3.3.4 其他部门		
3.4 其他投资		
3.4.1 其他股权		
3.4.2 货币和存款		
3.4.3 贷款		
3.4.4 保险、养老金和标准化担保计划		
3.4.5 贸易信贷和预付款		
3.4.6 其他应收/应付款——其他		
3.4.7 特别提款权		
3.5 储备资产		
3.5.1 货币黄金		
3.5.2 特别提款权		
3.5.3 在国际货币基金组织的储备头寸		
3.5.4 其他储备资产		
资产/负债总计		
	贷方	借方
4.误差与遗漏净额		

资料来源：《国际收支和国际投资头寸手册》第六版。

（二）我国的国际收支平衡表

我国的国际收支平衡表是反映特定时期内我国大陆（不含中国香港、澳门和台湾地区）与世界其他国家或地区的经济交易的统计报表。表2-2是我国2020年国际收支平衡表。

表2-2　**2020年中国国际收支平衡表**　单位：亿美元

项目	行次	2020年
1.经常账户	1	2 740
贷方	2	30 117
借方	3	-27 377
1.A 货物和服务	4	3 697
贷方	5	27 324

续表

项目	行次	2020年
借方	6	−23 627
1.A.a 货物	7	5 150
贷方	8	24 972
借方	9	−19 822
1.A.b 服务	10	−1 453
贷方	11	2 352
借方	12	−3 805
1.A.b.1 加工服务	13	127
贷方	14	132
借方	15	−5
1.A.b.2 维护和维修服务	16	43
贷方	17	77
借方	18	−34
1.A.b.3 运输	19	−381
贷方	20	566
借方	21	−947
1.A.b.4 旅行	22	−1 163
贷方	23	142
借方	24	−1 305
1.A.b.5 建设	25	46
贷方	26	126
借方	27	−81
1.A.b.6 保险和养老金服务	28	−70
贷方	29	54
借方	30	−123
1.A.b.7 金融服务	31	10
贷方	32	43
借方	33	−33
1.A.b.8 知识产权使用费	34	−292
贷方	35	86
借方	36	−378
1.A.b.9 电信、计算机和信息服务	37	59
贷方	38	389
借方	39	−330
1.A.b.10 其他商业服务	40	198
贷方	41	702
借方	42	−504
1.A.b.11 个人、文化和娱乐服务	43	−20
贷方	44	10

续表

项目	行次	2020年
借方	45	−30
1.A.b.12 别处未涵盖的政府货物和服务	46	−11
贷方	47	25
借方	48	−36
1.B 初次收入	49	−1 052
贷方	50	2 417
借方	51	−3 469
1.B.1 雇员报酬	52	4
贷方	53	147
借方	54	−144
1.B.2 投资收益	55	−1 071
贷方	56	2 244
借方	57	−3 315
1.B.3 其他初次收入	58	16
贷方	59	26
借方	60	−10
1.C 二次收入	61	95
贷方	62	376
借方	63	−281
1.C.1 个人转移	64	4
贷方	65	42
借方	66	−38
1.C.2 其他二次收入	67	91
贷方	68	334
借方	69	−244
2. 资本和金融账户	70	−1 058
2.1 资本账户	71	−1
贷方	72	2
借方	73	−2
2.2 金融账户	74	−1 058
资产	75	−6 263
负债	76	5 206
2.2.1 非储备性质的金融账户	77	−778
资产	78	−5 983
负债	79	5 206
2.2.1.1 直接投资	80	1 026
2.2.1.1.1 直接投资资产	81	−1 099
2.2.1.1.1.1 股权	82	−836
2.2.1.1.1.2 关联企业债务	83	−263

续表

项目	行次	2020年
2.2.1.1.1.a 金融部门	84	−200
2.2.1.1.1.1.a 股权	85	−215
2.2.1.1.1.2.a 关联企业债务	86	14
2.2.1.1.1.b 非金融部门	87	−899
2.2.1.1.1.1.b 股权	88	−622
2.2.1.1.1.2.b 关联企业债务	89	−277
2.2.1.1.2 直接投资负债	90	2 125
2.2.1.1.2.1 股权	91	1 700
2.2.1.1.2.2 关联企业债务	92	425
2.2.1.1.2.a 金融部门	93	200
2.2.1.1.2.1.a 股权	94	123
2.2.1.1.2.2.a 关联企业债务	95	76
2.2.1.1.2.b 非金融部门	96	1 925
2.2.1.1.2.1.b 股权	97	1 577
2.2.1.1.2.2.b 关联企业债务	98	348
2.2.1.2 证券投资	99	873
2.2.1.2.1 证券投资资产	100	−1 673
2.2.1.2.1.1 股权	101	−1 310
2.2.1.2.1.2 债券	102	−363
2.2.1.2.2 证券投资负债	103	2 547
2.2.1.2.2.1 股权	104	641
2.2.1.2.2.2 债券	105	1 905
2.2.1.3 金融衍生工具	106	−114
2.2.1.3.1 金融衍生工具资产	107	−69
2.2.1.3.2 金融衍生工具负债	108	−45
2.2.1.4 其他投资	109	−2 562
2.2.1.4.1 资产	110	−3 142
2.2.1.4.1.1 其他股权	111	−5
2.2.1.4.1.2 货币和存款	112	−1 304
2.2.1.4.1.3 贷款	113	−1 282
2.2.1.4.1.4 保险和养老金	114	−33
2.2.1.4.1.5 贸易信贷	115	−369
2.2.1.4.1.6 其他	116	−149
2.2.1.4.2 负债	117	579
2.2.1.4.2.1 其他股权	118	0
2.2.1.4.2.2 货币和存款	119	774
2.2.1.4.2.3 贷款	120	−354
2.2.1.4.2.4 保险和养老金	121	33
2.2.1.4.2.5 贸易信贷	122	76

续表

项目	行次	2020年
2.2.1.4.2.6 其他	123	51
2.2.1.4.2.7 特别提款权	124	0
2.2.2 储备资产	125	−280
2.2.2.1 货币黄金	126	0
2.2.2.2 特别提款权	127	1
2.2.2.3 在国际货币基金组织的储备头寸	128	−19
2.2.2.4 外汇储备	129	−262
2.2.2.5 其他储备资产	130	0
3.净误差与遗漏	131	−1 681

注：1.本表根据《国际收支和国际投资头寸手册》第六版编制。

2.“贷方”按正值列示，“借方”按负值列示，差额等于“贷方”加上“借方”。本表除标注“贷方”和“借方”的项目外，其他项目均指差额。

3.本表计数采用四舍五入原则。

数据来源：国家外汇管理局。

三、国际收支平衡表的编制

国际收支统计以权责发生制为统计原则，并采用复式记账法。从微观上看，计入国际收支平衡表的每笔交易都是一国居民单位与他国居民单位之间发生的具体的经济往来。但从宏观上看，国际收支平衡表中的会计主体是国家，不是该国的任一经济单位。国际收支平衡表是以一个国家为整体，反映该国与整个外部世界的交易情况。

（一）国际收支平衡表的编制原理和记账规则

国际收支平衡表是按照“有借必有贷、借贷必相等”的复式记账原理来编制的，对每一笔国际经济交易都要以相同金额分别记录在借、贷两方。这是因为，绝大多数交易都是商品、服务或金融资产的双向转移，即以提供或取得一种经济价值的资产换取另一种经济价值的资产的交易。不过，也有些国际经济往来不是用于交换，而是基于特殊原因而发生的单方面转移，如甲国向乙国捐赠救灾物资，这一行为形成了甲国的商品出口，应记录在其国际收支平衡表“货物”项下“出口”的贷方。但这种官方捐赠是一种无偿转移交易，不能自动成双，不像真正的出口那样能带来对等的收入，为此需要设置一个抵消性账户（如经常转移即二次收入）来达到平衡，因此甲国还要记录在“二次收入”项下的借方。对乙国而言，与甲国相反，视同进口，获得经济价值资产，但没有放弃或丧失相应的经济价值资产，因此记录在其国际收支平衡表“货物”项下“进口”的借方和“二次收入”项下的贷方。这样，每一笔国际经济交易都会产生金额相同的一项借方记录和一项贷方记录。因此，从理论上说，国际收支平衡表的借方总额和贷方总额是相等的，国际收支平衡表也由此而得名。

凡是收入项目以及资产（本国对外金融资产）的减少和负债（外国在本国的金融资产）的增加都记录在贷方，称为正号项目，记为“+”；凡是支出项目以及资产的增加或负债的减少都记录在借方，称为负号项目，记为“−”。换言之，一笔交易的结果如果是收到外国货币，就在贷方记录；相反，如果是向外国支出货币就在借方记录。贷方是一个“加”的概念，它表示外汇的流入；借方是一个“减”的概念，它表示外汇的流出。上述规则可以用下面的等式来反映：

贷方项目=外国居民向本国居民支付的交易=引起本国外汇供给的项目（货物和服务出口，应收收入，资产减少或负债增加）

借方项目=本国居民向外国居民支付的交易=引起本国外汇需求的项目（货物和服务进口，应付收入，资产增加或负债减少）

（二）国际收支平衡表的计量基础

1.使用市场价值衡量流量和存量

国际收支平衡表采用统一的计价原则，即以市场价格为依据。在可以得到市场价格的情况下，国际收支交易按市场价格对交易定值。对于不在市场上交易的金融项目（主要是不同形式的贷款和存款等债务工具），则以它的账面价值作为它的市场价格来定值。在市场价格不存在的情况下，应按其由生产要素所决定的成本计算或按若销售资源可能得到的款项来计算。比如在易货交易、税收支付、单方面转移等交易中，习惯的做法是利用同等条件下形成的已知市场价格推算需要的市场价格。

2. 按权责发生制进行计量

一项国际经济交易可能涉及若干个日期，如签约日期、所有权变更日期、货物装运日期、交货日期、结算付款日期等。按照国际货币基金组织的规定，在编制国际收支平衡表时，应以商品、服务和金融资产的所有权变更日期为准。如一般商品在货物通过海关边境时记录，对外金融资产负债交易在交易主体进行会计账务处理时记录。但受数据源所限，部分交易采用收付实现制记录，如服务贸易、二次收入的部分项目采用了国际交易报告系统采集数据，其为收付实现制数据。

3. 总额和净额的计量

经常账户、资本账户采用全额方式记录贷方和借方发生额，金融账户采用净额方式记录资产负债的净变动。

四、国际收支平衡表各项目的含义

下面以我国国际收支平衡为例解析国际收支平衡表中各个不同层次项目的具体含义。

1.经常账户（current account，也译为“经常项目”或“往来账户”）

经常账户是指对实际资源在国际上的流动行为进行记录的账户。经常账户显示居民与非居民之间的货物、服务、初次收入和二次收入的流量。这是本国与外国进行经济交易而经常发生的会计项目，是国际收支平衡表中最基本、最重要的项目。

1.A货物和服务：包括货物和服务两部分。

1.A.a货物（goods）：指经济所有权在居民与非居民之间发生转移的货物交易。货物是经常项目乃至整个国际收支平衡表中最重要的项目，记录一国商品的进口和出口。其中，借方记录进口总额，贷方记录出口总额，商品进出口的差额称为贸易差额，即有形贸易收支（balance of visible trade）。在“货物”项目下，包括一般商品贸易、转口商品贸易、非货币黄金。

货物账户数据主要来源于海关进出口统计，但与海关统计存在以下主要区别：一是国际收支中的货物只记录所有权发生了转移的货物（如一般贸易、进料加工贸易等贸易方式的货物），所有权未发生转移的货物（如来料加工或出料加工贸易）不纳入货物统计，而纳入服务贸易统计；二是计价方面，国际收支统计要求进出口货值均按离岸价格（Free on Board，FOB）记录。海关出口货值为离岸价格，但进口货值为到岸价格（Cost Insurance and Freight，CIF），即成本加保险费、运费。因此国际收支统计从海关进口货值中调出国际运保费支出，并将二者纳入服务贸易统计；三是补充部分进出口退运等数据；四是补充海关未统计的转手买卖下的货物净出口数据。

1.A.b 服务（services）：服务是经常项目中的第二大项目。相对于商品的有形贸易来说，服务贸易是无形贸易（invisible trade），主要记录服务的输出和输入。包括加工服务，维护和维修服务，运输，旅行，建设，保险和养老金服务，金融服务，知识产权使用费，电信、计算机和信息服务，其他商业服务，个人、文化和娱乐服务以及别处未涵盖的政府货物和服务。贷方记录提供的服务，借方记录接受的服务。

1.A.b.1 加工服务：又称“对他人拥有的实物投入的制造服务”，指货物的所有权没有在所有者和加工方之间发生转移，加工方仅提供加工、装配、包装等服务，并从货物所有者处收取加工服务费用。贷方记录本国居民为非居民拥有的实物提供的加工服务。借方记录本国居民接受非居民的加工服务。

1.A.b.2 维护和维修服务：指居民或非居民向对方所拥有的货物和设备（如船舶、飞机及其他运输工具）提供的维修和保养工作。贷方记录本国居民向非居民提供的维护和维修服务。借方记录本国居民接受的非居民维护和维修服务。

1.A.b.3 运输：指将人和物体从一地点运送至另一地点的过程以及相关辅助和附属服务，以及邮政和邮递服务。贷方记录居民向非居民提供的国际运输、邮政快递等服务。借方记录居民接受的非居民国际运输、邮政快递等服务。

1.A.b.4 旅行：指旅行者在其作为非居民的经济体旅行期间消费的物品和购买的服务。贷方记录本国居民向在该国境内停留不足一年的非居民以及停留期限不限的非居民留学人员和就医人员提供的货物和服务。借方记录本国居民境外旅行、留学或就医期间购买的非居民货物和服务。

1.A.b.5 建设：指建筑形式的固定资产的建立、翻修、维修或扩建，工程性质的土地改良、道路、桥梁和水坝等工程建筑，相关的安装、组装、油漆、管道施工、拆迁和工程管理等，以及场地准备、测量和爆破等专项服务。贷方记录本国居民在经济领土之外提供的建设服务。借方记录本国居民在该国经济领土内接受的非居民建设服务。

1.A.b.6 保险和养老金服务：指各种保险服务，以及同保险交易有关的代理商的佣金。贷方记录本国居民向非居民提供的人寿保险和年金、非人寿保险、再保险、标准化担保服务以及相关辅助服务。借方记录本国居民接受非居民的人寿保险和年金、非人寿保险、再保险、标准化担保服务以及相关辅助服务。

1.A.b.7 金融服务：指金融中介和辅助服务，但不包括保险和养老金服务项目所涉及的服务。贷方记录本国居民向非居民提供的金融中介和辅助服务。借方记录本国居民接受非居民的金融中介和辅助服务。

1.A.b.8 知识产权使用费：指居民和非居民之间经许可使用无形的、非生产/非金融资产和专有权以及经特许安排使用已问世的原作或原型的行为。贷方记录本国居民向非居民提供的知识产权相关服务。借方记录本国居民使用的非居民知识产权服务。

1.A.b.9电信、计算机和信息服务：指居民和非居民之间的通信服务以及与计算机数据和新闻有关的服务交易，但不包括以电话、计算机和互联网为媒介交付的商业服务。贷方记录本国居民向非居民提供的电信服务、计算机服务和信息服务。借方记录本国居民接受非居民提供的电信服务、计算机服务和信息服务。

1.A.b.10其他商业服务：指居民和非居民之间其他类型的服务，包括研发服务，专业和管理咨询服务，技术、贸易相关等服务。贷方记录本国居民向非居民提供的其他商业服务。借方记录本国居民接受的非居民其他商业服务。

1.A.b.11个人、文化和娱乐服务：指居民和非居民之间与个人、文化和娱乐有关的服务交易，包括视听和相关服务（电影、收音机、电视节目和音乐录制品），其他个人、文化娱乐服务（健康、教育等）。贷方记录本国居民向非居民提供的相关服务。借方记录本国居民接受的非居民相关服务。

1.A.b.12别处未涵盖的政府货物和服务：指在其他货物和服务类别中未包括的政府和国际组织提供和购买的各项货物和服务。贷方记录本国居民向非居民提供的别处未涵盖的货物和服务。借方记录本国居民向非居民购买的别处未涵盖的货物和服务。

1.B初次收入（income）：指由于提供劳务、金融资产和出租自然资源而获得的回报，是生产要素在国际上流动而引起的要素报酬收支。包括雇员报酬、投资收益和其他初次收入三部分。

1.B.1雇员报酬：指根据企业与雇员的雇佣关系，因雇员在生产过程中的劳务投入而获得的酬金回报。贷方记录本国居民个人从非居民雇主处获得的薪资、津贴、福利及社保缴款等。借方记录本国居民雇主向非居民雇员支付的薪资、津贴、福利及社保缴款等。

需要注意的是，由于侨民已经是其所在国的居民，因此他向其原属国的汇款不能列入收入一项，而是计入经常性转移。

1.B.2投资收益：指因金融资产投资而获得的利润、股息（红利）、再投资收益和利息，但金融资产投资的资本利得或损失不是投资收益，而是金融账户统计范畴。贷方记录本国居民因拥有对非居民的金融资产权益或债权而获得的利润、股息、再投资收益或利息。借方记录本国居民因对非居民投资者有金融负债而向非居民支付的利润、股息、再投资收益或利息。

需要注意的是，这里只记录跨国投资的收入，而不记录跨国投资值。跨国投资值的变化应记录在资本与金融账户的金融项目中的各个对应项。

1.B.3其他初次收入：指将自然资源让渡给另一主体使用而获得的租金收入，以及跨境产品和生产的征税和补贴。贷方记录本国居民从非居民获得的相关收入。借方记录本国居民向非居民进行的相关支付。

1.C二次收入：指居民与非居民之间的经常转移（current transfers），包括现金和实物。经常转移是商品、劳务或金融资产在居民与非居民之间转移后，并未得到任何直接的经济价值的补偿与回报的转移，因而也被称为无偿转移（unrequited transfers）或单方面转移（unilateral transfers）。贷方记录本国居民从非居民处获得的经常转移，借方记录本国居民向非居民提供的经常转移。

各种不同类型的经常转移计入本账户，表明其在经济体间收入分配过程中的作用，显示收入的再分配。初次收入影响国民收入，二次收入与初次收入共同影响国民可支配总收入。资本转移不影响可支配收入，因此，资本转移列示于资本账户中。

上述账户的差额称为经常账户差额，显示的是出口和应收收入之和与进口和应付收入之和之间的差额（出口和进口指货物和服务，收入指初次收入和二次收入）。

2.资本和金融账户（capital and financial account）

资本和金融账户是指对资产所有权在国际上流动行为进行记录的账户，它包括资本账户和金融账户两大部分。

2.1资本账户（capital account）：指居民与非居民之间的资本转移，以及居民与非居民之间非生产、非金融资产的取得和处置。贷方记录本国居民获得非居民提供的资本转移，以及处置非生产、非金融资产获得的收入，借方记录本国居民向非居民提供的资本转移，以及取得非生产、非金融资产支出的金额。资本账户包括资本转移和非生产、非金融资产的收购/出售。

①资本转移（capital transfer），是指固定资产所有权的无偿转移、同固定资产收买或放弃相联系的或以其为条件的资金转移、债权人不索取任何回报而取消的债务等，因而主要记录投资捐赠和债务注销。投资捐赠是指一方提供用于资本目的的资源，但该方没有得到任何直接经济价值回报，它可以是实物形式，也可以是现金形式。债务注销是指债权国放弃债权，而不要求债务国给予回报。

资本账户下的资本转移和经常账户下的经常转移完全不同。经常转移指的是所有非资本转移项目，包括商品、劳务、金融资产的单方面转移，且该项目经常发生，规模较小，并直接影响捐助者与受援者的可支配收入和消费，所以记录在经常账户下；而资本转移不经常发生，但规模较大，也不直接影响捐助者与受援者的可支配收入和消费，记录在资本和金融账户下，主要记录的是投资捐赠（如非居民遗产税的征收、交通设备的捐赠等）和债务注销。

②非生产、非金融资产的收购/出售，记录不是由生产创造出来的有形资产（土地和地下资产）和无形资产（专利、版权、商标、经销权等）的收购或出售。

无形资产在资本账户中引起的收支与在经常账户中的服务项目下引起的收支有所不同。经常账户中的服务项目下记录的无形资产，是无形资产的运用所引起的收支；而在资本项目下记录的无形资产，是无形资产所有权的买卖所引起的收支。

2.2金融账户（financial account）：指发生在居民与非居民之间、涉及金融资产与负债的各类交易。

经常账户与资本账户按全值列示交易，金融账户则按净额分别列示金融资产和负债交易（即资产的获得减去资产的减少，而不是资产减负债）。根据会计记账原则，当期对外金融资产（居民对非居民的投资和提供的信贷）净增加记录为负值，净减少记录为正值；当期对外负债（非居民对居民的投资和提供的信贷）净增加记录为正值，净减少记录为负值。金融账户细分为非储备性质的金融账户和储备资产。

2.2.1非储备性质的金融账户包括直接投资、证券投资、金融衍生工具和其他投资。

2.2.1.1直接投资（direct investment）：以投资者寻求在本国以外运行企业获取有效发言权为目的的投资。直接投资者对在外国投资的企业拥有10%或10%以上的普通股或投票权，从而对该企业的管理拥有永久性权益，即拥有控股权或经营管理权。其包括直接投资资产和直接投资负债两部分。相关投资工具可划分为股权和关联企业债务。股权包括股权和投资基金份额，以及再投资收益。关联企业债务包括关联企业间可流通和不可流通的债权和债务。

2.2.1.1.1 直接投资资产：指本国作为直接投资企业对在外直接投资企业的净资产，作为直接投资企业对直接投资者的净资产，以及对境外联属企业的净资产。

2.2.1.1.2 直接投资负债：指本国作为直接投资企业对外国直接投资者的净负债，作为直接投资企业对直接投资者的净负债，以及对境外联属企业的净负债。

2.2.1.2 证券投资（portfolio investment）：包括证券投资资产和证券投资负债，相关投资工具可划分为股权和债券。股权包括股权和投资基金份额，记录在证券投资项下的股权和投资基金份额均应可流通（可交易）。股权通常以股份、股票、参股、存托凭证或类似单据作为凭证。投资基金份额指投资者持有的共同基金等集合投资产品的份额。债券指可流通的债务工具，是证明其持有人（债权人）有权在未来某个（些）时点向其发行人（债务人）收回本金或收取利息的凭证，包括可转让存单、商业票据、公司债券、有资产担保的证券、货币市场工具以及通常在金融市场上交易的类似工具。

2.2.1.2.1 证券投资资产：记录本国居民投资非居民发行或管理的股权、投资基金份额的当期净交易额。

2.2.1.2.2 证券投资负债：记录非居民投资于本国居民发行或管理的股权、投资基金份额的当期净交易额。

2.2.1.3 金融衍生工具：全称为金融衍生工具和雇员认股权，用于记录本国居民与非居民金融工具和雇员认股权交易情况。金融衍生工具是一种金融工具，该金融工具与另一特定的金融工具、指标或商品相联系，可以独立在金融市场上针对特定金融风险（例如利率风险、外汇风险、股权和商品价格风险、信用风险等）进行交易；雇员认股权指向公司雇员提供的一种购买公司股权的期权，通常作为公司对其雇员的一种报酬。

2.2.1.3.1 金融衍生工具资产：又称金融衍生工具和雇员认股权资产，用于记录本国居民作为金融衍生工具和雇员认股权资产方，与非居民的交易。

2.2.1.3.2 金融衍生工具负债：又称金融衍生工具和雇员认股权负债，用于记录本国居民作为金融衍生工具和雇员认股权负债方，与非居民的交易。

证券投资、金融衍生工具可以称作间接投资。直接投资与二者不同。直接投资是对外国企业的生产经营有直接影响力的投资，能够控制企业的经营管理；而间接投资是对外国金融资产的投资，是一种纯粹的金融行为，不能控制企业的经营管理。影响直接投资与间接投资的因素也有很大差异。直接投资着眼于长期利益，因此区位优势（如低工资、劳动力密集、市场潜力大）等长期因素是其重要影响因素；而间接投资着眼于短期利益，因此，利率等短期因素是其重要影响因素。

2.2.1.4 其他投资（other investment）：除直接投资、证券投资、金融衍生工具和储备资产外，居民与非居民之间的其他金融交易。其包括其他股权、货币和存款、贷款、保险和养老金、贸易信贷和其他。

2.2.1.4.1.1/2.2.1.4.2.1 其他股权：指不以证券投资形式（上市和非上市股份）存在的、未包括在直接投资项下的股权。其通常包括：在准公司或非公司制企业中的、表决权小于10%的股权（如分支机构、信托、有限责任和其他合伙企业、以及房地产和其他自然资源中的所有权名义单位）、在国际组织中的股份等。资产项记录本国居民投资于非居民的其他股权。负债项记录非居民投资于本国居民的其他股权。

2.2.1.4.1.2/2.2.1.4.2.2货币和存款：货币包括由中央银行或政府发行或授权的，有固定面值的纸币或硬币。存款是指对中央银行、中央银行以外的存款性公司以及某些情况下其他机构单位的、由存单表示的所有债权。资产项记录本国居民持有外币及开在非居民处的存款资产变动。负债项记录非居民持有的人民币及开在本国居民处的存款变动。

2.2.1.4.1.3/2.2.1.4.2.3贷款：指通过债权人直接借给债务人资金而形成的金融资产，其合约不可转让。贷款包括普通贷款、贸易融资、透支、金融租赁、证券回购和黄金掉期等。资产项记录本国居民对非居民的贷款债权变动。负债项记录本国居民对非居民的贷款债务变动。

2.2.1.4.1.4/2.2.1.4.2.4保险和养老金：全称为保险、养老金和标准化担保计划，主要包括非人寿保险技术准备金、人寿保险和年金权益、养老金权益以及启动标准化担保的准备金。资产项记录本国居民作为保单持有人或受益人所享有的资产或权益。负债项记录本国作为保险公司、养老金和标准化担保发行者所承担的负债。

2.2.1.4.1.5/2.2.1.4.2.5贸易信贷：又称贸易信贷和预付款，是因款项支付与货物所有权转移或服务提供非同步进行而与直接对手方形成的金融债权债务。如相关债权债务不是发生在货物或服务的直接交易双方，即不是基于商业信用，而是通过第三方或银行信用形式发生，则不纳入本项统计，而纳入贷款或其他项目统计。资产项记录本国居民与非居民之间因贸易等发生的应收款或预付款。负债项记录本国居民与非居民之间因贸易等发生的应付款或预收款。

2.2.1.4.1.6/2.2.1.4.2.6其他（资产/负债）：除直接投资、证券投资、金融衍生工具、储备资产、其他股权、货币和存款、贷款、保险准备金、贸易信贷、特别提款权负债外的对非居民的其他金融债权或债务。资产项记录债权，负债项记录债务。

2.2.1.4.2.7特别提款权负债：指作为基金组织成员方分配的特别提款权，是成员方的负债。

2.2.2储备资产（reserve assets）：指本国中央银行可随时动用和有效控制的对外资产。包括外汇、货币黄金、特别提款权、在基金组织的储备头寸。

2.2.2.1货币黄金：指本国中央银行作为国际储备持有的黄金。

2.2.2.2特别提款权：是国际货币基金组织根据会员国认缴的份额分配的，可用于偿还国际货币基金组织债务、弥补会员国政府之间国际收支赤字的一种账面资产。

2.2.2.3在国际货币基金组织的储备头寸：指在国际货币基金组织普通账户中会员国可自由提取使用的资产。

2.2.2.4外汇储备：指本国中央银行持有的可用作国际清偿的流动性资产和债权。

2.2.2.5其他储备资产：指不包括在以上储备资产中的、本国中央银行持有的可用作国际清偿的流动性资产和债权。

储备资产项目有时单独列项，起到最终使国际收支平衡表平衡的作用。一国国际收支中经常账户的差额和资本与金融账户（不包括储备资产）的差额所形成的总差额经常会出现不平衡，需要用储备资产来调节。如果总差额为顺差，则官方储备增加，其中主要是外汇储备增加；或者将顺差余额贷放给外国，从而使官方对外短期债权增加；或者以此顺差余额偿还官方的对外债务，从而使官方短期负债减少。资产增加、负债减少计入借方。如果总差额为逆差，则官方储备减少，其中主要是外汇储备减少；或者索回原来中央银行贷放给外国官方的贷款加以弥补，从而使官方短期债权减少；或者向外国中央银行借入外汇资金加以弥补，从而使官方短期债务增加。资产减少、负债增加记入贷方。

需要注意的是，国际收支平衡表中的各项都是流量概念，揭示的是在某个既定时间内各个指标的变化。因此，无法在某一时期的国际收支平衡表中找到截至该时期该国外汇储备的存量，只能找到当年的储备资产的变化。

3.净误差与遗漏（errors and omissions）：这是一种人为设置的抵消账户，用来抵消编制报表时出现的净的借方或贷方余额。原则上，国际收支平衡表采用复式记账法，借方与贷方总额应当是相等的，差额为零。但实际上，一国的国际收支平衡表不可避免地会出现净的借方余额或净的贷方余额，形成统计残差项，很难达到平衡。这个余额是统计资料错漏和时点不同等原因而造成的：①技术原因，表现为统计资料不完整、统计数字重复计算和漏算、资料本身缺乏真实性和准确性。比如，统计资料有的来自海关，有的来自银行，有的来自官方主管机构，难免造成错算和漏算，有的数据是估算出来的。②投机或安全原因。比如，当事人故意瞒报或虚报统计数据，商品走私、以隐蔽形式进行的资本外逃等。

为此，需要人为地在平衡表中设置一个单独的“误差与遗漏”项目，以使差额为零。误差与遗漏账户的数字是总差额（经常账户和不包括储备资产的资本与金融账户所形成的差额）与官方储备实际收付数字之差。若总差额是顺差，则会引起官方储备增加（以负号记）。当两者余额为正时，在误差与遗漏项目下的借方列入此余额；当两者余额为负时，在误差与遗漏项目下的贷方列入此余额。若总差额是逆差，则会引起官方储备减少（以正号记）。同样，当两者余额为正时，在误差与遗漏项目下的借方列入此余额；当两者余额为负时，在误差与遗漏项目下的贷方列入此余额。总之，当官方统计结果是贷方数字大于借方数字时，即外汇收入大于支出时，就在净误差与遗漏项下的借方列出与余额相等的数字；反之，当官方统计结果是存在借方余额，则在净误差与遗漏的贷方列出与余额相等的数字。

一国国际收支中的误差与遗漏必须是有限度的。国际公认的合理范围是净误差与遗漏占同期货物进出口额的比重一般不宜超过±5%。

知识链接2-1　净误差与遗漏负值不等于资本外逃规模

误差与遗漏常被用作衡量资本管制下资本非法出入的一个指标。这一指标规模过大，很可能对经济产生较大的负面影响。如果该项表现为过大的贷方余额，即外汇支出大于外汇收入，意味着可能出现了非法的资本流入；反之，该项表现为过大的借方余额，即外汇收入大于外汇支出，则意味着可能出现了非法的资本外逃。前者使本国货币升值的压力增加，通货膨胀的压力也因此会产生；后者则令本币出现贬值的压力。总之，两者都会削弱外汇管制的作用。

因此，一切统计上的误差均归入误差与遗漏账户。但是，若在这个账户中有数目大且长时间得不到扭转的差额应当引起注意。当一国国际收支账户持续出现同方向、较大规模的误差与遗漏时，常常是人为因素造成的。对该账户进行分析，往往可以发现实际经济中存在的一些问题。比如，一国实行资本管制时，为躲避管制而形成的资本外逃也会假借合法交易名义逃到国外。这会反映在误差与遗漏账户的借方余额中。

尽管如此，也不能因此断定净误差与遗漏方向与跨境资本流动有着必然关系。净误差与遗漏负值不等于资本外逃规模。2009—2013年间，我国年度国际收支平衡表中净误差与遗漏均为负，但除2012年外，其他各年份我国面临的都是资本流入和人民币升值的压力。从国际上看，日本在2007—2012年、德国在2003—2009年均连续六七年呈现误差与遗漏为正，而期间欧元和日元有升有贬，宏观经济状况波动也很大。造成净误差与遗漏为负的原因非常复杂，既有可能是低估了资本外流，也有可能是高估了经常项目顺差。例如，有些企业出口不收汇或少收汇，存在高报出口骗取政府奖励或将收入违规留存境外的情况。

五、国际收支平衡表的编制举例

现以美国为例来说明国际收支平衡表的编制原理和记账规则。假定美国在某一年发生下列几笔对外经济交易，做出会计分录，并编制其国际收支平衡表。

【例2-1】美国企业向英国商人出口价值40万美元的机器设备，并开具一张以英国商人为付款人的见票后30天付款的汇票，要求英国商人见票后30天，将款项汇入纽约银行伦敦分行的美国企业账户。

分析：商品出口应记入货物项目的贷方。同时，由于该笔交易使得美国企业在海外银行的存款（资产）相应增加，美国对外短期债权增加，应记入其他投资项目的借方。

借：金融账户——其他投资（对外国私人短期债权）　　40万美元

　贷：货物——商品出口　　40万美元

【例2-2】美国公司从中国购买300万美元的机电产品，用纽约银行的美元支票付款。

分析：商品进口应记入货物项目的借方。同时，中国在纽约银行的美元存款增加，意味着美国私人对外短期负债增加，应记入其他投资项目的贷方。

借：货物——商品进口　　300万美元

　贷：金融账户——其他投资（对外国私人短期负债）　　300万美元

【例2-3】一批法国游客在美国花费了10万美元，所需美元是在美国机场银行用欧元兑换的。

分析：美国为外国居民提供了服务，是劳务输出，应记入服务项目的贷方。同时，美国银行在巴黎的欧元存款增加，即美国持有的外币资产增加，应记入其他投资项目的借方。

借：金融账户——其他投资（私人对外短期资产）　　10万美元

　贷：服务——旅游　　10万美元

【例2-4】美国石油进口商租用希腊经营的油轮，支付30万美元，用支票支取在瑞士银行的存款结余。

分析：美国从国外获得服务，是劳务输入，应记入借方。同时，美国在国外短期资产（瑞士银行的结余）减少，应记入贷方。

借：服务——运输　　30万美元

　贷：金融账户——其他投资（美国的海外资产）　　30万美元

【例2-5】美国华人为中国的希望工程捐款5万美元。

分析：美国对外国无偿转让，应在借方的转移收支中反映。同时，中国希望工程基金会的银行账户增加了5万美元，即美国对外短期负债增加，应在贷方的其他投资项目中反映。

借：经常转移（私人） 5万美元

贷：金融账户——其他投资（对外私人短期负债） 5万美元

【例2-6】美国以价值500万美元的设备投入墨西哥，兴办合资企业。

分析：美国对外国直接投资，应反映在借方的金融账户中。同时，以实物投资相当于向被投资国出口商品，应反映在贷方的商品出口中。

借：金融账户——直接投资 500万美元

贷：货物——商品出口 500万美元

【例2-7】德国居民在纽约股票交易所买进50万美元的普通股。纽约德国银行的美元结余减少。

分析：美国输入长期证券投资，应记入金融账户的贷方。同时，美国银行对外负债减少，应记入其他投资项目的借方。

借：金融账户——其他投资（对外私人短期负债） 50万美元

贷：金融账户——证券投资 50万美元

【例2-8】英国居民在伦敦股票交易所购买美国10年期国债35万美元。

分析：美国政府由于出售公债而使官方持有35万美元的储备资产，应记入官方储备的借方。同时，美国获得从国外输入的长期资本，应记入资本和金融账户的贷方。

借：官方储备 35万美元

贷：金融账户——证券投资 35万美元

【例2-9】美国政府动用外汇库存40万美元向印度尼西亚提供无偿援助。

分析：美国向外国无偿捐赠属于转移支出，应记入借方。同时，美国的外汇储备减少，应记入贷方。

借：经常转移（政府） 40万美元

贷：官方储备 40万美元

【例2-10】美国某企业在海外投资所得利润200万美元。其中，120万美元用于当地的再投资，30万美元购买当地的商品运回国内，50万美元调回国内结售给政府以换取本国货币。

分析：美国对外直接投资所得利润应在贷方项目的投资收益中反映。同时，利润再投资相当于美国对海外直接投资，购买被投资国物品视为商品进口，将外汇结售给政府使得官方储备增加，这些都应该在借方项目中反映。

借：金融账户——直接投资 120万美元

货物——商品进口 30万美元

官方储备 50万美元

贷：投资收益（海外投资利润收入） 200万美元

上述各笔交易可编制成一个完整的国际收支平衡表（见表2-3）。

表2-3　　　　美国国际收支平衡表　　　　单位：万美元

项　目	差　额	贷方（+）	借方（-）
A.经常账户	+345	750	405
1.货物	+210	①40+⑥500	②300+⑩30
2.服务	-20		
（1）旅游		③10	
（2）运输			④30
3.收益	+200	⑩200	
4.经常转移	-45		⑤5+⑨40
B.资本和金融账户	-345	460	805
1.资本账户	0		
2.金融账户	-345		
（1）直接投资	-620		⑥500+⑩120
（2）证券投资	+85	⑦50+⑧35	
（3）其他投资	+235	②300+④30+⑤5	①40+③10+⑦50
（4）储备资产	-45	⑨40	⑧35+⑩50
C.误差与遗漏			
总　计	0	1 210	1 210

注：为方便，所有账户均按总额记录。

会计意义上的国际收支平衡表全部项目的借方总额与贷方总额应是相等的，其净差额为零。但在实际中，对国际收支平衡表每个具体的明细项目来说，借贷双方的金额不一定相等，而是经常出现差额，这种差额被称为局部差额。当收入大于支出而有盈余时，局部差额被称为顺差或黑字；当支出大于收入时，局部差额被称为逆差或赤字。上例结果表明：美国在该年度国际收支是顺差（总差额为经常账户与除储备资产外的资本与金融账户之综合：+345万美元-300万美元=+45万美元），储备资产增加45万美元。

六、国际投资头寸表

如前所述，国际收支与国际借贷之间有着内在的联系，但也有区别。国际收支用国际收支平衡表来反映，国际借贷用国际投资头寸表来反映。

国际投资头寸（IIP）表是反映特定时点上一个国家或地区对世界其他国家或地区金融资产和负债存量的统计报表。包括：一个经济体的居民对非居民的债权或作为储备资产持有的金块等金融资产，以及一个经济体的居民对于非居民的负债，而完整的国际投资头寸报表反映了不同时点的状况，即有一个期初值（在期间开始时的值）和一个期末值（在期间结束时的值）。国际投资头寸的变动是由特定时期内交易、价格变化、汇率变化和其他调整引起的。

根据国际货币基金组织《国际收支和国际投资头寸手册》（第六版）制定的标准，国际投资头寸表在计价、记账单位和折算等核算原则上均与国际收支平衡表保持一致，并与国际收支平衡表共同构成一个国家或地区完整的国际账户体系。

此外，根据国际货币基金组织的标准，国际投资头寸表的项目按对外金融资产和对外负债设置。资产细分为直接投资、证券投资、金融衍生工具、其他投资、储备资产五部分；负债细分为直接投资、证券投资、金融衍生工具、其他投资四部分。净头寸是指对外金融资产减去对外负债。具体的项目含义与国际收支平衡表的项目含义一致。

《国际收支和国际投资头寸手册》第六版提供了国际账户概览表示例（见表2-4），其包括国际收支账户和国际投资头寸账户两个报表。

表2-4　　国际账户概览表　　单位：万美元

国际收支	贷方	借方	差额
经常账户			
货物和服务	540	499	41
货物	462	392	70
服务	78	107	−29
初次（主要）收入	50	40	10
雇员报酬	6	2	
利息	13	21	
公司的已分配收益	17	17	
再投资收益	14	0	
租金	0	0	
二次（次要）收入	17	55	−38
对所得、财富等征收的经常性税收	1	0	
非寿险净保费	2	11	
非寿险索赔	12	3	
经常性国际转移	1	31	
其他经常转移	1	10	
养老金权益变化调整			
经常账户差额			13
资本账户			
非生产、非金融资产的取得/处置	0	0	
资本转移	1	4	
资本账户差额			−3
净贷出（+）/净借入（−）（来自经常账户和资本账户）			10
金融账户（按职能类别）	资产净获得	负债净产生	差额
直接投资	8	11	
证券投资	18	14	
金融衍生产品（储备除外）和雇员认股	3	0	
其他投资	20	22	
储备资产	8		
资产/负债变化总额	57	47	
净贷出（+）/净借入（−）（来自金融账户）			10
误差与遗漏净额			0

国际投资头寸	期初头寸	交易（金融账户）	其他数量变化	重新定值	期末头寸
资产（按职能类别）					
直接投资	78	8	0	1	87
证券投资	190	18	0	2	210
金融衍生产品（储备除外）和雇员认股权	7	3	0	0	10
其他投资	166	20	0	0	186
储备资产	833	8	0	12	853
资产总额	1 274	57	0	15	1 346
负债（按职能类别）					
直接投资	210	11	0	2	223
证券投资	300	14	0	5	319
金融衍生产品（储备除外）和雇员认股权	0	0	0	0	0
其他投资	295	22	0	0	317
负债总额	805	47	0	7	859
国际投资头寸净额	469	10	0	8	487

资料来源：《国际收支和国际投资头寸手册》第六版。

七、国际收支平衡表的分析

如前所述，国际收支平衡表是根据复式簿记原理来编制的，一笔国际经济交易总是会产生金额相同、方向相反的借方记录和贷方记录。因此，一国的国际收支在账面上总是平衡的，即使由于统计误差造成借贷方失衡，也会通过错误与遗漏项目加以平衡。但这种平衡只是会计意义上的平衡。在实际中，国际收支经常存在不平衡，即国际收支总会出现不同程度的顺差或逆差，称为国际收支失衡。各国政府和国际经济组织都将国际收支平衡作为金融运行良好的指标，而把国际收支失衡作为政策调整的重要对象。这就需要对国际收支平衡表进行分析，找出产生国际收支顺差或逆差的原因，并采取相应对策，使国际收支状况朝着有利于本国经济发展的方向变化。国际收支平衡表的分析方法一般包括静态分析法、动态分析法和比较分析法，其中，静态分析法中的差额分析是对国际收支平衡表进行分析的基本方法。

（一）静态分析法

静态分析法又称差额分析法或微观分析法，是指对某国在某一时期（一年、半年或一季）的国际收支平衡表中各个项目及其差额进行定量的账面上的分析。尽管各国编制国际收支平衡表的格式和口径有所差别，计算国际收支差额的方法也不尽相同，但在考察国际收支状况时，对以下几个项目差额的分析一般都比较重视。

1.贸易收支差额（trade balance，TB）

贸易收支差额即货物进出口差额，用公式表示为：

$$TB=X-M$$

式中：X表示出口，M表示进口，TB表示货物进出口差额。这是传统上用得比较多的一个口径。它集中反映一国在国际市场上的竞争能力，也在一定程度上表现出一国的经济实力。

实际上，贸易账户仅仅是国际收支的一个组成部分，绝不能代表国际收支的整体。但对多数国家来说，贸易收支在全部国际收支中所占的比重相当大，贸易收支差额在很大程度上决定了国际收支的总差额。同时，贸易收支的数字尤其是商品贸易收支的数字易于通过海关的途径收集，能较快地反映出一国对外经济交往的情况。此外，贸易收支在国际收支中还有它的特殊重要性，商品的进出口情况综合反映了一国的产业结构、产品质量和劳动生产率状况，反映了该国产业在国际上的竞争能力。因此，对贸易收支的差额进行分析是十分重要的，甚至可将贸易收支作为国际收支的近似代表。通过分析，可以看出一国商品进出口的结构和地区分布是否合理，进而了解该国产业结构、生产技术水平是否与世界经济发展相适应，其贸易条件在世界贸易中所占的地位和比重如何，从而找出贸易出超或入超的原因。如果贸易差额出现逆差，必须有某种资金来源与之相抵，或是靠经常项目中服务和转让收支项目的顺差来抵补，或是靠金融项目中的外资流入，也可能是用国家的储备资产来解决。贸易差额如果是顺差，也必然会使国际收支其他项目做出相应的变化。

此外，货物进出口总额，即X+M还常被当作一国经济开放性的重要指标，用来衡量一国经济的对外开放程度。

2.经常项目收支差额（current account balance）

经常项目收支差额包括贸易收支、无形收支（即服务和收入）和经常转移收支。虽然经常项目收支也不能代表全部国际收支，但它综合反映了一个国家对外经济交易的一般态势，各国和国际货币基金组织都特别重视经常项目差额情况。如果经常项目有逆差，表示从国外净动用了一些商品、服务供国内使用，相应地减少本国在外国的资产或是增加对外的负债。如果经常项目有顺差，表示向国外净供应了一些商品和服务，相应地会增加本国对外资产或减少对外负债。

3.资本和金融账户（剔除官方储备）差额（capital and financial account balance）

资本和金融账户差额具有两方面的分析作用。首先，通过资本和金融账户余额可以看出一个国家金融市场的开放和发达程度，对一国货币政策和汇率政策的调整提供有益的借鉴。一般而言，金融市场开放的国家资本和金融账户的流量总额较大。其次，资本与金融账户和经常账户之间具有融资关系，所以资本与金融账户的余额可以折射出一国经常账户的状况和融资能力。根据复式记账原则，在国际收支中一笔贸易流量通常对应一笔金融流量，在不考虑错误与遗漏因素时，经常账户中的余额必然对应着资本和金融账户在相反方向上的数量相等的余额，也就是说经常账户余额与资本和金融账户余额之和等于零。当经常账户出现赤字时，必然对应着资本和金融账户的相应盈余，这意味着一国利用金融资产的净流入为经常账户赤字融资。但是，值得注意的是，该项目中直接投资和证券投资对经常项目逆差的弥补效果是不同的，直接投资不构成一国的对外债务，而其他方面的投资则是要偿还的。因此，若一国国际收支平衡是通过金融账户中证券投资和其他投资的顺差来弥补经常项目的逆差而获得的，则此平衡是不健康的；反之，若平衡是由经常项目盈余或直接投资引起的，则此平衡是良性的。

知识链接2-2　如何看待我国国际收支平衡表金融账户逆差

2020年，我国国际收支延续新的平衡模式，即经常账户顺差，非储备性质的金融账户逆差，外汇储备规模保持基本稳定。理解这一变化，需要对国际收支的金融账户，特别是非储备性质的金融账户进行全新认识。近年来我国国际收支形成自主平衡格局，储备资产基本稳定，使得经常账户与非储备性质的金融账户呈现镜像关系。在此格局下，经常账户呈现顺差，非储备性质的金融账户则呈现逆差；反之，经常账户呈现逆差，非储备性质的金融账户则呈现顺差。近年来，随着人民币汇率双向波动、弹性增强，市场主体的各类国际收支交易有进有出，有来有往，支持了当前经常账户小幅顺差、非储备性质的金融账户小幅逆差的国际收支自主平衡格局。

非储备性质的金融账户呈现逆差，主要是我国私人部门正在不断累积对外资产。我国国际收支平衡表金融账户下，对外净资产（资产变动-负债变动）增加用负值表示，对外净资产减少用正值表示。当对外资产增加额大于对外负债增加额时，流量上对外净资产将呈现负值。这可以理解为我国对外支付的资金大于从境外流入的资金，我国得以不断累积对外净资产。2020年，我国非储备性质的金融账户逆差778亿美元，主要在于我国私人部门对外各类投资较多，具体看：一是境内居民对外证券投资增加，多元化资产配置需求较强；二是对外直接投资总体理性有序；三是银行对外存贷款增多，主要是经常账户保持顺差使得境内外汇流动性相对充裕。同期，来华直接投资、证券投资、其他投资等全部对外负债均为净流入，未出现对外债务去杠杆。可见，国际收支平衡表的各项目有顺差也有逆差，最终结果是我国私人部门增加了对外净资产。对外投资的增加带来收益收入，进一步扩充了我国的对外资产。与外资布局我国、分享我国的经济发展成果类似，随着我国综合国力的提升，我国对外投资不仅“走出去”，同时也会带来利润、利息和股息等投资收益。2000年至2020年，我国对外投资收益由123亿美元增至2 244亿美元。这些对外投资收益收入，一方面成为经常账户收入的重要组成部分，另一方面也增加了我国的对外资产。现阶段我国国际收支平衡的内在结构较为合理。近年来，我国国际收支进入自主平衡时期后，经常账户总体表现为基本平衡、略有盈余的状态，决定了国际收支整体结构的稳健性；金融账户下也未出现持续、高频、大规模的资金净流出，金融市场开放吸引境外资本流入，境内主体持有的境外资产同步增多，跨境资本流动相对均衡，储备资产总体稳定。未来，我国经济结构优化、制造业转型升级、对外开放稳步推进等基本面保持不变，继续为国际收支自主平衡提供根本支撑。

4.综合账户差额或总差额（overall balance）

综合收支账户是指经常账户与资本和金融账户中的资本账户、直接投资、证券投资、其他投资账户等所构成的余额，也就是将国际收支账户中的官方储备账户剔除后的总体余额（包括“误差与遗漏”项）。由于综合差额必然导致官方储备的反方向变动，所以综合账户的意义在于可以用它来衡量国际收支对一国储备造成的压力。综合差额为正，则储备资产记负号，表示该国储备资产增加，国际收支顺差；反之，综合差额为负，则储备资产记正号，表示该国储备资产减少，国际收支逆差。通常，人们讲的国际收支盈余或赤字就是指综合收支差额盈余或赤字。

（二）动态分析法

动态分析法是指对一国若干连续时期的国际收支平衡表进行分析的方法。分析一国的国际收支，只对其某一年的国际收支平衡表进行分析是不够的，还要分析以往的情况。一国连续多年的国际收支之间有着密切的联系，可以将历年国际收支平衡表的各个项目、总体情况及差额并列起来进行综合分析，考察各指标在一个较长时期内的发展变化，力求实现国际收支的动态平衡。国际收支动态平衡，亦称国际收支均衡，它是以经济实际运行可能实现的计划期为平衡周期，保持周期内国际收支的平衡。只有通过动态分析，才能了解一国国际收支的均衡状况，并通过一系列调节措施，促使该国保持最佳的国际储备水平，促进该国货币汇率均衡与经济正常发展。

（三）比较分析法

比较分析法是指将一国的国际收支平衡表与其他国家，尤其是主要的经济大国的国际收支平衡表进行比较，找出本国与他国国际收支顺逆差的异同及原因，分析本国与他国的国际收支结构以及调节措施，只有这样才能了解本国和他国在世界经济中的地位，正确认识国际金融格局，并能够借鉴他国经验，为调节本国国际收支所用。

第三节　国际收支失衡及其调节

国际收支是否平衡，不仅影响一国的对外贸易与金融关系，影响其货币汇率的稳定及政府的对外经济政策，而且对其国内经济的稳健运行与发展也产生重要的影响。因此，大多数国家都将国际收支平衡作为其宏观经济的目标之一。

一、国际收支平衡与不平衡的判断标准

分析和判断国际收支平衡与否的主要依据是各国的国际收支平衡表。国际收支平衡表是按照复式簿记原理编制的，借方总额与贷方总额相等，国际收支最后总是平衡的。但这种平衡显然只是会计意义上的平衡，不能反映一国国际收支的真实情况，不能因此断定国际收支就是平衡的。在实践中，对国际收支平衡与不平衡的理解和判断并非如此简单，需要找到一个衡量标准。判断一个国家的国际收支是否平衡，涉及两个概念：自主性交易和调节性交易，这是因各种国际经济交易的动机和目的不同而形成的不同的交易类型。

其一，自主性交易，亦称事前交易，是指一国居民基于特定的经济目的而自主进行的对外交易。具体地说，这是消费者根据效用最大化原则、厂商根据利润最大化原则参与国际经济交易的结果，如为追求利润而进行的商品和劳务的输出入、海外直接投资等。经常账户的各项交易、不包含储备资产的资本与金融账户中的一些交易都属于自主性交易。这种交易活动体现的是各居民主体的意志，不代表哪一个国家和政府的意志，具有自发性和分散性的特点。而这种自发交易引起的收支活动，总是会产生差额，或者收大于支，或者支大于收，不可能完全相等。

其二，调节性交易，亦称事后交易或适应性交易，是指货币当局出于调节国际收支差额的目的而进行的交易活动。具体地说，这是金融账户中由官方调节性措施引起的短期资本流动及储备资产变动。这种交易活动体现的是一国政府的意志，具有被动性和集中性的特点。因为它是被动地接受自主性项目行为结果的项目，当自主性交易出现较大差额时，需要增减官方储备和利用短期投融资人为地进行弥补或调节。比如，当国际收支盈余时，政府就会吸纳自主性项目下创造的多余的外汇收入；当国际收支出现赤字时，官方储备就会减少以满足自主性项目下多余的外汇需求，因而调节性交易主要是指官方储备资产。

由于自主性交易反映的是国际收支中最主要的也是最重要的内容，其本质代表着一个国家的对外交易能力，因此，一国在一个长时期里自主性交易平衡（自动相等或基本相等），无须依靠调节性交易来弥补，那么这个国家的国际收支就是平衡的；反之，一国自主性交易失衡，需要通过调节性交易来实现平衡，而形成一种虚假的形式上的平衡时，国际收支就是不平衡的。因此，自主性交易是否平衡，是衡量国际收支平衡与否的一个重要标准。

二、国际收支不平衡的原因及类型

一国的国际收支不平衡可以由多种原因引起，按照这些原因，国际收支不平衡可以分为以下六种类型。

（一）结构性不平衡（structural disequilibrium）

结构性不平衡是指国内经济、产业结构不能适应世界市场的变化而发生的国际收支失衡。结构性失衡通常反映在贸易账户或经常账户上。结构性失衡有两层含义：第一层含义是指因经济和产业结构变动的滞后和困难所引起的国际收支失衡。比如，一国的国际贸易在一定的生产条件和消费需求下处于均衡状态。当国际市场发生变化，新产品不断淘汰老产品，新款式、高质量产品不断淘汰旧款式、低质量产品，新的替代品不断出现的时候，如果该国的生产结构不能及时根据形势加以调整，那么其原有的贸易平衡就会遭到破坏，贸易逆差就会出现。这种含义的结构性不平衡，在发达国家和发展中国家都有发生。第二

层含义的结构性不平衡，是指一国的产业结构比较单一，或其产品出口需求的收入弹性低，或虽然出口需求的价格弹性高，但进口需求的价格弹性低所引起的国际收支失衡。这层含义的结构性不平衡在发展中国家表现得尤为突出。结构性不平衡具有长期性，扭转起来相当困难。

（二）货币性不平衡（monetary disequilibrium）

货币性不平衡，是指在一定汇率水平下，一国货币成本与一般物价水平与他国相比发生变化而引起的国际收支失衡。一国发生通货膨胀，物价普遍上升，从而导致国际收支逆差；反之，如果通货紧缩，则国际收支顺差。货币性失衡可以是短期的，也可以是中期的或长期的。

（三）周期性不平衡（cyclical disequilibrium）

周期性不平衡是指一国处于经济周期不同阶段所引起的国际收支失衡。一般地，其是指受本国经济周期波动的影响。当一国经济处于衰退期时，社会总需求下降，进口需求也相应下降，国际收支发生盈余。反之，如果一国经济处于扩张和繁荣时期，国内投资与消费需求旺盛，对进口的需求也相应增加，尤其是对发展中国家而言，其经济增长常常依赖于附加值较大、价格较高的先进技术和机器设备的大量进口，国际收支便出现逆差。这种周期性不平衡在发展中国家和第二次世界大战前的发达资本主义国家中表现得比较明显。在第二次世界大战后，其表现经常受到扭曲，即繁荣时期国际收支出现顺差，萧条时期出现逆差。例如，1981—1982年发达国家（除日本外）在衰退期普遍伴有巨额的贸易逆差。

周期性不平衡还有另一种含义，即受世界经济周期影响而造成的国际收支失衡，主要是指西方发达国家的经济周期变动对世界其他国家国际收支所产生的影响。当发达国家经济陷入萧条或不景气时，往往会采取缩减进口的措施，从而减少世界其他国家或发展中国家的出口，导致后者国际收支产生逆差。

（四）收入性不平衡（income disequilibrium）

收入性不平衡是指因一国国民收入发生变化而引发的国际收支不平衡。国民收入变动的原因可能是经济周期的变化，也可能是经济增长率的高低不同。前者引发的收入性失衡，属周期变动；后者所引发的收入性失衡，则属持久性失衡。当国民收入相对快速增长，导致进口需求的增长超过出口增长或其他方面的国际支付增加时，国际收支容易发生逆差；相反，国民收入减少，居民消费和投资的需求都会下降，进口也会减少，国际收支容易发生顺差。

（五）临时性不平衡（temporary disequilibrium）

临时性不平衡是短期的、由非确定或偶然因素引起的国际收支失衡。例如，由生产和消费的季节性变化、自然灾害、外汇投机等因素造成国内产量下降、出口供应减少、进口需求增加，或资本外逃等而引起国际收支逆差，或相反的效果。这种性质的国际收支失衡程度一般较轻、持续时间不长、带有可逆性，可以认为是一种正常现象。在浮动汇率制度下，这种性质的国际收支失衡有时根本不需要政策调节，市场汇率的波动有时就能将其纠正。在固定汇率制度下，一般也不需要采用政策措施，只需动用官方储备便能加以克服。

（六）冲击性不平衡（shock disequilibrium）

冲击性不平衡是指由于游资（hot money）流动而引起的国际收支不平衡。这是20世纪90年代以来出现的新现象。目前世界上存在着追逐高息而流动的高达数万亿美元的短期资本，被称为国际游资。这些游资大多时候并非为了躲避风险而流动，而是有意狙击一个甚至几个国家和地区，造成这些国家和地区金融秩序动荡，国际收支严重失衡。

一般而言，经济结构性因素和经济增长率变化造成的收入性因素所引起的国际收支不平衡，具有长期性和持久性，被称为持久性不平衡。其他因素所引起的国际收支不平衡仅具有临时性，被称为暂时性不平衡。

三、国际收支不平衡对经济的影响

在现实经济生活中，一国的国际收支不平衡不仅是不可避免的，而且在某种意义上，一定限度内的国际收支顺差或者逆差对该国甚至是有益无害的。例如，一定的顺差会使一国的国际储备得到适度增长，增强对外支付和应付国际游资冲击的能力；一定的逆差可使一国适度地利用外国资源，加快国内经济的发展。但是，一国的国际收支如果出现了持续、大量的不平衡而又得不到改善，即发生了国际收支严重失衡或国际收支危机，那么，无论是顺差国还是逆差国，其经济发展都会受到不利的影响。

（一）国际收支逆差的影响

持续的、大量的国际收支逆差通常会带来以下不利的影响：

（1）导致外汇储备大量流失。一国发生持续性逆差时，一般都会采取三种方式来弥补：一是动用外汇储备；二是对外举债；三是调整经济结构。如果主要以动用外汇储备来弥补，必然会消耗该国的储备资产，削弱其对外支付能力。

（2）使经济增长受阻。这表现在三个方面：①一国由于存在着长期的巨额逆差，外汇储备减少，国际清偿能力降低，必然会影响发展经济所必需的生产资料的进口，使经济增长受到抑制，导致失业的增加和国民收入增长率的相对与绝对下降。②逆差会使该国货币汇率承受下跌的压力，货币当局如果要维护本币的地位，就要对外汇市场进行干预，抛售外汇而买进本币，形成国内货币紧缩，促使利率上升，使投资受到抑制，进而影响经济增长。③本币贬值或汇率下跌引起进口商品价格和国内物价上涨，加重通货膨胀。严重的通货膨胀还会引起资本大量外逃，国内资金短缺，影响国内投资和金融市场稳定，阻碍经济增长。

（3）不利于对外经济交往，损害国际信誉。在浮动汇率制下，存在持续逆差的国家，会增加对外汇的需求，促使外汇汇率不断上升，本币不断贬值且国际地位日益下降，对本国的对外经济交往产生消极的影响。与此同时，长期的国际收支逆差，使一国的偿债率降低，如果陷入债务困境不能自拔，又会影响到本国的经济和金融实力，损害该国的国际信誉。

（二）国际收支顺差的影响

持续的、大量的国际收支顺差会产生以下影响：

（1）本币持续坚挺，出口受到影响。长期的巨额顺差会使外汇供过于求，迫使本国货币汇率上升。本币过于坚挺，会引发大规模的套汇、套利和外汇投机活动，破坏国内和国际金融市场的稳定；同时，会使出口处于不利的竞争地位，影响出口贸易的发展，从而加重国内的失业问题。

（2）导致通货膨胀。持续顺差使得外汇储备急剧上升，外汇占款（外汇储备与M1之比）大幅度增加；同时，会增加外汇的供给和对本币的需求，货币当局不得不在外汇市场上购入大量外汇进行干预。这两种情况都会迫使国内货币投放量扩大，物价上涨，从而引发通货膨胀。

（3）持有储备的机会成本上升。国际收支盈余会导致外汇储备增加，巨额外汇储备的囤积使得持有储备的机会成本增加，外汇资金的使用缺乏效率。因为持有储备的机会成本常以实物投资的收益率来衡量，而外汇储备的持有形式通常是外国的政府债券，其风险小，变现能力强，但收益率低，该收益远远小于实物投资的收益。所以在一定程度上，过多的外汇储备持有是一种资源的浪费。

（4）不利于发展国际经济关系。一国的国际收支出现大量的顺差，意味着有关国家国际收支发生逆差，常常表现为出口和进口的失衡，因而容易引起贸易摩擦，影响国际经济关系。20世纪80年代美国和日本的贸易摩擦，21世纪初我国和美国、欧盟国家的贸易争端，都是典型的例子。

尽管国际收支顺差和逆差都会产生种种不利影响，相对而言，逆差所产生的影响更为显著，各国都注重对逆差采取调节措施。但也不能一概而论，无论从持续时间还是从产生原因方面看，顺差也应引起重视。比如，如果国际收支顺差主要是由资本流入带来的，而不是经常项目的顺差，则说明该国的国际竞争力较差，一旦外资大量流出就会造成逆差，经济实力显现出脆弱性。通常国际收支偏离平衡程度越大，持续时间越长，带来的不利影响也越大。

四、国际收支不平衡的调节

国际收支不平衡的调节包括自动调节和政策调节。从理论上讲，在完全或接近完全的市场经济条件下，国际收支不平衡可以通过市场经济变量的调节自动恢复平衡。但这只有在纯粹的自由经济中才会起作用，而且需要的中间过程较长，其作用的程度和效果也无法衡量。因此，当国际收支发生失衡时，一国政府或货币当局往往要采取各种政策措施加以调节。

（一）国际收支不平衡的自动调节

国际收支自动调节机制，亦即国际收支市场调节机制，是指国际收支失衡必然会直接或间接地引起市场经济系统内其他经济变量发生变化，后者又反作用于国际收支，在不考虑政府干预的情况下，这一相互作用的过程会引起国际收支失衡缩小并趋于平衡。

1.货币-价格机制

货币-价格机制的较早阐述者是18世纪英国哲学家和经济学家大卫·休谟（David Hume），他在1752年提出物价-铸币流动机制（即价格-现金流动机制，或称休谟机制）。货币-价格机制与价格-现金流动机制的主要区别是货币形态。休谟处在国际上普遍实行金本位制的时期，金属铸币参与流通，而在当代，则完全是纸币流通。不过，这两种机制论述的国际收支自动调节原理是一样的。

当一个国家国际收支发生逆差时（顺差情况正好相反），意味着对外支付大于收入，货币外流；在其他条件既定的情况下，物价下降，本国出口商品价格也下降，出口增加，贸易差额因此得到改善。货币-价格机制的自动调节过程如图2-1所示。

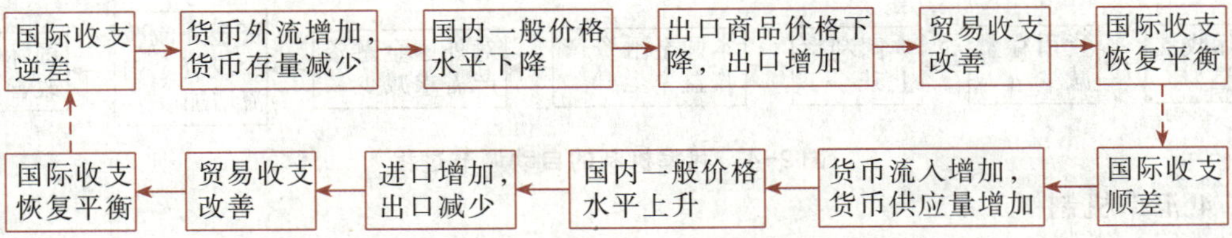

图2-1　货币-价格机制的自动调节过程

上述过程描述的是国内货币存量与一般物价水平变动对国际收支的影响。货币-价格自动调节机制的另一种表现形式是相对价格，而不是一般价格水平变动对国际收支的影响。当国际收支发生逆差，对外支出大于收入，对外币需求的增加使外国货币汇率上升，本国货币汇率下降，由此引起以外币表示的本国出口商品价格相对下降，以本币表示的外国进口商品价格相对上升，从而使出口增加、进口减少，贸易收支得到改善。这一过程如图2-2所示。

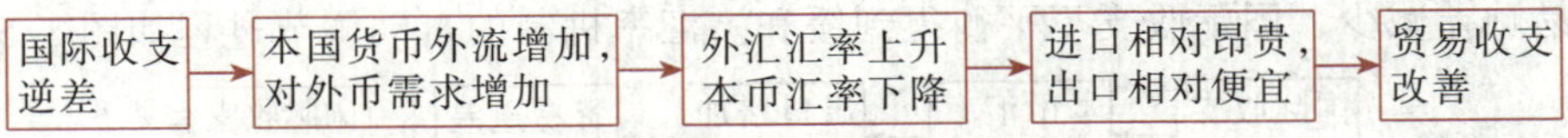

图2-2　货币-价格自动调节机制的另一种形式

2. 收入机制

收入机制是指当一国国际收支不平衡时，其国民收入水平也会随之改变，进而影响社会总需求及进口需求，而这些变动反过来又会减弱国际收支的不平衡。

当一国国际收支出现逆差时，国民收入也随之减少，引起社会总需求下降，进口需求下降，贸易逆差逐渐缩小，国际收支恢复平衡；反之，当一国国际收支出现顺差时，国民收入也随之增加，社会总需求增加，进口需求上升，贸易顺差减少，国际收支恢复平衡。收入机制的自动调节过程如图2-3所示。

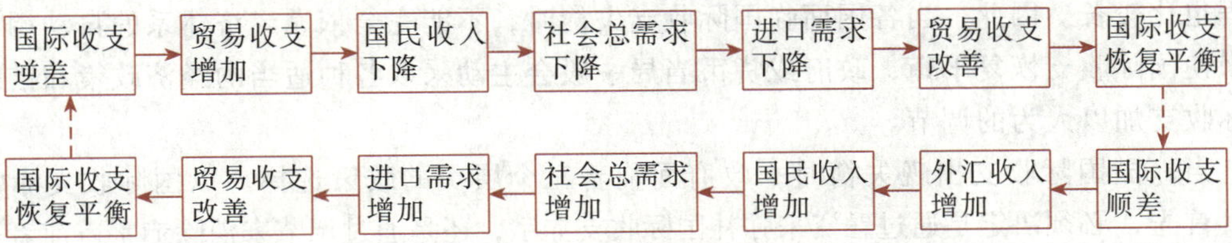

图2-3　收入机制的自动调节过程

国民收入变动不仅能改善贸易收支，也能改善经常项目的其他收支和资本项目收支。比如，国民收入下降会使对外国劳务和金融资产的需求也不同程度地下降，从而促使国际收支得到全面改善。

3. 利率机制

利率的自动调节机制是指一国国际收支不平衡会影响利率的水平，而利率水平的变动反过来又会对国际收支不平衡起到一定的调节作用。

当国际收支发生逆差时，本国货币的存量（供应量）相对减少，利率上升，表明本国金融资产的收益率上升，从而对本国金融资产的需求相对上升，对外国金融资产的需求相对减少，于是资金外流减少或资金内流增加，国际收支得到改善。反之，国际收支顺差时则呈现相反的运作过程，使顺差缩小。利率机制的自动调节过程如图2-4所示。

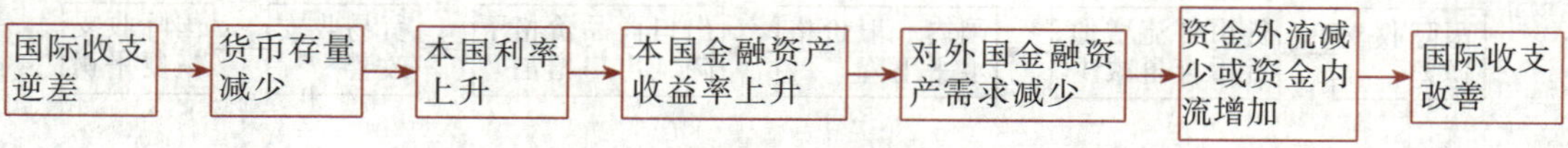

图 2-4　利率机制的自动调节过程

4. 汇率机制

汇率机制是指在浮动汇率制度下，汇率的自发变动在很大程度上具有自动调节国际收支的功能。

当一国国际收支出现逆差时，外汇市场上本外币供求关系发生变化，外汇需求大于外汇供给，导致外汇汇率上升，本币汇率下降，出口商品以外币计算的价格下跌，而进口商品以本币计算的价格上升，刺激出口，抑制进口，贸易收支逆差逐渐减少，国际收支不平衡得到缓和。当一国国际收支出现顺差时，外汇供给大于外汇需求，本币汇率上升，进口商品以本币计算的价格下跌，而出口商品以外币计算的价格上涨，因此，出口减少，进口增加，贸易顺差减少，国际收支不平衡得到缓和。汇率机制的自动调节过程如图 2-5 所示。

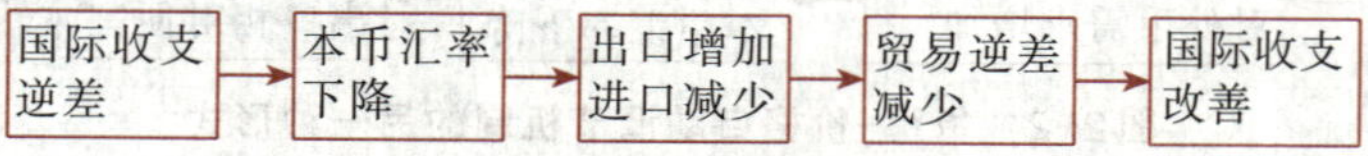

图 2-5　汇率机制的自动调节过程

国际收支市场（自动）调节机制能够自发地促使国际收支趋向平衡，不需要政府付出成本加以干预，可以避免各种人为的价格扭曲。因此，各国政府都不同程度地为市场调节机制创造适宜的环境。

（二）国际收支不平衡的政策调节

国际收支的自动调节机制虽然有其优点，但它们只有在某些条件或经济环境下才会发生作用，而且作用的程度和效果无法保证，在市场失灵时会被削弱或失效，调节所需要的过程也比较长。因此，当各国面临国际收支失衡时，不能完全依靠经济体系的自动调节机制来使国际收支恢复平衡，政府或货币当局一般会主动采取各种适当的经济政策和措施对国际收支加以人为的调节。

当一国国际收支出现失衡时，政府面临着三个层次的政策选择。以国际收支赤字为例，首先，必须决定是通过融资来弥补国际收支赤字，还是通过调节来消除赤字。前者是指政府通过动用外汇储备或借款向外汇市场提供外汇，以弥补外汇市场的供求缺口；后者是指政府通过各种调节政策来消除外汇市场的供求缺口。也可以寻求弥补与调节的某种适当的组合。其次，如果确定用调节手段，则在确定调整程度后，政府必须决定是用支出变更政策还是使用支出转换政策来达到增加外汇收入、减少外汇支出的目的。前者是指改变支出的水平，后者是指改变支出的结构，即改变支出在外国产品与本国产品之间的比重。再次，转换政策可以通过贬值或贸易政策得以实现，即通过提高外币的价格使进口数量减少、出口数量增加，或通过外汇管制和进口配额等来直接限制进口的数量，通过出口补贴、出口退税等措施来奖励出口。因此，一国在实施支出转换时，还必须在这两类手段之间进行权衡。

具体来说，一国政府所能采取的政策性调节措施主要有财政和货币政策、汇率政策、直接管制、外汇缓冲政策和信用手段、国际经济合作政策等。

1. 财政和货币政策

（1）财政政策。财政政策是指一个国家通过扩大或缩小政府财政开支，提高或降低税率的办法来平衡国际收支。当一国国际收支逆差时，政府可以实行紧缩的财政政策，削减财政开支或提高税率，抑制投资和消费，降低社会总需求，迫使物价下跌，从而促进出口、抑制进口，逐步消除国际收支逆差。反之，当一国国际收支顺差时，则实行扩张性的财政政策，增加政府开支或降低税率，刺激投资和消费，增加对商品的需求，从而使物价上升，抑制出口，增加进口，达到减少国际收支顺差的目的。但是一国最终会实行什么样的财政政策，主要取决于国内经济的需要。

(2) 货币政策。货币政策是指一国货币当局通过调整再贴现率、法定存款准备金率和公开市场操作等手段影响银根的松紧和利率的高低，引起国内货币供应量和总需求以及物价水平的变化，以实现对国际收支的调节。当一国出现国际收支逆差时，一般采取紧缩性的货币政策，中央银行提高再贴现率及法定存款准备金比率，或在公开市场上出售政府债券，回笼基础货币，从而使市场利率提高，银行缩减信贷规模，货币供应量减少，社会总需求受到抑制，物价下跌，进而促进出口、限制进口；同时吸引国外资本流入，进而改善国际收支。当一国出现国际收支顺差时，则实行扩张性的货币政策，中央银行调低再贴现率和法定准备金率，或在公开市场上买入债券，投入基础货币，利率下降，投资就会增加，总需求增加，从而经济扩张，外汇支出增加，使国际收支顺差减少。但是，在实施货币政策调节国际收支时，要注意货币政策对国内经济会同时产生影响作用。

上述财政政策和货币政策作用的机理都是通过改变社会总需求或国民经济中支出总水平来调节国际收支的，故这类政策被统称为支出变更型政策（或称支出增减政策）。支出变更型政策就是通过改变社会总需求或总支出水平，来改变对外国商品、劳务和金融资产的需求，以此来调节国际收支失衡的一种政策。然而，这类政策的局限性在于，国际收支的改善是以牺牲国内经济为代价的，往往与国内经济目标发生冲突。紧缩性政策在减少进口支出的同时也抑制了本国居民对国内产品的需求，由此会导致失业和生产能力过剩。如果所造成的负担主要落在投资上，还会影响长期的经济增长。因此，特别是在本国经济业已不振、失业已经严重的情况下，国际收支赤字的出现常常使当局的宏观经济政策陷入左右为难的境地。只有在国际收支赤字是由总需求大于充分就业条件下的总供给引起的情况下，采取紧缩性经济政策才不至于牺牲国内经济目标。因此，这类政策适宜用来纠正国际收支的周期性赤字。

2.汇率政策

汇率政策是指一个国家通过调整汇率改变外汇的供求关系，影响进出口商品的价格和资本流出入的实际收益，进而达到调节国际收支失衡的一种政策。汇率政策同财政和货币政策不同，它不是通过改变社会总需求和总支出，而是通过改变需求和支出的方向来调节国际收支的，因而也被称为支出转换政策。一般说来，一国货币贬值或汇率下跌，该国出口商品和劳务价格相对下降，出口竞争力提高，出口增加；同时会使进口商品和劳务的价格相对上升，从而使居民将一部分支出转移到购买进口替代品上来，进口减少，国际收支因此改善。相反，一国货币升值或汇率上浮，则会起到扩大进口、抑制出口的作用，减少国际收支顺差。

在不同的汇率制度下，各国制定汇率政策的方式是不一样的。在固定汇率制度下，政府通过直接确定汇率水平来实施其汇率政策，并采用货币法定贬值或升值的方法来调节国际收支。当一国国际收支出现逆差时，实行本币法定贬值，刺激出口，抑制进口，缩小国际收支逆差；反之，当国际收支出现顺差时，实行本币法定升值，减少国际收支盈余。在浮动汇率制度下，汇率是由外汇市场的供求关系决定的，政府的汇率政策是通过对外汇市场进行干预，人为地促使本国货币汇率下降或上浮来实现国际收支平衡的。当一国国际收支发生逆差时，政府会买进外汇以提高外汇汇率，降低本币汇率，扩大出口，抑制进口。反之，当一国国际收支出现顺差时，政府会卖出外汇以降低外汇汇率，提高本币汇率，扩大进口，抑制出口。

汇率政策能否奏效，要视其他具体情况和因素而定。

（1）汇率政策有效与否取决于进出口商品的需求弹性。著名的马歇尔-勒纳条件，即出口商品的国外需求弹性与进口商品的国内需求弹性之和大于1，是本币贬值改善贸易收支的前提。

马歇尔-勒纳条件的取得源自弹性分析理论。弹性分析理论产生于20世纪30年代，是由英国经济学家马歇尔首先提出，后经英国经济学家琼·罗宾逊和美国经济学家勒纳等人补充、发展而形成的一种适用于纸币流通制度的国际收支调节理论。该理论把汇率调整作为调节国际收支的手段，考察汇率变动对国际收支的影响，并指出在一定的假设条件下，汇率变动能否改善国际收支取决于进出口商品的需求弹性。

弹性分析法的前提假定包括：①其他一切条件不变，只考虑汇率变动对进出口的影响，即收入、偏好、其他商品价格不变，进出口商品的需求就是这些商品价格的函数；②贸易商品的供给几乎有完全弹性，因而只考虑需求弹性变化对国际收支的影响；③没有资本流动，国际收支等于贸易收支。

弹性分析理论的基本观点是：如果一国采取汇率变动的办法来调节国际收支，则货币贬值能够改善国际收支赤字，货币升值则能够改善国际收支盈余。从前者来讲，本币贬值会引起进出口商品的相对价格变动，即：本币贬值后使得单位外币兑换的本币比以前多，因此在出口商品的本币价格不变的情况下，以外币表示的出口商品价格就会降低；同时，在进口商品的外币价格不变的情况下，以本币表示的进口商品价格就比以前高。如果进出口商品的需求弹性足够大，则出口商品相对价格的降低会刺激出口需求量的大量增加，从而使出口总值增加；而进口商品相对价格的上升则会抑制进口需求，从而大量减少进口，导致进口总值减少，因此使国际收支逆差得以改善。

但是，如果进出口商品的需求弹性不够大，本币贬值就不能起到改善国际收支的作用。这就涉及马歇尔-勒纳条件。马歇尔-勒纳条件是以本币贬值改善国际收支的充分必要条件。以公式表示为：

$$|e_{xd}+e_{md}|>1$$

式中：e_{xd}表示出口商品需求弹性，即出口商品需求量变动率与出口商品外币价格变动率的比值；e_{md}表示进口商品需求弹性，即进口商品需求量变动率与进口商品本币价格变动率的比值。

商品的需求弹性，表示商品的需求量对商品价格变动的反应程度。如果需求弹性充足，意味着由商品价格变动引起的商品需求量变动幅度大于商品价格的变动幅度；如果需求弹性不足，则意味着由商品价格变动引起的商品需求量变动幅度小于商品价格的变动幅度；如果需求弹性为1，则意味着由商品价格引起的商品需求量变动幅度等于商品价格的变动幅度。

马歇尔-勒纳条件说明，只有当$|e_{xd}+e_{md}|>1$时，即只有当进出口商品相对价格变动引起的进出口商品需求量变动幅度大于其价格的变动幅度时，本币贬值才可能起到增加出口总值或减少进口总值，从而改善国际收支的作用。如果$|e_{xd}+e_{md}|=1$，则本币贬值虽然会使进出口商品数量发生变化，但由于商品的数量变动与商品的相对价格变动作用相抵消，进出口总值不会发生变化，因而国际收支逆差不会改变。而如果$|e_{xd}+e_{md}|<1$，则本币贬值可能会使出口总值下降大于进口总值的下降，不但不会改善国际收支逆差，反而会使国际收支状况更加恶化。

（2）汇率政策受“时滞”因素的影响。国际经济学中著名的“J曲线效应（J-curve effect）”指出：汇率调整不会立刻显示出其有利于国际收支的一面，而是有一个时间滞后的过程，有时还表现为对经济先产生不利影响，而后才转为产生有利影响。

在实际经济生活中，汇率变动调节国际收支存在着时滞，即使马歇尔-勒纳条件成立，也会出现贸易收支先恶化后改善的过程。此过程用曲线描绘出来形似英文字母“J”，因此这种现象被称为J曲线效应。它反映了如下关系：一国货币贬值后在短期内会使国际收支状况进一步恶化，只有经过一段时间后才会使贸易差额得到改善。如图2-6所示，假定在t_0点本国货币实行贬值，但贬值并没有带来贸易收支的迅速改善，在t_0至t_1阶段，贸易差额越来越大，在t_1点贸易收支的恶化达到顶点。此后，贸易收支状况开始好转。在t_2点时，贸易收支平衡。经过t_2阶段之后，进出口对货币贬值的反应充分大，贸易收支将从逆差变为顺差。之所以存在这种效应是因为：第一，在贬值前已经签订的贸易协议仍然必须按原来的数量和价格执行。贬值后，凡以外币定价的进口，折合成本币后的支付将增加；凡以本币定价的出口，折合成外币的收入将减少。这样，贸易收支将趋向恶化。第二，即使在贬值后签订的贸易协议，出口增长仍要受认识、决策、资源、生产周期等的影响，出口品生产的扩大也需要一段时间；从进口来看，进口商可能会认为贬值还会继续，从而加速订货。基于这些原因，贬值后可能使贸易收支首先恶化，经过半年到一年的时间，在出口供给和进口需求做了相应调整之后，出口商品的价格优势将使出口额增加，同时进口商品因价格劣势而需求受到遏止，贸易收支才会逐渐改善。

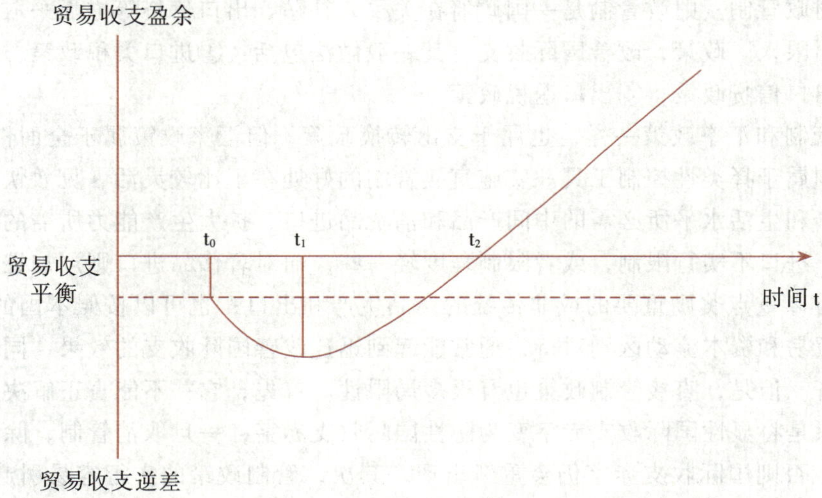

图2-6 J曲线效应

（3）人们的预期往往会抵消汇率调整的效应。当汇率下调时，如果人们预期汇率还将进一步下跌，那么，本国资金就会大量外逃，以避免贬值所带来的损失，因而汇率下调不但起不到改善国际收支的作用，还可能恶化国际收支状况。

（4）本国现有生产能力是否已得到充分利用。这是由于本币贬值后可能产生的社会需求转换必须依靠本国贸易品（出口品和进口替代品）部门供给的增加来满足。

（5）汇率政策的使用是有限度的。一味使用汇率政策会引发连锁的负面反应。货币对外贬值很容易引起对内贬值，从而引起对外贬值和对内贬值的恶性循环。本币对内贬值所引起的国内物价上涨，如果不能为社会各界所承受，也会阻碍国内经济的发展。此外，一国的货币贬值可能会使其贸易伙伴国货币也宣布贬值，引发货币战，货币贬值的效果势必会被抵消，所以，只有在各国没有贸易限制和不采取报复措施的条件下，货币贬值才能扩大出口。

3.直接管制

直接管制是指政府通过发布行政命令对国际经济交易进行直接的行政干预，以求实现国际收支平衡的政策措施。其主要包括外汇管制、贸易管制和财政管制等手段。

（1）外汇管制。外汇管制是指国家通过颁布外汇管理法令、法规和条例，对外汇买卖、国际结算、资本流动和外汇汇率等直接加以管制，以控制外汇供给或需求，维持本国货币汇率的稳定，调节国际收支。当一国国际收支发生长期逆差时，一般要加强外汇管制，使逆差减少。当一国国际收支发生长期顺差时，则放松外汇管制，使顺差减少。常用的外汇管制措施有：①限制私人持有外汇，如规定出口商收入的外汇必须全部或部分卖给中央银行，用以控制出口结汇；②限制私人购买外汇，如限制进口商购买外汇的数量，用以控制外汇；③限制资本输出或输入；④禁止黄金输出；⑤实行复汇率，即针对国际结算的不同商品或不同项目分别为本国货币规定不同的汇率。

（2）贸易管制。贸易管制是指对商品输出和输入实行管制，旨在增加外汇收入，限制外汇支出，改善国际收支。常采用的限制进口的手段有：①进口配额制；②进口许可证制；③规定苛刻的进口技术标准，包括卫生检疫条件、绿色环保要求、安全性能指标、技术性能指标、包装和标签条例等；④歧视性采购政策；⑤歧视性税收政策。

（3）财政管制。财政管制是一国政府在关税、补贴、出口信贷等方面采取相应措施以实施“奖出限入”政策，改善国际收支。其一般做法包括：①进口关税政策；②出口补贴政策；③出口信贷政策；④出口退税政策。

直接管制和汇率政策一样，也属于支出转换政策，但汇率政策属于全面性控制工具，而直接管制属于择类性控制工具。实施直接管制的好处在于比较灵活、见效快，各国可以对维持生产和生活水平所必需的中间产品和消费品进口、扩大生产能力所需的资本品（机器设备等）进口不实行限制，或者限制程度轻一些，而对奢侈品进口则严加控制，同时在出口方面可以重点奖励重要的或非传统的产品生产和出口；也可以按照本国的不同需要，对进出口贸易和资本流动区别对待，通常能起到迅速改善国际收支的效果，同时又不会牵动整个经济。但是，直接管制政策也有很多局限性。首先，它并不能真正解决国际收支失衡问题，只是将显性国际收支赤字变为隐性国际收支赤字；一旦取消管制，除非经济结构得到改善，否则国际收支赤字仍会重新出现。其次，管制政策的实行容易引起他国报复，导致贸易伙伴国之间的“贸易战”，使管制措施不能达到预期效果。再次，容易造成本国产品生产效率低下，对外竞争力减弱。最后，直接管制手段可能产生寻租行为，如配额、许可证分配中经常出现权力和金钱的交换。因此，一国应当对采用直接管制政策持谨慎态度。

4.外汇缓冲政策和信用手段

外汇缓冲政策和信用手段统称为“资金融通政策”，即利用自有储备或借入储备来调节国际收支。一般适用于一国国际收支出现暂时性的不平衡的调节。

（1）外汇缓冲政策。外汇缓冲政策是指一国政府将持有的黄金、外汇储备作为缓冲体，在外汇市场上进行操作，来消除国际收支不平衡所形成的外汇供求缺口，从而使国际收支不平衡所产生的影响仅限于外汇储备的增减。具体做法可以由中央银行拨出一定数量的外汇储备，建立外汇平准基金，当国际收支发生短期不平衡时，通过中央银行在外汇市场上买卖外汇来调节外汇供求关系，以影响汇率，把汇率稳定在一定的水平，使之起到推动出口、增加外汇收入和改善国际收支的作用。

（2）信用手段。信用手段是指一国政府利用国际信贷来调节国际收支。逆差国可以向国际金融市场借款，也可以利用国际金融机构贷款和政府贷款。一般来讲，国际金融市场贷款利率高，但限制较少，目前已成为逆差国弥补逆差的主要资金来源；国际金融机构贷款和政府贷款利率较低，但数量不大，而且其运用还要受到限制。反之，顺差国可以利用国际信贷把其国际收支盈余投向国际金融市场，或贷款给国际金融机构和其他国家政府。

资金融通政策是一种简便易行、收效迅速的调节方法，当一国发生临时性国际收支逆差时，运用外汇储备或通过对外举债方式，来抵消市场的超额外汇需求，能够稳定汇率，进而平衡国际收支。但是这种方法也有其局限性。由于一国外汇储备的数量是有限的，因而外汇缓冲政策不适合调节长期、巨额的国际收支逆差，如果完全依靠动用外汇储备，将可能造成外汇储备枯竭。而借款最终是要偿还的，利用信用手段来填补外汇储备的不足，会加重外债负担，不能从根本上解决国际收支失衡问题。因此，外汇缓冲政策和信用手段适合作为支出政策的辅助手段，与之配合使用，可以缓解支出政策所带来的冲击，更有效地调节国际收支。

5.国际经济合作政策

各国政府调节国际收支都是以本国利益为出发点，可能会对别国经济产生不利影响。因为一国的国际收支顺差往往是另一国的国际收支逆差。这样很容易导致其他国家采取相应的报复措施，引发贸易战、汇率战等，最终会使国际经济秩序遭到破坏，并且也会使各国利益受到损害。因此，要在世界范围内解决国际收支不平衡，必须加强国际经济和金融的合作，如成立国际金融机构、协调各国金融政策、开展贸易谈判等。国际货币基金组织、世界银行、世界贸易组织就是国际经济合作较为成功的典范。例如，国际货币基金组织在调节各国国际收支短期不平衡、协调各国金融关系、维持国际金融秩序等方面发挥了重要作用；世界银行帮助各国调节国际收支长期不平衡，提供国际信贷支持等；世界贸易组织协调各国贸易收支不平衡，组织国际贸易谈判等。它们从不同方面对世界各国国际收支失衡的调节起着不同程度的帮助作用。

总之，调节国际收支失衡的政策是多样化的，每一种政策都有其各自的特色与调节功效，因此，一国可根据具体情况予以取舍。其基本原则是：第一，应根据国际收支失衡的具体原因选择调节政策；第二，应多通过政策搭配方式来调节国际收支；第三，选择调节手段时，应尽量不与国内经济发生冲突，达到国内平衡与对外平衡的协调；第四，尽量减少来自他国的压力，以免影响各国间正常的经济秩序。

第四节　我国的国际收支和国际收支平衡表

我国的国际收支活动主要是在1978年经济体制改革、经济对外开放以后逐渐大规模开展起来的，国际收支平衡表的编制也是在我国恢复了国际货币基金组织合法席位后，随着外汇管理体制改革的不断深入而逐步完善起来的。

一、我国国际收支平衡表的编制

我国在相当长的历史时期内都未编制国际收支平衡表，只是通过编制外汇收支平衡表来反映一定时期内已经发生的对外贸易和非贸易外汇收支情况。外汇收支平衡表是建立在狭义的国际收支含义基础上的，它不能反映对外经济交往的全部内容。

1980年4月我国恢复了在国际货币基金组织的合法席位后，于1981年制定了国际收支统计制度。1985年，国家外汇管理局按照国际货币基金组织的要求，以第四版《国际收支手册》为依据，首次公布了1982—1984年我国国际收支概览表。自1987年起，我国每年定期公布上一年的国际收支状况。

1994年我国开始实行国际收支统计申报制度，并于1996年1月1日正式颁布《国际收支统计申报办法》，建立了一套较为完整、系统的国际收支数据收集体系。自1997年起，我国按第五版《国际收支手册》标准逐年编制并对外公布国际收支平衡表，自2001年起改为每年两次公布国际收支平衡表。2005年11月26日，国家外汇管理局首次发布《国际收支报告》，以后每半年发布一次。2010年7月，我国公布当年第一季度国际收支平衡表，从此我国国际收支平衡表的公布时间改为一年四次。我国国际收支统计制度在不断健全完善。

自2015年开始，我国按照《国际收支和国际投资头寸手册》第六版的标准编制和公布国际收支平衡表和国际投资头寸表。

需要注意的是，国家外汇管理局公布的我国国际收支数据包括三类：初步数（对应期间结束后1个月左右发布）、正式数（对应统计期结束后三个月内发布）和修订数（在发布下一年第四季度BOP数据时同步发布）。因此，国际收支数据在次年年度数据发布时会予以修订。

二、我国国际收支平衡表的分析

（一）动态分析

1.20世纪八九十年代中国国际收支概况

20世纪80年代是中国经济起飞时期，国内生产总值年均增长率达15%以上，国际收支总量持续扩大。随着经济高速增长对进出口的需求变化，从1982年开始至20世纪末，中国的国际收支呈现出顺逆差交替的状况。

1982—1984年，由于世界经济从危机走向复苏，形成了一个良好的外贸环境，我国自1981年开始实行人民币汇率的“贸易内部结算价”，在一定程度上起到了“奖出限入”的作用，加上利用行政手段进行外汇及外贸管制，所以我国对外贸易和经常项目均出现顺差。

1985—1986年，经济发展过快，经常项目出现较大逆差，外汇储备下降。

1987年，在“调整、改革、整顿、提高”八字方针指引下，国际收支得到了改善。

1988—1989年，贸易收支逆差较大，外汇储备下降。

实际上，从1985—1989年，我国的贸易收支一直是巨额逆差。其原因之一是我国经济的快速发展带动了进口需求的急剧增长。1984—1988年，我国按现价计算的国内生产总值虽然年均增长19.4%，同一时期全社会固定资产投资却年均增长25.8%。巨大的投资需求带动了进口的持续增长，导致贸易收支逆差。

1990—1999年，国际收支状况明显好转。按《国际收支手册》第五版标准统计，经常账户除1993年为逆差外，其余年份均为顺差；资本与金融账户除1998年为逆差外，其余年份均保持净流入。这二者使我国储备资产不断增加。

2.21世纪以来中国国际收支状况

21世纪初至今，国际经济金融环境主要经历了三个阶段，即2007年前的全球经济繁荣时期，2008—2013年的国际金融危机爆发和应对时期，2014年以来的全球经济缓慢复苏和分化时期。我国对外经济交往发展强劲，经常账户、资本和金融账户双顺差曾较长时间成为我国国际收支的一个突出特点。在2013年以前，除2012年资本和金融账户逆差以外，其他年份都保持经常账户、资本和金融账户的双顺差，外汇储备较快增长。但2014—2016年我国国际收支呈现“一顺一逆”的格局，即经常账户顺差、非储备性质的金融账户逆差，外汇储备下降。之后，2017—2019年我国国际收支经常账户、非储备性质的金融账户均呈现小幅顺差。2020年我国国际收支经常账户顺差、非储备性质的金融账户逆差。表2-5是按照《国际收支和国际投资头寸手册》第六版标准统计的2011—2020年我国国际收支平衡表。

表2-5　　2011—2020年我国国际收支平衡表　　单位：亿美元

项目	2011年	2012年	2013年	2014年	2015年	2016年	2017年	2018年	2019年	2020年
1. 经常账户	1 361	2 154	1 482	2 360	3 042	1 964	1 649	491	1 413	2 740
1.A 货物和服务	1 819	2 318	2 354	2 213	3 579	2 499	2 107	1 029	1 641	3 697
1.A.a 货物	2 287	3 116	3 590	4 350	5 762	4 941	4 761	3 952	4 253	5 150
1.A.b 服务	-468	-797	-1 236	-2 137	-2 183	-2 442	-2 654	-2 922	-2 611	-1 453
1.B 初次收入	-703	-199	-784	133	-411	-440	-344	-514	-330	-1 052
1.C 二次收入	245	34	-87	14	-126	-95	-114	-24	103	95
2. 资本和金融账户	-1 223	-1 283	-853	-1 692	-912	263	570	1 111	567	-1 058
2.1 资本账户	54	43	31	0	3	-3	-1	-6	-3	-1
2.2 金融账户	-1 278	-1 326	-883	-1 691	-915	267	571	1 117	570	-1 058
2.2.1 非储备性质的金融账户	2 600	-360	3 430	-514	-4 345	-4 170	1 486	1 306	378	-778
2.2.1.1 直接投资	2 317	1 763	2 180	1 450	681	-466	663	1 070	581	1 026
2.2.1.2 证券投资	196	478	529	824	-665	-622	74	1 067	579	873
2.2.1.3 金融衍生工具	0	0	0	0	-21	-47	5	-62	-24	-114
2.2.1.4 其他投资	87	-2 601	722	-2 788	-4 340	-3 035	744	-770	-759	-2 562
2.2.2 储备资产	-3 878	-966	-4 314	-1 178	3 429	4 437	-915	-189	193	-280
2.2.2.1 货币黄金	0	0	0	0	0	0	0	0	0	0
2.2.2.2 特别提款权	5	5	2	1	-3	3	-7	0	-5	1
2.2.2.3 在国际货币基金组织的储备头寸	-34	16	11	10	9	-53	22	-7	0	-19
2.2.2.4 外汇储备	-3 848	-987	-4 327	-1 188	3 423	4 487	-930	-182	198	-262
2.2.2.5 其他储备资产	0	0	0	0	0	0	0	0	0	0
3. 净误差与遗漏	-138	-871	-629	-669	-2 130	-2 227	-2 219	-1 602	-1 981	-1 681

数据来源：根据国家外汇管理局相关资料整理。

（二）静态分析

针对表2-2我国2020年国际收支平衡表进行差额分析。2020年我国国际收支主要状况如下：

（1）经常账户和非储备性质的金融账户呈现“一顺一逆”。2020年，我国经常账户顺差2 740亿美元，非储备性质的金融账户逆差778亿美元。

表2-6列出了我国2014—2020年国际收支差额主要构成。

表2-6　　中国国际收支差额主要构成　　单位：亿美元

项目	2014年	2015年	2016年	2017年	2018年	2019年	2020年
经常账户差额	2 360	3 042	1 964	1 649	491	1 413	2 740
与GDP之比	2.3%	2.6%	1.7%	1.5%	0.2%	0.7%	1.9%
非储备性质的金融账户差额	−514	−4 345	−4 170	1 095	1 306	378	−778
与GDP之比	−0.5%	−3.9%	−3.7%	0.9%	1.2%	0.1%	−0.5%

数据来源：根据国家外汇管理局和国家统计局相关数据整理。

（2）货物贸易顺差扩大。按国际收支统计口径，2020年，我国货物贸易出口24 972亿美元，较2019年（下同）增长5%，进口19 822亿美元，略降0.6%；贸易顺差5 150亿美元，增长31%。

（3）服务贸易逆差收窄。2020年，服务贸易收入2 352亿美元，较2019年下降4%；支出3 805亿美元，下降25%；逆差1 453亿美元，下降44%。其中，运输项目逆差381亿美元，下降35%；旅行项目逆差1 163亿美元，下降47%，体现了新冠肺炎疫情蔓延下跨境旅行支出萎缩的影响。

（4）初次收入呈现逆差。2020年，初次收入项下收入2 417亿美元，较2019年下降12%；支出3 469亿美元，增长11%；逆差1 052亿美元。其中，投资收益为主要项目，我国对外投资的收益为2 244亿美元，外商来华投资的利润利息、股息红利等合计3 315亿美元，投资收益总体为逆差1 071亿美元。

（5）二次收入保持小幅顺差。2020年，二次收入项下收入376亿美元，较2019年增长45%；支出281亿美元，增长80%；顺差95亿美元，下降8%。

（6）直接投资顺差增加。按国际收支统计口径，2020年，直接投资顺差1 026亿美元，较2019年增长1倍。我国对外直接投资（资产净增加）1 099亿美元，下降20%；境外对我国直接投资（负债净增加）2 125亿美元，增长14%，说明外资对我国疫情防控成效高度认可，并看好国内经济发展前景。

（7）证券投资保持顺差。2020年，证券投资顺差873亿美元，其中一季度小幅逆差，二季度以后恢复顺差。2020年，我国对外证券投资（资产净增加）1 673亿美元，较2019年增长87%；境外对我国证券投资（负债净增加）2 547亿美元，较2019年增长73%，反映双向证券投资更趋活跃。

（8）其他投资呈现逆差。2020年，存贷款、贸易应收应付等其他投资逆差2 562亿美元，发挥了平衡跨境资本流动的作用。2020年，我国对外的其他投资净流出（资产净增加）3 142亿美元，主要是境内外汇流动性相对充裕，境内主体的多元化资产配置需求上升；境外对我国的其他投资净流入（负债净增加）579亿美元，2019年为净流出（负债净减少）437亿美元。

知识链接2-3　　2020年我国跨境双向投融资活跃

从我国2020年国际收支平衡表中可以看出：一方面，外商来华各类投资（主要包括直接投资、证券投资、存贷款等其他投资）5 206亿美元，较2019年增长81%。其中，来华直接投资增长14%，体现了疫情背景下我国经济稳步恢复、营商环境不断优化，对外资保持长期吸引力。来华证券投资增长73%，主要是金融市场开放稳步推进、中国债券逐步被纳入全球主要债券指数，人民币资产更受青睐，境外投资者持有的境内债券快速增长。另一方面，我国对外各类投资5 983亿美元，增长1.1倍。其中，对外直接投资下降20%，下半年走势趋稳；对外证券投资增长87%，说明境内主体境外投资渠道不断拓宽，有效满足居民多元化配置境外资产的需求；跨境存贷款、同业拆借等对境外其他投资3 142亿美元，起到了平衡跨境资本流入的作用（见图2-7）。

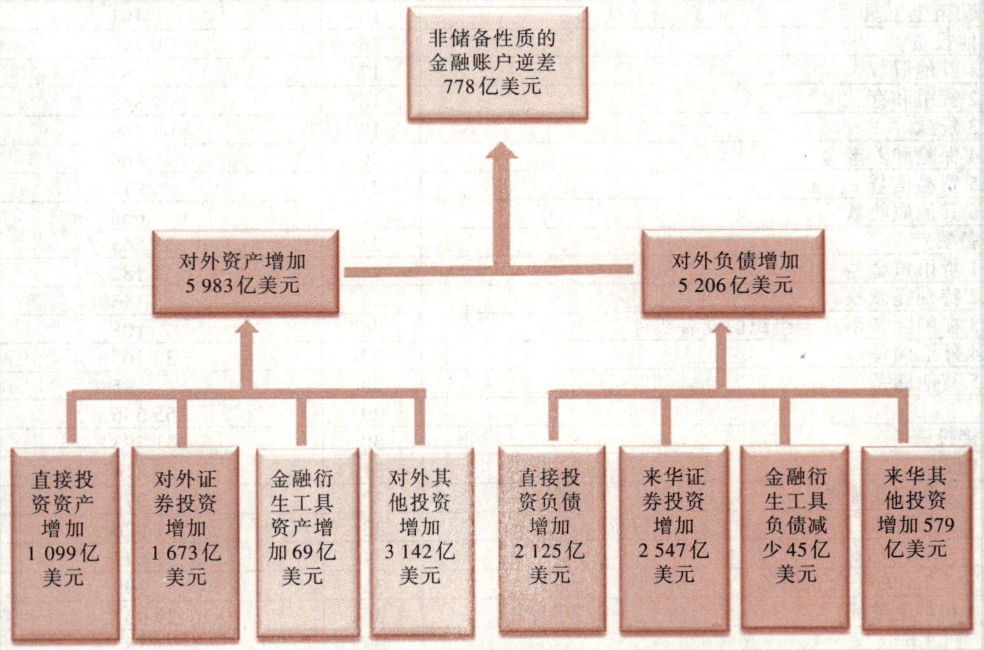

图2-7　2020年我国跨境资本流动的结构分析

（9）储备资产保持稳定。2020年，因交易形成的储备资产（剔除汇率、价格等非交易价值变动影响）增加280亿美元。其中，交易形成的外汇储备上升262亿美元，保持基本稳定。综合考虑交易、汇率折算、资产价格变动等因素后，截至2020年年末，我国外汇储备余额32 165亿美元，较2019年年末增加1 086亿美元。

焦点关注：我国国际收支最新状况

三、我国的国际投资头寸表

2006年5月25日，国家外汇管理局首次公布我国国际投资头寸表。自2015年起，根据国际货币基金组织《国际收支和国际投资头寸手册》第六版的标准编制国际投资头寸表，并按季度、年度公布，记录我国大陆居民（不含港澳台地区）与非居民之间的金融资产和负债存量情况。表2-7是2020年年末我国的国际投资头寸表。

表2-7　　**2020年年末中国国际投资头寸表**　　单位：亿美元

项目	行次	2020年年末
净头寸	1	21 503
资产	2	87 039
1 直接投资	3	24 134
1.1 股权	4	20 844
1.2 关联企业债务	5	3 290
1.a 金融部门	6	3 077
1.1.a 股权	7	2 990
1.2.a 关联企业债务	8	87
1.b 非金融部门	9	21 057
1.1.b 股权	10	17 854
1.2.b 关联企业债务	11	3 203
2 证券投资	12	8 999
2.1 股权	13	6 043
2.2 债券	14	2 955
3 金融衍生工具	15	191
4 其他投资	16	20 149
4.1 其他股权	17	89
4.2 货币和存款	18	4 865
4.3 贷款	19	8 389
4.4 保险和养老金	20	166
4.5 贸易信贷	21	5 972
4.6 其他应收款	22	668
5 储备资产	23	33 565
5.1 货币黄金	24	1 182
5.2 特别提款权	25	115
5.3 在国际货币基金组织的储备头寸	26	108
5.4 外汇储备	27	32 165
5.5 其他储备	28	−5
负债	29	65 536
1 直接投资	30	31 793
1.1 股权	31	28 814
1.2 关联企业债务	32	2 979
1.a 金融部门	33	1 826
1.1.a 股权	34	1 627
1.2.a 关联企业债务	35	199
1.b 非金融部门	36	29 967
1.1.b 股权	37	27 187
1.2.b 关联企业债务	38	2 780
2 证券投资	39	19 545
2.1 股权	40	12 543
2.2 债券	41	7 002
3 金融衍生工具	42	122
4 其他投资	43	14 076
4.1 其他股权	44	0
4.2 货币和存款	45	5 266
4.3 贷款	46	4 555
4.4 保险和养老金	47	167
4.5 贸易信贷	48	3 719
4.6 其他应付款	49	267
4.7 特别提款权	50	101

注：1.净头寸是指资产减负债，“＋”表示净资产，“−”表示净负债。

2.本表记数采用四舍五入原则。

数据来源：根据国家外汇管理局相关数据整理。

分析截至2020年年末我国国际投资头寸的基本状况如下：

（1）对外金融资产和负债均有所增长。2020年年末，我国对外金融资产87 039亿美元，较2019年年末（下同）增长11%；对外负债65 536亿美元，增长18%；对外净资产21 503亿美元，继续保持在较高水平。

（2）对外资产中储备资产继续居首位，民间部门持有资产占比进一步增长。2020年年末，我国对外金融资产中，国际储备资产余额为33 565亿美元，较2019年年末增长4%。储备资产占我国对外金融资产总额的39%，继续占据对外资产首位，不过比重较2019年年末下降2.5个百分点；直接投资资产24 134亿美元，占资产总额的比重为28%，下降0.8个百分点；证券投资资产8 999亿美元，占比10%，提高2个百分点；金融衍生工具资产191亿美元，占比0.2%；存贷款、贸易信贷等其他投资资产20 149亿美元，占比23%，提高1.2个百分点。

（3）对外负债以外商来华直接投资为主，境内股票和债券市场外资占比提升。2020年年末，我国对外负债中，外商来华直接投资31 793亿美元，较2019年年末增长14%，规模继续位列对外负债首位，占比49%，较2019年年末下降2个百分点。来华证券投资19 545亿美元，占比30%。境外对我国境内证券市场投资规模不断上升，2020年年末持仓市值10 542亿美元，其中股票持仓量占A股流通总市值的5.3%，债券持仓量占境内债券托管总量的3%，分别较2019年年末提高1个和0.7个百分点。存贷款等其他投资负债14 076亿美元，占比21%，下降1.8个百分点。

（4）对外和来华双向投资收益总体稳定。从来华投资收益看，2020年吸收外资收益支出3 315亿美元，收益率稳定在5.5%左右。我国成为全球唯一实现正增长的主要经济体，外商投资企业利润状况整体向好；同时，国内货币政策保持正常化，人民币资产收益率相对稳定，股权和债权类资产获得外国投资者青睐。从对外投资收益看，面对世界经济严重衰退、主要经济体负利率的严峻外部环境，境内主体坚持多元化原则分散风险，对外投资收益收入2 244亿美元，保持稳定规模。

本章专栏

国际货币基金组织《国际收支手册》各版之演变

关键术语

国际收支　居民　非居民　国际收支平衡表　国际投资头寸表　综合收支差额　自主性交易　调节性交易　国际收支失衡　国际收支自动调节机制　支出变更政策　支出转换政策

问答和思考题

1.某时期A国与世界其他国家间的经济交易如下：

（1）A国购买中国某企业制造的服装；

（2）A国人从法国航空公司购买飞机票；

（3）英国人购买A国某公司的股票；

（4）瑞士政府购买A国国库券；

（5）A国向墨西哥提供物资援助。

上述各项分别属于A国国际收支平衡表中的哪个项目？是收入还是支出？

2.国际货币基金组织《国际收支和国际投资头寸手册》第六版对国际收支平衡表的项目设计是怎样的？

3.如何判断一国国际收支是否平衡？国际收支不平衡的原因有哪些？

4.国际收支失衡对一国经济会造成怎样的影响？

5.国际收支自动调节机制是如何发挥作用的？

6.调节国际收支失衡的政策措施有哪些？

7.请谈谈对我国国际收支状况的认识和看法。

8.试对本章主要内容进行总结。

实务操作题

一、案例题

1.请对下列几笔甲国对外发生的经济交易进行会计处理。

（1）甲国居民到外国旅游花销30万美元，这笔费用从该居民的海外存款账户中扣除。

（2）外商以价值1 000万美元的设备投入甲国，兴办合资企业。

（3）甲国居民动用其在海外存款40万美元，用以购买外国某公司的股票。

2.假设一国国际收支平衡表中经常项目和资本与金融项目所形成的缺口数字为+1 180亿美元，而该国官方储备实际增加数为+1 200亿美元，则错误与遗漏应怎样在表中反映？

3.针对下列几笔假想的我国在2025年与世界上其他国家发生的经济往来项目，作会计分录，编制国际收支平衡表，并简要分析我国该年国际收支状况。

（1）我国某出口商向日本出口了价值500万美元的大米，日本进口商以在我国某银行短期美元存款支付货款。

（2）我国某进口商从英国进口价值200万美元的设备，该进口商以其在英国某商业银行的美元存款支付货款。

（3）我国某石油进口商租用德国经营的油轮，支付40万美元，该进口商以其在德国某商业银行的美元存款支付款项。

（4）我国某投资者获得投资于美国政府债券的利息60万美元，他将此收入存入其在美国的某商业银行账户上。

（5）我国政府对泰国提供50万美元的外汇储备和价值80万美元的粮食作为经济援助。

（6）我国某公司投资200万美元与新加坡某企业合资在新加坡办厂，其中150万美元以我国公司在新加坡的美元存款支付，50万美元以机器设备形式支付。

二、实训题

1.网络实训

登录国家外汇管理局网站（http：//www.safe.gov.cn/），点击中国国际收支平衡表、中国国际收支统计报告，了解我国国际收支状况，解读我国国际收支平衡表。

2.课外实训

调查走访当地的国家外汇管理局分局，了解并熟悉国际收支平衡表统计申报业务。

第三章
外汇与汇率

【学习目标】

通过本章学习，应该达到以下学习目标：

知识目标：掌握外汇的内涵、特征、种类与作用；汇率的定义、常用的汇率表示方式；汇率的三种标价方法；按不同标准划分的汇率的种类；不同货币制度条件下汇率的决定基础；影响汇率变动的因素和汇率变动对经济的影响；掌握汇率制度的基本类型。

技能目标：能够识别各种主要的国际货币及其货币符号和货币代码；能够识读外汇牌价；分析现实的汇率变动与经济之间的关系；能够解读人民币汇率制度。

通常情况下，一国货币只能在货币发行国境内流通。当A、B两国发生国际经济交往时，交易双方收付的货币最多有三种选择：一是使用A国货币；二是使用B国货币；三是使用第三国货币。无论上述哪种情况，至少有一方需要使用以外国货币表示的支付手段，即需要使用外汇，因而人们需要知道外汇的价格即汇率，解决不同货币的折算问题以进行国际结算。本章将介绍外汇和汇率的基本知识，包括如何认识外汇，如何识读外汇牌价，如何理解汇率的标价方法，汇率有哪些类型等，进而阐述和分析汇率的决定和汇率的变动问题：汇率的决定基础是什么，汇率是受哪些因素影响而波动的，汇率变动又对经济产生怎样的影响。此外，汇率制度也是本章阐述的内容之一，本章将重点介绍固定汇率制和浮动汇率制的含义、类型及优缺点，分析人民币汇率制度现状以及港元联系汇率制的运行机制。

第一节　外汇概述

一、外汇的概念

理解外汇（foreign exchange，FX），需要从动态和静态两个不同的角度出发，而静态的外汇又有广义与狭义之分。

（一）动态的外汇定义

从动态角度来理解，外汇是指人们将一种货币兑换成另一种货币来清偿各国间债权债务关系的行为，即“国际汇兑”。

历史上，外汇最早的概念是指动态的外汇，是指经过银行等金融机构把一国货币兑换成另一国货币的一种专门性的经营活动或行为。“汇”是指资金的流动，“兑”是指通过金融机构进行的货币兑换。“汇”与“兑”的结合就是把一种货币兑换成另一种货币，然后以一定的方式（如汇款和托收），借助各种流通工具，对国与国之间的债权债务关系进行非现金结算的经营活动。所以，动态的外汇强调了外汇的起源和实质，也揭示了人们为什么需要外汇。在这种含义下，外汇等同于国际结算活动。

（二）静态的外汇定义

静态的外汇是指以外币表示的可以在国际结算中使用的各种支付手段和各种对外债权。在这种含义下，外汇等同于外币资产。人们更习惯于将外汇理解为静态的含义。

随着国际交往的扩大和信用工具的发展，外汇的内涵也日益丰富，所以静态的外汇还有狭义和广义之分。

1.狭义的静态外汇

狭义的静态外汇是指以外币表示的，可以用于国际结算的支付手段。通常所说的外汇就是这种含义，一般以下列形式存在：存放在境外的外国货币、以外币表示的各种支付凭证以及能够直接用于国际结算的以外币表示的其他可以取得收入的债权凭证，主要包括银行存款凭证、汇票、支票、本票和电汇凭证等。其中，银行存款是狭义外汇概念的主体。

2.广义的静态外汇

广义的静态外汇泛指一切以外国货币表示的、能用于国际结算以及在国际收支逆差时可以动用的一系列金融资产。

国际货币基金组织定义的外汇就属于广义的范畴，即："外汇是货币行政当局（中央银行、货币管理机构、外汇平准基金组织及财政部）以银行存款、国库券、长短期政府债券等形式所持有的在国际收支逆差时可以使用的债权。"它强调外汇是一国货币当局所持有的具有专门用途的债权，实际上仅指一个国家所拥有的外汇储备，而不包括一国普通居民所持有的外国债权。

各国涉及外汇管理的法令条例中也多采用这一概念。如《中华人民共和国外汇管理条例》（2008年8月5日公布施行）中指出："外汇是指下列以外币表示的可以用作国际清偿的支付手段和资产：①外币现钞，包括纸币、铸币；②外币支付凭证或者支付工具，包括票据、银行存款凭证、银行卡等；③外币有价证券，包括债券、股票等；④特别提款权；⑤其他外汇资产。"

国际经济交往中大量使用的外汇都是通过银行的结算系统实现收付的。由此可知，在广义外汇中称为外汇的，在狭义外汇中就不一定属于外汇的范畴。狭义外汇强调的是能直接用于清偿国际债务，广义外汇还包括经过转换（交易）能用于清偿国际债务的部分。例如，以外币表示的有价证券是外币信用凭证，但不能直接用于清偿和支付，只有将它们在金融市场上出售，使其变为在国外的银行存款时才能用于国际结算，故不属于通常意义上的外汇。同样，外国钞票也不能算作外汇，因为外国钞票禁止在非发行国流通，只有把外钞运回发行国，并贷记在银行账户上，从而转换成外币存款，以便进入国际结算过程，才能称为外汇。

知识链接3-1　美元是美利坚合众国的官方货币。美元现钞的主要特征是：

【货币名称】美元（United States Dollar）

【货币代码符号】USD

【货币符号】US$

【货币单位】美元（dollar，$），美分（cent，¢），进位（$1=100¢）

【纸币】$1、$2、$5、$10、$20、$50、$100

【硬币】1¢、5¢、10¢、25¢、50¢

美国最早的纸币是由13个殖民地的联合政权"大陆会议"批准发行的，称为"大陆币"。1863年，美国财政部被授权开始发行钞票，背面印成绿色，被称为"绿背钞"，一直沿用至今。目前流通的美元纸币是自1929年以来发行的各版钞票。从1913年起，美国建立联邦储备制度，发行联邦储备券，现行流通的钞票中99%以上为联邦储备券。美元的发行权属于美国财政部，主管部门是国会，具体发行业务由联邦储备银行负责办理。美元是外汇交换中的基础货币，也是国际支付和外汇交易中的主要货币，在国际外汇市场中占有非常重要的地位。它同时也作为储备货币在美国以外的国家广泛使用。

美元纸币正面主景图案为人物头像，主色调为黑色，背面主景图案为建筑，主色调为绿色。不同面额美元的正面人像及背面图景情况见表3-1。

表3-1　不同面额美元的正面人像及背面图景情况

面额	正面人像	背面图景
1美元	华盛顿 WASHINGTON	正中大写“ONE”，左右两颗大印（美国国玺）
2美元	杰斐逊 JEFFERSON	1776年宣告独立图
5美元	林肯 LINCOLN	林肯纪念堂
10美元	汉密尔顿 HAMILTON	美国财政部大楼
20美元	杰克逊 JACKSON	白宫
50美元	格兰特 GRANT	美国国会大厦
100美元	富兰克林 FRANKLIN	美国独立堂

二、外汇的特征

一种货币能够充当外汇是有一定的前提条件的，这些条件表明外汇具有一定的特征。

1.国际性或普遍接受性

外汇必须是以外国货币表示的国际上能普遍接受和使用的金融资产。本币即使可以换成外币或者以外币表示的资产，也不能称为外汇。

2.可自由兑换性

外汇必须是可以为任何目的、在任何情况下、不受任何限制地兑换成其他支付手段的外币资产。不能自由兑换的就不是外汇。

3.可偿付性

外汇必须是在国外能得到偿付的货币债权，其持有人拥有对外币发行国的商品和劳务的求偿权。

从更广泛的意义上讲，由于国际货币收付极其复杂，外汇存在的形态并不限于外币资产。根据国际协议，限定用于国际支付的本国货币或以本国货币标示的债券也被视为外汇。我国曾存在过“外汇人民币”，专门用以办理涉外收支。此外，欧洲货币市场上的“欧洲美元”“欧洲美元债券”对美国来说就是外汇。以此类推，其他“欧洲货币”和“欧洲债券”对货币发行国来说也是外汇。

三、外汇的类别

（一）自由外汇与记账外汇

按照外汇兑换时所受限制的程度划分，外汇可分为自由外汇与记账外汇。

1.自由外汇

自由外汇是指不需要货币发行国当局批准就可以自由兑换成其他货币，或是可以向第三国办理支付的外国货币及其支付手段。自由外汇可以成为国际结算货币，但并不是所有可自由兑换的货币都是国际结算货币。世界上虽有不少国家宣布其货币可自由兑换，但鉴于其经济活动总量及该国在世界上的地位，真正能在国际上广泛使用和接受的仅有美元、欧元、英镑、日元、瑞士法郎等少数货币。因而，可自由兑换货币在币种上远远超过国际结算货币。一国可以实行本币的自由兑换，但如果该货币没有被世界上其他国家所接受用于国际贸易和投资的计价和支付，就不能作为国际结算货币。

2.记账外汇

记账外汇亦称双边外汇，即不经货币发行国批准，不能自由兑换成其他货币，也不能对第三国进行支付的外汇。例如，我国曾在对某些发展中国家和苏联的进出口贸易中，为了节省双方的自由外汇，签订双边支付协定，采用记账外汇进行清算。记账外汇有如下特点：①只在双方国家指定银行开立专门账户记载，并由双方协商决定其汇率、记账方法和使用范围。②协定项下的收支定期轧差，差额由双方协商，可结转到下一年度或折算成双方同意的第三国货币。③不能转给第三国使用，也不能自由兑换。记账外汇带有封闭性，与经济全球化潮流不相吻合。

(二) 贸易外汇与非贸易外汇

按外汇的来源与用途划分，外汇可分为贸易外汇与非贸易外汇。

1.贸易外汇

贸易外汇是指由商品的输出输入引起收付的外汇。商品输出可赚取外汇，商品输入则需支付外汇。在一般情况下，贸易外汇收入是一个国家最主要的外汇来源，贸易外汇支出则是外汇的主要用途。

2.非贸易外汇

非贸易外汇是指由非贸易往来而引起收付的外汇，如劳务外汇、旅游外汇和侨汇等。

(三) 即期外汇与远期外汇

按外汇买卖交割的期限划分，外汇可分为即期外汇与远期外汇。

1.即期外汇

即期外汇又称现汇，一般是指在外汇买卖成交后即日收付或在两个营业日之内办理交割的外汇。

2.远期外汇

远期外汇又称期汇，是指按远期外汇合同约定的日期在未来某一天办理交割的外汇。远期外汇的交割期限一般为1年以内，在多数情况下是1~6个月，3个月期的最多。

(四) 官方外汇与私人外汇

按照外汇持有者身份划分，外汇可分为官方外汇与私人外汇。

1.官方外汇

官方外汇是指政府或国际组织持有的外汇。

2.私人外汇

私人外汇是指企事业单位或个人持有的外汇。

四、外汇的作用

外汇在促进世界贸易与国际经济关系发展中具有重要作用，是外汇含义的延伸和外汇本质的体现。

1.外汇是国际购买手段，可以使国与国的货币流通成为可能

随着国际贸易和银行业务的不断发展，外汇成为国际购买手段而被各国普遍接受。一国如果握有大量外汇，就意味着握有大量的国际购买力。该国可以运用所持有的外汇在国际市场上购买本国所需要的各种商品和劳务，从而使不同国家之间货币购买力的转移成为可能，促进各国间商品流通，促进国际交往。

2.外汇是国际支付手段，可以避免在国际结算中使用黄金，节约非生产费用

进行国际贸易的双方可以通过银行买卖用于国际结算主要支付手段的外汇，进口商从银行买入外汇，出口商向银行卖出外汇，使国际债权债务关系得以结清。外汇作为国际支付手段，不仅弥补了黄金作为支付手段存在的数量有限、开采及运送费用大、容易失窃等缺陷，还大大缩短了支付时间，加速了资金周转，从而促进了国际贸易的发展。

3.外汇是国际储备手段，可以弥补国际收支逆差

当今世界各国普遍都把外汇作为一项重要的官方储备资产，其具有调节国际收支、维护汇率稳定的作用。因此，外汇收入及其储备的增加，对于稳定本币币值、保持国际收支平衡、提高一国经济实力与对外地位、增强一国对外借债信誉与偿还能力等都具有重要的作用。当一国国际收支发生逆差时，就可以动用外汇储备进行弥补。外汇在充当国际储备手段时，不像黄金那样必须存放在金库中，成为一种不能带来收益的暂时闲置资产，而是主要以银行存款和以安全性好、流动性强的有价证券如外国政府债券为存在形式，给持有国带来收益。

4.外汇是国际信用手段，可以调剂各国间的资金余缺，促进货币信用的国际化

由于世界各国经济发展的不平衡，资金余缺情况不同，因而在国与国之间产生了调节资金余缺的客观需要。一方面，一些发达国家存在着大量过剩资金，迫切需要寻求出路；另一方面，许多发展中国家资金严重短缺，迫切需要引进资金。实现国家间资金余缺的相互调剂，必须依靠外汇这种支付手段。外汇可以加速资金在国家间的流动，有助于国际投资和资本转移，使国际资本供求关系得到调节。同时，通过经营外汇业务的银行，并通过各国银行业务的相互联结，可以把国内银行信用扩展为国际银行信用，从而促进货币信用的国际化，使国家间资金余缺的调剂更加便利。

第二节　汇率概述

一、汇率的概念、表示方式及外汇牌价

（一）汇率的概念

所谓汇率（exchange rate）是用一种货币表示的另一种货币的相对价格，即不同货币之间兑换的比率或比价。汇率也称汇价、外汇牌价或外汇行市。

如果把外汇看作一种特殊商品，汇率就是这种特殊商品的“特殊价格”，它解决了一单位的甲货币能兑换多少单位乙货币的问题。可以说，外汇是对兑换行为质的表述，汇率则是对兑换行为量的度量。一般商品买卖是用货币购买商品，商品的价格是用货币表示的，不能反过来用商品表示货币的价格。而在国际汇兑中，货币买卖是以货币购买货币，不同的货币之间可以相互表示对方的价格，因而汇率具有双向表示的特点。如美元与欧元的汇率可以表述为：1美元=0.8000欧元或1欧元=1.2500美元。

汇率在国际经济往来中发挥着重要的作用：①汇率是外汇买卖的折算标准。没有了汇率，外汇交易将无从谈起。②汇率是联系国内外货币价格之间的桥梁。通过汇率，人们可以将用本国货币表示的国内商品、劳务的价格转化为以外币表示的价格，反之亦然。③汇率可以作为调节本国经济的一种经济杠杆，通过适时的汇率调整，来实现一定时期的经济目标。④汇率作为反映经济状况的指示器，可以提供一国经济发展、贸易及资本往来等方

面的信息，为经济决策提供参考。

（二）汇率的表示方式

如前所述，如果把外汇看成是一种商品，那么汇率就是在外汇市场上用一种货币购买另一种货币的价格。例如，1美元=105日元，表示卖出1美元可以买进105日元。现实生活中，两种货币间这样的联系通常要以一定的形式表达出来。

汇率的表示方式有三种：①用文字表述；②用两种货币代码符号表述；③用两种货币的货币符号表述。汇率的三种表示方法见表3-2。

表3-2　汇率的三种表示方法

文字表述	货币代码符号表述（斜线表示“兑换”）	货币符号表述（斜线表示“每一”）	各种表示方式的含义
美元兑换人民币	USD/CNY	￥/$	每一美元等于若干数额人民币
美元兑换日元	USD/JPY	J￥/$	每一美元等于若干数额日元
英镑兑换美元	GBP/USD	$/￡	每一英镑等于若干数额美元
欧元兑换美元	EUR/USD	$/€	每一欧元等于若干数额美元

在涉外经济中，无论使用何种外汇交易方式，其交易数额都是用某一国的货币来表示的。每一个国家都有自己的货币及特有的货币名称和符号。为了准确而简明地表示各国的货币，国际标准化组织（International Organization for Standardization，ISO）在1978年7月3日统一制定了国际标准ISO 4217三字符货币代码，并推广给所有金融机构使用。在ISO货币代码的三个字符中，前两个字符代表该货币所属的国家或地区，第三个字符代表货币单位。如美元为USD，人民币为CNY。表3-3列举了一些国家和地区的货币名称、货币符号及货币代码符号。

表3-3　一些国家和地区的货币名称、货币符号及货币代码符号

国家或地区	货币名称	货币符号	货币代码符号
中国	人民币	￥	CNY
美国	美元	US$	USD
英国	英镑	￡	GBP
日本	日元	J￥	JPY
欧元区	欧元	€	EUR
瑞士	瑞士法郎	SF	CHF
加拿大	加拿大元	C$	CAD
澳大利亚	澳大利亚元	A$	AUD
新加坡	新加坡元	S$	SGD
丹麦	丹麦克朗	DKr	DKK
挪威	挪威克朗	NKr	NOK
瑞典	瑞典克朗	SKr	SEK
中国香港	港元	HK$	HKD
俄罗斯	俄罗斯卢布	Rub	RUB
韩国	韩国元	Won	KRW
新西兰	新西兰元	NZ$	NZD

（三）外汇牌价

对于那些经常与国外打交道的企业、单位和个人来说，了解外汇的价格是十分重要的。在银行、空港、车站、码头、宾馆、商场等地，到处可以看到外汇牌价表，在金融报道和网站上也可以查询当日的外汇牌价。表3-4列出的是2021年4月29日中国银行外汇牌价表，从中可以看到银行买入某种外币现汇和现钞100个单位或100 000个单位要付出多少元人民币，银行卖出某种外币100个单位或100 000个单位要收取多少元人民币。由于汇率是变动的，所以外汇牌价表均明确标明具体时间。

表3-4 中国银行外汇牌价 单位：元人民币/100外币

货币名称	现汇买入价	现钞买入价	现汇卖出价	现钞卖出价	中行折算价	发布日期	发布时间
阿联酋迪拉姆		170.16		182.8	176.19	2021-04-29	22:19:23
澳大利亚元	500.84	485.28	504.53	506.76	504.78	2021-04-29	22:19:23
巴西里亚尔		115.74		131.41	121.28	2021-04-29	22:19:23
加拿大元	524.14	507.59	528	530.33	525.93	2021-04-29	22:19:23
瑞士法郎	708.41	686.55	713.39	716.45	711.85	2021-04-29	22:19:23
丹麦克朗	105.08	101.83	105.92	106.43	105.62	2021-04-29	22:19:23
欧元	782.05	757.75	787.81	790.35	785.21	2021-04-29	22:19:23
英镑	900.06	872.09	906.69	910.7	902.91	2021-04-29	22:19:23
港币	83.26	82.6	83.6	83.6	83.37	2021-04-29	22:19:23
印度尼西亚卢比		0.0432		0.0467	0.0447	2021-04-29	22:19:23
印度卢比		8.2058		9.2534	8.6988	2021-04-29	22:19:23
日元	5.9205	5.7366	5.9641	5.9733	5.9624	2021-04-29	22:19:23
韩国元	0.5816	0.5611	0.5862	0.6077	0.5836	2021-04-29	22:19:23
澳门元	80.94	78.22	81.26	83.97	81.08	2021-04-29	22:19:23
林吉特	157.59		159.01		157.78	2021-04-29	22:19:23
挪威克朗	78.48	76.06	79.12	79.49	79.17	2021-04-29	22:19:23
新西兰元	466.39	452	469.67	476.13	470.28	2021-04-29	22:19:23
菲律宾比索	13.31	12.85	13.47	14.07	13.38	2021-04-29	22:19:23
卢布	8.65	8.12	8.71	9.04	8.71	2021-04-29	22:19:23
沙特里亚尔		167.91		177.51	172.54	2021-04-29	22:19:23
瑞典克朗	76.99	74.61	77.61	77.98	77.65	2021-04-29	22:19:23
新加坡元	486.35	471.34	489.77	492.21	488.65	2021-04-29	22:19:23
泰国铢	20.63	19.99	20.79	21.45	20.66	2021-04-29	22:19:23
土耳其里拉	78.23	74.39	78.85	90.54	78.91	2021-04-29	22:19:23
新台币		22.42		24.29	23.26	2021-04-29	22:19:23
美元	646.48	641.22	649.22	649.22	647.15	2021-04-29	22:19:23
南非兰特	44.98	41.52	45.28	48.82	45.48	2021-04-29	22:19:23

按照惯例，银行报出的货币汇率有5位有效数字（含小数位数）。如AUD/CNY 4.3079。从右向左，第一位称为“×个（基）点”，第二位称为“×十个（基）点”，第三位称为“×百个（基）点”，第四位称为“×千个（基）点”，以此类推。“点”（basis point，BP）就是汇价基点，是汇率最小变动单位。

大多数货币的1个基点为万分之一，即1点＝0.0001，报价精度为4，即小数点后4位。如某日USD/CNY的汇率为7.0185，第二天USD/CNY的汇率为7.0165，这说明USD/CNY的汇率下降了20个点。

但是，日元汇率比较特殊，USD/JPY和EUR/JPY的汇率1个基点为0.01，报价精度为2，即小数点后2位。如USD/JPY的汇价由101.35变为101.75，说明美元对日元汇率上升了40个基点。

二、汇率的标价方法

由于汇率是两种货币价值的对比，因此在计算两种货币的比价时，首先要确定用哪个国家的货币作为折算标准，换句话说，是用A国货币表示B国货币的价格，还是用B国货币表示A国货币的价格。这便产生了汇率的标价方法问题。目前国际上有三种常见的标价方法：直接标价法、间接标价法和美元标价法。其中直接标价法和间接标价法是针对本币与外币之间兑换而言的。

（一）直接标价法（direct quotation）

直接标价法又称“应付标价法”（giving quotation），是指以一定单位（1或100等）的外国货币为标准，折算为若干单位本国货币的表示方法，或者说是用本国货币表示的外国货币的价格。

人民币对外币汇率主要采用这种标价法。目前，除美元、英镑、爱尔兰镑、澳大利亚元、新西兰元、南非兰特和欧元以外，其他货币的汇率均采用直接标价法，如中国银行挂牌的100美元=649.22元人民币，东京外汇市场上的英镑/日元为155.89等。

直接标价法的特点是：外币数量固定不变，折合成的本币数量随着外币币值和本币币值的变化而变化，表明外汇汇率的涨落。如果一定单位的外币折算的本币的数额比原来多，则说明外汇汇率上升，本币汇率下跌；相反，如果一定单位的外国货币折算成本币的数额比原来少，则说明外汇汇率下跌，本币汇率上升。在这种标价方式下，外汇汇率的涨落与本币数量的增减成正比，从中能直接看出外汇的价格。

（二）间接标价法（indirect quotation）

间接标价法又称“应收标价法”（receiving quotation），是指以一定单位的本国货币为标准，折算为若干单位的外国货币的表示方法，或者说是用外国货币表示的本国货币的价格。

世界上只有少数国家采用间接标价法。从历史上看，英镑一直采用这种标价法。例如，2021年4月某日，伦敦外汇市场公布的汇率为1英镑=1.3882/1.4022美元。除英国以外，一些英联邦国家的货币也采用间接标价法，如澳大利亚元、新西兰元和南非兰特等。美国的纽约外汇市场原先采用直接标价法，后来由于美元逐步取代了英镑而成为国际经济交易的主要计价结算手段，因此，从1978年9月1日开始，纽约外汇市场也改用间接标价法，但美元对英镑仍沿用直接标价法。不过，美国报刊的金融资讯版通常同时刊印两种价格，即外币的美元价格（US$ equivalent）和美元的外币价格（currency per US$），以便利各种外汇交易的结算，这实际上是同时采用了直接与间接两种标价方法。此外，1999年1月1日诞生的欧元也采用间接标价法，即以每1欧元值若干外币的方式报价。人民币对马来西亚林吉特、俄罗斯卢布、南非兰特、韩国元、阿联酋迪拉姆、沙特里亚尔、匈牙利福林、波兰兹罗提、丹麦克朗、瑞典克朗、挪威克朗、土耳其里拉、墨西哥比索、泰铢的汇率采用间接标价法。

间接标价法的特点是：本币的数量固定不变，折合成的外币数额则随着本币和外币币值的变动而变动。如果一定单位的本币折成外币的数量比原来多，则说明本币汇率上升，外汇汇率下跌；相反，如果一定单位的本币折成外币的数量比原来少，则说明本币汇率下跌，外汇汇率上升。在这种标价法下，外汇汇率的涨落与外币数额的多少成反比，不能直接看出外汇的价格。

直接标价法和间接标价法之间存在着一种倒数关系。例如，根据表3-4中中国银行用直接标价法挂牌的汇率100美元=647.15元人民币，推算得出间接标价的1元人民币=100/647.15=0.1545美元。

（三）美元标价法（US dollar quotation）

美元标价法是指以一定单位的美元为标准，折合成若干数额的其他国家货币，即用其他国家的货币表示的美元的价格。例如，从加拿大蒙特利尔向日本银行询问日元汇率，东京外汇银行不是直接报加拿大元对日元的汇率，而是报美元对日元的汇率。

目前，世界各主要外汇市场银行之间的报价通常采用这种方法。非美元货币之间的汇率则通过各自对美元的汇率套算。这种标价法的特点是：美元的单位始终不变，美元与其他货币的比值是通过其他货币数量的变化体现出来的。

在国际金融市场上，还有少数货币采用非美元标价法，如英镑、爱尔兰镑、澳大利亚元、新西兰元、欧元。它们采用每1英镑、每1爱尔兰镑、每1澳大利亚元、每1新西兰元、每1欧元等于若干数额美元的标价法。

在上述各种标价法下，数量固定不变的货币为基础货币或基准货币，也称被报价货币，其价格用其他货币的数量来表示；数量发生变化的货币叫标价货币或非基准货币，也称报价货币，其数量用以说明基础货币价格的高低。在直接标价法下，基础货币是外国货币，标价货币是本国货币；在间接标价法下则与之相反，基础货币是本国货币，标价货币是外国货币；在美元标价法下，美元是基础货币，其他各国货币是标价货币。总之，无论采取何种标价法都是以标价货币来表示基础货币的价格。

三、汇率的种类

从各国外汇交易的实践看，汇率的种类繁多，我们将对常见的汇率依据不同的分类标准进行划分。

（一）买入汇率、卖出汇率、中间汇率与现钞价

从银行买卖外汇的角度划分，汇率可分为买入汇率和卖出汇率、中间汇率和现钞价。关于它们之间的不同，从表3-4中就可以看出来。

买入汇率（buying rate）也叫买入价（bid price），是指银行向同业或客户买入外汇时所使用的汇率，即银行出价。因它多用于出口商与银行间的交易，故也称为“出口汇率”。采用直接标价法时，外币折合成本币数量较少的那个汇率就是买入价；采用间接标价法时，本币折合外币较多的那个汇率就是买入价。

卖出汇率（selling rate）也叫卖出价（offer price or ask price），是指银行向同业或客户卖出外汇时所使用的汇率，即银行要价。因它多用于进口商与银行间的交易，故也称为“进口汇率”。采用直接标价法时，外币折合本币数较多的那个汇率就是卖出价；采用间接标价法时，本币折合外币数较少的那个汇率就是卖出价。

买入汇率和卖出汇率之间有一个差价，称买卖差价，这个差价是外汇银行经办外汇业

务的收入来源，通常为1‰～5‰。一般情况下，外汇市场越发达，买卖差价越小。

中间汇率（medial rate）也叫中间价，是买入价与卖出价的平均数。中间价一般用于报刊和电讯行情对汇率走势的分析。在我国，各外汇银行的买入汇率和卖出汇率通常是以中国外汇交易中心公布的中间汇率为基础，在中国人民银行允许的幅度范围内上下浮动形成的。

现钞价（bank notes rate）是银行向客户直接买卖外币现钞时所使用的价格。现钞汇率不等于外汇汇率，上述所说的汇率是银行采用电汇方式买卖外汇（外币支付凭证）时的价格。银行在购入外币支付凭证后，通过航邮划账，可很快地存入国外银行，开始生息，调拨动用；外国现钞不能在本国流通，存放在本国银行没有意义，银行买入外币钞票后需要积累到一定数额，将其运送到发行国并存入银行才能充当流通或支付手段。在此之前，银行要承受一定的利息损失，而运送现钞必须花费一定的运费、保险费等，承担一定的风险，因此，银行在收兑外币现钞时的汇价要低于现汇买入价。不过，一般情况下，银行卖出外国现钞时，则使用一般的外汇支付凭证的卖出价，现钞卖出价不再单列。这是因为银行卖出外币现钞不承担相应的费用。

（二）基本汇率与套算汇率

从制定汇率的不同方法的角度，汇率可以分为基本汇率和套算汇率。基本汇率（base rate）也叫基准汇率，是指本国货币与国际上某一关键货币之间的比率。套算汇率（cross rate）也叫交叉汇率，是指两种货币通过基本汇率换算（折算）出来的汇率。

所谓关键货币（key currency），是指该国在国际收支中使用最多的、在外汇储备中占比最大的、在国际上被普遍接受的、可以自由兑换的货币。大多数国家都把美元作为关键货币，从而采用美元标价法来制定基本汇率，但也有少数国家如非洲的某些国家由于历史的原因把英镑等作为关键货币，从而采用非美元标价法制定基本汇率。于是，在国际金融市场上进行不同货币的兑换和各种外汇交易时，就存在着用基本汇率来计算套算汇率的问题。

（三）电汇汇率、信汇汇率与票汇汇率

按银行汇兑方式划分，汇率可以分为电汇汇率、信汇汇率和票汇汇率。

电汇汇率（telegraphic transfer rate，T/T Rate）是银行以电信方式买卖外汇时所使用的汇率。例如，银行在售出外汇后，以电报、电传等方式委托其国外分支行或代理行将款项付给收款人时所使用的汇率就是电汇汇率。由于电汇付款时间快，一般可以当天到达，银行在电汇时不能利用客户资金，并且国际电报、电传费用也比较高，因此，电汇汇率较一般汇率高，并且是计算其他汇率的基础。各国公布的外汇牌价，如无特别说明，均指电汇汇率。

信汇汇率（mail transfer rate，M/T Rate）是银行以信函方式通知收付款时采用的汇率。邮寄信函需要较长时间，银行可以利用客户的资金，且信汇的成本比电汇低，因此信汇汇率低于电汇汇率。在外汇交易中，信汇量较少，主要在我国港澳地区及东南亚一带使用。

票汇汇率（demand draft rate，D/D rate）是银行买卖外汇汇票时使用的汇率。银行卖出外汇时，开立一张由其国外分支机构或代理行付款的汇票交给汇款人，由汇款人自带国外取款或邮寄给国外收款人，这时使用的汇率就是票汇汇率。银行可以利用客户资金大约

一个航空邮程的时间，收款人没有从汇入行提取汇款之前，汇出行都可以利用汇款人的资金获取利息收益，因此，票汇汇率低于电汇汇率，相当于一个航空邮程的利息。因汇票有即期和远期之分，所以票汇汇率可分为即期票汇汇率和远期票汇汇率。即期票汇汇率一般等于信汇汇率。对于远期汇票而言，票汇支付期限越长，票汇汇率越低。

（四）即期汇率与远期汇率

按外汇买卖交割期限划分，汇率可以分为即期汇率和远期汇率。

即期汇率（spot rate）又称现汇汇率，是指买卖外汇双方成交后在当日或两个营业日内进行交割时的汇率。

远期汇率（forward rate）又称期汇汇率，是指外汇买卖成交后，在约定的到期日进行交割所使用的汇率。买卖远期外汇的期限一般为1、3、6、9、12个月等。

远期汇率与即期汇率之间的差额叫远期差价（forward margin），也叫掉期率（swap rate），用升水、贴水和平价表示。升水（at premium）表示远期汇率高于即期汇率，或者说远期外汇比即期外汇贵；贴水（at discount）表示远期汇率低于即期汇率，或者说期汇比现汇便宜；平价（at par）表示远期汇率等于即期汇率。在不同的汇率标价方法下，远期汇率的计算方法不同。可归纳为：

在直接标价法下：

远期汇率=即期汇率+升水

远期汇率=即期汇率−贴水

在间接标价法下：

远期汇率=即期汇率−升水

远期汇率=即期汇率+贴水

通过升贴水计算远期汇率的方法，详见第五章第三节。

（五）开盘汇率与收盘汇率

按外汇买卖的营业时间，汇率可以分为开盘汇率和收盘汇率。

开盘汇率（opening rate）又称开盘价，是指外汇银行在每个营业日开始时买卖外汇所使用的汇率。

收盘汇率（closing rate）又称收盘价，是指外汇市场上外汇银行在每个营业日结束时买卖外汇所使用的汇率，通常是外汇市场交易结束前30秒钟或60秒钟的汇率。

一个外汇市场的营业从开始到结束虽然只有几个小时，但在汇率急剧波动的情况下，开盘价和收盘价也会相差很大。另外，世界上各个外汇市场的营业时间虽然因时差关系而不一致，但由于各外汇市场之间存在着发达的电信网络和密切的行情联系，一个外汇市场的收盘汇率往往影响另一个外汇市场的开盘汇率。

（六）同业汇率与商人汇率

按照外汇买卖的对象划分，汇率可分为同业汇率与商人汇率。

同业汇率（inter-bank rate）是指银行与银行之间买卖外汇的汇率。同业汇率的银行买入价和卖出价的价差较小。

商人汇率（merchant rate）是指银行对客户买卖外汇的汇率。商人汇率是根据同业汇率卖出价增、买入价减一定的差额确定的，所以商人汇率的银行买入价与卖出价的价差较大。

（七）固定汇率和浮动汇率

按汇率制度不同，汇率可以分为固定汇率和浮动汇率。

固定汇率（fixed rate）是指一国货币对另一国货币的汇率基本固定，且将汇率的波动幅度限制在一个特定的范围内的汇率。在金本位制下和第二次世界大战后的布雷顿森林货币体系下，世界各国都采用这种汇率。

浮动汇率（floating rate）是指一国货币的对外汇率不予固定，也不规定上下限的波动幅度，而是根据外汇市场的供求状况任其自由涨落的汇率。1973年布雷顿森林体系崩溃后，主要工业国家都采用这种汇率。

（八）官方汇率和市场汇率

按外汇管制的宽严程度不同，汇率可以分为官方汇率和市场汇率。

官方汇率（official exchange rate）是货币当局规定的，要求一切外汇交易都采用的汇率。

市场汇率（market exchange rate）是指在外汇市场上自由买卖外汇的实际汇率。但各国货币金融当局经常运用各种手段干预外汇市场，使市场汇率保持基本稳定或向预定目标变动。

在外汇管制较松的国家，官方汇率往往只起中心汇率的作用，实际外汇买卖都是按市场汇率进行。在实行严格外汇管制的国家，不允许存在外汇自由买卖市场，官方汇率就是实际汇率，规定一切外汇交易都按这一汇率执行。我国在1994年以前实行的就是官方汇率。人民币汇率由国家外汇管理局统一制定并公布，并按此汇率进行外汇买卖，没有市场汇率。

（九）单一汇率与复汇率

按汇率使用范围的不同，汇率可以分为单一汇率与复汇率。

单一汇率（single rate）是指一个国家的货币对其他国某货币只有一种汇率，通用于该国所有的经济交往。

复汇率（multiple rate）是指一种货币（或一个国家）有两种或两种以上汇率，不同的汇率用于不同的国际经贸活动。复汇率是外汇管制的一种产物，目前只有一些发展中国家仍实施复汇率，但根据国际货币基金组织的要求，只能依据需要使用简单的复汇率，严格限制实行复杂的复汇率。

（十）贸易汇率与金融汇率

根据外汇资金的性质或来源，汇率可以分为贸易汇率和金融汇率。

贸易汇率（trade rate）又称“商业汇率”，是适用于进出口贸易货价及其从属费用结算的汇率。其服务于一国的“奖出限入”的贸易政策，以改善该国的国际收支为目的。

金融汇率（financial rate）是适用于资金流动、旅游事业等非贸易外汇收支的汇率。其以限制资金流出、鼓励资金流入为目的。

（十一）名义汇率、实际汇率与有效汇率

从衡量货币价值的角度，汇率可分为名义汇率、实际汇率与有效汇率。

1.名义汇率

名义汇率（nominal exchange rate）是用一种货币所能兑换的其他货币的数量来表示该

货币的汇率，是货币兑换和外汇交易时使用的汇率。由于其不一定体现不同国家的价格水平变动，不一定体现货币购买力的变化情况，不一定真正反映货币的实际价值，所以称之为名义汇率。

2.实际汇率

实际汇率（real exchange rate）也称真实汇率，是把名义汇率和那些与名义汇率类似、对外汇买卖有影响作用的因素结合在一起的理论汇率。因此，在分析影响国际经济活动的价格因素时，实际汇率的作用常常比名义汇率更重要。实际汇率有两种不同的含义。

第一种含义的计算公式为：

实际汇率=名义汇率±财政补贴或税收减免

实际汇率的这种含义是把名义汇率和财政补贴或税收减免等因素结合在一起，以考察其对进出口的实际影响。例如，我国目前为了鼓励某些产品的出口，实行出口退税政策。假设人民币的名义汇率为1美元=6.32元人民币，某产品出口商每获得1美元的出口收入，政府给予其0.10元人民币退税，那么，按照上述公式，该出口商在出口了1 000万美元的商品后，除了在外汇市场可兑换成6 320万元人民币外，还可获得100万元人民币的退税。显然，对该出口商而言，实际汇率相当于1美元=6.42元人民币。同样的原理也可应用于进口关税方面。如果每1美元的进口必须支付0.15元人民币的关税，则对进口商而言，实际汇率相当于1美元=6.47元人民币。

第二种含义的计算公式为：

$$e_r=e\times\frac{p^*}{p}$$

式中：e_r为实际汇率，e为名义汇率，p^*为外国基期物价指数，p为本国基期物价指数。这是以不变价格计算出来的某国货币汇率，是将名义汇率中的物价因素扣除后得出的。实际汇率的这种含义是把价格因素和名义汇率结合在一起，以考察其对国际经济交易的影响。实际汇率主要受三个因素的影响：名义汇率、本国的价格水平、外国的价格水平。影响国际经济交易的因素是实际汇率而不是名义汇率。

3.有效汇率

有效汇率（effective exchange rate）是指一国货币对一篮子货币经过加权平均计算后得出的汇率。因此，它不是反映两种货币之间的汇率，即双边汇率的指标，而是综合反映一种货币对多种货币的多边汇率平均值。利用有效汇率指数，即不同时期的有效汇率比值，还可以考察一国货币在不同时期的变动幅度。通常以对外贸易比重为权数，用以观察某种货币的总体波动幅度及其在国际经贸和金融领域中的总体地位。其计算公式如下：

$$\text{A国货币的有效汇率}=\sum_{i=1}^{n}\text{A国货币对i国货币的汇率}\times\text{（A国同i国的贸易值/A国的全部对外贸易值）}$$

因此，名义汇率可分为名义双边汇率和名义有效汇率。名义双边汇率是指用另一国货币的数量所表示的某种货币的汇率。各种报刊所登载的汇率都是名义双边汇率。名义有效汇率是指用若干种其他国家货币数量的加权平均值来表示某种货币的汇率，即各种名义双边汇率的加权平均，所以也被称为汇率指数。

有效汇率可分为名义有效汇率和实际有效汇率。一国的名义有效汇率等于其货币与所有贸易伙伴国货币双边名义汇率的加权平均数，如果剔除通货膨胀对各国货币购买力的影响，就可以得到实际有效汇率。实际有效汇率不仅考虑了所有双边名义汇率的相对变动情况，还剔除了通货膨胀对货币本身价值变动的影响，能够综合地反映本国货币的对外价值和相对购买力。

知识链接 3-2　　人民币汇率指数算法说明

2015年12月11日晚间，中国外汇交易中心（China Foreign Exchange Trade System，CFETS）正式发布了CFETS人民币汇率指数。据外汇交易中心计算，2015年11月30日CFETS人民币汇率指数为102.93，较2014年年底升值2.93%。同时，为便于市场从不同角度观察人民币有效汇率的变化情况，中国外汇交易中心参考BIS货币篮子、SDR货币篮子计算了人民币汇率指数。2015年11月30日上述两个指数分别为103.50和101.56，较2014年年底分别升值3.50%和1.56%。

一、CFETS人民币汇率指数

CFETS人民币汇率指数参考CFETS货币篮子，具体包括中国外汇交易中心挂牌的各人民币对外汇交易币种，样本货币权重采用考虑转口贸易因素的贸易权重法计算而得。篮子货币取价是当日人民币外汇汇率中间价和交易参考价（例如泰铢）。指数基期是2014年12月31日，基期指数是100点。指数计算方法是几何平均法。

2015年11月30日中国外汇交易中心首次发布的CFETS人民币汇率指数参考的货币篮子包括美元、欧元、日元、港元、英镑、澳大利亚元、新西兰元、新加坡元、瑞士法郎、加拿大元、马来西亚林吉特、俄罗斯卢布、泰铢13种货币。自2017年1月1日起，按照CFETS货币篮子选样规则，CFETS货币篮子新增11种2016年挂牌人民币对外汇交易币种，CFETS篮子货币数量由13种变为24种，新增篮子货币包括南非兰特、韩国元、阿联酋迪拉姆、沙特里亚尔、匈牙利福林、波兰兹罗提、丹麦克朗、瑞典克朗、挪威克朗、土耳其里拉、墨西哥比索，基本涵盖了我国各主要贸易伙伴币种，进一步提升了货币篮子的代表性。CFETS货币篮子和权重（自2017年1月1日起生效）见表3-5。

表3-5　　CFETS货币篮子和权重

币种	USD	EUR	JPY	HKD	GBP	AUD	NZD	SGD	CHF	CAD	MYR	RUB
权重	0.2240	0.1634	0.1153	0.0428	0.0316	0.0440	0.0044	0.0321	0.0171	0.0215	0.0375	0.0263
币种	THB	ZAR	KRW	AED	SAR	HUF	PLN	DKK	SEK	NOK	TRY	MXN
权重	0.0291	0.0178	0.1077	0.0187	0.0199	0.0031	0.0066	0.0040	0.0052	0.0027	0.0083	0.0169

二、参考BIS货币篮子计算的人民币汇率指数

BIS人民币汇率指数主要参考BIS货币篮子，样本货币权重采用BIS货币篮子权重。对于中国外汇交易中心挂牌交易人民币外汇币种，样本货币取价是当日人民币外汇汇率中间价和交易参考价（例如泰铢），对于非中国外汇交易中心挂牌交易人民币外汇币种，样本货币取价是根据当日人民币对美元汇率中间价和该币种对美元汇率套算形成。指数基期是2014年12月31日，基期指数是100点。指数计算方法是几何平均法。BIS货币篮子和权重自2015年1月1日起生效。

三、参考SDR货币篮子计算的人民币汇率指数

SDR人民币汇率指数主要参考SDR货币篮子，样本货币权重由各样本货币在SDR货币篮子的相对权重计算而得。由于2016年10月1日人民币正式加入SDR货币篮子，IMF对SDR货币篮子权重进行了调整，中国外汇交易中心据此相应调整2017年参考SDR货币篮子的人民币汇率指数的篮子货币权重。样本货币取价是当日人民币外汇汇率中间价。指数基期是2014年12月31日，基期指数是100点。指数计算方法是几何平均法。SDR货币篮子和权重（自2017年1月1日起生效）见表3-6。

表3-6 SDR货币篮子和权重

币种	权重
USD	0.4685
EUR	0.3472
JPY	0.0935
GBP	0.0908

四、指数发布

中国外汇交易中心于银行间外汇市场每周首个交易日8：30发布上周最后交易日指数数据，每月首个交易日8：30发布上月最后交易日指数数据。官方指数数据发布渠道是中国货币网（www.chinamoney.com.cn）。

表3-7是2021年3月中国外汇交易中心公布的人民币汇率指数。

表3-7 人民币汇率指数

日期	CFETS人民币汇率指数	BIS货币篮子人民币汇率指数	SDR货币篮子人民币汇率指数
2021-03-31	96.88	101.09	95.66
2021-03-26	97.15	101.28	95.91
2021-03-19	96.78	101.00	95.79
2021-03-12	96.90	101.10	95.89
2021-03-05	97.06	101.18	95.89

第三节 汇率的决定与变动

一、汇率的决定

两种货币之间的兑换比率是如何确定的？为什么一国货币与另一国货币之间的汇率是某一个特定的数值而不是其他的数值？要回答这个问题，就要弄清汇率的决定基础是什么。

汇率的决定基础与货币制度密切相关。在不同的货币制度下，各国货币所具有或所代表的价值是不一样的，各种货币之间兑换比例确定的标准也是不同的，因此，汇率的决定基础也不同。

（一）金本位制下的汇率决定基础

1.金币本位制度下汇率的决定基础

在金币本位制度下，两国金铸币含金量之比叫铸币平价，铸币平价是决定汇率的基

础，汇率变动的范围是黄金点。

金币本位制是典型的金本位货币制度。在金币本位制下，各国使用黄金为币材，并规定单位金铸币的含金量，同时规定金币可以自由铸造、自由熔化，银行券可以自由兑换黄金，黄金可以自由流出或流入国界。因而，金币是当时各国的主要通货，并可以自由对外进行支付结算。各国的金币虽然形状、大小各不相同，但金币含金量是固定的，可以用含金量体现出它们所具有的价值，而含金量之比即铸币平价就是两种货币之间的比价。

例如，在金币本位时期，每1英镑铸币的重量为123.27447格令，成色为22 K金，则每英镑含有的纯金为113.0016格令（$123.27447 \times 22 \div 24$）。而当时每1美元金铸币重量为25.8格令，成色为9成（9/10），则美元的含金量为23.22格令。因此英镑与美元的铸币平价为：1英镑=113.0016÷23.22=4.8665美元，它决定了英镑与美元的兑换比率。

各国虽然在法律上认定两国货币的汇率是铸币平价，但铸币平价并不是外汇市场上的实际汇率，而是决定汇率的价值基础。由于当时各国之间已开始使用以外汇为支付手段的非现金结算方式，外汇买卖已很普遍，实际汇率是在外汇市场的供求机制下形成的。如果市场上某种外汇供过于求，其汇率就会跌到铸币平价以下；反之，如果某种外汇供不应求，其汇率就会涨到铸币平价以上。然而在金币本位制度下，汇率的下跌或上涨不是漫无边际的，而是以铸币平价为中心，在一定幅度内上下波动，波动幅度的界限就是黄金输送点，也称黄金点。黄金输送点是指金币本位制下，由于外汇汇率涨落引起黄金输出、输入国境的界限，它等于铸币平价加（减）运送黄金的费用。在直接标价法下：

黄金输出点=铸币平价+黄金运杂费

黄金输入点=铸币平价-黄金运杂费

例如，在第一次世界大战之前，把1英镑黄金由英国运往美国的运杂费为0.03美元，对美国来说：

黄金输出点为：1英镑=4.8665美元+0.03美元=4.8965美元

黄金输入点为：1英镑=4.8665美元-0.03美元=4.8365美元

也就是说，美国黄金输出点为4.8965美元，黄金输入点为4.8365美元，英镑与美元汇率的波动界限在4.8365美元至4.8965美元之间。

黄金输送点之所以成为汇率波动的上下限，是由于金币本位时期存在着现金和非现金两种对外结算方式。尽管黄金是世界货币，但由于在国际结算中用黄金作为支付手段要发生很多费用和带来一些问题，如运费、保险费和安全问题等，所以一般的贸易往来都采用非现金结算，即用汇票作为支付手段，而汇票结算就必然带来汇率波动问题。因此，在汇率围绕铸币平价波动的幅度不超过运输黄金的费用时，人们会选择非现金结算方式；而当汇率波动幅度超过运输黄金的费用时，人们宁愿选择现金结算方式，即不再买卖外汇，而直接运送黄金支付。

例如，美国商人进口英国的商品，用美元购买英镑外汇支付给英国商人，致使英镑外汇需求大于供给，汇率上升。当英镑汇率上升到1英镑=4.8965美元以上时，美国债务人觉得购买外汇不合算，不如直接向英国运送黄金有利，这样最多花4.8965美元就可以支付1英镑的债务。于是，美国进口商就不再购买英镑外汇，而是直接运送黄金支付货款。英镑外汇需求减少，致使英镑汇率不再上升，黄金流出美国，1英镑=4.8965美元是美国的黄金输出点，同时也是制约英镑汇率上升、美元汇率下跌的界限。

反之，若美国向英国出口，美国商人出售英镑货款换回美元，使英镑供给大于需求，英镑汇率不断下跌。当英镑汇率下跌到1英镑折合4.8365美元以下时，美国的债权人就不要外汇，而宁肯自己从英国运送黄金到美国，这样，1英镑的债权至少也能收回4.8365美元。于是，美国出口商就不再出售英镑外汇，而是直接运送黄金到美国，此时英镑汇率不再下降，黄金流入美国，1英镑=4.8365美元是美国的黄金输入点，也同时是制约英镑汇率下跌、美元汇率上升的界限。

由此可见，在金币本位制时期，铸币平价是决定汇率的基础，黄金输送点是汇率波动的界限，汇率是以铸币平价为基础，在黄金输送点内依据外汇供求状况而形成的。由于运送黄金的各项费用仅为黄金价值的0.5%～0.7%，所占比重较小，所以汇率波动的幅度也比较小，汇率基本上是稳定的。

2.金块本位和金汇兑本位制度下汇率的决定基础

在金块本位制度下，黄金已经很少直接充当流通手段和支付手段，金块的绝大部分为政府所掌握，其自由输出和输入受到了影响。同样，在金汇兑本位制度下，黄金储备集中在政府手中，在日常生活中，黄金不再具有流通手段的职能，其输出和输入受到了极大限制。因而在这两种货币制度下，两种货币之间的汇率由纸币所代表的含金量之比来决定，称为法定平价。法定平价也是金平价的一种表现形式。实际汇率因供求关系而围绕法定平价上下波动。但这时，汇率波动的幅度已不再受制于黄金输送点。黄金输送点存在的必要前提是黄金的自由输出和输入。在金块本位和金汇兑本位下，由于黄金的输出和输入受到了限制，因此，黄金输送点实际上已不复存在。在这两种削弱了的金本位制度下，虽说决定汇率的基础依然是金平价，但汇率波动的幅度则由政府来规定和维护。政府通过设立外汇平准基金来维护汇率的稳定。当外汇汇率上升，便出售外汇；当外汇汇率下降，便买进外汇，以此使汇率的波动局限在允许的幅度内。显然，与金币本位制度时的情况相比，金块本位和金汇兑本位下汇率的稳定程度已降低了。

（二）纸币流通时期的汇率决定基础

1.纸币具有法定含金量时期汇率的决定

在纸币规定有法定含金量时期，即金本位制度崩溃之后的纸币流通初期及在第二次世界大战以后的布雷顿森林货币制度下，各国政府规定了本国货币所代表的（而不是具有的）含金量。两种货币的法定含金量之比叫黄金平价，黄金平价是汇率的决定基础。汇率以黄金平价为中心在人为规定的幅度内变动，各国政府有义务将汇率稳定在这一波动幅度之内。

例如，1934年美国政府规定每1美元的含金量是0.888671克纯金，也就是说，1美元纸币在流通中所代表的价值量相当于0.888671克黄金。同样，英国政府规定每1英镑的含金量是3.881344克纯金，即1英镑纸币在流通中所代表的价值量与3.881344克黄金相同。所以，1英镑=3.881344÷0.888671=4.37美元，即英镑与美元间的黄金平价就是决定英镑与美元汇率的基础。

纸币所代表的含金量之比决定汇率，与金本位制下铸币所具有的含金量之比决定汇率有着本质的差别。后者是一种实实在在的价值之比，而前者只是一种虚设的价值之比。纸币不能兑换黄金，也不能像金币一样通过执行流通手段与贮藏手段的转换来调节流通中的货币量；纸币发行量过大或过小都会使纸币所代表的价值量同政府规定的含金量不相符，这时纸币的汇率显然不能由其名义上的含金量来决定，而应由其实际所代表的含金量来决定。如果纸币所代表的含金量与名义上规定的含金量相差太远，以至于中央银行难以用有限的外汇平准基金干预外汇市场以使汇率稳定在规定的上下限之内，政府就会宣布本国纸币贬值或升值，称为货币法定贬值或法定升值。

货币法定贬值是指在纸币具有法定含金量时期，单位纸币实际所代表的含金量大大低于名义含金量，或是当通货膨胀程度较高、国际收支存在逆差时，政府用法令宣布降低单位纸币的含金量，使之与实际所代表的含金量相符合的措施。20世纪60年代，美元在经历了三次危机之后，实际所代表的含金量与政府宣布的0.888671克的含金量不相符，于是尼克松政府被迫在1971年12月宣布美元法定贬值7.89%，即贬值后的1美元的含金量为0.818513克纯金，从而使美元对英镑汇率由原来的1英镑合2.40美元变为1英镑合2.6057美元。

货币法定升值是指在纸币具有法定含金量时期，单位纸币实际所代表的含金量超过其名义含金量，或是当通货膨胀程度较低、国际收支存在顺差时，在国际收支逆差较大的国家的压力下，政府通过法令宣布提高单位纸币的含金量的措施。1969年在各国压力下，联邦德国政府宣布马克法定升值，每马克的含金量由0.222168克纯金提高到0.242806克纯金，马克对美元的汇率也由1美元合4马克提高到1美元合3.66马克。

2.纸币不规定含金量时期汇率的决定

在纸币不规定含金量时期，即现行的货币制度下，汇率由购买力平价决定，在外汇供求状况影响下自由浮动。

1973年后，随着布雷顿森林体系的解体，各国普遍实行信用货币制度。各国政府不再规定纸币的含金量，纸币的价值不再以含金量来体现，纸币所具有的购买一定数量商品的能力表现了纸币在流通中所代表的实际价值。两国货币之间的汇率取决于它们各自在国内所代表的实际价值，也就是说货币对内价值决定货币对外价值；而货币的对内价值又是用其购买力来衡量的。纸币所代表的价值量之比，或两种货币购买力之比叫购买力平价，购买力平价是汇率的决定基础。汇率的涨跌没有波动幅度的限制，而是随外汇市场供求的变化自由浮动。

汇率的变动表现为汇率的上浮与下跌。两种货币的汇率随着外汇市场的外汇供求状况而变动。当外汇供不应求、兑换本币数量增多时，叫作汇率的上浮，意味着外汇升值、本币贬值；当外汇供过于求、兑换本币数量减少时，叫作汇率的下跌，意味着外币贬值、本币升值。

二、汇率的变动及其影响

（一）影响汇率变动的主要因素

影响汇率变动的因素很多，这些因素通过引起两种货币币值的对比发生变化和外汇供求状况发生变化，进而引起汇率发生变动。

1.国际收支差额

一国的国际收支状况直接决定着该国外汇供求状况，从而引起汇率变动。当国际收支出现顺差时，外汇收入大于外汇支出，国际储备增加，使外汇的供给大于需求，会引起外汇汇率下降和本币汇率上升；当国际收支出现逆差时，外汇支出大于外汇收入，外汇储备减少，使外汇的需求大于外汇供给，会引起外汇汇率上升和本币汇率下降。

一般而言，暂时的、小规模的国际收支差额可以被国际资本流动、相对利率和通货膨胀率的变动、政府在外汇市场上的干预等因素抵消，从而只对汇率产生较小的影响，只有巨额的、长期的国际收支差额才会影响汇率，并且由于国际收支差额对汇率的影响要通过外汇市场上的供求状况的变化才能逐步体现出来，因此，国际收支是影响汇率变动的中长期因素。

国际收支中的经常项目差额对汇率的影响是最重要的。在固定汇率制下，经常项目收支不平衡往往是货币法定贬值的先导，政府往往迫于市场的压力而改变汇率；在浮动汇率制下，该项目收支的不平衡在经历一个时滞后会导致本币汇率的变动。而在经常项目中，贸易收支一直是在中长期决定汇率走势的主要因素。贸易收支的不平衡，在第二次世界大战后的外汇史上始终是汇率变动，特别是汇率较大变动的最主要原因。典型的事例如下：1967年11月的英镑贬值；1971年12月的美元第一次贬值；1977—1978年以及1985—1988年和1995年的美元对日元等汇率的大幅度下跌。

国际收支中的资本项目差额，会在短期内对汇率产生直接影响。例如，当资本输出时，本币换成外币的要求造成本币贬值的压力；当资本输入时，本币汇率将会上升。当然，资本项目中的直接投资，对汇率的影响比较复杂。因为当本国对外国直接投资时形成资本输出，引起本币贬值而外币升值；而当投资一定时期后，会给企业带来一定利润，利润汇回形成资本流入，又会抵消资本输出的贬值压力。

2.相对通货膨胀率

在其他经济条件不变的情况下，若一国发生通货膨胀，该国单位货币所代表的价值量减少，对内贬值，则其对外价值也下降，外汇汇率上升，本币汇率下跌。

另外，由于通货膨胀使国内物价上涨、出口商品成本增加，对出口不利，同时使进口商品的盈利空间增大或处于有利的价格态势，刺激进口，这样会使贸易收支恶化、外汇需求增加，导致本币汇率下跌、外币汇率上浮。

考察通货膨胀程度对汇率的影响，不能仅从一国来观察，还应观察其他国家通货膨胀率的变化并进行比较。一般来说，相对通货膨胀率较高的国家，其货币的对内价值下降的速度更快，于是其货币汇率也会随之下降；如果两国通货膨胀率大体相等，则汇率的变化数值不会太大。此外，通货膨胀对汇率的影响有一个过程，这一过程需要半年或更长时间，但这种影响一旦起作用，其延续时间就会比较长。因此可以说，通货膨胀对汇率具有长期的影响，往往成为影响汇率变动趋势的因素。

3.相对利率

利率是资金的交易价格，是使用资金的代价或放弃使用资金的收益。利率的高低代表了一国金融资产对外的吸引力，会直接引起国际套利资本的流动，并导致汇率波动。一般认为，在考察利率变动影响时，不仅要比较内外利率，而且要比较内外通货膨胀率，即要比较内外实际利率。当不同国家实际利率存在差异时，投资者为了追求较高的收益，必然把低利率货币兑换成高利率货币，这样就会影响到不同货币的需求与供给，从而影响汇率的变动。

利率高的国家资金收益较高，吸引外资流入，使市场上外汇供给增加，从而导致外汇汇率下跌、本国货币汇率上升；反之，利率低的国家货币汇率下跌。另外，一国提高利率，是为了紧缩国内银根，控制投资膨胀和经济过热，于是单位货币价值量增加，该国货币汇率在短期内上升；反之，一国降低利率是为了放松银根，刺激投资增加和经济增长，于是单位货币价值量减少，该国货币汇率在短期内下降。所以，在其他因素不变的情况下，利率在一定条件下对汇率的短期影响很大，高利率货币汇率上浮，低利率货币汇率下跌。

利率对于汇率的另一个重要作用是导致远期汇率的变化，外汇市场远期汇率升水、贴水的主要原因在于货币之间的利率差异。高利率货币会引起市场上对该货币现汇的需求，以期获得一定期限的高利息收入。但为了防止将来投资到期时该种货币汇率下跌带来损失，人们在购进这种货币现汇时往往会采取掉期交易，即卖出这种货币的远期，从而使该货币远期贴水；同样的道理，低利率的货币则有远期升水（参见第五章相关内容）。

4.经济增长率的国际差异

一国经济发展状况可以用其经济增长率来表示，国内外经济增长率的差异对汇率产生多方面的影响。一国的经济增长率上升，说明该国经济景气，出口旺盛，因此该国币值稳定，外国对该国货币有信心，在国际交易中愿意使用该种货币，该种货币的汇率一般会上升；反之，该种货币汇率会下降。但是发展中国家情况有所不同，经济发展较快，国民收入有较大的增长，进口需求增加，如果本国货币不是自由兑换货币，对外汇需求量增大，在供求影响下，外汇汇率会上升，而本币汇率会下降。总体来说，高经济增长率短期内由于贸易收支问题可能会不利于本币的汇率，但长期中却是支持本币成为国际货币市场硬通货的有利因素。

5.中央银行的外汇干预

中央银行的外汇干预是指一国中央银行或多国中央银行联合在外汇市场上参与外汇买卖业务，以影响一国货币汇率或几种主要自由兑换货币汇率变动的措施。

不论在固定汇率制度下，还是在浮动汇率制度下，一国货币当局都会被动地或主动地干预外汇市场，稳定汇率，以避免汇率波动对经济造成不利影响，实现自己的政策目标。浮动汇率制下的外汇干预体现了汇率是一种管理浮动。

中央银行（货币当局）外汇市场干预主要包括两种方式：冲销干预和非冲销干预。冲销干预（sterilized intervention）是指中央银行在进行外汇买卖的同时，又通过公开市场业务对国内市场进行反向操作，达到本币供应量不变的目的。非冲销干预（non-sterilized intervention）是指中央银行允许其买卖外汇而改变国内市场上的货币供应量。

货币当局的外汇干预，必然会改变国内的货币存量。比如，当本币承受贬值压力时，为维持汇率稳定，货币当局会在外汇市场上卖出外币，买入本币，这一干预行为将导致国内货币存量下降。如果货币当局通过在公开市场上买入政府债券等资产的形式增加货币存量，从而抵消外汇市场干预行为对货币存量的影响，那么这种干预行为就是冲销干预。如果货币当局不在公开市场上买卖资产以抵消外汇市场干预对货币存量的影响，那么这种干预就是非冲销干预。

反之，当本币承受升值压力时，进行冲销干预的作用机理是：买外汇、抛本币→本币汇率↓本币供应量↑（引起MS>MD，物价上升，通货膨胀）→（同时）卖出政府债券，回笼基础货币→本币供应量不变。而进行非冲销干预的作用机理是：买外汇、抛本币→本币汇率↓本币供应量↑（引起MS>MD，物价上升，通货膨胀）→本国利率↓→资本流出

↑本币贬值加大。

由此可见，在浮动汇率制下，中央银行在外汇市场上进行非冲销干预达到调整汇率的目的效果更好，因为非冲销干预会导致货币存量变化，从而引起利率的相应变化，进而导致资本流动，汇率变化。而冲销干预不影响货币供给，进而不影响货币市场的均衡，但会打破债券市场的均衡，中央银行干预外汇市场带来的外国资产的变化等于其持有国内政府债券同量的变化。

但非冲销干预可能导致宏观调控的内外目标相冲突，即汇率干预的目标可能会妨碍内部经济目标的实现。所谓外部目标，是指官方在外汇市场上干预要达到的汇率目标；所谓内部目标，指的是国内经济增长、充分就业和物价稳定。当官方在外汇市场上干预要避免和纠正汇率升值时，国内的货币存量会上升，必然导致物价上升、就业增加。如果此时国内经济已处于通货膨胀状态，那么此时的非冲销干预与国内物价稳定的目标相悖。当然，如果国内经济处于萧条状态，则非冲销干预与内部经济目标的实现是一致的。

中央银行的外汇市场干预虽不能从根本上改变汇率，但在短期内确实可以有效地影响汇率。固定汇率制度在第二次世界大战后维持了25年之久，足以显示中央银行干预的成效。特别是20世纪80年代以来，西方主要国家在管理浮动汇率制度的基础上进行联合干预，更使得中央银行的行为成为外汇市场上影响汇率的不可忽视的力量。2011年3月11日，日本发生大地震及海啸后，日元汇率一度高涨，17日早盘东京外汇市场日元对美元汇率一度达到约76：1，刷新1995年4月创下的纪录。七大工业国集团（即G7，包括美国、日本、德国、法国、英国、意大利和加拿大）于18日对外汇市场进行联合干预，以期阻止汇率过度和无序波动对经济和金融稳定造成的负面影响。经过G7联合干预，日元汇率相对稳定下来。

6.一国的宏观经济政策

一国为增加就业、稳定物价，促进经济增长和改善国际收支，往往采取宏观经济政策对国内经济加以调控。这些政策对经济增长率、物价上涨率、利息率和国际收支状况等都会产生一定影响，这样必然会影响到汇率的变动。

一般来说，扩张性的财政、货币政策造成的巨额财政收支逆差和通货膨胀，会使本国货币对外贬值；紧缩性的财政、货币政策会减少财政支出，稳定通货，而使本国货币对外升值。但这种影响是相对短期的，财政、货币政策对汇率的长期影响则要视这些政策对经济实力和长期国际收支状况的影响而定，如果扩张政策能最终增强本国经济实力，促使国际收支顺差，那么本币对外价值的长期走势必然会提高，即本币升值；如果紧缩政策导致本国经济停滞不前，国际收支逆差扩大，那么本币对外价值必然逐渐削弱，即本币贬值。

7.市场预期心理

在国际外汇市场上，市场参与者对汇率走势的预期将决定其交易行为，进而决定汇率。它是影响汇率变动的各因素中最难把握的，包括对国际收支状况的预期、相对通货膨胀率的预期、相对利率或相对资产收益率的预期，以及对汇率本身的预期等。如果人们预期某国的通货膨胀率比较高，实际利率水平较低，经常项目收支将产生逆差，或者该国经济将遇到不利因素，那么人们就会预期该国货币将会贬值，该国货币将被在外汇市场上抛售，从而使该国货币真正贬值；反之，该国货币则会升值。例如，交易者认为欧元汇率将上升、美元汇率将下降，便会立即买进欧元抛出美元，使欧元需求大于供给、美元供给大于需求，引起欧元汇率上升、美元汇率下降；反之，亦然。

市场预期中重要的因素之一是外汇投机者的预期，它在短期内会引起资金的大规模流动，改变货币的供求状况，引起汇率大起大落。当外汇市场处于上涨行情时，一些微不足道的利多消息就会刺激看好心理，引起该种货币汇率上升；当外汇市场处于下降行情时，一些大的利好消息也无力挽回该种货币汇率疲软的趋势，而一些微小的利空消息却会使汇率急剧下降。

8.政局动荡和突发事件

政局动荡和突发事件对汇率变动也有重要影响。政治形势的变化会引起外汇市场的波动，一个国家政局稳定，各项政策相对稳定且可持续，其经济平稳增长，国内物价平稳，各国也对该国有信心，这有利于维持该国货币汇率稳定。反之，一国政局不稳，外汇交易者为免遭损失，会大量抛售该国货币，导致其货币汇率下降。

一些突发事件的出现，如战争、恐怖袭击及重大自然灾害等，也会引起主要货币汇率的急剧波动。例如，“9·11事件”当天，美元对欧元和英镑汇率分别下跌近2%，对瑞士法郎则下跌了3%。

（二）汇率变动对经济的影响

汇率变动会影响经济运行，在浮动汇率制和世界经济全球化背景下，尤其如此。

1.汇率变动对一国对外经济的影响

汇率变动对一国对外经济的影响实际上表现为对一国国际收支的影响。汇率和国际收支之间是互相影响、互相制约的关系。在浮动汇率制下，国际收支状况的好坏会直接影响汇率波动；反过来，汇率的上下波动，也会对国际收支产生直接的影响。

（1）汇率变动对贸易收支的影响。汇率变化最为直接也最为重要的影响就是对贸易收支的影响，这种影响有微观和宏观两个层面。从微观上讲，汇率变动会改变进出口企业成本、利润的核算；从宏观上讲，汇率变化因对商品进出口总值产生影响而使贸易收支差额以至于国际收支差额发生变化。如果一国货币的汇率下跌，即本币对外贬值、外币升值，则有利于该国增加出口、抑制进口，因而会减少贸易逆差，增加贸易顺差；反之，如果一国货币汇率上浮，即本币升值、外币贬值，则有利于进口，不利于出口，因而会减少贸易顺差或扩大贸易逆差。

以一国货币汇率下跌即本币贬值为例，它对该国出口的影响是增加出口。这是因为：①国外对该国商品需求增加，出口扩大。等值本币的出口商品在国际市场上会折合成比以前更少的外币，以外币表示的出口商品价格就会下降，竞争力增强，而当出口商品具有较大价格需求弹性时，会诱使国外居民增加对该国出口商品的需求，使出口大幅度增加。②出口企业积极性提高，出口扩大。因为如果出口商品在国际市场上的外币价格保持不变，则本币贬值会使等值的外币兑换成比以前更多的本币，出口同样数量的商品，换回本国货币的数量更多，出口企业的利润增加，从而刺激其出口的积极性，增加出口数量。

本币贬值对该国进口的影响是使进口受到抑制。这是因为：①贬值后，以外币计价的进口商品在国内销售时折合的本币价格比贬值前提高，使该国商品与进口商品的性能价格比发生变化，购买进口商品变得不经济，从而该国居民对进口商品的需求减少；而进口企业成本增加，利润减少，进口数量相应减少。②如果维持原有的国内销售价，则需要压低进口品的外币价格，这又会招致外国商人的反对。因此，本币贬值会自动地抑制外国商品的进口。相反，如果一国货币汇率上浮即本币升值，则会鼓励进口而使出口受阻。

如果本币贬值有效地促进了出口，限制了进口，则会改善一国的贸易收支，但是本币贬值起到扩大出口、限制进口的作用需要满足一定的条件（参见第一章相关内容）。

（2）汇率变动对非贸易收支的影响。一国货币汇率下跌或上浮，对该国国际收支经常项目中的旅游和其他劳务收支的状况也会产生一些影响。如果一国货币汇率下跌即本币贬值，外国货币的购买力相对提高，该国的劳务商品价格相对降低，这对外国游客或客户无疑增加了吸引力，会扩大贸易收入的来源。反之，如果一国货币汇率上浮即本币升值，外国货币购买力相对下降，该国的旅游和其他劳务的相对价格上升，会减少非贸易收入来源；同时，本国货币购买力的相对提高，使外国劳务商品价格相对降低，还会刺激非贸易支出的增加。

（3）汇率变动对资本流动的影响。当一国货币汇率有下跌趋势而尚未下跌时，资本就会从国内流向国外；当一国货币汇率有上浮趋势而尚未上浮时，就会形成资本内流。

汇率变动对一国资本流动的影响，取决于人们对汇率未来变动趋势的预期。当一国货币对外贬值时，如果人们普遍产生该国货币汇率将进一步贬值的预期，资本所有者担心由于汇率下跌造成损失，就会将资本转到国外，以避免遭受更大的损失；但如果市场普遍认为贬值已使该国货币处于均衡水平，或认为贬值过度，该国货币汇率将出现反弹，则人们会将资金从他国转移至该国以获利。相反，该国货币汇率具有上升趋势时，资本所有者为了取得货币汇率上浮带来的收益，就会将资本转到该国，而一旦该国货币汇率上升并终止，资本流入就会停止。

（4）汇率变动对外汇储备的影响。汇率变动对外汇储备的影响表现在两个方面：一是汇率变动会引起外汇储备实际价值的变动。如果储备货币汇率上升，会增加外汇储备的折算价值；如果储备货币汇率下跌，则会减少外汇储备的折算价值。二是汇率变动会引起一国国际收支的变动，从而引起外汇储备变动。如果一国货币汇率下跌，则有利于出口而抑制进口，导致贸易顺差，会增加该国外汇储备；由于该国存在贸易顺差，其货币有升值的趋势，就会吸引外资流入，又将导致资本项目的顺差，也会增加该国外汇储备。相反，若一国货币汇率上浮，则会形成贸易项目和资本项目的双逆差，会减少该国外汇储备。

在现行的储备货币多元化的条件下，汇率变化对外汇储备的影响也是多样化的。有时外汇市场汇率波动较大，但因储备货币中升值货币和贬值货币的力量均等，外汇储备就不会受到影响；有时虽然多种货币汇率保持稳定，但占比重较大的储备货币汇率下跌，外汇储备总价值也会大幅度下降。

2.汇率变动对一国国内经济的影响

（1）汇率变动对国内物价的影响。在货币发行量一定的情况下，本币汇率上升会引起国内物价水平下降。因为本币汇率上升、外汇汇率下降，就会使以本币表示的进口商品在国内售价相对便宜，刺激进口增加，并带动用进口原料生产的本国产品价格下降。另外，由于本币汇率上升，以外币表示的出口商品在国外市场价格升高，降低了出口商品的竞争力，促使一部分出口商品转内销，增加了国内市场供给量，也会引起国内物价水平的下降。

在货币发行量一定的情况下，本币汇率下跌会引起国内物价水平上升。因为本币汇率下跌，一方面有利于本国商品出口，出口商品数量增加会使国内市场供应发生缺口，促使价格上涨；另一方面，进口商品用本币表示的价格因本币汇率下跌而上升，促使进口的生产资料价格提高，导致以此为原料的国产商品价格上涨；同时，进口的消费资料也因本币汇率的下跌而价格上涨，进口商品数量减少，国内市场商品供应相对减少，引起国内物价总水平上涨。

此外，本币贬值如果使得国际收支出现顺差，则会造成外汇储备增加，这又意味着中央银行本币投放的增加。由于这些本币都是基础货币，在货币乘数的作用下会成倍地放大，所以会导致货币供应量急剧增加。因此，汇率与本国物价之间的关系是十分密切的，而且互为因果。现实中，一国发生通货膨胀会导致本币对外贬值，本币贬值又会产生物价上涨的压力；如果政府当局不能有效地加以控制，则会陷入本币贬值→出口增加、进口减少→价格上升、通货膨胀→出口减少、进口增加→本币进一步贬值的恶性循环中。

由于本币贬值一般会促进出口、刺激需求、增加货币供给，因此对宏观经济具有一定的扩张效果；反之，本币升值则会对宏观经济产生紧缩作用。

（2）汇率变动对国内利率水平的影响。在货币发行量一定的条件下，本国货币汇率上升，使国内利率总水平上升。因为本币汇率上升会对商品出口和资本流入产生不利的影响，而对商品进口和资本流出产生有利的影响，引起本国外汇收入减少、外汇支出增加，从而使国内资金总供给减少，引起国内利率总水平上升。相反，本国货币汇率下降，有利于增加本国外汇收入，国内资金供应增加，导致国内利率总水平下降。因此，凡是货币汇率高估而有逆差的国家，其国内利率水平必然偏高；凡是货币汇率低估而有顺差的国家，其国内利率水平必然偏低。

（3）汇率变动对社会总产出的影响。一国货币贬值后，由于“奖出限入”的作用，贸易收支往往会得到改善。如果该国还存在闲置的生产要素，则一国的总产出将通过净出口增加的乘数效应扩大。此外，贸易收支改善后，增加的外汇积累若用于进口先进的机器设备等资本品，在存在闲置生产要素的条件下，可进一步增强该国生产能力，从而增加总产出。

（4）汇率变动对就业及国民收入的影响。在其他条件不变时，本币汇率下跌，有利于出口而不利于进口，从而有利于本国第一产业、第二产业和第三产业的发展，促进国内就业岗位增多和国民收入增加；反之，由于本国货币汇率上升，不利于出口而有利于进口，限制了本国经济的发展，必然减少国内就业量和国民收入的增加。在经济进入相对过剩、国内就业压力日益加大的情况下，许多国家不时采用各种措施降低本国货币汇率，以达到增加国民收入和充分就业的目的。

（5）汇率变动对资源配置的影响。一国货币贬值后，进口品本币价格一般会上升，进口替代品本币价格也会上升，这样整个贸易品部门的价格相对于非贸易品部门的价格就会上升，由此会引发生产资源从非贸易部门转移到贸易部门。这样，一国的生产性资源就会更多地向贸易品部门配置，从而呈现出更为开放的产业结构。在发展中国家，货币贬值还可以提高资源配置效率。首先，货币贬值后，一国可以相应取缔原先设置的进口关税、进口配额、进口许可证等保护措施，有利于促进进口替代行业的生产效率提高；其次，货币贬值后，原先因定值过高而受到歧视性损害的农业部门（往往是发展中国家的出口部门）获得正常发展；最后，与国外相竞争的贸易品部门扩大，本身也有助于产业结构的升级和资源配置效率的提高。

3.汇率变动对世界经济的影响

一国货币汇率的变动不仅会影响本国的国内经济，而且会对其他国家的经济产生不同的影响。其影响的范围和程度取决于该国的经济发展状况、外汇管制以及该国的市场情况等。

一般来说，发展中国家经济规模较小，而且发展中国家的货币一般不能作为国际经济中的支付手段和计价手段，所以，其汇率变化只能对贸易伙伴国的经济产生影响，即一国货币贬值引起贸易顺差，其伙伴国的贸易就可能产生逆差。

对发达国家来讲，其汇率变化对其他国家经济的影响，无论在范围内还是在程度上都是相当大的。这是因为：第一，发达国家的货币一般能够充当国际经济往来中的计价手段和支付手段，其货币汇率波动会影响所有国家的经济。尤其是美元汇率的变动，对世界经济的影响特别大。在当前的国际贸易和国际金融活动中，普遍以美元为计价和支付手段，某些特殊的商品，如黄金和石油，则仅以美元计价结算。而且一些发展中国家尽力维持对美元的固定汇率。如果美元汇率上升，则与美元保持固定汇率的发展中国家货币汇率会随同美元对其他国家货币的汇率上升，这可能对它们的贸易收支产生不利影响。第二，发达国家货币升值或贬值会产生巨额贸易差额，这也意味着其他与之贸易的国家会出现相应的巨额贸易不平衡，从而显著地影响其他国家的国际收支。第三，发达国家货币往往是各国国际储备中的储备货币，其汇率波动会影响其他国家储备资产的价值。第四，发达国家货币往往充当国际信用工具，其汇率波动会影响其他国家的债务负担。

第四节 汇率制度

一、汇率制度概述

汇率制度（exchange rate system 或 exchange rate regime），又称汇率安排，是指一国货币当局对本国汇率变动的基本方式所做的一系列安排或规定。一种汇率制度应包含以下几项内容：

（1）确定汇率的原则和依据，例如以货币本身的价值为依据，还是以法定代表的价值为依据等。

（2）维持与调整汇率的办法和措施，例如是采取公开法定升值或贬值的办法，还是采取任其浮动或官方有限度干预的办法。

（3）管理汇率的法令、体制和政策等，例如各国外汇管制中有关汇率及其适用范围的规定。

（4）管理汇率的机构，例如外汇管理局、外汇平准基金等。

（一）汇率制度的类型

1.固定汇率制

固定汇率制（fixed exchange rate system）是指以本位货币本身或法定含金量为确定汇率的基准，汇率受平价的制约，只能围绕平价在很窄的范围内波动的汇率制度。固定汇率制度经历了两个阶段：一是从1816年到第二次世界大战前国际金本位体系时期的固定汇率制；二是从1944年到1973年的布雷顿森林体系的固定汇率制度。

（1）国际金本位体系下的固定汇率制度。在国际金本位体系下，黄金成为两国货币汇率决定的物质基础，两国货币的含金量之比，即铸币平价，决定两国货币的汇率。由于金币可以自由铸造，银行券可以自由兑换金币，黄金可以自由输出输入，因此汇率受黄金输送点的限制，波动幅度局限于很狭窄的范围内；汇率的稳定是自动而非依赖人为的措施来维持的。可以说，金本位制度下的固定汇率制度是典型的固定汇率制度。

（2）布雷顿森林体系下的固定汇率制度。布雷顿森林体系是一种以美元为中心的国际货币体系。该体系的汇率制度安排，是钉住汇率制度。在这种制度下，美元与黄金挂钩，其他各国货币与美元挂钩，即实行"双挂钩"；汇率的决定基础是黄金平价，但货币的发行与黄金无关；按《国际货币基金协定》的规定，各国货币对美元的汇率一般只能在汇率平价±1%的幅度内波动，各国必须同IMF合作，并采取适当的措施保证汇率的波动不超过该界限。

由于这种汇率制度实行"双挂钩"，波幅很小且可适当调整，因此该制度也称以美元为中心的固定汇率制，或可调整的钉住汇率制度。这种汇率制度的安排从总体上看，在注重协调、监督各国的对外经济，特别是汇率政策以及国际收支的调节，避免出现类似20世纪30年代的"贬值战"，对第二次世界大战后各国经济增长与稳定等方面起到了积极的作用。但因汇率变动缺乏弹性，其对国际收支的调节力度相当有限，同时很容易引起破坏性投机以及输入性通货膨胀，这也是导致布雷顿森林体系崩溃的主要因素。

2.浮动汇率制

浮动汇率制（floating exchange rate system）是指一国不规定本币与外币的黄金平价和汇率上下波动的界限，货币当局也不再承担维持汇率波动界限的义务，汇率随外汇市场供求关系变化而自由上下浮动的一种汇率制度。该制度在历史上早就存在过，但真正流行是在1973年以美元为中心的布雷顿森林体系崩溃之后，国际货币体系逐渐从固定汇率体制向有管理的浮动汇率制过渡。1978年4月1日，国际货币基金组织修改并颁布了国际货币基金组织条文，正式实行管理浮动汇率体系。

在实行浮动汇率制后，各国原规定的货币法定含金量或与其他国家订立纸币的黄金平价就不起任何作用了，因此，国家汇率体系趋向复杂化、市场化。在浮动汇率制下，一国国际收支状况所引起的外汇供求变化是影响汇率变化的主要因素。国际收支顺差的国家，外汇供给增加，外国货币价格下跌，汇率下跌；国际收支逆差的国家，对外汇的需求增加，外国货币价格上涨，汇率上浮。

按照政府对汇率是否干预，浮动汇率制度分为自由浮动和管理浮动。

（1）自由浮动（free float），又称清洁浮动（clean float）或不干预浮动，是指汇率完全由外汇市场供求关系决定，自由涨落，自由调节，政府不加干预的汇率制度。纯粹的自由浮动在现实生活中并不存在，没有哪个国家实行完全的自由浮动，货币当局或多或少都会对外汇市场进行不同程度的干预，使汇率符合本国利益。

（2）管理浮动（managed float），又称肮脏浮动（dirty float）或干预浮动，是指政府对外汇市场进行公开或不公开的干预以影响外汇供求关系，使汇率向有利于自己的方向变动。它是现实生活中客观存在的浮动汇率制。

按照汇率的浮动方式，浮动汇率制度可分为单独浮动、联合浮动、钉住浮动和联系汇率制。

（1）单独浮动（single float，independent float），是指一国货币不与任何国家货币发生固定联系，其汇率根据外汇市场供求变化而自动调整。

（2）联合浮动（joint float），又称共同浮动，是指国家集团在成员方之间实行固定汇率，同时对非成员方货币采取共同浮动的方法。欧盟的前身——欧洲经济共同体曾实行联合浮动，最终形成欧洲货币体系。

（3）钉住浮动（pegged float），是指一个国家采取使本国货币同某外国货币或一篮子货币保持固定比价关系，随外币的浮动而浮动。根据钉住货币种类的不同，分为钉住单一货币浮动和钉住一篮子货币浮动两种。

①钉住单一货币浮动，是指一些国家由于历史、地理等原因，其对外贸易和金融往来主要集中于某一发达国家，或主要使用某一外国货币，这些国家使本币汇率钉住该国货币变动，将其作为“货币锚”（currency anchor），货币当局通过在外汇市场买卖该种外币以维持本币与货币锚之间的汇率，对其他国家货币的汇率则随该“货币锚”浮动。如一些美洲国家货币钉住美元，一些英联邦国家货币钉住英镑，一些前法国殖民地国家的货币则曾经钉住法国法郎。

②钉住一篮子货币或合成货币浮动，是指一些国家将本币与一篮子货币或合成货币（如特别提款权）挂钩。一篮子货币通常是由几种世界主要货币或与本国经济联系最为密切国家的货币组成的。

钉住汇率制实际上属于固定汇率制范畴。但不同于布雷顿森林体系下的各国货币都钉住美元的做法。因为当时美元是同黄金挂钩的，并且其代表的黄金量是固定的。然而1973年以后一些国家所钉住的货币的汇率本身却是浮动的。也正因如此，1973年后的汇率制度才被称为浮动汇率制度。

（4）联系汇率制，又叫特殊钉住汇率制，是将本币与某特定外币的汇率固定下来，并严格按照既定兑换比例，使货币发行量随外汇存储量联动的货币制度。最典型的是港元联系汇率制。19世纪末，英国为殖民地提出并设立了联系汇率制。香港地区作为英国殖民地而采用此汇率制度，与英镑联系，1972年取消，1983年再度启用，与美元联系，以1美元对7.8港元的比价实行联系汇率制。

3. 国际货币基金组织的汇率分类体系

国际货币基金组织（IMF）对汇率制度的分类大致分为两个阶段：1999年之前的分类称为名义分类，1999年之后的分类称为实际分类。

所谓名义分类，即IMF根据成员方自己申报的即官方宣布的汇率制度进行的分类，每年发布在IMF《汇率安排与汇兑限制年报》中。1982年IMF将汇率制度分成3大类：钉住汇率，包括钉住单一货币和钉住一篮子货币；有限弹性汇率，包括对单一货币汇率区间浮动和汇率合作安排；弹性汇率制度，包括管理浮动和自由浮动。

但是，各国官方宣称的汇率制度常常和实际汇率安排有很大差异，不能真实反映各国实际实行的汇率制度。比如一些申报为固定汇率的国家为了提高国际竞争力而频繁实行货币贬值政策，而一些申报为浮动汇率的国家，特别是新兴市场国家，往往由于国内金融市场不完善而害怕浮动（fear of floating）,或者一些国家为其反通货膨胀目标树立信誉而采取事实上的钉住汇率。因此，自1999年起，IMF根据各成员方汇率安排的实际情况，按照汇率的弹性程度，以及各种正式的和非正式的对汇率变化路径的承诺，对成员方的汇率制度进行事实分类，即所谓实际分类。

1999年1月1日IMF将汇率制度分为3大类8小类。第一类是硬钉住（Hard pegs），包括无独立法定货币的汇率安排、货币局制度；第二类是软钉住（Soft pegs），包括传统的固定钉住制度、水平带内钉住制度、爬行钉住制度、爬行带状浮动制度；第三类是浮动汇率安排，包括管理浮动安排、单独浮动安排。

2009年2月1日IMF采用新的汇率分类法，将汇率制度分为4大类10小类，这种分类规则至今没有发生变化。第一类是硬钉住，包括无独立法定货币的汇率安排、货币局制度；第二类是软钉住，包括传统钉住汇率制度、稳定化安排、爬行钉住制度、类似爬行的钉住制度、水平带内钉住制度；第三类是浮动汇率安排，包括浮动安排、自由浮动安排；第四类是其他管理浮动安排。

（1）无独立法定货币的汇率安排

这是指实行该汇率制度的国家，其国内流通的法定货币是以其他国家的货币来代替自己的货币。采用这种货币制度基本上避免了汇率问题，并且意味着货币当局完全放弃了货币政策的独立性。例如，美元化国家完全放弃了自己的货币，直接使用美元代替本币进行流通，包括巴拿马、津巴布韦等。

（2）货币局制度

这是指通过法律的形式规定货币当局发行货币时必须有等值的外汇储备作为保障，由政府承诺以一个特殊的机制来维持固定汇率，保证当地货币可以按照固定汇率兑换成外币。

货币局制度是一种关于货币发行和兑换的制度安排，具有突出的固定汇率特征。其运行机制是：货币发行机构按照法定汇率以100%的外汇储备作为本币发行的保证，当市场汇率高于法定汇率时，货币发行机构卖出外汇从而回笼本币；当市场汇率低于法定汇率时，货币发行机构买进外汇从而发行本币，以保证市场汇率的稳定。

货币局制度始于1849年的毛里求斯，后来约有70多个国家采用过类似的制度，其中多数是受英国殖民统治的国家和地区。货币局并没有自主发行货币的职能，因而是一种功能比较原始和简单的管理金融事务的政府机构。随着20世纪中后期殖民地国家的相继独立，带有殖民色彩的货币局制度被中央银行制度所代替。从20世纪90年代开始，货币局制度又在部分发展中国家复兴。中国香港地区的联系汇率即是货币局制度。

（3）传统钉住汇率制度

这是指将本国货币钉住另一种货币（作为货币锚）或若干种货币（作为货币篮子），使本国货币与这些外币的汇率保持相对的稳定，而对其他国家的货币则随该货币锚或货币篮浮动的一种汇率制度。货币篮子通常选择主要的贸易伙伴国和金融伙伴国的货币组成，权重反映了该国贸易、服务和资本流动的地理分布。货币篮子也可以标准化，比如钉住SDR。

在这种汇率制度下，钉住并不意味着一国承诺永久维持某一固定平价。名义汇率可以在中心汇率上下1%的幅度内波动，或者说汇率的总的波动幅度要小于2%，而且要维持至少6个月。货币当局通过直接干预（买卖外汇）或者间接干预（运用利率政策、外汇管理等）来维持固定的平价。

（4）稳定化安排

这是指市场汇率波动幅度至少连续6个月不超过2%。汇率的参考标准可以是一种货币，也可以是一篮子货币。在这种汇率制度下，稳定的汇率水平是货币当局政策实施的结果。

（5）爬行钉住制度

这是指一国汇率以固定速率或因所选数量指标的变化而定期小幅度调整。所选指标可以是本国和主要贸易伙伴国之间的历史通货膨胀率之差、主要贸易伙伴国的通货膨胀目标值与预期值之差。爬行的速率可以根据通货膨胀或其他指标，也可以根据事先宣告的固定速率予以确定。维持爬行钉住对货币政策的约束类似于钉住汇率制度。

（6）类似爬行的钉住制度

这是指在货币当局维持下，汇率波动幅度至少连续6个月不超过2%，并且年平均波动率在1%以上。相对于稳定化安排，类似爬行钉住的波动幅度要大。

（7）水平带内钉住制度

这是指汇率的波动范围维持在中心汇率上下至少1%以上（或者说总的波幅超过2%），并且中心汇率或波幅以固定的速率或因所选数量指标的变化而定期调整。汇率灵活程度与波幅有关。货币政策的独立性也与波幅宽度有关，将名义汇率保持在波幅以内的承诺约束了货币政策。

（8）浮动安排

这是指汇率基本由市场决定，没有确定的路径和目标。汇率管理指标是概括性的宏观指标（例如国际收支状况、国际储备、平行市场发展程度），没有确定的汇率水平。对汇率的干预可以是直接的，如外汇市场干预，也可以是间接的，如运用利率政策。

（9）自由浮动安排

这是指汇率由市场决定，货币当局仅在市场严重失调的情况下才进行干预，且在过去6个月内对汇率干预不超过3次、每次干预不超过3个交易日。

（10）其他管理浮动安排

这是指汇率安排不符合其他所有的分类。当一国汇率制度频繁变动时可能被归入此类。

（二）汇率制度的选择

1.固定汇率制与浮动汇率制的比较

浮动汇率制与固定汇率制孰优孰劣是国际金融领域一个长期争论不休的话题，争论的焦点在于两种汇率制度在调节国际收支的效率、实现内外均衡的政策效益、对国际贸易和投资的影响以及通货膨胀问题等方面的优劣。

（1）固定汇率制的优缺点。固定汇率制的优点：汇率保持相对的稳定，使国际贸易的成本与利润核算以及国际债权债务的清偿均有可靠的依据，从而可以减少涉外经济主体从事国际贸易的汇率风险，并有利于世界经济与贸易的发展。同时，汇率的稳定在一定程度上抑制了外汇市场的投机活动。固定汇率制的缺点：汇率基本不能发挥自动调节国际收支的功能；国内经济目标服从于国际收支目标，当一国国际收支失衡时，就需要采取紧缩性或扩张性财政货币政策，从而给国内经济带来失业增加或物价上涨的后果，所以固定汇率制会削弱国内货币政策的自主性，有可能以牺牲内部均衡为代价；在固定汇率制下，易发生输入性通货膨胀。为了稳定汇率，货币当局需要动用黄金与外汇储备，使大量的黄金与外汇储备流失。

（2）浮动汇率制的优缺点。浮动汇率制的优点：一国国际收支失衡可以由汇率的自由波动予以消除而不需以牺牲国内经济为代价，各国不承担维护汇率稳定的义务，这样保证了本国货币政策的自主性，避免了国际性通货膨胀的传播；一国由于无义务维持汇率的稳定，因而就不需像在固定汇率制下那么多的外汇储备，可节约外汇资金。浮动汇率制的缺点：由于汇率缺乏稳定性，给国际贸易和投资带来更大的不确定性；助长了外汇市场上的投机活动；使一国更具通货膨胀倾向；同时，“以邻为壑”的政策盛行，即各国以货币对外贬值为手段，输出本国失业人员或以他国经济利益为代价扩大本国就业和产出。

2.影响一国汇率制度选择的主要因素

（1）本国经济的结构性特征。如果一国是小国，那么它就较适宜采用较为固定的汇率制度，因为这种国家一般与少数几个大国的贸易依存度较高，汇率的浮动会给它的国际贸易带来不便；同时，小国经济内部价格调整的成本较低。相反，如果一国是大国，则一般以实行浮动性较强的汇率制度为宜，因为大国的对外贸易多元化，很难选择一种基准货币实施固定汇率；同时，大国经济内部调整的成本较高，并倾向于追求独立的经济政策。

（2）特定的政策目的。政策意图在汇率制度选择上发挥着重要的作用。一国为防止从外国输入通货膨胀而往往选择浮动汇率政策，因为浮动汇率制下一国的货币政策自主权较强，从而赋予了一国抵御通货膨胀于国门之外同时选择适合本国的通胀率的权利。另外，出口导向型与进口替代型国家对汇率制度的选择也是不一样的。

（3）地区性经济合作情况。一国与其他国家的经济合作情况也对汇率制度的选择有着重要影响。例如，当两国存在非常密切的贸易往来时，两国间货币保持固定汇率比较有利于相互间经济关系的发展。尤其是在区域内的各个国家，其经济往来的特点往往对它们的汇率制度选择有着非常重要的影响。

（4）国际和国内经济条件的制约。一国在选择汇率制度时还必须考虑国际和国内条件的制约。例如，在国际资金流动数量非常庞大的背景下，对于内部金融市场与外界联系非常紧密的国家来说，如果本国对汇率市场干预的实力因各种条件限制，如没有足够多的外汇储备，那么采用固定性较强的汇率制度的难度无疑是相当大的。

二、人民币汇率制度

（一）现行人民币汇率制度的主要内容

2008年8月5日，我国公布的《中华人民共和国外汇管理条例》中指出：“人民币汇率实行以市场供求为基础的、有管理的浮动汇率制度。”

（二）人民币汇率制度改革进程

1.中华人民共和国成立到1994年外汇体制改革前

这个时期，人民币经历了国民经济恢复时期的管理浮动、钉住美元再到内部双轨制的过程。

第一阶段：国民经济恢复时期（1949年年初至1952年年底）。这一阶段的人民币汇率变化频繁，经历了一个先降后升的过程。

第二阶段：从我国开始社会主义建设时期到布雷顿森林体系崩溃（1953年年初至1973年年初）。这一阶段人民币汇率基本保持稳定。

第三阶段：从布雷顿森林体系崩溃到我国制定贸易内部结算价之前（1973年年初至1980年年底）。这一阶段，人民币汇率不断上调。

第四阶段：我国官方牌价与贸易内部结算价并存的时期（1981年1月1日至1984年12月31日）。这一时期，人民币实际上是双重汇率。

第五阶段：从取消贸易内部结算价到1994年外汇体制改革前（1985年1月1日至1993年12月31日）。这一时期，人民币汇率是不断下调的。

2.1994年外汇体制改革到2005年7月

1994年1月1日，我国实行了外汇体制改革，人民币汇率由过去的双轨制变为单一汇率，即由过去的官方汇率和外汇调剂市场汇率并存，改为以市场供求为基础的、单一的、有管理的浮动汇率制。然而，中央银行随时干预市场，使人民币对美元汇率仅在很窄的区间内浮动。1994年至1998年，人民币汇率始终在8.26～8.70的范围内钉住美元，稳中有升。从1998年至2005年，汇率一直在8.2680～8.2800这个只有1%左右的区间内浮动。这阶段的人民币汇率制度实质上是一种较宽松的钉住美元的固定汇率制度。

3.2005年7月至今

自2005年7月21日起，中国人民银行宣布启动人民币汇率形成机制改革，我国开始实行以市场供求为基础、参考一篮子货币进行调节的、有管理的浮动汇率制度。人民币对美元汇率一次提高2%，为8.11元人民币兑换1美元，作为次日银行间外汇市场上外汇指定银行之间交易的中间价。在新制度中，人民币汇率不再钉住单一美元，而是按照我国对外经济发展的实际情况，选择若干种主要货币，赋予相应的权重，组成一个货币篮子；同时，根据国内外经济金融形势，以市场供求为基础，参考一篮子货币计算人民币多边汇率指数的变化，对人民币汇率进行管理和调节，维护人民币汇率在合理均衡水平上的基本稳定，据此形成有管理的浮动汇率。

2005年9月23日，中国人民银行决定适当放宽人民币汇价交易幅度，扩大即期外汇市场非美元货币对人民币交易价的浮动幅度，从原来的±1.5%扩大到±3%，适度扩大了银行对客户美元挂牌汇价价差幅度，并取消了银行对客户挂牌的非美元货币的价差幅度限制。2006年1月4日，中国人民银行决定在银行间即期外汇市场上引入询价交易方式，同时在银行间外汇市场引入做市商制度，为市场提供流动性，由此改进了人民币汇率中间价的形成方式。2006年5月15日，人民币对美元汇率中间价首度“破8”。

2007年5月18日，中国人民银行宣布自2007年5月21日起，银行间即期外汇市场人民币对美元交易价浮动幅度由3‰扩大至5‰。

2008年4月10日，人民币对美元汇率中间价首度“破7”。

2008年9月金融危机爆发后，为应对金融危机影响，我国又采取了人民币实质钉住美元的特殊汇率机制。

2010年6月19日，中国人民银行宣布在2005年汇改的基础上进一步推进人民币汇率形成机制改革，增强人民币汇率弹性。

2014年3月15日，中国人民银行宣布，扩大外汇市场人民币对美元汇率浮动幅度。银行间即期外汇市场人民币对美元交易价浮动幅度由1%扩大至2%。这次改革的目的是增强人民币汇率双向浮动弹性，保持人民币汇率在合理、均衡水平上的基本稳定。

目前，我国外汇市场还不够完善，人民币汇率的形成机制还不够健全，汇率变化还缺乏弹性，微观主体的抗风险能力还较弱，人民币汇率制度的改革还任重道远。

焦点关注：现行的人民币汇率制度

三、港元联系汇率制

(一) 香港地区联系汇率制的历史

联系汇率制，也称货币发行局制度，是一种固定汇率制，即将本币与某特定外币的汇率固定下来，并严格按照既定兑换比例，使货币发行量随外汇存储量联动的货币制度。

19世纪末，英国为殖民地提出并设立了联系汇率制。1935年12月至1972年6月期间，港元与英镑挂钩，从1英镑可兑16港元到1967年11月1英镑可兑14.55港元，至1972年6月取消联系汇率制，之后港元自由浮动。但1983年香港地区再度以7.8港元兑1美元建立了与美元挂钩的联系汇率制，并一直实行至今。

(二) 联系汇率制的运作机理

联系汇率是与港元的发行机制高度一致的。香港地区是世界上由商业银行发行钞票的少数地区之一。而港元则是以外汇基金为发行机制的，外汇基金保管香港地区的外汇储备，是港元发行的准备金。发钞银行在发行钞票时，必须以百分之百的外汇资产向外汇基金缴纳保证金，换取无息的“负债证明书”，以作为发行钞票的依据。联系汇率制度规定，汇丰、渣打和中银三家发钞银行增发港元时，须按7.8港元等于1美元的汇价以百分之百的美元向外汇基金换取发钞“负债证明书”，而回笼港币时，发钞银行可将港元的“负债证明书”交回外汇基金换取等值的美元。这一机制又被引入了同业现钞市场，即当其他持牌银行向发钞银行取得港元现钞时，也要以百分之百的美元向发钞银行进行兑换，而其他持牌银行把港元现钞存入发钞银行时，发钞银行也要以等值的美元付给它们。这两个联系方式对港元的币值和汇率起到了重要的稳定作用。

但是，在香港地区的公开外汇市场上，港元的汇率却是自由浮动的，即无论在银行同业之间的港元存款交易，还是在银行与公众间的现钞或存款往来，港元汇率都是由市场的供求状况来决定的，实行市场汇率。联系汇率与市场汇率并存、固定汇率与浮动汇率并存，是香港地区联系汇率制度最重要的机理。一方面，政府通过对发钞银行的汇率控制，维持着整个港元体系对美元汇率的稳定联系；另一方面，通过银行与公众的市场行为和套利活动，市场汇率在一定程度上反映现实资金供求状况。联系汇率令市场汇率在1∶7.8的水平上做上下窄幅波动，并自动趋近之，不需要人为去直接干预；市场汇率则充分利用市场套利活动，通过短期利率的波动，反映同业市场情况，为港元供应量的收缩与放大提供真实依据。

(三) 联系汇率制的维护

本章专栏

美元指数与欧元指数

联系汇率制度依赖的是香港地区庞大的外汇储备支持，期间经历了1987年股灾以及1997年的金融危机。香港地区努力维持联系汇率制，使之真正成为地区金融管理制度的基础。香港地区金融管理部门为完善这一汇率机制，采取了一系列措施来创造有效的管理环境，如与汇丰银行的新会计安排、发展香港式的贴现窗、建立流动资金调节机制、开辟政府债券市场、推出即时结算措施等；此外，还通过货币政策工具的创新，使短期利率受控于美息的变动范围，以保障港元对美元的稳定。而对于联系汇率制最有力的一种调节机制，还在于由历史形成的、约束范围广泛的和具有垄断性质的“利率协议”，其中还包括了举世罕见的“负利率”规则，它通过调整银行的存款、贷款利率，达到收紧或放松银根、控制货币供应量的目的，因此，其至今仍然是维护联系汇率制度的一项政策手段。

关键术语

外汇　汇率　直接标价法　间接标价法　美元标价法　买入汇率　卖出汇率　中间汇率　现钞价　基本汇率和套算汇率　即期汇率和远期汇率　名义汇率　实际汇率　有效汇率　铸币平价　黄金输送点　黄金平价　购买力平价　汇率制度　固定汇率制　浮动汇率制　自由浮动　管理浮动　单独浮动　联合浮动　联系汇率制

问答和思考题

1.如何从多角度阐述外汇的概念？

2.外汇的特征是什么？经济生活中人们为什么需要外汇？

3.汇率的标价方法有哪些？

4.按照不同的划分标准，汇率有哪些类型？

5.不同货币制度下的汇率决定基础是什么？

6.影响汇率变化的因素有哪些？

7.汇率变化对经济的影响表现在哪些方面？

8.汇率制度有哪些分类？

9.比较固定汇率制和浮动汇率制的优劣。

10.人民币汇率制度经历了怎样的演变过程？现行的人民币汇率是什么样的制度？

11.简述香港联系汇率制的机制及作用。

12.试对本章主要内容进行总结。

实务操作题

一、案例题

1.某一交易日，人民币对美元汇率中间价报6.7980，而前一交易日，人民币对美元汇率中间价报6.8275。这是直接标价法还是间接标价法？如果用其相对应的标价方法则汇率如何？该数据表明人民币对美元汇率的变动情况是怎样的？

2.表3-8为中国工商银行2021年4月30日即期外汇牌价。请根据该牌价计算并回答下列问题：

表3-8　2021年4月30日中国工商银行人民币即期外汇牌价　单位：人民币/100外币

币种	现汇买入价	现钞买入价	现汇卖出价	现钞卖出价
美元（USD）	645.93	640.75	648.38	648.38
港元（HKD）	83.21	82.54	83.51	83.51
日元（JPY）	5.9252	5.7557	5.9650	5.9650
欧元（EUR）	781.50	759.14	786.75	786.75
英镑（GBP）	899.36	873.64	905.41	905.41

（1）吴女士出国旅游后手中结余500美元现钞，她到中国工商银行要求兑换成人民币，银行会付给她多少人民币？

（2）周同学计划9月份到香港地区上大学，想兑换2 000港元现金，他需要付出多少人民币？

（3）张先生要到日本进行商务考察，需要购汇50万日元，他需持多少人民币到银行办理？

（4）一位客户欲将其外汇账户中的1 000英镑兑换成等值的人民币，能兑换多少人民币？

（5）一家出口企业到中国工商银行以100万美元即期结汇，能兑换多少等值的人民币？

（6）一进口企业需支付给出口商10万欧元现汇货款，折合成人民币是多少？

3. 假设iPhone 12在美国的价格为1 298美元，在中国的价格为8 499元人民币。那么，美元和人民币的汇率应当是USD/CNY=6.5478。也就是说，按照一价定律，汇率是单个商品在两个国家的相对价格。请据此分析汇率的决定机制。

二、实训题

1. 网络实训

（1）登录一家外汇银行官网，点击相关内容，了解外汇牌价及该银行开展的主要外汇业务。

（2）登录国际货币基金组织网站（http：//www.imf.org/），了解各国汇率制度的安排，以及基金组织的汇率监督情况。

2. 课外实训

调查走访一个外贸企业，分析当人民币汇率上浮时该企业对外进出口业务会受到哪些具体影响。

第四章
外汇管制与国际储备管理

【学习目标】

通过本章学习，应该达到以下学习目标：

知识目标：掌握外汇管制的主要内容；了解我国外汇管理的现状；掌握国际储备的构成；理解多元化国际储备对世界经济的影响；明确适度国际储备规模的参考指标及具体方法；掌握国际储备结构管理的具体内容；掌握我国国际储备日常管理策略。

技能目标：能够分析人民币国际化的条件；能够根据一国实际国际储备情况，分析判断国际储备规模是否适度，国际储备结构是否合理，并给出该国国际储备日常管理的合理建议。

外汇管制和储备资产管理都是一个国家在对外经济交往中极为重要的管理内容。本章将介绍外汇管制的内容、国际储备管理的方法，分析我国现阶段的外汇管理以及人民币可兑换问题，并结合我国实际情况，阐述我国国际储备的现状及管理策略。

第一节　外汇管制概述

一、外汇管制的产生和发展

外汇管制（foreign exchange control 或 foreign exchange restriction）是一个国家为防止资金的外流（或内流）、改善国际收支、维持本币汇率、维护本国经济利益，通过立法授权有关管理当局对外汇的收、支、存、兑等经济活动进行管制的政策措施。

外汇管制是国际经济关系发展到一定阶段的产物，当代世界各国为了平衡国际收支，应对国际金融领域中的不稳定因素，都不同程度地实行外汇管制。

外汇管制始于第一次世界大战期间。当时，美国、法国、德国、意大利等参战国都发生了巨额的国际收支逆差，本币对外汇率剧烈波动，大量资本外逃。为集中外汇资财进行战争，减缓汇率波动及防止本国资本外流，各参战国在战时都取消了外汇的自由买卖，禁止黄金输出，实行了外汇管制。1929—1933年世界经济危机时期，很多已取消外汇管制的国家又重新实行外汇管制，一些实行金块和金汇兑本位制的国家也纷纷实行外汇管制。第二次世界大战爆发后，参战国立即实行全面、严格的外汇管制。1940年，在100个国家和地区中，只有11个国家没有正式实行外汇管制，外汇管制范围也比以前更为广泛。第二次世界大战结束初期，西欧各国基于普遍存在的“美元荒”等原因，继续实行外汇管制。20世纪50年代后期，西欧各国经济有所恢复，国际收支状况有所改善，从1958年开始，各国不同程度地恢复了货币自由兑换，并对国际贸易收支解除外汇管制，但对其他项目的外汇管制仍维持不变。1961年，大部分国际货币基金组织的成员方表示承担《国际货币基金协定》第8条所规定的义务，即实行货币可兑换。但时至20世纪90年代，绝大多数国家仍在不同程度上实行外汇管制，即使是名义上完全取消了外汇管制的国家，仍时常对居民的非贸易收支或非居民的资本项目收支实行间接的限制。

二、外汇管制的目的

1.保持国际收支平衡或改善国际收支状况

长期的国际收支逆差会给一国经济带来显著的消极影响，维持国际收支平衡是政府的基本目标之一。政府可以用多种方法来调节国际收支，但是对于发展中国家来说，其他调节措施可能意味着较大的代价。

2.稳定汇率，减少涉外经济活动中的外汇风险

汇率频繁、大幅度的波动所造成的外汇风险会严重阻碍一国对外贸易和国际借贷活动的进行。拥有大量外汇储备的国家或有很强的借款能力的国家可以通过动用或借入储备来稳定汇率。对于缺乏外汇储备的发展中国家来说，外汇管制是稳定本币对外币汇率的重要手段。

3.防止资本外逃或大规模的投机性资本流动，维护本国金融市场的稳定

经济实力较弱的国家存在着非常多的可供投机资本利用的缺陷。例如，在经济高速发

展时商品价格、股票价格、房地产价格往往高于其内在价值。在没有外汇管制的情况下，这会吸引投机性资本流入，后者会显著加剧价格信号的扭曲。一旦泡沫破灭，投机性资本外逃，又会引发一系列连锁反应，造成经济局势迅速恶化。外汇管制是这些国家维护本国金融市场稳定运行的有效手段。

4.增加本国的国际储备

任何国家都需要持有一定数量的国际储备资产。国际储备不足的国家可以通过多种途径来增加国际储备，但是其中多数措施需要长期施行才能取得明显成效。外汇管制有助于政府实现增加国际储备的目的。

5.有效利用外汇资金，推动重点产业优先发展

外汇管制使政府拥有更大的对外汇运用的支配权。政府可以利用它限制某些商品进口，来保护本国的弱小产业；或者向某些产业提供外汇，以扶植重点产业优先发展。

6.增强本国产品国际竞争能力，保护民族工业的发展

发展中国家因经济实力薄弱，外汇资金匮乏，在本国企业不足以保证产品的国际竞争能力的条件下，政府可以借助于外汇管制为企业开拓国外市场。例如，规定官方汇率是外汇管制的重要手段之一，当政府直接调低本币汇率时，或限制短期资本流入时，都有助于本国增加出口，所以一些国家实行外汇管制是为了保证本国经济的独立发展，防止外国商品大量进口冲击本国民族工业。

7.增强金融安全

金融安全是指一国在金融国际化条件下具有抵抗内外金融风险和外部冲击的能力。一国开放程度越高，维护金融安全的责任和压力越大。影响金融安全的因素包括国内不良贷款、金融体制改革和监管等内部因素，也涉及外债规模和使用效益、国际游资冲击等涉外因素。发展中国家经济发展水平较低，经济结构有种种缺陷，特别需要把外汇管制作为增强本国金融安全的手段。

三、外汇管制的机构和对象

（一）外汇管制的机构

实行外汇管制的国家，一般是由政府授权给中央银行（如英格兰银行），或者是成立专门的管理机构（如法国、意大利、中国的外汇管理局）负责制定和监督执行外汇管制的政策、法令和规章制度，并根据外汇供求状况及经济发展需要，采取多种措施，调节全部或部分外汇收支活动。此外，一些国家由行政管理部门直接负责外汇管制工作，如美国是由财政部负责，日本是由大藏省、通产省负责。

外汇管理机构的主要职责是负责制定和监督执行外汇管理的政策、法令、规章和条例，并随时根据情况变化和政策需要，采取各种措施，控制外汇收支。此外，中央银行往往授权一些商业银行作为外汇指定银行，具体经办有关外汇收、支、存、兑业务。

（二）外汇管制的对象

外汇管制的对象分为对人的管制、对物的管制和对地区的管制三种。

1.对人的管制

在外汇管制中，一般把人的概念分为“居民”和“非居民”两类。由于居民的外汇

收支涉及居住国的国际收支，所以对居民的外汇管制较严，而对非居民的外汇管制较宽松。

2.对物的管制

这里的“物”是指外币（包括现钞和铸币）、外币支付凭证（汇票、本票、支票）、外币有价证券，以及在外汇收支中使用的其他外汇资产。大多数国家将黄金、白银等贵金属以及本币的出入国境也列入外汇管制的范围。

3.对地区的管制

“地区”一般以本国为限，还常指因政治经济关系而形成的国家集团之间，如欧洲联盟，以美国为中心的北美自由贸易区等。在这些国家集团之间办理国际结算与资本流动基本上是自由的，但对集团之外的结算和收付有不同程度的管制。

四、外汇管制的内容

（一）对贸易外汇的管制

由商品进出口引起的贸易外汇收支是一国国际收支中最大的项目，对国际收支状况起着决定性的影响，所以外汇管制的国家尤其是逆差国通常对贸易外汇收支实行比较严的管制，目的是集中出口外汇收入，限制进口外汇支出，实现贸易收支平衡。

1.对贸易进口外汇支出的管制

（1）进口许可证制度。它规定货物进口，必须先向有关当局申请核发进口许可证，只有取得进口许可证，才能向外汇银行购买外汇。

（2）进口限额制。它规定外汇管理机构要按计划给进口商分配进口额度，进口商在规定的有效期内，进口总额不得超过分配的限额，银行也只在限额内供汇。

（3）预缴进口保证金制度。它要求进口商必须向指定银行预先存入一定数量的进口货款，才能购买外汇。

（4）征收外汇税。进口商购买外汇时要被征收一定的外汇税，以提高进口成本，对外汇加以限制。

（5）进口专营制度。它规定所有商品或某些商品的进口由国家指定的专营机构办理，其他未经批准的企业不得参与。

2.对贸易出口外汇收入的管制

（1）出口许可证制度。出口商出口货物，必须先向有关当局取得出口许可证，出口所得外汇必须卖给指定银行，不准私自持有或买卖。

（2）为鼓励出口，由国家银行提供出口信贷支持，财政给予出口补贴、出口退税等。

（二）对非贸易外汇的管制

非贸易外汇收支的范围较广，主要包括：与贸易有关的运输费、保险费、佣金；与资本输出入有关的股息、利息、专利费、许可证费、特许权使用费、技术劳务费等；与文化交流有关的版权费、稿费、奖学金、留学生费用等；与外交有关的驻外机构经费；旅游费和赡家汇款等。

对属于进出口贸易从属费用的，一般与贸易外汇管制方法相同。其他非贸易外汇收入要及时售给政府指定银行，支出要经外汇管制部门审查核准后才可购汇。总之，非贸易外汇的管制原则是：对收入管制较松，对支出管制较严。

（三）对资本输出入的管制

各国的经济发展状况不同，对资本输出入的管制也不尽相同。一些经济实力强的发达国家，一般对资本输出入没有管制，但当资本流动足以影响到本国物价、汇率的稳定及国际收支平衡时，也要采取管制手段。例如，为限制资本流入通常采取的措施有：对吸收非居民存款的银行要缴纳较高的存款准备金；对非居民本币存款不付利息；控制本国企业向外借债；限制非居民购买本国有价证券等。发达国家外汇储备充足，资本过剩，一般不鼓励资本输入，但鼓励资本输出。发展中国家国力较弱，外汇缺乏，为发展本国经济，往往采取鼓励资本流入、限制资本流出的政策，如对直接投资者给予税收、土地使用等方面的优惠政策；为限制资本外逃，规定到国外投资要经外汇管理当局批准，禁止携带有价证券出境等。

（四）对汇率的管制

汇率管制的主要目的是稳定汇率或使汇率有利于本国对外贸易和实现国际收支平衡。其主要措施包括：

1. 由政府外汇管制当局制定高估本币的官方汇率

本币高估有利于一些重要产品的进口，有利于控制通货膨胀，有利于减轻政府的外债。

2. 采用复汇率制或法定的差别汇率

复汇率制是指货币当局对本币与外币的汇率人为规定两个或两个以上高低不同的汇率，不同的汇率适用不同类别交易的汇率制度。对于需要鼓励的交易规定按优惠的汇率执行，对需要限制的交易按其他汇率执行。

（五）对金、银及本币现钞输出入的管制

从广义上讲，金、银也属于外汇，实行外汇管制的国家一般都禁止私人输出金、银。如需输出金、银，必须经外汇管制部门核准，有的国家规定了数量限制。实行外汇管制的国家一般也禁止本币现钞出境，货币自由兑换国家对本币现钞出境通常会规定最高限额。

五、外汇管制的影响

外汇管制作为一国的经济政策，能保护该国经济的稳定发展，但由于它限制了外汇市场机制作用的充分发挥，降低了资源在整个世界范围内的有效配置，所以它对整个世界经济的发展是不利的。外汇管制的负面影响是指实施外汇管制需要付出一定的成本，包括直接成本和间接成本。

（一）外汇管制的直接成本

外汇管制的直接成本由管制本身产生，包括给政府和企业带来的管理成本和交易成本。

1. 管理成本

管理成本是指外汇管制作为代替或补充市场机制不足的行为，需要政府投入大量的人力、物力和财力，设立不同形式的管理机构，制定各种管理规定，从而使行政开支增大。

2. 交易成本

交易成本是指外汇管制会增加被管制对象的费用支出，如会计和法律等费用，从而使微观经济主体的效率降低，交易成本增加。

（二）外汇管制的间接成本

作为一项经济政策，外汇管制能保护一国经济稳定发展。但由于它限制了市场机制作用的充分发挥，降低了资源在世界范围内的有效配置，所以它对整个世界经济的发展是不利的。外汇管制的间接成本主要包括以下几个方面：

1.阻碍国际贸易的均衡发展

采取外汇管理措施，有利于双边贸易的开展。但实行严格的外汇管制，限制货币自由兑换，必然限制多边贸易的开展。此外政府对汇率进行干预和控制，使汇率不能充分反映外汇供求的真实情况，常出现高估或低估现象。本币汇率高估对出口产生不利影响，而低估对进口又产生不利影响，因此汇率水平的不合理会对进出口贸易的均衡发展产生不利影响。

2.价格机制失效，资源难以有效配置

严格的外汇管制会扭曲汇率，使价格机制失效，资源难以有效配置。无论是政府规定官方汇率，还是政府限制外汇买卖，都会使汇率偏离市场均衡汇率，限制了市场机制的作用，妨碍了外汇供求关系自动调节汇率的作用机制。管制下的汇率不能真实反映货币的实际价值，使进出口商品的国内价格和国际价格相背离，一国不能充分参加国际分工和利用国际贸易中的比较利益原则来发展本国经济，资源不能在全球范围内实现最佳配置。而限制货币的自由兑换、限制外汇资金的自由输出输入，使资金盈余国家不能将其资金顺利调出，资金短缺的国家又不能利用这些资金，在抑制投机资本流动的同时，也限制了资本在全球范围内更有效的配置。

3.加剧国与国之间的摩擦与纠纷

实行外汇管制，限制了国家间自由的结算制度，使贸易往来和资本流动带有歧视性和不公平性，必然引起贸易伙伴国的不满，导致别国的报复，引发贸易战、汇率战，加剧国家间的经济摩擦和利益冲突。

4.产生寻租现象

外汇管制增加了管理部门配置外汇资源的权力，这种权力导致了各式各样的寻租现象。寻租过程中发生的种种成本完全是一种资源浪费，而且导致了交易和竞争的不公平性。

5.不符合IMF宗旨和经济全球化趋势

IMF宗旨之一就是“协助建立会员国间经常性交易的多边支付制度，并消除妨碍世界贸易发展的外汇管理”。在当代经济、金融全球化的背景下，外汇管制的国家越来越难以被国际社会接受。

因此，对经济刚起飞或脆弱的经济体来讲，短期内实施适当的外汇管制，其收益可能大于成本。但长期实施外汇管制将付出巨大的代价，尤其是在经济已具备一定实力的条件下，尽早放松外汇管制更有利于经济的快速发展。

第二节　我国的外汇管理

一、我国的外汇管理概况

（一）我国外汇管理的基本情况

我国外汇管理的基本方针是集中管理、分散经营，外汇管理的主管机构是国家外汇管

理局。我国的外汇管理也分为对人的管理和对物的管理两个方面。“人”主要是指国内居民以及非居民；“物”主要是指外汇及贵金属等。

（二）我国外汇管理体制的历史沿革

1.改革开放前我国的外汇管理

改革开放前，我国实行严格外汇集中计划管理，国家外汇资金和外汇业务由中国银行统一经营，管理和平衡外汇收支主要采取行政手段，中国基本上不向外国借款，也不吸收外国直接投资。外汇收支实行指令性计划管理，所有外汇收入必须售给国家，用汇实行计划分配，人民币汇率仅作为核算工具。

2.改革开放后我国的外汇管理

随着我国经济的发展以及市场化改革，我国外汇管理制度不断改进和完善。1978年以来，我国外汇管理体制改革经历了以下三个阶段。

第一阶段（1978—1993年），外汇管理体制改革起步。这一阶段以增强企业外汇自主权、实行汇率双轨制为特征。

为适应改革开放的需要以及经济形势的不断变化，我国采取官方汇率和市场汇率并存的汇率形成机制，试行外汇留成办法。1979年8月，我国制定并实施《出口商品外汇留成试行办法》，改革外汇分配制度，根据外贸出口换汇成本，制定了1美元等于2.53元人民币的目标汇价。当年，中国国际信托投资公司成为中国银行之外首批经营外汇业务的金融机构。1980年12月，国务院颁布了《中华人民共和国外汇管理暂行条例》，公布外汇管理条例和实施细则。1980年10月，我国建立外汇调剂市场，引进更多竞争机制，增加外汇储备。考虑到外贸出口的合理利润，为解决出口难和出口亏损问题，从1981年1月开始，我国全部进出口实行1美元等于2.80元人民币的贸易内部结算价。1986年10月，我国允许三资企业之间调剂余缺。1988年，各省、自治区、直辖市以及沿海城市设立外汇调剂中心。此阶段，人民币汇率也做了多次调整，以发挥其宏观调控作用，并建立了多种金融机构并存的外汇金融体系，引进外资银行。此外，我国积极利用外资，加强外债管理，准许国内居民开立外汇存款账户等。

第二阶段（1994—2000年），社会主义市场经济条件下的外汇管理体制框架初步确定。

1994年初，国家对外汇体制进行了重大改革，改革的长期目标是实现人民币自由兑换，逐步放松外汇管制，近期目标是建立以市场为基础的、有管理的浮动汇率制，实现经常项目下人民币有条件可兑换。这次改革建立了以银行结售汇制度为基础、市场调节为主的管理模式，形成了统一、规范、有效的外汇市场，取消了对外国货币在中国境内的计价、结算和流通，提高了居民用汇标准，扩大了供汇范围。1996年12月1日，全部取消了所有经常性国际支付和转移的限制，实现人民币经常项目可兑换。1997年，亚洲金融危机爆发，给中国经济发展与金融稳定造成严重冲击。为防止危机进一步蔓延，保持国民经济持续发展，我国做出人民币不贬值的承诺，并重点加强资本流出的管制，成功抵御了亚洲金融危机的冲击。

第三阶段（2001年至今），以市场调节为主的外汇管理体制进一步完善。

自加入世界贸易组织以来，我国加速融入全球经济，对外开放进一步扩大，国际收支持续大额顺差，外汇储备迅猛增长，出现了由外汇短缺转为外汇储备增长过快的局面，国际支付能力增强。在这样的背景下，我国外汇管理体制改革向纵深推进，全方位的放松外汇管理不断取得新的进展。其中关键举措包括2005年7月启动人民币汇率形成机制改革、2008年8月修订并发布实施《中华人民共和国外汇管理条例》。同时，在经常账户结售汇和资本账户投融资等方面，我国外汇管理改革的成效显著。

（1）经常账户结售汇从强制结汇到自愿结汇

自2001年起，符合年度出口收汇额等值200万美元以上、年度外汇支出额等值20万美元以上等条件的企业，经外汇管理部门批准可开设外汇结算账户，保留一定限额的货物出口、服务贸易等外汇收入，不必结汇。

2002年，我国进一步放宽了企业开设外汇结算账户的条件，并设置账户限额为企业上年进出口贸易额的20%。之后，在2004年和2005年，企业外汇结算账户的限额又分别提高至进出口额的30%或50%、50%或80%。

自2007年8月起，允许企业保留100%的外汇收入，不必结汇。这意味着强制结汇制度实际上已经取消。

2008年，新的《中华人民共和国外汇管理条例》明确规定经常项目外汇收入可按规定保留或者卖给金融机构，这意味着在法律上正式取消经常项目外汇收入强制结汇要求。

2011年1月1日起在全国范围内推广货物贸易出口收入存放境外。

（2）资本账户跨境投融资放松，建立资本流动双向均衡管理的制度框架

针对直接投资，外国对内直接投资基本自由，我国对外直接投资也明显放松。

而针对证券投资，外汇管理改革主要表现在：

①合格的境外机构投资者（Qualified Foreign Institutional Investors，QFII）制度是指外国专业投资机构到境内投资的资格认定制度，它是一国在货币没有实现完全可自由兑换、资本项目尚未开放的情况下，有限度地引进外资、开放资本市场的一项过渡性的制度。我国2002年开始实施QFII制度，允许合格的境外机构投资者对内投资，加速了国内股票市场国际化。

②合格的境内机构投资者（Qualified Domestic Institutional Investor，QDII）制度是指在资本项下不可兑换、资本市场未开放条件下，在一国境内设立，经该国有关部门批准，有控制地允许境内机构投资境外资本市场的股票、债券等有价证券的一项制度安排。我国2006年4月实行QDII制度，允许合格的境内机构投资者对外投资，即国内基金管理公司等金融机构可以到国外从事股票投资及其他理财业务。

③2011年12月，出台人民币合格境外机构投资者（RQFII）制度，符合一定条件的境内基金管理公司和证券公司的香港子公司可以运用其在香港地区募集的人民币资金在经批准的投资额度内开展境内证券投资业务。2013年3月，中国人民银行、证监会、外汇管理局修订RQFII试点办法，扩大试点机构范围，放宽投资比例限制。

④2014年11月，出台人民币合格境内机构投资者（RQDII）制度，合格的境内机构投资者可以运用来自境内的人民币资金投资境外金融市场的人民币计价产品。

⑤为进一步扩大金融业对外开放，2020年5月7日，中国人民银行、外汇管理局发布《境外机构投资者境内证券期货投资资金管理规定》，明确并简化境外机构投资者境内证券期货投资资金管理要求，进一步便利境外投资者参与我国金融市场。《境外机构投资者境内证券期货投资资金管理规定》主要内容包括：一是落实取消合格境外机构投资者

(QFII) 和人民币合格境外机构投资者 (RQFII) 境内证券投资额度管理要求，对合格投资者跨境资金汇出入和兑换实行登记管理。二是实施本外币一体化管理，允许合格投资者自主选择汇入资金币种和时机。三是大幅简化合格投资者境内证券投资收益汇出手续，取消中国注册会计师出具的投资收益专项审计报告和税务备案表等材料要求，改以完税承诺函替代。四是取消托管人数量限制，允许单家合格投资者委托多家境内托管人，并实施主报告人制度。五是完善合格投资者境内证券投资外汇风险及投资风险管理要求。六是中国人民银行、外汇管理局加强事中事后监管。

二、人民币国际化进程

(一) 货币可兑换的概念和内容

货币可兑换是指一国货币持有者可以任何目的而将所持有的货币按市场汇率兑换成另一国货币的权利。按国际收支的项目不同，货币可兑换的内容包括经常项目可兑换和资本项目可兑换。

1.经常项目可兑换

经常项目可兑换是指对经常项目外汇支付和转移的汇兑不加以限制的兑换。国际货币基金组织规定了经常项目下可兑换的标准：①未经基金组织同意，对国际经常往来的付款和资金转移不得施加限制。也就是说，这种货币在国际经常往来中，随时可以无条件地作为支付手段使用，对方也应无条件接受并承认其法定价值。②不得实行歧视性货币措施或复汇率。③在另一成员方要求下，随时有义务换回对方在经常往来中所结存的本国货币，即参加该协定的成员方具有无条件承兑本国货币的义务。

2.资本项目可兑换

资本项目可兑换是指对资本流入和流出的兑换均无限制。这意味着一国取消对一切外汇收支的管制，居民不仅可以通过经常账户交易，也可以自由地通过资本账户交易获得外汇，所获外汇既可在外汇市场上出售，也可自行在国内或国外持有；国内外居民也可以将本币换成外币在国内外持有，满足资产需求。

一般说来，货币的自由兑换应当具备以下几个条件：①健康的宏观经济形势；②有效的市场调节机制；③较强的宏观调控能力；④高效稳健的金融监管；⑤健全的微观经济主体；⑥适当的汇率制度与汇率水平；⑦良好的国际收支和对外债务状况及较充裕的国际储备。

(二) 人民币自由兑换和人民币国际化

我国于1980年4月恢复在国际货币基金组织的合法席位，由此执行IMF协定第十四条款，实行严格的外汇管理，人民币是不可兑换货币。

1996年12月1日我国完成了向“第八条款”的过渡，国家对经常性国际支付和转移不予限制，即人民币在经常项目下可兑换。从此，人民币成为可兑换货币。

改革开放40多年来，中国经济实力显著提升，开放型经济新体制逐步健全，中国在全球经济中扮演着日益重要的角色。随着中国对外开放程度不断提高，中国经济全面融入世界经济体系，人民币逐渐走出国门，人民币地位也日益提升。截至2018年年底，人民币已连续8年为中国第二大国际收付货币，全球第五大支付货币、第三大贸易融资货币、第八大外汇交易货币、第六大储备货币。全球已有60多个央行或货币当局将人民币纳入外汇储备。超过32万家企业和270多家银行开展跨境人民币业务，与中国发生跨境人民币收付的国家和地区达242个。人民币作为支付货币功能不断增强，作为投融资和交易货币功能持续深化，作为计价货币功能有所突破，作为储备货币功能逐渐显现。

1.从贸易结算试点拓展到经常项目阶段

2009年7月，跨境贸易人民币结算试点从上海市和广东省四城市（广州、深圳、珠海、东莞）起步。经2010年6月和2011年8月两次扩大试点，跨境贸易人民币结算境内地域范围扩大至全国，业务范围涵盖货物贸易、服务贸易和其他经常项目，境外地域范围没有限制。

知识链接4-1　跨国企业更多选择人民币进行跨境收付

随着中国综合国力的提升，中国在跨国企业全球布局中占据越来越重要的位置。以上海为例，目前已有83家世界500强企业在上海设立了区域总部级机构，承担在中国的资金管理、采购、销售、结算等多项职能。2018年，在沪跨国企业共发生跨境人民币收付1 742亿元，占同期本外币跨境收付的比重为54%，跨境人民币结算量首次超过外汇结算量。其中，人民币跨境收付占比超过90%的有20家。多家跨国企业已考虑与中国相关的跨境业务全部使用人民币结算。

跨境人民币业务为跨国企业带来了实实在在的好处：一是有利于规避汇率风险，降低兑换成本。二是有利于减少供应链运营成本，促进上下游企业聚焦主业。三是有利于提高跨境资金结算效率，减少“脚底成本”。四是有利于提升跨国企业中国总部的话语权。许多在华跨国企业积极向母公司争取，将与中国相关的业务使用人民币结算，把集团的全球人民币资产移交境内公司集中运营管理。

2.从经常项目拓展至资本项目阶段

2010年10月，中国人民银行在新疆试点开展境内企业人民币对外直接投资业务。2011年1月，中国人民银行允许跨境贸易人民币结算试点地区开展对外直接投资人民币结算业务。8月，跨境贸易人民币结算试点范围扩大到全国，人民币对外直接投资业务也扩大至全国范围。10月，外商直接投资业务政策出台。对外直接投资和外商直接投资人民币跨境结算从无到有，在直接投资跨境收付中的份额不断扩大，由2010年的不到5%逐年上升至2018年的超过50%。人民币跨境贸易融资、境外项目人民币贷款、境内企业境外放款、跨境人民币资金池业务等政策也陆续推出并不断完善。

3.不断推动金融市场双向开放

随着境外主体人民币的积累，使用人民币进行投资和配置资产的需求日趋增长。与此同时，中国金融市场双向开放进程不断加快，银行间债券市场投资、合格境外机构投资者（QFII）、人民币合格境外机构投资者（RQFII）、合格境内机构投资者（QDII）、人民币合格境内机构投资者（RQDII）、“沪深港通”、基金互认、“债券通”、黄金国际板等投资渠道陆续放开。境外发行人民币债券的境内主体和境内发行人民币债券（“熊猫债”）的境外主体类型越来越多元化。实现境内外金融市场互联互通，为资本项目可兑换打下了坚实的基础。证券投资项下人民币收付业务从无到有，从2011年的1 000亿元增长至2018年的超过6万亿元，2018年增速超过83.6%。

4.人民币加入SDR，国际货币地位初步奠定

2016年10月，人民币正式加入国际货币基金组织（IMF）特别提款权货币篮子，权重为10.92%，在篮子货币中排名第三。2016年第四季度，IMF官方外汇储备货币构成（COFER）中人民币储备规模为907.8亿美元，这是IMF首次公布人民币储备信息。截至2018年第四季度末，COFER中人民币储备规模为2 027.9亿美元，占比1.89%，在主要储备货币中排名第六位。

人民币国际化进程始于2009年。从2009年至2018年的10年，人民币国际化的功能主要体现在国际支付和结算方面，之后推进的方向将是使人民币成为可自由使用货币。一是坚持市场驱动。不断消除限制人民币使用的障碍，探索推进更高水平的贸易投资便利化试点。二是继续推动国内金融市场双向开放，进一步便利境外投资者使用人民币投资境内债券和股票。三是引导离岸人民币市场健康发展。提升人民币可自由使用水平，促进离岸与在岸市场良性互动、深度整合。四是完善宏观审慎管理。做好逆周期调节，防范跨境资金流动风险。

焦点关注：人民币国际化进程

第三节　国际储备管理概述

一、国际储备的概念和特点

（一）国际储备的概念

国际储备（international reserve）也称“官方储备”或“自有储备”，是一国政府持有的，可以随时用来平衡国际收支差额、对外进行国际支付、干预外汇市场的、在国际上可普遍接受的资产总额。

一般而言，一国的国际储备可以分为两部分：一部分用于日常弥补赤字和干预外汇市场的需要，称为交易性储备；另一部分用于不可预测的突发性内外冲击，称为预防性储备。前者与弥补赤字和干预外汇市场所需储备量保持一致，后者则需按照分散原则进行投资。

（二）国际清偿力与国际储备

国际清偿力（international liquidity）是指一个国家的对外支付能力，它是与国际储备有密切联系的概念。

国际清偿力的内容要广于国际储备。参照国际货币基金组织关于国际储备的划分标准，国际清偿力是广义的国际储备，它除了包括国际储备的内容（自有储备）之外，还包括一国政府向外借款的能力（借入储备），即向外国政府或中央银行、国际金融机构和商业银行借款的能力，它反映了一国货币当局干预外汇市场的总体能力。具体来说，自有储备主要包括一国的货币性黄金、外汇储备、在国际货币基金组织的储备头寸和特别提款权。借入储备主要包括备用信贷、互惠信贷和支付协议、该国商业银行的对外短期可兑换货币资产。一般而言，发达国家主要依靠借入储备来保证国际清偿力，而发展中国家则主要依靠自有储备来弥补国际收支逆差。

国际储备是一国国际清偿力的一个重要方面，是一国所具有的现实的对外清偿能力。

一国拥有充足的国际储备，说明该国国际清偿力较强，能够从容应付对外支付和按时清偿到期债务，具有较高的国家信誉。

（三）国际储备的特点

1.官方持有性

作为国际储备的资产必须是一国货币当局直接掌握并予以使用的，这种直接“掌握”与“使用”可以看成是一国货币当局的一种“特权”。非官方金融机构、企业和私人持有的黄金、外汇等资产，不能算作国际储备。因此，国际储备也被称为官方储备。

2.自由兑换性

作为国际储备的资产必须可以自由地与其他金融资产相交换，充分体现储备资产的国际性。缺乏自由兑换性，储备资产的价值就无法实现，这种储备资产在国际上就不能被普遍接受，也就无法用于弥补国际收支逆差及发挥其他作用。

3.充分流动性

作为国际储备的资产必须是随时都能够动用的资产，如存放在银行里的活期外汇存款、有价证券等。当一国国际收支失衡或汇率波动过大时，就可以动用这些资产来平衡国际收支或干预外汇市场来维持本国货币汇率的稳定。

4.普遍接受性

作为国际储备的资产，必须能够为世界各国普遍认同与接受、使用。如果一种金融资产仅在小范围或区域内被接受、使用，尽管它也具备可兑换性和充分流动性，仍不能称为国际储备资产。

二、国际储备的构成

（一）黄金储备

黄金储备是指一国货币当局持有的，用以平衡国际收支，维持或影响汇率水平，作为金融资产持有的黄金，即货币性黄金。它在稳定国民经济、抑制通货膨胀、提高国际资信等方面有着特殊作用。作为国际储备的主要形式之一，黄金储备在流动性上有其自身存在的局限性，因此应考虑其适度规模的问题。黄金储备的管理，关键在于实现黄金储备最大的流动性和收益性。

黄金储备量作为国际储备的一个部分只是衡量国家财富的一个方面，黄金储备量高则抵御国际投资基金冲击的能力强，有助于弥补国际收支赤字，有助于维持一国的经济稳定，不过过高的黄金储备量会导致央行的持有成本增加，因为黄金储备的收益率从长期来看基本为零，而且在金本位制度解体以后黄金储备的重要性已大大降低。

（二）外汇储备

外汇储备又称外汇存底，是指一国政府所持有的国际储备资产中的外汇部分，即一国政府保有的以外币表示的债权，是一个国家货币当局持有并可以随时兑换外国货币的资产。一国的外汇储备资产的保存一般并非在国内，其具体形式是指以外币表示的资产，包括政府在国外的短期存款或其他可以在国外兑现的支付手段，如外国有价证券，外国银行的支票、期票、外币汇票等。外汇储备是一个国家经济实力以及国际清偿力的重要组成部分，是一国用于平衡国际收支，稳定汇率，偿还对外债务的外汇积累。

1.外汇储备的作用

外汇储备是目前国际储备中最主要、最活跃的部分，同时也是各国国际储备资产管理的主要对象。一定的外汇储备是一国进行经济调节、实现内外平衡的重要手段。当国际收支出现逆差时，动用外汇储备可以促进国际收支的平衡；当国内宏观经济不平衡，出现总需求大于总供给时，可以动用外汇组织进口，从而调节总供给与总需求的关系，促进宏观经济的平衡。同时当汇率出现波动时，可以利用外汇储备干预汇率，使之趋于稳定。因此，外汇储备是实现经济均衡稳定的一个必不可少的手段，特别是在经济全球化不断发展，一国经济更易于受到其他国家经济影响的情况下，更是如此。

此外，外汇储备的增加不仅可以增强宏观调控的能力，而且有利于维护国家和企业在国际上的信誉，有助于拓展国际贸易、吸引外国投资、降低国内企业融资成本、防范和化解国际金融风险。

2.作为储备货币的条件

不是所有国家的货币都能充当国际储备资产，只有那些在国际货币体系中占有重要地位，为世界各国普遍接受的国际计价手段和支付手段，且能自由兑换其他储备资产，中央银行和贸易商对其购买力稳定性具有信心，并且其供给数量能同国际贸易和世界经济的发展相适应的货币才能充当国际储备资产。

我国和世界其他国家在对外贸易与国际结算中经常使用的外汇储备主要有美元、欧元、日元、英镑等。随着人民币国际化进程的加快，人民币的国际地位不断提高，人民币储备货币功能也逐渐显现。

3.储备货币与国家货币

一般说来，一国的货币作为国际储备货币是建立在该国的经济实力和黄金储备基础之上的。由于储备货币既是一种国际货币又是一种国家货币，在国际和国内发挥着双重的货币职能作用，因此必须协调好其同时作为一种国际货币和一种国家货币的关系。

作为国际货币，它是国际储备中的重要组成部分，其供给状况直接影响世界贸易和国际经济往来能否顺利进行；作为一种国家货币，其发行数量要求其适应国内宏观经济政策的需要，保持国内货币流通稳定。因此，如果储备货币发行国从本国宏观经济政策目标出发，其货币供应量相对于世界贸易和国际经济往来的需要量可能太少，导致国际支付手段短缺，迫使其他国家实行外汇管制或其他不利于国际经贸活动开展的措施；反之供应过多，又会影响本国货币流通的稳定性，可能导致通货膨胀、纸币贬值。

发行国的货币一般情况下不宜充当本国的储备货币，比如美国、英国等国家的货币在本国内不宜充当外汇储备，因为外汇是一种对外债权或价值要求权，本国货币不具备这样的特点。

（三）在国际货币基金组织（IMF）的储备头寸

储备头寸也称普通提款权，它指国际货币基金组织的会员方按规定从基金组织提取一定数额款项的权利，它是国际货币基金组织最基本的一项贷款，用于解决会员方国际收支不平衡，但不能用于会员方贸易和非贸易的经常项目支付。

国际货币基金组织犹如一个股份制性质的储备互助会，当一个国家加入基金组织时，必须按一定的份额向该组织缴纳一笔钱，作为入股基金，我们称之为份额。按该组织现在的规定，认缴份额的25%必须以可兑换货币缴纳，其余75%用本国货币缴纳。当成员方发生国际收支困难时，就有权向基金组织申请普通贷款。普通贷款有以下几个特点：

①贷款的方式是换购，即会员方以本国货币向基金组织申请换购所需的外币款项；还款方式是购回，即会员方再以外汇买回本国货币。

②贷款对象限于基金组织的会员方政府或政府财政、金融部门，如财政部、中央银行、外汇平准基金组织等。

③贷款额度大小与成员方所缴份额成正比，但最高额度不能超过所缴份额的125%。

④贷款条件随贷款额度的增加而越来越严格。基金组织把会员方可申请的贷款额分为五档，每档占其认缴份额的25%。由于其中第一档提款额（份额的25%）会员方由最初的用黄金缴纳变成现今的用SDRs或指定的外汇缴纳，实质上没有构成基金组织的债务，因而这部分贷款的获取可以自动提用，无条件、无须批准、无须支付利息。这一档提款权被称为储备部分提款权（储备部分贷款）。其余四档则被称为信用提款权（信用部分贷款），贷款条件逐档严格，利率逐档升高。申请第一部分信用贷款的成员方只有提交了克服国际收支困难的具体计划才能获得基金组织的批准；申请高档信用部分贷款时，成员方既要提供完善的国际收支方案，也要制订全面的财政稳定计划和相对合理适当的财政、货币、汇率政策等。同时，在之后的贷款使用过程中，基金组织会对其有一定程度的监督。一旦发现没有履行计划，基金组织将采取进一步措施以保证目标实现。

国际货币基金组织储备部分中未提取的部分，被视为成员方政府的自由储备，属于其国际储备。

（四）特别提款权

特别提款权是国际货币基金组织创设的一种储备资产和记账单位，亦称“纸黄金（Paper Gold）”。它是基金组织分配给会员方的一种使用资金的权利。会员方在发生国际收支逆差时，可用它向基金组织指定的其他会员方换取外汇，以偿付国际收支逆差或偿还基金组织的贷款，还可与黄金、自由兑换货币一样充当国际储备。但由于其只是一种记账单位，不是真正货币，使用时必须先换成其他货币，不能直接用于贸易或非贸易的支付。因为它是国际货币基金组织原有的普通提款权以外的一种补充，所以称为特别提款权。

基金组织于1969年创设特别提款权，并于1970年按成员方认缴份额开始向参加特别提款权部的成员方分配特别提款权。迄今为止，基金组织向成员方分配了2 042亿特别提款权（相当于大约2 910亿美元），其中包括在全球金融危机之后于2009年分配的1 826亿特别提款权。

1.特别提款权的独特之处

特别提款权作为各国国际储备资产的补充，与其他储备资产相比具有以下几个特点：

第一，特别提款权获得更为容易。普通提款权的获得要以成员方的缴足摊额（份额）为条件，而特别提款权是由基金组织按参加国的摊额予以“分配”，不需缴纳任何款项，且这项权利的动用也不必事先订立什么协议或事先审查。

第二，普通提款权的融通使用需要按期偿还，而特别提款权无须偿还，是一种额外的资金来源。

第三，特别提款权是一种有名无实的资产，虽然被称为“纸黄金”，但不像黄金那样具有内在价值，也不像美元、英镑那样以一国政治、经济实力作为后盾，而仅仅是一种用数字表示的记账单位。

第四，特别提款权是基金组织和其他一些国际组织的记账单位。特别提款权仅仅是一种计价结算工具，不能直接用作流通手段，任何私人和企业不得使用和持有。

第五，特别提款权既不是货币，也不是对基金组织的债权，而是对基金组织成员方可自由使用货币的潜在求偿权。特别提款权可以与这些货币进行兑换。

2.特别提款权的使用

成员方可以实际动用的特别提款权数额，平均不能超过其全部分配额的70%，如果超过，则必须把超支部分赎回。就是说，每一成员方手中至少必须保持30%的分配到的特别提款权。任何成员方，只要本身愿意，最多可以持有3倍于它本身分配额的特别提款权。成员方使用所分配的特别提款权需付年率1.5%的利息。

特别提款权的收付业务均通过国际货币基金组织开立的特别提款权账户进行。

作为取得特别提款权的条件，成员方必须承担两项义务。一是支付利息，二是在需要时按照国际货币基金组织指定的原则接受特别提款权并兑出相应的货币。一般情况下，只有在国际收支和储备总额方面实力特别强的国家才有可能承担第二种义务。

3.特别提款权的定值

特别提款权起初以黄金定值，与美元等值，即1 SDR=0.888671克纯金=1美元，或1盎司黄金=35 SDRs。

随着黄金非货币化及美元币值波动，美元与SDR之间的比率也相应地进行调整。自1974年7月1日起，SDR与黄金脱钩，改用一篮子16种货币作为定值标准。1980年9月18日又改为美元、德国马克、日元、法国法郎和英镑定值。欧元发行后用欧元代替马克和法郎的地位。根据基金组织2010年12月30日发布的SDR权重比，美元、欧元、英镑和日元组成的“一篮子货币”的“加权”比例依次为41.9%、37.4%、11.3%、9.4%。

自2016年10月1日起，人民币被认定为可自由使用的货币，并作为除美元、欧元、日元和英镑之外的第五种货币加入特别提款权货币篮子。篮子中的货币权重分别为，美元41.73%，欧元30.93%，人民币10.92%，日元8.33%，英镑8.09%。篮子中的货币数量，1个SDR中包含1.0174个人民币，0.58252个美元，0.38671个欧元，11.900个日元，0.085946个英镑。

IMF每隔五年会对货币篮子的构成进行评估，以确保篮子中的货币是国际交易中所使用的那些具有代表性的货币。纳入SDR的一篮子货币需满足两个标准：一是该国出口货物和服务总量位居所有成员方前列；二是货币能够自由使用。

SDR的价值一般表示为其对美元的汇率，该价值每天确定一次，在基金组织网站公布。例如，2020年5月8日，IMF公布1美元=0.733285特别提款权。根据基金组织的规定，SDR汇率由伦敦市场每日中午12点篮子货币对美元的市场汇率与篮子货币的数量相乘之和计算得出。SDR对其他货币的汇率则由SDR对美元的汇率和美元对该种货币的代表性汇率套算得出。其中，人民币代表性汇率是中国外汇交易中心公布的下午4点人民币对美元的参考汇率。

三、国际储备的作用

（一）清算国际收支差额，维持对外支付能力

当一国发生出口减少或因特大自然灾害以及战争等突发情况而造成短期的临时性国际

收支逆差时，政府需要采取措施加以纠正，就可运用国际储备来平衡，使其国内经济免受政策调整产生的不利影响，这样做有利于国内经济的稳定发展及维护本国的国际信誉。但是，如果一国国际收支出现根本性的不平衡，动用国际储备并不能彻底解决问题，相反会导致国际储备的枯竭。因此，当一国经济因政策失误或经济结构不合理而造成国际收支持续性逆差时，对包括外汇储备在内的储备资产的动用，必须谨慎进行。

（二）干预外汇市场，保持本国货币汇率的稳定

当一国本币汇率在外汇市场上发生波动时，尤其是因投机性因素导致这种波动时，该国政府可以动用外汇储备来缓和这种波动，甚至改变波动的方向，从而达到稳定汇率的目的。通过在外汇市场上抛售其外汇储备，可以增加外汇市场上的外汇供给，抑制外汇的上涨以及本币的下跌。通过在外汇市场购进外汇，则可以增加外汇市场上的外汇需求，刺激外汇汇率的上涨以及本币的下跌。

（三）提供举债和偿债的保证，增强国际清偿力

一国所拥有的国际储备数量的多少，是一个国家国际清偿力强弱的重要体现。国际储备多，就意味着国际清偿力高；国际清偿力高，该国向外借款的保证得到加强，同时也表明该国金融实力和国际地位的提高。尽管从理论上讲，一国国际清偿力高就无须向外借款，但由于各种资金用途的不同以及借款者的不同看法，一个国家不管持有的国际清偿力是高还是低，都会或多或少向外借款。实际上，一国持有的国际储备尤其外汇储备的状况，一直是评定一个国家偿债能力和资信状况的重要指标之一。

四、多元化国际储备体系及对世界经济的影响

国际储备体系，是指在一种国际货币制度下国际储备货币或资产的构成与集合的法律制度安排。这种安排的根本问题是中心储备货币或资产的确定及其与其他货币或资产的相互关系。

国际储备多元化是指储备货币种类的多元化。国际储备多元化表现在储备资产的形式和储备货币的种类不断增加的趋势上。在国际储备多元化进程中，最主要的是外汇储备多元化，因为目前外汇储备已成为国际储备的主体。

（一）多元化国际储备体系建立对世界经济的积极影响

1.缓和了国际储备资产供不应求的矛盾

在美元-黄金储备体系或以美元为中心的储备体系下，美元是单一的储备货币，但随着各国经济的发展，对美元的需求不断扩大，美元无法满足，造成了国际储备资产供不应求的矛盾，这显然不利于除美国以外的其他国家的经济发展。而在多元化国际储备体系下，同时以几个经济发达国家的硬货币为中心储备货币，使各国可使用的储备资产增加，为各国提供了满足多样化需求和灵活调节储备货币的余地。

2.打破了美元一统天下的局面，促进了各国货币政策的协调

在美元-黄金储备体系下，美国可利用其特殊地位，推行对外扩张的经济政策，操纵国际金融局势，控制他国经济。多元化体系的建立，使美国独霸天下的局面被打破，各国经济不再过分依赖美国。同时因国际储备货币多样化，可以在很大程度上削弱一国利用储备货币发行国的地位强行转嫁通货膨胀和经济危机的可能性。此外，多元化储备货币的付诸实践本身就是一个国际化的问题，为了维持多元化储备体系的健康发展和国际金融形势

的稳定，各国必须互相协作，共同干预与管理。这些都有利于各国加强国际金融合作，改善相互间的经济关系。

3.有利于各国调节国际收支

一方面，各国可以通过各种渠道获取多种硬货币用于平衡国际收支逆差，这比起只有单一美元储备可用于弥补国际收支逆差方便得多；另一方面，多元化国际储备体系处于各国实行浮动汇率制度的环境中，在此制度下，各国可以采取相应的措施调节国际收支，但在单一储备体系下，各国为调节国际收支而需变更汇率时，必须征得国际货币基金组织同意后才可进行。

4.有利于各国调整储备政策，防范、分散因储备货币汇率变动而带来的风险

这是因为多元化国际储备体系可为各国提供有效组合储备资产、规避风险的条件，即各国可根据金融市场具体的变化情况，适时、适当地调整储备资产结构，对其进行有效的搭配组合，从而避免或减少因单一储备资产发生危机而遭受的损失，保持储备价值的相对稳定，并尽力获取升值的好处。

（二）多元化国际储备体系对世界经济的消极影响

1.国际储备资产分散化，一定程度上加剧了世界性的通货膨胀

世界性通货膨胀的一个原因是国际储备货币总额的过分增长，而多元化国际储备体系恰好能“制造”出更多的储备货币，促使国际储备总额成倍增长。

2.多元化国际储备体系增加了管理的难度

国际储备资产分散化以后，储备资产的稳定成了国际性问题。因此，一国在管理国际储备时，必须要密切关注诸多储备货币国家的政治经济动态，密切关注外汇市场上这些货币汇率的变化，根据各种储备货币的外汇风险和利息收益，不断调整储备资产的货币构成，而这需要极发达的通信系统、灵敏的判断力以及过硬的操作技术，因此增加了储备货币管理的难度。

3.多元化国际储备体系尚无法彻底平抑外汇市场投机，甚至有时还会使国际金融市场动荡不安

多元化国际储备体系扩大了储备供给，同时增加了世界储备总额，但与此同时，市场短期资本或游资也在成倍增长。国际游资天生有两个特性——趋利性与投机性，且“光速般”地流动。此外，当今世界国际金融工具创新层出不穷，而这些金融工具的创新又对短期资本的流动发挥了乘数作用，使其流动规模不断扩大。各国国际储备的增长有限，无法抵御庞大游资的冲击。

由于国际游资的存在，以及制造机会赚取高额利润的投机家处处可见，因此就多元化国际储备体系来说，一旦该体系中某个储备货币因某种原因日益坚挺，就会在市场出现竞相抛售其他货币而抢购此货币的行为，其结果就会导致储备中的其他货币去“追逐”的现象，导致储备货币的汇率大起大落，当市场投机力量过大时，就会刺激国际金融市场，使其动荡不安。

此外，这种资金的流动又会给各国经济政策的运用带来负效应。如一国为控制通货膨胀采取了紧缩信用的措施，提高利率，使大量游资流入，并在一定程度上支撑了一国经济的增长，但很显然，大量游资的流入又抵消了紧缩的经济政策效力，从而影响国内经济的发展。

可见，多元化国际储备体系的建立与发展，具有其不可替代的优点，但同时也带来了不少管理上的困难。因此，如何利用这些优点，克服它的缺点，制定符合实际的储备政策与管理体制，是摆在各国面前亟待解决的问题。

五、国际储备管理的原则

国际储备管理是一国政府或货币当局根据一定时期内本国的国际收支状况和经济发展的要求，对国际储备的规模、结构和储备资产的使用进行调整、控制，从而实现储备资产的规模适度化、结构最优化和使用高效化的整个过程。

一个国家的国际储备管理包括两个方面：一是国际储备规模的管理，以求得适度的储备水平；二是国际储备结构的管理，使储备资产的结构得以优化。通过国际储备管理，一方面可以维持一国国际收支的正常进行，另一方面可以提高一国国际储备的使用效率。

（一）国际储备管理的安全性原则

储备资产的安全性，即储备资产本身价值稳定、存放可靠。首先，一个国家持有某种资产，必须先考虑这种资产的价值是否稳定。如果一种资产价值经常会受到汇率的冲击而贬值，那么就说明该资产缺乏安全性，应当减少储备。其次，一个国家在确定外汇资产存放的国家与银行时，必须考虑这个国家经济是否发达，银行资信是否卓著，如果是的话，则存放可靠，该储备资产安全性就大；反之，则不宜存放。

（二）国际储备管理的流动性原则

储备资产的流动性，即储备资产要容易变现，可以灵活调用和稳定地供给使用。不同形态的储备资产，具有不同的流动性。一般来说，活期存款、现钞、汇票等资产的流动性较强，金银、债券等资产的流动性较弱。一国在权衡得失时，一方面应保持较多的流动性强的储备资产，以利于日常的国际支付，另一方面应把流动性强弱不同的各种储备资产按时间作不同期限的投资，使各种资产的期限与对外支付的日期相衔接，保证资产的充分流动。

（三）国际储备管理的盈利性原则

储备资产的盈利性，即储备资产在保值的基础上有较高的收益。一国在营运安排储备资产时，一般应在安全性、流动性都得到充分保证的前提下，尽可能提高储备资产的盈利性，由此降低持有储备的机会成本。

六、国际储备的规模管理

适度的国际储备规模，是指一国政府为实现国内经济目标而持有的用于平衡国际收支和维持汇率稳定所必要的黄金和外汇的储备量。由于各国国际储备规模受国民经济的发展状况、外贸状况与经济开放度、外汇管理的严格程度、对外资信高低、经济政策的选择等因素的影响，各国难以形成一个统一的标准。

（一）确定适度的国际储备规模的意义

适度的国际储备规模，应当既能满足国家经济增长和对外支付的需要，又不会因储备过多而形成积压浪费。

确定适度国际储备量是对其进行规模管理的首要问题。一国持有的国际储备并非越多越好。一国持有的国际储备过多将导致储备资源的浪费，持有国际储备具有一定的机会成本，由此丧失了这些国际储备投资其他领域的投资收益率。而一国持有的国际储备过少也会使该国蒙受损失。一国持有的国际储备过少，会容易发生支付危机，不利于一国经济的稳定增长。

一国政府在国际储备总量管理中主要考虑两个问题：一是如何确定适度的国际储备；二是采取何种措施使国际储备达到适度水平。

（二）确定适度的国际储备规模的参照指标

为了研究适度的国际储备规模，各国学者和某些国际机构提出一系列指标，作为确定国际储备量是否适度的参考指标。

1.国际储备/进口

美国经济学家、耶鲁大学的罗伯特·特里芬教授（Robert Triffin）在1960年出版的《黄金和美元危机》一书中指出，一国的国际储备额与其贸易进口额之间存在着一定的比例关系，可以用储备与进口的比率来决定一国的储备需求水平。根据他的验证，他认为一国的国际储备与进口额的比例一般以40%为合理，低于30%就需要采取调节措施，20%为最低限度。一般认为，国际储备额应能满足3个月进口用汇需要，这已成为大多数国家确定储备适度量的重要参考指标。

2.国际储备/外债

一国国际储备占外债总额的比例是衡量一国资信和对外清偿力的重要指标，国际经济界认为，一般国际储备额占一国外债总额的50%为宜。

3.适度国际储备区间

通常将一国国际储备的适度规模控制在经常储备量和保险储备量之间。所谓经常储备量，是指保证一国正常经济增长所必需的进口不致因储备不足而受影响的储备量，它是一国国际储备的下限。所谓保险储备量，是指一国既能满足国际收支逆差的弥补，又能保证国内经济增长所需的实际资源投入的储备量，这是一国国际储备的上限。各国货币当局应根据本国的具体情况在这一区间内进行灵活管理，优化配置。

4.国际货币基金组织衡量国际储备充裕程度的参考因素

在评估各成员方国际储备充裕程度时，国际货币基金组织认为，一国实行下列举措就表示该国国际储备不足：一是国内利率较高，目的在于抑制资金外流，鼓励国外资金流入，来保证对储备的需要；二是加强对经常项下与资本项下支出的管制，目的是限制外汇资金的流出，减少国际收支逆差的增加；三是把加大储备的积累作为经济政策的主要目标；四是持续的对外汇率不稳定；五是新增的国际储备不是来源于经常项下收入与资本投资的增加，而是来自对外借款。同时，国际货币基金组织还采用历史分析法、利用实际储备增减趋势、特里芬的“国际储备/进口”比率和国际储备与国际收支总差额比率的增减趋势等指标加以综合测评，来衡量成员方的国际储备充裕程度。

由于适度的国际储备量的确定很复杂，至今还没有完全科学准确、适用于所有国家的统一指标。在实践中，各国一般参考上述主要指标和举措，结合本国的实际情况和不同时期的政策目标来确定本国适度的国际储备量。

（三）确定适度的国际储备规模应考虑的因素

1.影响国际储备需求的因素

（1）持有国际储备的成本。要考虑一国持有国际储备的机会成本，即如果货币当局不持有储备，就可以把这些储备资产用来进口商品和劳务，增加生产的实际资源，从而增加就业和国民收入，而持有储备则放弃了这种利益。一般会将机会成本与所得利息相比，若持有国际储备的投资收益率与储备资产的利息收益率差额大，则说明持有国际储备成本高；差额小，则说明持有储备的成本低。一国持有国际储备的成本越高，国际储备的需求量越少；反之，则国际储备的需求量越多。

（2）经济开放与对外贸易。经济开放与对外贸易主要包括一国的对外开放程度、进出口贸易在其国民经济中的地位与作用、贸易条件和出口商品在国际市场上的竞争力等。对外开放程度高、国民经济依赖程度高的国家需要保持较多的国际储备；反之，则需要较少的国际储备。一个在贸易条件上处于不利地位、其出口商品又缺乏竞争力的国家，需要较多的国际储备；反之，则需要较少的国际储备。

（3）对外资信与融资能力。如果一国政府在国际上有良好的对外信誉，对外借款的能力就会较强，能够比较容易地借入外汇资金以补充自有储备的不足，需要保持的国际储备就可以少一些；反之，则需要较多的国际储备。

（4）金融市场的发育程度。发达的金融市场能提供较多的诱导性储备，这些储备对利率和汇率等调节政策的反应比较灵敏。因此，如果一国金融市场越发达，政府保有的国际储备便可相应越少；反之，金融市场越落后，调节国际收支对政府自有储备的依赖就越大。

（5）外汇管制的宽严程度。如果一国政府对外汇管制严格，外汇的集中度较高，则不需要较多的国际储备；反之，外汇管制越松，所需的国际储备就越多。

（6）汇率制度与外汇政策的选择。如果一国实行固定汇率制度和采取稳定汇率的外汇政策，为干预外汇市场，维持汇率的稳定，就需要较多的国际储备；反之，则需要较少的国际储备。

（7）货币的国际地位。如果一国货币在国际货币体系中处于主要国际储备货币地位，则该国可以直接使用本国货币对外支付和清偿债务，因此，无须太多的国际储备；反之，则需要较多的国际储备。

（8）应付各种因素对国际收支冲击的需要。如果一国国际收支受到冲击的概率较大，程度较高，为保证国际收支的稳定，就需要较多的国际储备；反之，国际储备需求就可以少一些。

2.影响国际储备供给的因素

一国考虑其国际储备规模的时候，不仅要衡量国际储备的需要量，还要衡量国际储备的供给量。一国实现国际储备适度规模主要考虑其内部供给方面。

国际储备的内部供给主要有以下几种渠道：

（1）国际收支顺差。国际收支顺差包括国际收支中经常项目的顺差和国际收支中资本项目的顺差。如果一国的经常项目和资本项目为顺差，则必然导致该国国际储备增加；反之，当一国的经常项目和资本项目为逆差时，则必然使其国际储备减少。

（2）国家干预外汇市场时买进的外汇。当一国的货币汇率受供求的影响而有上升的趋势或已上升时，该国的货币当局往往就会在外汇市场上进行公开市场业务，抛售本币，购进外汇，从而增加国际储备。但需要说明的是，靠这种渠道增加储备的只是少数硬通货国家，大多数国家的货币经常处于币值下跌趋势，不大可能靠这种渠道增加储备。

（3）收购黄金。作为国际储备的黄金是货币黄金，其增加主要来自国内收购和在国际黄金市场的购买。从世界范围看，黄金产量有限且其需求又在逐步增加，因而利用黄金补充国际储备的余地不大。

（4）国际货币基金组织分配给成员方的特别提款权。国际货币基金组织分配给成员方的特别提款权是该国国际储备的一部分，相对而言，这个部分所占的比重较小而且稳定，因而很难通过这种渠道来改变国际储备的持有规模。

（5）储备资产管理增值。由于国际市场上外汇的汇率和黄金的价格处于不断变化的过程中，一国的储备资产价值也随之不断变动。通过对储备资产的科学管理，在保证储备资产的流动性和安全性的基础上，获得一定收益，也可以增加一国的国际储备。

（四）确定适度的国际储备规模的方法

1.定性分析法

定性分析法的基本思路是，国际储备的短缺或过剩会直接影响某些关键的经济变量和政策倾向，因此，考察这些经济变量和政策倾向的变动，就可以判断储备水平是否适度。

例如，表明一国国际储备不足的经济变量和政策倾向主要有下列指标：持续的高利率政策；外汇管制、外贸管制；紧缩性需求管理；持续的汇率不稳定；把增加储备作为首要的经济目标；新增储备主要来自信用安排等。这些客观指标产生的背景是，该国政府已经明确其适度储备量的水平，因而当其采取高利率政策或奖出限入政策来改善国际收支时，便意味着该国存在储备不足的问题。正是由于储备不足，该国政府缺乏干预外汇市场的能力，从而导致汇率不稳。于是，该国被迫通过国外借款来弥补国际储备缺口。

定性分析法不乏其合理性，但它只能粗略地反映储备的适度性，不能测算出一个准确的储备量，这是因为用来反映储备适度性的经济变量和政策措施的变化可能并非由储备过剩或不足所引起，而是由其他经济因素甚至政治因素所引起。这种方法的前提是假定储备水平是一个重要的政策目标，政府为达到预定的储备水平目标而调整内部和外部的政策，但有些时候政府的政策调整可能是为了其他更重要的政策目标。

2.定量分析法

定量分析法主要包括比例分析法、成本-收益分析法、区间分析法。

（1）比例分析法。比例分析法即采用国际储备量与某种经济活动变量之间的比例关系来测算储备需求的最适度水平。其中，美国耶鲁大学的经济学家罗伯特·特里芬教授在1960年提出的进口比例法是目前国际上普遍采用的一种简便易行的衡量方法。除此以外，比例分析法常用的比例指标还有储备对外债总额的比例、储备对国民生产总值的比例等。

比例分析法因简明易行而被许多国家所采用，国际货币基金组织也是这一方法的支持者。但是，比例分析法也有明显的缺点：首先，某一比例关系只能反映个别经济变量对储备需求的影响，而不能全面反映各种经济变量的影响。其次，对于进口比例法来说，一是理论上存在缺陷，即国际储备的作用并非只是支付进口；二是各国情况不同，如各国对持有国际储备的收益和付出的成本看法不同，各国在世界经济中所处的地位不同等。这些差异决定了各国储备政策的差异，因而各国对储备的需求量也就不同。所以，只用进口贸易这个单一指标作为决定各国国际储备需求量的依据略显不足。

（2）成本-收益分析法。成本-收益分析法是20世纪60年代以来，以海勒、阿加沃尔为首的经济学家，将微观经济学的厂商理论“边际成本等于边际收益”运用于外汇储备总量管理而得出的，即当持有储备的边际成本等于边际收益时，所持有的储备量是适度的。

一般情况下，国际储备的需求量与持有储备的机会成本成反比，与持有储备的边际收益成正比。持有储备的机会成本是运用外汇进口资源要素以促进国内经济增长的边际产出(可采用国内投资收益率来计算)。持有储备的边际收益则是运用储备弥补国际收支逆差，避免或推迟采用政策性调节措施，减少和缓解对经济造成不利影响，以及运用外汇购买国外有息资产的收益。只有当持有储备的边际收益等于持有储备的机会成本，从而带来社会福利最大化时，才是最适度的储备规模。

成本-收益分析法具有测算的准确性高于比例分析法的优点，这种方法采用多元回归和相关分析的技术建立储备需求函数，克服了比例分析法采取单一变量的片面性。但宏观经济中有些变量并不像微观经济变量一样有界限分明的成本和收益，只能测算综合成本和综合收益。这使成本收益法存在着不足之处：其计算方法比较复杂，涉及的经济变量较多，有的数据难以获得，只能凭经验主观选择或采用其他近似指标替代，影响了计算结果的准确性，因而很难在实际生活中采用。

（3）区间分析法

这是引入临界点的计算方法。通常将一国国际储备的适度规模介于经常储备量和保险储备量之间。

所谓经常储备量，是指经济发展缓慢、进口量锐减的年份所需要的最低储备量，这是下限的临界点。

所谓保险储备量，是指经济高速增长、进口量急剧增大的年份所需要的最高储备量，这是上限临界点。

而在上限和下限之间便是适度储备区，中间的某一动点便是最适度储备量。各国货币当局应根据本国的具体情况在这一区间内进行灵活管理，优化配置。

七、国际储备的结构管理

国际储备结构管理是指各国货币当局对储备资产所进行的最佳配置，即使黄金储备、外汇储备、普通提款权和特别提款权四种形式的国际储备资产的持有量及其构成要素之间保持合理比例，以便分散风险、获取收益，充分发挥国际储备资产应有的作用。

国际储备资产的结构管理，主要包括两方面内容：一是四种储备资产之间的数量构成比例管理；二是各类型国际储备资产内部的比例管理。由于各国持有的普通提款权和特别提款权数量取决于所缴纳的份额的多少，不能随便改变，其内在构成也相对简单，黄金储备在国际储备资产中的作用也日渐削弱，因此，国际储备结构管理的重点是外汇储备结构管理。

（一）黄金储备、外汇储备、普通提款权和特别提款权的结构管理

各项储备资产结构管理的目标，是确保流动性和收益性的恰当结合，然而在实际的经济生活中，流动性和收益性互相排斥，这就需要在流动性与收益性之间进行权衡，兼

顾二者。由于国际储备的主要作用是弥补国际收支逆差，因而各国货币当局更重视流动性。按照流动性的高低，西方经济学家和货币当局把储备资产划分为三级：一级储备资产，富于流动性，但收益性较低，它包括活期存款、短期存款和短期政府债券。二级储备资产，收益性高于一级储备资产，但流动性低于一级储备资产，如2~5年期的中期政府债券。三级储备资产，收益性高于二级储备资产，但流动性低于二级储备资产，如长期公债券。

普通提款权，由于成员方能随时从国际货币基金组织提取和使用，所以类似一级储备资产。特别提款权，由于它只能用于其他方面的支付，因此必须向国际货币基金组织提出申请，并由国际货币基金组织指定参与特别提款权账户的国家提供申请国所需货币。显然，这个过程需要一定时日才能完成。因此，特别提款权可视为二级储备资产。而黄金储备，由于各国货币当局一般只在黄金市价对其有利时，才会转为储备货币，故可视为三级储备资产。

一级储备资产用作货币当局随时、直接用于弥补国际收支逆差和干预外汇市场的储备资产，即作为交易性储备资产。二级储备资产用作补充性的流动资产。三级储备资产主要用于扩大储备资产的收益性。一国应当合理安排这三级储备资产的结构，以做到在保持一定流动性的前提下，获取尽可能多的收益。

（二）外汇储备的币种结构管理

对外汇储备的结构管理主要是储备货币的币种选择，即合理地确定各种储备货币在一国外汇储备中所占的比重。确定外汇储备币种结构的基本原则是：

1.储备货币的币种和数量要与对外支付的币种和数量保持大体一致

外汇储备币种结构应当与该国对外汇的需求结构保持一致，或者说取决于该国对外贸易支付所使用的货币、当前还本付息总额的币种结构和干预外汇市场所需要的外汇，这样可以降低外汇风险。

2.排除单一货币结构，实行以坚挺的货币为主的多元化货币结构

外汇储备中多元化货币结构，可以保证外汇储备购买力相对稳定，能够在这些货币汇率有升有跌的情况下，大体保持平衡，做到在一些货币贬值时遭受的损失能从另一些货币升值带来的好处中得到补偿，提高外汇资产的保值和增值能力。在外汇头寸上应尽可能多地持有汇价坚挺的硬货币储备，而尽可能少地持有汇价疲软的软货币储备，并要根据软硬货币的走势，及时调整和重新安排币种结构。

3.采取积极的外汇风险管理策略，安排预防性储备货币

如果一国货币当局有很强的汇率预测能力，那么它可以根据无抛补利率平价（预期汇率变动率等于两国利率差）来安排预防性储备的币种结构。例如，若利率差大于高利率货币的预期贬值率，则持有高利率货币可增强储备资产的盈利性；若利率差小于高利率货币的预期贬值率，则持有低利率货币有利于增强储备资产的盈利性。

第四节　我国的国际储备

一、我国国际储备的构成与特点

表4-1是我国官方储备资产统计数据。

表4-1　　官方储备资产（official reserve assets）

项目（item）	2020年12月		2021年3月	
	亿美元（100 million USD）	亿SDR（100 million SDR）	亿美元（100 million USD）	亿SDR（100 million SDR）
1. 外汇储备（foreign currency reserves）	32 165.22	22 332.79	31 700.29	22 368.14
2. 国际货币基金组织储备头寸（IMF reserve position）	107.65	74.74	102.73	72.49
3. 特别提款权（SDR）	114.95	79.81	113.33	79.97
4. 黄金（gold）	1 182.46	821.00	1 059.33	747.48
	6 264万盎司	6 264万盎司	6 264万盎司	6 264万盎司
5. 其他储备资产（other reserve assets）	-4.99	-3.46	-4.73	-3.34
合计（Total）	33 565.29	23 304.88	32 970.95	23 264.73

注：自2016年4月1日起，除按美元公布官方储备资产外，增加以国际货币基金组织特别提款权（SDR）公布相关数据，折算汇率来源于国际货币基金组织网站，其中2020年12月USD/SDR=0.694315，2021年3月USD/SDR=0.705613。

焦点关注：我国官方储备资产统计数据更新

（一）黄金储备数量保持稳中有升

从我国目前黄金储备的实际情况来看，无论是黄金储备绝对量还是其占国家官方储备的比例都很低。2021年3月末，我国黄金储备为6 264万盎司（约为1 948.3吨），排在全球第六位。前五位分别是：美国8 133.5吨、德国3 375.6吨、国际货币基金组织（IMF）2 814吨、意大利2 451.8吨、法国2 435.9吨。图4-1为我国2000—2020年黄金储备变化情况。

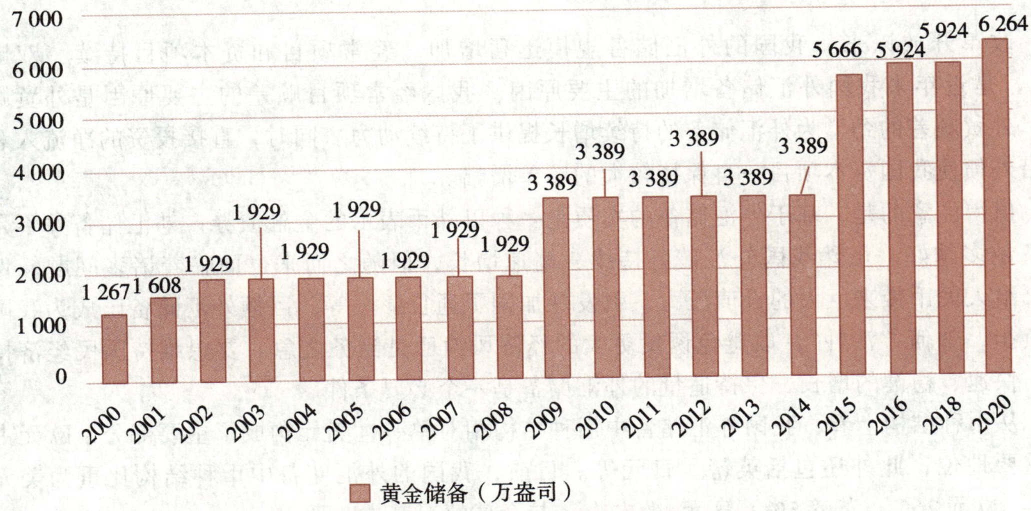

图4-1　2000—2020年中国黄金储备量走势图

（二）外汇储备是我国储备资产的主体

在中华人民共和国成立后近30年的时间里，我国外汇储备极其有限。随着改革开放步伐的加快，我国积极发展对外经济，参与经济全球化的合作与分工，外汇储备量逐年增长。特别是1994年外汇体制改革以来，国际收支连年出现双顺差，我国的外汇储备快速增长。我国2000年以来外汇储备规模情况见图4-2及表4-2。

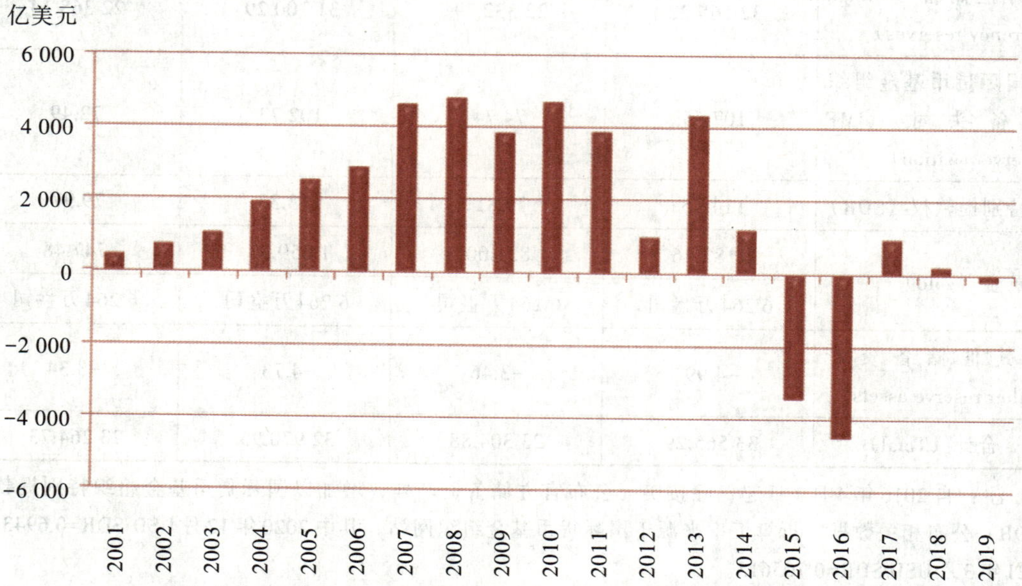

图4-2　交易形成的我国外汇储备资产变动额

数据来源：国家外汇管理局。

（三）在国际货币基金组织的储备头寸和特别提款权数额有限

相对于其他储备资产，目前我国持有的在国际货币基金组织中的储备头寸与分配到我国的特别提款权的数量有限，占比很小。

二、我国国际储备现状分析

改革开放以来，我国的外汇储备规模迅猛增加。经常项目和资本项目持续“双顺差”，是近年来我国外汇储备增加的主要原因。我国经常项目顺差的主要原因是外贸顺差，外贸顺差的劲增为外汇储备的持续增长提供了持续动力。同时，直接投资的净流入和举借外债使我国资本项目一直保持较大的顺差增幅。

值得注意的是，基于外汇储备的实质是一种以外币表示的金融债券，外汇储备并不是储备越多越好。虽然我国外汇储备持续、高速增长，但随之而来也面临着诸多问题，例如，给人民币带来巨大的升值压力，引发并加剧了通货膨胀等。巨额外汇储备已成为我国的负担，如何“消肿”，以避免诱发更大的经济风险已是当务之急。要想维持国民经济持续、快速、稳健的增长，保持适量的外汇储备是一个必要条件。

从币种结构上看，我国外汇储备中币种结构相对单一，美元构成了主要部分，欧元占有重要地位，此外还包括英镑、日元等。目前，我国的外汇储备中币种结构比重为美元65%、欧元26%、英镑5%、日元3%左右，与全球情况基本一致。

表 4-2　　我国外汇储备规模（2000—2020 年）　　单位：亿美元

年份	金额
2000	1 655.74
2001	2 121.65
2002	2 864.07
2003	4 032.51
2004	6 099.32
2005	8 188.72
2006	10 663.44
2007	15 282.49
2008	19 460.30
2009	23 991.52
2010	28 473.38
2011	31 811.48
2012	33 115.89
2013	38 213.15
2014	38 430.18
2015	33 303.62
2016	30 105.17
2017	31 399.49
2018	30 727.12
2019	31 079.24
2020	32 165.22

资料来源：根据国家外汇管理局公布的数据整理所得。

从外汇资产的形式上看，我国外汇储备主要投资于海外高信用等级的美国政府债券、国际金融组织债券、政府机构债券和公司债券等金融资产。在外汇储备构成中，美元资产占比大，美国国债是重要的投资对象，因此，美元贬值会造成我国外汇储备资产缩水。我国需要加强外汇储备的经营管理，拓宽外汇储备的使用与投放路径，以获得合理的增值。

三、我国国际储备的管理

（一）我国国际储备管理的指导原则

1.国际收支保持适当顺差

从动态角度来看，即在一个连续时期（如五年计划期间），我国的国际收支应保持适当顺差。贸易收支逆差应由非贸易收支顺差抵补，使经常项目达到基本平衡。

2.外汇储备水平保持适度或适当高些

可根据我国一定时期进口支付水平、外债余额状况、市场干预需求等因素，确定一个有上下变化区间的适度储备量。

3.外汇储备的货币构成保持分散化

为使外汇储备的价值保持稳定，世界各国持有的外汇储备，其货币构成一般不集中在单一的储备货币上，而是分散采用多种储备货币。

4.黄金储备可根据国际金融形势适当调整

黄金储备可根据国际金融形势，尤其是黄金市场的变化及我国的实际需求做出适当的调整。

（二）我国国际储备的日常管理策略

1.确定我国适度国际储备量

由于我国的国际储备主要是外汇储备，因此，适度国际储备量的确定主要是指适度外汇储备量的确定。

2.加强我国国际储备结构管理

（1）坚持储备货币分散化策略。我国国际储备主要由外汇储备构成，外汇储备必然面临外汇汇率变动带来的风险。同时，当今国际金融市场经常动荡不安，各种投资工具的利率水平受西方国家货币政策的影响也变化不定，从而使我国持有的国际储备资产的预期收益发生增减。因此，我国应坚持储备货币分散化策略，通过各种货币升值与贬值的相互抵消，保持储备资产价值的稳定。

本章专栏

国际储备体系的演变

（2）恰当地确定同一货币储备的资产结构。如何确定同一货币储备的资产结构，是国际储备日常管理的重要内容。由于我国持有储备的最主要目的是及时平衡国际收支、稳定汇率，因此，一级储备资产虽然收益率较低，但仍必须足够地持有。

此外，为了应付一些难以预测的突发性事件，如自然灾害等，还必须持有一定量的易于上市、变现性较强的二级储备资产。在一级、二级储备资产确定后，再规划三级储备资产，以获得长期投资收益。

（3）利用好国际金融机构的信贷额度。我国在国际货币基金组织中的储备头寸，也是我国国际储备的一部分。在国际储备管理中，有时由于政局的突变、农作物的严重歉收以及自然灾害等，会在一夜之间改变一国储备货币的流动性地位，因此，中央银行应该预先筹划，争取获得国际金融机构的信贷额度。

关键术语

外汇管制　国际储备　国际清偿力　黄金储备　外汇储备　特别提款权　国际储备多

元化　适度国际储备规模

问答和思考题

1.为什么要实行外汇管制？外汇管制有何利弊？
2.如何理解国际储备的概念及特点？
3.国际储备的作用有哪些？
4.国际储备多元化对世界经济会造成怎样的影响？
5.什么是国际储备管理？国际储备管理包括哪些方面？
6.如何确定一国国际储备规模是否适度？可参照哪些指标？
7.国际储备结构管理包括哪些内容？
8.请谈谈对我国国际储备日常管理的认识。
9.试对本章主要内容进行总结。

实务操作题

一、案例题

1.某国某年度外汇储备金额为6 054亿美元，国际贸易进口额为24 280亿美元，请分析判断该国外汇储备金额是否适度。

2.某国年度外汇储备金额为1 256亿美元，外债总额为5 428亿美元，请分析判断该国当年外汇储备金额是否适度。

3.了解我国目前外汇储备的规模和结构，请分析我国目前外汇储备的规模是否适度。

二、实训题

网络实训

登录国家外汇管理局网站（http：//www.safe.gov.cn/），点击查询我国外汇储备资讯，了解我国外汇管理情况。

第五章

外汇交易实务

【学习目标】

通过本章学习，应该达到以下学习目标：

知识目标：掌握外汇市场的构成要素和运作模式；掌握即期外汇交易、远期外汇交易、择期交易、套汇交易、掉期交易、套利交易、外汇期货交易、外汇期权交易和货币互换交易的概念、特点和主要功能，以及各种外汇交易方式的操作原理和交易规则；掌握套算汇率的计算方法和进出口报价的基本方法。

技能目标：能够灵活运用国际外汇市场上常见的外汇交易方式；熟悉我国外汇市场运作及外汇交易情况。

对外收付和结算需要用到外汇，外汇从哪里来？外汇市场提供了货币兑换和外汇买卖的场所。在外汇市场，人们可以运用多种外汇交易方式来满足商品和服务贸易、国际借贷和投资、黄金买卖等多方面的外汇需求。不仅如此，人们还可以利用外汇交易来规避汇率风险和进行外汇投机。本章将帮助大家了解外汇市场及其构成要素，介绍常见的外汇交易方式，包括即期外汇交易和远期外汇交易、套汇交易、掉期交易和套利交易、外汇期货交易、外汇期权交易及货币互换。

第一节　外汇市场概述

知识链接 5-1

外汇交易主要通过场外交易进行，按照参与交易的金融机构所在地和交易时间，外汇交易大致可分为3个市场，即亚洲时段市场、欧洲时段市场和北美洲时段市场。在3个市场中，交易最为活跃的是欧洲时段市场，其中伦敦是最大的交易市场，交易量约占全球交易量的30%。纽约是仅次于伦敦的第二大交易市场，交易量约占全球交易量的19%。亚洲时段市场中东京市场的交易量相对较大，中国香港、新加坡市场的交易量略小。从市场波动来看，亚洲时段市场一般较为平静。由于伦敦市场的参与者最多、经济数据公布最集中，伦敦市场午盘与纽约市场早盘又有重叠，从而导致这一时段市场波动最为剧烈。至纽约市场午盘，市场波动性又有所降低。在国际外汇市场交易的主要是发达经济体可自由兑换货币，其中交易量最大的为USD、EUR、GBP、CAD、JPY、AUD、CHF 7种货币。各种货币对的大致交易量见表5-1。

表5-1　各种货币对的大致交易量

货币对	市场份额	货币对	市场份额
EUR/USD	28%	USD/CHF	4%
USD/JPY	17%	EUR/JPY	3%
GBP/USD	14%	GBP/EUR	2%
USD/OTHERS	17%	EUR/CHF	1%
AUD/USD	5%	EUR/OTHERS	2%
USD/CAD	4%	OTHERS/OTHERS	2%

一、外汇市场的概念

外汇市场是外币供求双方相互买卖不同货币的交易场所、交易组织系统和交易网络系统，是外汇供求关系的总和。外汇市场是国际金融市场的核心组成部分，国际贸易、国际融资以及其他国际经济活动都涉及不同货币之间的兑换，因而都离不开外汇市场。外汇市场也是金融创新的重要场所，许多金融衍生产品的交易都发生在外汇市场，不仅为套期保值者提供了避险工具，也为投机者提供了投机的舞台。毫无疑问，外汇市场是国际金融体系中极为重要的一环，其发达程度也是衡量一个国家金融体系成熟与否的主要标志之一。

二、外汇市场的类型

根据不同的标准来划分，外汇市场可分为不同的类型。

（一）按组织形态划分，有无形外汇市场和有形外汇市场

无形外汇市场，又称非正式的外汇市场，是指参与者利用电话、电传或计算机网络等通信工具进行外汇交易，而没有固定的交易地点和开盘、收盘时间。英国、美国、加拿大、瑞士等国家均采用此种方式，因此这种外汇市场也被称为“英美式外汇市场”。无形外汇市场以伦敦、纽约、东京、苏黎世、中国香港、新加坡和悉尼等最为活跃。

有形外汇市场，又称正式的外汇市场，是指有具体的外汇交易场所和设施，如一般商品交易一样，参与者在规定的营业时间里集合于某一地点买卖外汇。这种方式主要存在于欧洲大陆的德国、法国、荷兰、意大利等国家，以法兰克福、巴黎、阿姆斯特丹、米兰等最为著名，因此这种外汇市场也被称为“大陆式外汇市场”。

无形外汇市场是当今外汇市场的主导形式。由于外汇交易更加便利，效率更高，因此无形外汇市场得以迅速发展。无形外汇市场使得各国的局部市场发展成全球性的、统一的大市场，使有固定交易时间的市场成为一个可以24小时不间断进行外汇交易的市场。因此，外汇市场更多的时候表现为一个无形的市场，即便是欧洲大陆国家，大部分外汇交易也是以电信方式办理的，而正式的外汇市场却因功能有限，只能做一部分的当地现货交易。

（二）按外汇交易主体划分，有外汇零售市场和外汇批发市场

外汇零售市场是指由外汇银行与客户（即公司或个人）之间进行外汇交易的市场。公司和个人出于多种目的和需要，向银行买卖外汇。非投机性外汇买卖往往是与国际结算联系在一起的，主要是本币与外币之间的相互兑换，包括因商品进出口结算而引起的外汇供求和因非贸易收支而对外汇发生的供求，如偿付外债利息、国际旅游、留学、国际保险或运输费等。在这个市场上，外汇银行是最终外汇需求者和外汇供给者的中介，即一方面从客户手中买入外汇，另一方面又把外汇卖给需要的客户，从中赚取外汇买卖的差价。因为这一层次的外汇市场每笔交易的金额相对较小，所以称其为外汇零售市场。

外汇批发市场是指银行同业之间进行外汇交易的市场。银行同业交易占外汇交易总额的90%以上，而这一市场外汇交易的金额大、起点高，所以称其为外汇批发市场。外汇批发市场和外汇零售市场构成了广义的外汇市场，而外汇批发市场是狭义的外汇市场。外汇批发市场汇集了巨额的外汇供求流量，决定着外汇市场的即时汇率，其外汇买卖的价差一般小于零售市场的价差，零售市场的汇率就是在批发市场汇率的基础上加减一定点数形成的。

外汇批发市场中主要有三个层次的外汇交易：各商业银行之间进行的交易；中央银行与商业银行之间的交易；各国中央银行之间的交易。

银行在经营外汇业务时难免会出现买进和卖出不平衡的情况，出现各种外汇的“敞口头寸”：一种是长头寸，也称多头头寸或超买（某种外汇的购入额多于卖出额），会导致银行的外汇库存过多；另一种是短头寸，也称空头头寸或超卖（某种外汇的卖出额多于买入额），会导致银行的外汇库存过少。银行为了消除汇率变动风险，必须轧平头寸，即所谓

的抛长补短，抛出多头头寸外汇，补进空头头寸外汇，保持外汇买卖数额达到大致平衡。此外，银行还出于投机、套利、套汇等目的主动创造头寸地位，进行同业间更大规模的外汇交易。

中央银行在外汇市场上起着双重作用：监管外汇市场的运行；为影响汇率走势而干预外汇市场。中央银行为干预外汇市场所进行的交易是在它与外汇银行之间进行的。如果某种外汇相对本币汇率偏高，中央银行就会向银行出售该外汇储备，使其汇率下降；反之，如果中央银行认为该外币汇率太低，就会购入这种货币，使其汇率上升。因此，中央银行通过外汇市场的交易可以把汇率稳定在某一期望的水平上。

（三）按交割时间划分，有即期外汇市场和远期外汇市场

即期外汇市场是从事现汇买卖活动的市场，即在成交后两个营业日内进行交割的外汇交易市场。远期外汇市场是从事期汇买卖活动的市场，即买卖双方成交后约定在将来某一时间按合同规定的汇率和数量进行交割的市场。远期外汇交易主要是通过经纪人居间办理接洽，其交易的参与者主要是在国际贸易和国际资本流动过程中的进出口商和投资者，其交易目的主要是避免汇率风险而进行外汇保值。

（四）按管制的程度划分，有自由外汇市场、官方外汇市场和外汇黑市

自由外汇市场是指市场参与者可以按照市场汇率买卖任何数量的自由兑换货币的市场。官方外汇市场是按照所在国政府指定的外汇管理机构规定的官方汇率进行外汇买卖的市场。外汇黑市是在外汇管制较严的国家非法存在的外汇交易市场。后两者都是政府对外汇市场予以管制的产物。

三、外汇市场的参与者

（一）外汇银行

外汇银行是指由各国中央银行指定或授权经营外汇业务的商业银行，又称外汇指定银行或授权银行。外汇银行是外汇市场上最重要的参与者，其外汇交易构成外汇市场活动的主要部分。商业银行一般在批发和零售两个层次的外汇市场经营外汇买卖业务。如前所述，在外汇零售市场通过与客户的交易赚取买卖差价；在外汇批发市场通过与其他银行的交易来轧平在零售市场上交易带来的外汇头寸。银行有时候也在外汇市场上做投机交易，如当其预测某种货币将升值，就买入这一货币，即持有该货币的多头头寸。大中型商业银行也在衍生外汇市场参与外汇交易，而且很多外汇衍生产品都是由其设计和提供的。

一些大型的跨国银行还在外汇市场上扮演“做市商”的角色，即独立给出外汇的买卖报价，随时应客户要求按其所确定的报价买卖外汇。同时，这些银行的外汇交易员还在各个外汇市场与其他银行的交易员进行交易，以此来平衡外汇头寸。成为做市商需要一定的条件，如需要雄厚的资本和实力，对汇率的未来走势有较好的把握能力，在各大外汇市场都有结算账户，并有足够的能力来清算大笔外汇交易。尽管中小银行也参与外汇批发市场交易，但一般不会成为做市商，他们通常在外币库存增加时直接调低报价，而在库存不足时调高报价，由此鼓励客户买进或卖出外汇，进而实现自身头寸的平衡。

（二）外汇经纪商

外汇经纪商（或经纪人）是指协助外汇买卖双方进行交易以获取佣金的中介机构。外汇经纪人本身并不是交易主体，不持有外汇，也不需要外汇，只是向客户提供中介服务并

向其收取佣金。虽然外汇银行拥有从事国际金融业务的丰富经验和专业人才，但是外汇市场信息量大且瞬息万变，因此要随时掌握最新信息，迅速达成交易，对业务广泛的商业银行来说难度很大。而外汇经纪人专门从事外汇交易，且拥有庞大的信息网络，可以针对外汇行情以有利的汇率帮助客户迅速成交，节约了客户收集信息的成本，提高了外汇市场的效率。外汇经纪人一般必须经过所在国的中央银行批准才能取得营业资格。

外汇的最终需求者、外汇银行与外汇经纪商的关系如图5-1所示。假设客户A由于业务关系，需要从位于纽约的波士顿银行买入500万英镑外汇，即波士顿银行向客户出售500万英镑外汇。为了轧平这一交易产生的英镑头寸，波士顿银行可以直接与当地的花旗银行或美国银行进行交易，或者与位于伦敦的渣打银行或汇丰银行进行交易。但是，在最短的时间内直接寻找卖出同样数量英镑的交易对象比较麻烦，需要付出较高的搜寻成本和交易成本，而且汇率不一定是最优的。所以，波士顿银行可以向纽约或者伦敦的外汇经纪商咨询报价并下订单，外汇经纪商通过自己庞大的交易网络，为其寻找最优的交易对手。外汇经纪商可以联系纽约的花旗银行、美国银行，或者伦敦的汇丰银行、渣打银行，直到撮合完成交易，这样就大大提高了交易效率。

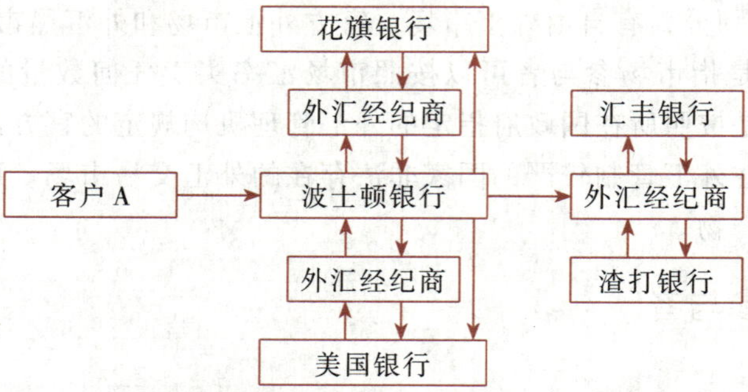

图5-1 外汇的最终需求者、外汇银行与外汇经纪商的关系

可见，外汇银行通过外汇经纪商进行交易主要是为了缩短交易时间（给外汇经纪商打1个电话可能省去给可能的交易对手打10个电话），同时可以保持匿名身份，因为在交易双方确认货币的兑换汇率之前，参与者身份的泄露在很大程度上会影响其交易的报价。

不通过外汇经纪商进行的外汇交易，称之为直接交易；反之，通过外汇经纪商进行的外汇交易，则称之为间接交易。

（三）进出口商和其他外汇供求者

进出口商和其他外汇供求者是指利用外汇市场完成国际贸易结算、国际投融资收支或其他国际交往活动的公司或个人以及外汇投机者。出口商出口收汇兑换本币与进口商进口付汇兑换外币，都要在外汇市场交易外汇。运输、保险、旅游、留学、单方面汇兑、国际有价证券买卖、外债本息收付、跨国投资等非贸易国际交往活动也会产生外汇交易，这些外汇供求者还利用外汇市场来管理和规避汇率风险。例如，跨国公司一般会利用外汇远期合约的安排进行套期保值，以保证以外币表示的资产和负债在合约期内的本币价值不变。此外，还有外汇交易商等各类外汇投机者也会参与外汇交易。外汇交易商是指买卖外国汇票的公司或个人，他们利用自己的资金买卖外汇票据，从中取得买卖价差。外汇投机者参与外汇市场，其利润来自汇率变动的差价。他们都是为自身的利益进行交易，不需要服务于客户，仅仅是为了从市场本身的交易中获取收益。上述这些参与者都是外汇的实际供应者和需求者，都是外汇银行的顾客，他们在外汇市场上的作用和地位仅次于外汇银行，他们与外汇银行的交易属于外汇市场的零售业务。实际上，国际银行由其外汇交易员代表银行进行套汇等投机活动，同时扮演外汇交易与投机套汇者的角色。

（四）中央银行

中央银行也是外汇市场的主要参与者，但它一般不直接参与外汇市场活动，而是通过外汇经纪商进行外汇交易，以免暴露自己的身份。中央银行参加外汇市场的动机主要是为了实现汇率目标。当外汇市场出现抛售本币造成本币贬值压力时，中央银行可在外汇市场上卖出外汇资产，买入本币，以支撑本币汇率；反之，则买入外汇，增加外汇储备，卖出本币，以缓解本币汇率升值的压力。中央银行通过参与外汇市场买卖，调整外汇市场资金的供求关系，使汇率保持在一定水平上或限制在一定水平上，以维持本币汇率稳定和合理调节国际储备量。所以，尽管有时也是为了达到外汇储备的保值和增值，但是在很多时候，中央银行出于宏观管理的需要而宁愿承担外汇交易的风险，这是它与其他外汇市场参与者最为显著的区别。

四、外汇市场的交易模式

外汇市场主要有两种外汇交易模式，即竞价驱动模式和报价驱动模式。

（一）竞价驱动模式

竞价驱动，又称指令驱动，是指买卖双方将各种货币对的买卖价格匿名报入外汇交易所的竞价撮合系统，提交买入指令或卖出指令，交易系统按照“价格优先、时间优先”的原则进行匹配，自动选择最优的买卖报价并匿名发布，为买卖双方进行撮合成交，因而竞价交易也称匿名交易。例如，如果A银行提交EUR1=USD1.1354买入1 000万美元的指令，同时B银行提交EUR1=USD1.1352卖出1 000万美元的指令，则外汇交易所不能为其撮合成交；如果C银行提交EUR1=USD1.1354卖出1 000万美元的指令，则其就可以与A银行成交。采用这种交易模式时，交易的清算是通过交易所集中完成的，即集中清算。竞价驱动交易模式在国际外汇市场上并不多见。

（二）报价驱动模式

做市商报价驱动模式是当今外汇市场的主导交易模式，做市商不断向客户报出买卖双向价格，并按其主动报出的价格接受客户的买卖请求，以其自有资金和外汇与客户进行交易，市场价格主要由做市商决定。因此，做市商的基本作用是持续双向报价，为市场提供流动性，使大额交易迅速成交，提高市场效率。另外，做市商的报价一般比较稳定，也起到了减缓市场波动的作用。采用这种交易模式时，交易的清算是在做市商和客户之间直接进行的，即双边清算。

五、外汇市场的主要特征

外汇市场作为国际金融市场的重要组成部分，与国际货币市场、国际资本市场、黄金市场等其他国际金融市场关系密切，国际货币市场的借贷业务、国际资本市场的投资活动以及黄金市场的黄金交易都离不开外汇买卖。由于外汇交易本身的独特性，因此外汇市场也有其独具的特征。

（一）外汇市场以无形市场为主

国际外汇市场的交易主要是借助于电子通信网络完成的，外汇交易所的交易量比较小，无形交易市场的交易量比较大。特别是20世纪70年代以来，现代化通信设备和电子计算机大量应用于银行业，全球性的外汇市场发展迅速，各国外汇市场之间已形成一个迅捷发达的通信网络，任何地方的外汇交易都可以通过电话、电报、电传、计算机终端、通信线路等硬件设施所形成的全球联通的网络来进行，操作者发出交易指令，指定交割方式，完成资金的划拨和转移。

（二）外汇市场全球一体化运作，全天候交易

分布于世界各地的外汇市场根据当地的时间营业，由于时差原因，外汇交易可以在全球的任何一个有通信网络覆盖的地方全天（24小时）不间断地进行。

全球外汇市场最佳交易的时间在两个最大的外汇市场交易重叠时段，即伦敦外汇市场和纽约外汇市场交易重叠时段。也就是说，在北京时间每日的21：00至次日1：00，是各国银行外汇交易的密集区，是全球外汇市场交易最频繁、市场波动最大，大宗交易最多的时段，是外汇交易的黄金时段，也是美国发布很多经济指标的时段。全球部分外汇市场交易时间见表5-2。

表5-2　**全球部分外汇市场交易时间**

外汇市场	当地时间	北京时间
新西兰惠灵顿	09：00—17：00	04：00—12：00
澳大利亚悉尼	09：00—17：00	06：00—14：00
日本东京	09：00—17：00	08：00—16：00
中国香港	09：00—16：00	09：00—16：00
新加坡	09：30—16：30	09：30—16：30
德国法兰克福	09：00—16：00	15：00—22：00
英国伦敦	08：00—16：00	17：00—01：00
美国纽约	09：00—16：00	21：00—04：00

（三）汇率波动频繁，不同市场间的汇差日益缩小

自20世纪70年代各国实行浮动汇率制度以来，国际资本流动规模越来越大，金融自由化程度越来越高，使得汇率波动日益频繁。但是，由于国际外汇市场是高度一体化的市场，在外汇市场上交易的标的物是货币，具有同质性，而且各国的外汇市场已经形成了一个统一的全球大市场，借助于发达通信网络，各地的行情变化可以迅速传播，人们可以随时获得汇率变动的信息，非常方便地进行货币买卖，各市场间的汇率差距能够迅速调整，使外汇供给和需求以及货币汇率在全球范围内趋向一致。当不同外汇市场相同货币的汇率有差异时，迅速而规模巨大的套汇行为就会产生。套汇活动使汇率较低市场的需求激增，汇率较高市场的需求骤降。需求增加的货币，其汇率会迅速上升，而需求减少的货币，其汇率会迅速下降，因此各外汇市场的货币汇率差异会在非常短的时间内得以消除。

（四）各国政府对外汇市场干预频繁

各国政府对经济的管理往往是通过对市场的干预实现的，与对其他市场的干预相比，政府对外汇市场的干预无论在规模上，还是在频率上都大得多。从理论上来看，实行浮动汇率制度后，各国中央银行不再负有维持汇率波动界限的义务，货币汇率应由市场供求关系来决定，但各国从自身经济利益出发，从未停止对外汇市场的干预。这种干预有时是一国的货币当局介入，有时甚至是几国的中央银行联合进行。

六、外汇市场上的外汇交易

（一）外汇交易的定义及种类

外汇交易（foreign exchange transaction/FX transaction），也称外汇买卖或货币兑换，是指在外汇市场上以外汇银行为中心，交易双方按约定的价格和金额买入一种货币并且卖出另一种货币的交易，或者用给定货币去兑换另一种货币的活动。

外汇交易产生于国际贸易结算，但已成为国际经济与金融活动的基本过程和重要工具。在外汇市场上，每天都要发生数额巨大的外汇交易。这些外汇交易发生的原因是多方面的，如贸易和投资、对冲保值、投机等，其中最根本的是政府、工商企业、金融机构以及个人对非本国货币的需求和供应。由于有形商品的进出口、劳务的输出和输入、金融资产的投资和流转、不动产的投资等引发了对外汇的需求与供应，这些需求与供应具体体现在国际结算、国际投资、外汇融资和外汇保值等业务中。当然，外汇交易的目的不止于此。事实上，每日交易周转的5%是企业和政府部门在国外买入或销售它们的产品和服务，或者将其在国外赚取的利润转换成本国货币，而剩余的95%则是为了赚取盈利或者投机。

外汇交易的类型有许多种。通常将国际外汇市场上的外汇交易产品分为两类：传统的外汇交易和外汇衍生品交易。传统的外汇交易包括即期外汇交易、远期外汇交易、掉期交易等。外汇衍生品交易是在20世纪70年代之后迅速发展起来的，主要包括货币期货交易、货币期权交易、货币互换交易等。各种外汇交易都有其不同的特点，市场参与者根据自己的需要，选择不同的交易方式。

（二）货币对及其交易金额和交易方向

外汇交易的特点是买入一对货币组合中的一种货币的同时卖出另一种货币，因而外汇是以货币对的形式进行交易，如欧元对美元（EUR/USD）、美元对日元（USD/JPY）。在我国，外汇交易包括人民币外汇交易和外币对交易，人民币外汇交易（RMB-FX transaction）是指买入人民币并卖出外汇，或买入外汇并卖出人民币的交易。外币对交易（foreign currency transaction），也称外币买卖、外汇买卖，是指不涉及人民币的外汇对外汇的交易。美元对人民币（USD/CNY）为人民币外汇交易；欧元对美元（EUR/USD）为外币对交易。

在第二章中谈到汇率标价方法时，我们已经认识了基础货币和标价货币的概念。在这里，从外汇交易的角度来看，外汇交易中两种货币成对交易，称为一个货币对。根据计价标的的不同，分为基准货币和非基准货币；根据交易标的的不同，分为交易货币和对应货币。基准货币是指一个货币对中作为被计价标的的货币。非基准货币是指一个货币对中用于计量1个货币单位基准货币价格的货币。通常，基准货币在前，非基准货币在后，中间以“/”或“.”分隔。交易货币是指在外汇交易中作为交易标的的货币。交易货币可以是基准货币，也可以是非基准货币。对应货币是指一个货币对中与交易货币相对应的货币。例如，在美元对人民币（USD/CNY）的货币对中，假设美元对人民币的汇率为6.1576，即1美元=6.1576元人民币，美元是基准货币，人民币是非基准货币；在欧元对美元（EUR/USD）的货币对中，假设欧元对美元的汇率为1.3833，即1欧元=1.3833美元，欧元是基准货币，美元是非基准货币。又如，机构A与机构B达成一笔外汇交易，买入USD/CNY 1 000万美元，则美元是交易货币，人民币是对应货币；若买入USD/CNY 1 000万元人民币，则人民币是交易货币，美元是对应货币。

外汇交易中的金额分为基准货币金额、非基准货币金额、成交货币金额、对应货币金额、折美元金额。除非交易双方另有约定，交易金额是指基准货币金额。外汇交易发起方发出交易请求时一般需要指明交易货币及交易货币金额。折美元金额是指外汇交易按成交当日的美元市场汇率折算成的美元金额，通常用作交易量统计的基准。含美元货币对的折美元金额，是指该货币对中的美元金额；非美元货币对的折美元金额，是指以交易货币对美元的市场实时汇率（买入报价和卖出报价的均价）折算。外汇期权交易中，所有货币对（包括含美元货币对）的折美元金额都是以交易货币对美元的市场实时汇率（买入报价和卖出报价的均价）折算的；若交易货币为美元，则直接采用该货币对的美元金额。举例如下：

（1）机构A与机构B达成一笔外汇交易，买入USD/CNY1 000万美元，成交价为6.1576，则基准货币金额与交易货币金额为1 000万美元，非基准货币金额与对应货币金额为61 576 000元人民币（10 000 000×6.1576），折美元金额为1 000万美元。

（2）机构A与机构B达成一笔外汇交易，买入USD/CNY 1 000万元人民币，成交价为6.1576，则基准货币金额与对应货币金额为1 624 009美元（10 000 000÷6.1576），非基准货币金额与交易货币金额为1 000万元人民币，折美元金额为1 624 009美元。

（3）机构A与机构B达成一笔外汇交易，买入HKD/CNY 1 000万元人民币，成交价为0.79400，则基准货币金额与对应货币金额为12 594 458港元（10 000 000÷0.79400），非基准货币金额与交易货币金额为1 000万元人民币，市场实时USD/CNY买入报价为6.1576，卖出报价为6.1578，则折美元金额为1 623 983美元（10 000 000÷6.1577）。

（4）机构A与机构B达成一笔外汇期权交易，约定买入USD/CNY1 000万元人民币期权，执行价为6.0000，基准货币金额与对应货币金额为1 666 667美元（10 000 000÷6.0000），非基准货币金额与交易货币金额为1 000万元人民币，市场实时USD/CNY买入报价为6.1576，卖出报价为6.1578，则折美元金额为1 623 983美元（10 000 000÷6.1577）。

外汇交易的交易方向，除非交易双方另有约定，一般为基准货币方向，通常包括买入基准货币和卖出基准货币。例如，在美元对人民币（USD/CNY）的货币对中，买入（buy）是指买入美元（基准货币）卖出人民币，卖出（sell）是指卖出美元（基准货币）买入人民币。

第二节　汇率的折算与进出口报价

知识链接 5-2

为促进中国与英国之间的双边贸易和投资，便利人民币和英镑在贸易投资结算中的使用，满足经济主体降低汇兑成本的需要，经中国人民银行授权，自2014年6月19日起，银行间外汇市场完善人民币对英镑的交易方式，发展人民币对英镑直接交易。①银行间外汇市场人民币对英镑交易实行直接交易做市商制度，做市商承担相应义务，连续提供人民币对英镑直接交易的买、卖双向报价，为市场提供流动性。②改进人民币对英镑汇率中间价形成方式。人民币对英镑汇率中间价由此前根据当日人民币对美元汇率中间价以及美元对英镑汇率套算形成改为根据直接交易做市商报价形成，即中国外汇交易中心于每日银行间外汇市场开盘前向银行间外汇市场人民币对英镑直接交易做市商询价，将直接交易做市商报价进行平均，得到当日人民币对英镑汇率中间价。

在第三章第二节中我们已经提到，汇率有直接标价法和间接标价法、美元标价法和非美元标价法等不同的标价方法，并且汇率按制定方法有基本汇率和套算汇率之分。就两种货币而言，在直接标价法和间接标价法这两种相互对应的标价方法下，其汇率存在互为倒数的关系；而在国际金融市场上，银行报价多数是以美元为关键货币的，如果是两种非美元货币的交易，则存在套算汇率的计算问题。因此，不同货币间复杂的比价关系必然要涉及汇率的折算，汇率折算不仅是外汇业务操作的基本内容，也是进出口报价的基础，掌握汇率折算的方法及一般规则是国际金融与国际贸易实务操作最基本的要求。

一、即期汇率折算与进出口报价

除英、美两国外，大多数国家或地区的外汇市场都采用直接标价法或美元标价法挂牌公布即期汇率，即以单位外币或单位美元作标准折合成若干本币，而不采用以本币作标准折合成若干外币的方法来报价。另外，在许多外汇市场上公布的主要是发达国家货币与本币间的比价，而其他国家的货币与本币的比价则不公布，需要进行汇率的套算。

（一）由外币/本币到本币/外币的折算与报价

外币/本币是指单位外币折合多少本币。本币/外币是指单位本币折合多少外币。已知外币/本币，将其换算成本币/外币，可以反映直接标价法与间接标价法之间的换算关系。实际中会遇到以下两种情况：

1. 由外币/本币到本币/外币的中间价的折算与报价

在对外贸易中，出口商可能被要求在报出出口商品的本币价格的同时报出其外币价格，这就需要将外币/本币的中间价换算成本币/外币的中间价，然后再对进口商报价，即由直接标价法转换到间接标价法的中间汇率的折算与报价。

由于直接标价法与间接标价法互为倒数，因此用1除以1个外币折合成的本币数额即可得出1个本币折多少外币数额。

【例5-1】假设2021年2月7日香港外汇市场挂牌汇率为USD1=HKD7.7528。某港商出口商品的本币单价为8港元。若进口商要求报出其美元价格时，商品单价应是多少？

解：首先进行汇率折算，然后再进行报价。

第一步：汇率折算。把以单位美元作标准的汇率转换成以单位港元作标准的汇率，即将USD1=HKD7.7528折算为HKD1=USD1/7.7528=USD0.1290。

第二步：出口报价。把本币报价折算为外币报价，即将港元报价折算为美元报价。根据折算出的本币/外币的汇率HKD1=USD0.1290，报出商品的外币价格。出口商品的本币单价为8港元，USD0.1290×8=USD1.0320，则该出口商品的美元报价为1.0320美元。

2.由外币/本币到本币/外币的买入价和卖出价的折算与报价

汇率的中间价是买入汇率和卖出汇率的平均数，在商品报价时可以选用，而具体到银行对客户的外汇买卖则要使用买入汇率或卖出汇率，这就需要将外币/本币的买入价和卖出价换算成本币/外币的买入价和卖出价，即由直接标价法转换到间接标价法的买入汇率与卖出汇率的折算与报价。

同样是运用直接标价法与间接标价法间的倒数关系原理，用1去除以给定的汇率。但需要注意的是，若求解本币/外币的买入价，要用1除以原来的外币/本币的卖出价；若求解本币/外币的卖出价，要用1除以原来的外币/本币的买入价。也就是说，由直接标价法转换成间接标价法后，买入价和卖出价的位置发生互换。

【例5-2】假设2021年3月7日香港外汇市场挂牌汇率为USD1=HKD7.7426/7.7630。如果要求银行报出单位港元的美元价格，一件商品的出口报价为8港元，则美元报价应是多少？

解：香港外汇市场采用直接标价法。USD1=HKD7.7426的含义是：银行买入1美元，卖出7.7426港元，则银行买入1/7.7426=0.1292美元，卖出1港元。1港元=0.1292美元是间接标价法下港元的卖出价。相反，USD1=HKD7.7630的含义是：银行卖出1美元，买入7.7630港元，则银行卖出1/7.7630=0.1288美元，买入1港元。1港元=0.1288美元是间接标价法下港元的买入价。

由此可知，单位港元的美元报价为HKD1=USD 0.1288/0.1292。一件商品的出口报价为8港元，则美元报价为8/7.7426=8×0.1292=1.0336美元，即美元的买入价。

上述折合关系见表5-3。

表5-3　不同标价法之间买入价和卖出价的折算

将：直接标价法		
	买入价	卖出价
USD1=	HKD7.7426	HKD7.7630
从银行的角度来看	（收美元付港元）	（付美元收港元）
转换成：间接标价法		
	卖出价	买入价
HKD1=	USD1/7.7630=USD0.1288	USD1/7.7426=USD0.1292
从银行的角度来看	（收港元付美元）	（付港元收美元）

(二) 套算汇率（未挂牌货币汇率）的折算

如果某种外币/本币或者外币/外币的汇率并未在本国或本地区外汇市场挂牌公布，则需要进行套算汇率的计算。根据国际外汇市场的标价惯例，不同的未挂牌货币之间的汇率套算有以下情况：①针对两个中间汇率求套算汇率；②美元在一种货币汇率中是基础货币，在另一种货币汇率中是标价货币时求套算汇率；③在两个汇率中美元均为基础货币时求套算汇率；④在两个汇率中美元均为标价货币时求套算汇率。

套算汇率的基本计算方法要么用乘，要么用除，但针对上述不同情形，乘或除的具体规则又有所区别。

(1) 针对两个中间汇率求套算汇率（适用于一般电信行市交叉汇率的计算）。其规则为：乘或除。

【例5-3】已知AUD/USD=0.6552，USD/CAD=1.2430，求AUD/CAD的汇率。

解：AUD/CAD=0.6552×1.2430=0.8144

【例5-4】已知1美元=1.3656加拿大元，1美元=1.2875瑞士法郎，求加拿大元与瑞士法郎之间的套算汇率。

解：将1美元=1.3656加拿大元转换为1加拿大元=1/1.3656美元，而1美元=1.2875瑞士法郎，那么1加拿大元=0.9428瑞士法郎（1/1.3656×1.2875）。

【例5-5】2021年2月某日国际外汇市场牌价：EUR/USD=1.2877，GBP/USD=1.4505，求GBP/EUR的汇率。

解：将EUR/USD=1.2877转换为USD/EUR=1/1.2877，则：

GBP/EUR=1.4505×1/1.2877=1.4505÷1.2877=1.1264

【例5-6】香港某出口商接到挪威进口商的要求，要向其发出出口商品的港元与挪威克朗两种货币的报价。如果商品单价是50港元，那么挪威克朗报价是多少？

解：香港外汇市场不公布港元对挪威克朗的牌价，因而需要计算交叉汇率。

首先，列出港元对某一挂牌关键货币（如英镑）的中间汇率，1英镑=12.280港元。然后，查阅当天或最近一天主要国际金融市场（如伦敦外汇市场）英镑对挪威克朗的中间汇率，1英镑=10.946挪威克朗。最后，计算交叉汇率：1港元=0.8914挪威克朗（10.946÷12.280）。

该商品挪威克朗报价=50×0.8914=44.57（挪威克朗）

(2) 中介货币分别为基础货币和标价货币（如美元在一种货币汇率中是基础货币，在另一种货币汇率中是标价货币），求基础货币与标价货币间的套算汇率。其规则为：同边（垂直）相乘。

【例5-7】已知1美元=133.68/133.98日元，1英镑=1.4083/1.4113美元，求英镑对日元的交叉汇率。

解：银行买进日元：1英镑=188.26日元（133.68×1.4083）；银行卖出日元：1英镑=189.09日元（133.98×1.4113）；英镑对日元的交叉汇率：1英镑=188.26/189.09日元。

上述结果的分析过程如下：

英镑对日元的买入汇率1英镑=188.26日元，意味着银行买入英镑的同时卖出日元，而从客户的角度来考虑，则意味着客户卖出英镑的同时买入日元。思路是：①客户卖出英镑的同时买入美元，银行为买入英镑卖出美元，因此选择英镑对美元汇率中的银行买入价，即客户按1英镑=1.4083美元的汇率卖出1英镑，买入1.4083美元；②客户卖出美元的同时买入日元，银行为买入美元卖出日元，因此选择美元对日元汇率中的银行买入价，即客户按1美元=133.68日元的汇率卖出1.4083美元，买入133.68×1.4083=188.26日元。

英镑对日元的卖出汇率1英镑=189.09日元，意味着银行卖出英镑的同时买入日元。思路是：①银行卖出英镑的同时买入美元，因此选择英镑对美元汇率中的银行卖出价，即银行按1英镑=1.4113美元的汇率卖出1英镑，买入1.4113美元；②银行卖出美元的同时买入日元，因此选择美元对日元汇率中的银行卖出价，即银行按1美元=133.98日元的汇率卖出1.4113美元，买入133.98×1.4113=189.09日元。

（3）基础货币相同，标价货币不同（如美元在两个汇率中均为基础货币），求标价货币间的套算汇率。其规则为：交叉相除。其具体做法是：在套算汇率中，处于基础货币位置上的、原来给定的含有该基础货币的汇率为分母，原来给定的含有标价货币的汇率为分子，交叉的是分母。

【例5-8】已知USD/CHF：1.6240/1.6248，USD/EUR：0.8110/0.8118，求EUR/CHF的汇率。

解：已知的两个汇率中美元均为基础货币，所求交叉汇率EUR/CHF中，EUR为基础货币，原来给定的汇率中含有该基础货币的汇率数0.8110/0.8118作为分母，并将其交叉；CHF为标价货币，原来给定的汇率中含有该标价货币的汇率数1.6240/1.6248作为分子。则：

EUR/CHF的买入价=1.6240÷0.8118=2.0005

EUR/CHF的卖出价=1.6248÷0.8110=2.0035

因此，EUR/CHF：2.0005/2.0035。

上述结果的分析过程如下：

EUR/CHF的买入汇率意味着银行买进欧元卖出瑞士法郎，而客户卖出欧元买进瑞士法郎。①客户卖出欧元买进美元，表明银行买进欧元卖出美元，用美元对欧元的卖出价，即0.8118。其含义是银行卖出1美元，收到客户0.8118欧元。于是，客户卖出1欧元，换进1/0.8118美元。②客户再将换进的美元出售给银行换进瑞士法郎，对银行来说是买进美元，卖出瑞士法郎，用美元对瑞士法郎的买入价，即1.6240。其含义是客户卖出1美元可得1.6240瑞士法郎。于是，客户卖出1/0.8118美元得到1/0.8118×1.6240=1.6240÷0.8118=2.0005瑞士法郎。因此EUR1=CHF2.0005为交叉汇率的买入价。

EUR/CHF的卖出汇率意味着银行卖出欧元买进瑞士法郎。①银行卖出欧元买进美元，用美元对欧元的买入价，即0.8110。其含义是银行买进1美元，付出0.8110欧元。于是，银行卖出1欧元买进1/0.8110美元。②银行卖出美元买进瑞士法郎，用美元对瑞士法郎的卖出价，即1.6248。其含义是银行卖出1美元可得1.6248瑞士法郎。于是，银行卖出1/0.8110美元得到1/0.8110×1.6248=1.6248÷0.8110=2.0035瑞士法郎。因此，EUR1=CHF2.0035为交叉汇率的卖出价。

【例5-9】假设在某外汇市场，已知美元、丹麦克朗、瑞典克朗间的汇率如下：USD1=DKK5.7917/5.7997；USD1=SEK8.2861/8.2961。请分别套算出DKK/SEK和SEK/DKK的汇率。

解：可先将给定的两个汇率分别转换成另一种标价方法，注意买入价和卖出价的位置发生互换，得到：

DKK1=USD1/5.7997 ~ 1/5.7917

SEK1=USD1/8.2961 ~ 1/8.2861

然后可运用同边相乘法求交叉汇率。

①由 USD1=SEK8.2861/8.2961 和 DKK1=USD1/5.7997 ~ 1/5.7917 得到：

DKK1=SEK8.2861×1/5.7997 ~ 8.2961×1/5.7917=8.2861÷5.7997 ~ 8.2961÷5.7917=1.4287/1.4324

因此，DKK/SEK：1.4287/1.4324。

②由 USD1=DKK 5.7917/5.7997 和 SEK1=USD1/8.2961 ~ 1/8.2861 得到：

SEK1=DKK5.7917×1/8.2961 ~ 5.7997×1/8.2861=5.7917÷8.2961 ~ 5.7997÷8.2861=0.6981/0.6999

因此，SEK/DKK：0.6981/0.6999。

可以看出，计算过程实际上同前面所述计算规则是一致的，如果直接用除法计算，则交叉的依然是分母。

（4）基础货币不同，标价货币相同（如美元在两个汇率中均为标价货币），求基础货币间的套算汇率。其规则为：交叉相除。其具体做法是：在套算汇率中，处于基础货币位置上的、原来给定的含有该基础货币的汇率为分子，原来给定的含有标价货币的汇率为分母，交叉的是分母。

【例 5-10】已知 AUD/USD：0.7350/0.7360，GBP/USD：1.5870/1.5880，求 GBP/AUD 的汇率。

解：已知的两个汇率中美元均为标价货币，所求交叉汇率 GBP/AUD 中，GBP 为基础货币，原来给定的汇率中含有该基础货币的汇率 1.5870/1.5880 作为分子；AUD 为标价货币，原来给定的汇率中含有该标价货币的汇率 0.7350/0.7360 作为分母，并将其交叉，得到：

GBP/AUD 的买入价=1.5870÷0.7360=2.1563

GBP/AUD 的卖出价=1.5880÷0.7350=2.1605

因此，GBP/AUD：2.1563/2.1605。

本例的分析思路与上面类似。

总结后三种情形的计算结果会发现，因为交叉汇率的计算考虑了两次交易费用，无论用乘法还是用除法，每一次将中介货币相抵消时交易费用就增加一次，所以交叉汇率的买入价和卖出价之间的价差就增大一次，大于原有给定的基本汇率的价差。我们也可用此方法验算计算结果。

银行在公布本币与其他国家货币的汇率时，并不说明哪个汇率是基本汇率或交叉汇率。如果客户向银行询问非美元货币间的汇率，银行通常会直接报出交叉汇率。虽然交叉汇率已经日益普遍，也为专业交易者所接受，但仍然不是主要的交易形式，对银行来说，交叉汇率的交易仍被视为两笔对美元的交易。

（三）即期汇率是确定进口报价可否接受的主要依据

利用不同货币的即期汇率进行套算，不仅对出口商做好出口报价有着极其重要的作用，而且是进口商核算进口报价是否合理、可否接受的一个简便的方法。

假设某出口商给出两种货币的报价，进口商就可以对即期汇率进行折算，以判断用哪种报价更为划算。具体有两种方法可供进口商选择使用：一是把两种货币报价统一折算为本币报价然后进行比较；二是把不同币种报价折算为同一币种报价然后进行比较。

【例5-11】假设2021年某月某日，我国某公司从德国进口一种仪表，出口商给出了欧元与美元两种报价，仪表单价为100欧元或118美元。假设当天我国某银行外汇牌价人民币对欧元及美元的即期汇率分别为：EUR100=CNY874.11/881.13，USD100=CNY682.03/684.77，那么哪种货币报价对进口商更有利呢？

解：首先要明确在进行汇率折算时，应选择卖出价。因为进口商支付进口货款时需到银行购买外汇，所以进口商购买外汇的过程，是银行在卖出外汇。

方法一：将不同币种报价统一折成人民币报价进行比较。

欧元报价是100欧元，折成人民币报价为881.13元人民币；美元报价是118美元，折成人民币报价为808.03元人民币（684.77÷100×118）。

可见，美元报价的人民币成本低于欧元报价的人民币成本，因此如果不考虑其他因素，进口商应接受美元报价。

方法二：将不同币种报价折算为同一币种报价进行比较。

首先，将EUR1=CNY8.8113和USD1=CNY6.8477两个卖出汇率进行套算，得到：

EUR1=USD8.8113÷6.8477=USD1.2868

USD1=EUR6.8477÷8.8113=EUR0.7771

然后，改变报价以比较价格高低。

100欧元报价折成美元报价为128.68美元（100×1.2868），大于118美元报价；118美元报价折成欧元报价为91.698欧元（118×0.7771），小于100欧元报价。

从这两个比较结果可以看出，以美元报价对进口商来说更加便宜，因而进口商更愿意接受美元报价。

二、远期汇率折算与进出口报价

远期汇率可以为进出口商在延期支付结算中锁定成本或收益，而且远期汇率的运用同样也存在汇率折算和进出口报价的问题。

（一）将外币/本币的远期汇率折算为本币/外币的远期汇率

国际上有许多外汇市场是用公布升水或贴水的点数来进行远期汇率标价的。所以，远期汇率折算时要利用市场给出的这些相关信息。

1.从外币/本币转换到本币/外币的远期汇率点数折算的基本公式

当外汇市场只给出外币/本币的即期汇率和远期汇率的升（贴）水点数，而客户希望了解本币/外币的远期汇率情况时，就需要对远期汇率进行折算。根据直接标价法与间接标价法之间关系转换的基本原理，远期汇率点数折算的基本公式为：

$P^*=P/(S\times F)$

式中：S为外币/本币下的即期汇率；F为外币/本币下的远期汇率；P为外币/本币的远期点数；P^*为本币/外币的远期点数，既可以表示外汇汇率升水的点数，也可以表示本币汇率贴水的点数。该公式推理过程如下：

由于P=F−S，即外币/本币的远期汇率升（贴）水等于远期汇率减去即期汇率的差额，因此$P^*=1/S-1/F$，即本币/外币的远期汇率升（贴）水等于即期汇率减去远期汇率的差额。

可得：

$P^*=1/S-1/F=(F-S)/(S\times F)=P/(S\times F)$

【例 5-12】假设香港外汇市场某日公布的美元对港元的即期汇率中间价为 USD1=HKD7.7970，3个月远期升水点数为230。求港元对美元的同期远期贴水点数。

解：港元对美元的同期远期贴水点数为：

$P^*=P/(S\times F)=0.0230\div[7.7970\times(7.7970+0.0230)]=0.0004$

因此，港元对美元3个月远期贴水点数为4。

2.从外币/本币远期汇率买入价和卖出价转换到本币/外币远期汇率的卖出价和买入价的折算

可以运用上述公式分别计算出本币/外币远期汇率的卖出价和买入价。注意折算时买入价和卖出价要互换位置。

【例 5-13】假设香港外汇市场上某日公布的美元对港元即期买入汇率和卖出汇率为 USD1=HKD7.7970/7.8160，3个月远期升水点数为230/280。求港元对美元的同期远期差价。

解：由条件可知港元对美元即期汇率为 HKD1=USD 1/7.8160 ~1/7.7970。根据 $P^*=P/(S\times F)$，则港元对美元远期差价为：

卖出价贴水点数 $=0.0280\div[7.8160\times(7.8160+0.0280)]=0.0005$

买入价贴水点数 $=0.0230\div[7.7970\times(7.7970+0.0230)]=0.0004$

因此，港元对美元3个月远期差价为5/4。

(二)软币远期贴水是出口商延期收款的报价标准

软币是指预期其未来汇率呈下跌走势的货币；硬币是指预期其未来汇率呈上升走势的货币。按照国际贸易的一般规则，进口商付汇愿意使用软币，以降低购汇成本；出口商收汇愿意使用硬币，以提高结汇利润。但对出口商来说，有时为了达成出口交易，不得不妥协而收软币。在这种情况下，出口商为了减少以软币报价的损失，就会将计价结算货币的预期贬值率考虑到商品价格中去，即以软币的远期贴水点数或贴水年率作为商品加价的标准。

1.用软币的远期贴水点数作为商品加价数额的标准

用软币的远期贴水点数作为出口商延期收款报价中商品加价数额的标准，目的是分析以软币收款的出口商品的加价数额。

【例 5-14】假设某企业出口商品，原以美元报价，单价为2 000美元，3个月后付款。现应进口商要求，改为瑞士法郎报价。交易当日纽约外汇市场上美元对瑞士法郎的汇价如下：即期汇率为 USD1=CHF1.6030/1.6040；3个月远期点数为135/140。出口商会怎样做?

解：纽约外汇市场上，美元为本币，瑞士法郎为外币，汇率标价为间接标价法，前一个数字为卖出汇率，后一个数字为买入汇率。出口商原本是收美元货款，现改为收瑞士法郎货款，因此需要将瑞士法郎换成美元，即把瑞士法郎卖给银行，而银行则买入瑞士法郎。出口商在选择汇率时，首先应确定用买入汇率，即用后面的数字1.6040和140。另外，从远期点数135/140的排序中可以看出，3个月期的瑞士法郎远期汇率贴水对出口商不利，因此出口商在商品报价时，应把瑞士法郎远期贴水点数加在单价上。

原报价2 000美元的出口商品，若3个月后付款，则瑞士法郎报价为：

（1.6040+0.0140）×2 000=3 236（瑞士法郎）

如果不把瑞士法郎远期贴水点数加到出口商品单价上，则瑞士法郎报价为：

1.6040×2 000=3 208（瑞士法郎）

因此，若不将远期贴水点数加到出口商品单价上，则该出口商会损失收入。

2.用软币的贴水年率作为商品加价幅度的标准

用软币的贴水年率作为出口商延期收款报价中商品加价幅度的标准，目的是分析以软币收款的出口商品的加价幅度。

【例5-15】假设某企业出口商品，原以英镑报价，商品单价为1 150英镑，6个月后付款。现应进口商要求，改为以港元报价。当日伦敦外汇市场上英镑/港元的即期汇率标价为GBP1=HKD9.4545/9.4575，6个月远期点数为1 412/1 586。该出口商会怎么做？

解：同上例一样，出口商报价应选择后一个数字，并且这里港元为6个月远期贴水。但同上例不同的是，要用港元远期贴水年率作标准来加价。此时，该出口商需要分为两个步骤进行报价：

第一步，用英镑/港元的中间汇率计算出时间（t）为6个月期的港元贴水年率。其计算过程为：

贴水年率=（S−F）/S × 12/t×100%

即期汇率中间价=（9.4545+9.4575）÷2=9.4560

远期点数中间价=（0.1412+0.1586）÷2=0.1499

港元贴水年率=0.1499/9.4560 × 12/6 ×100%=3.17%

第二步，用英镑/港元的买入价加上6个月期的港元贴水年率折算出该商品的港元报价为：

9.4575×（1+3.17% × 6/12 ）×1 150=11 048.51（港元）

如果不加价，该出口商品的港元报价为：

9.4575×1 150=10 876.13（港元）

由此可知，该出口商将会遭受损失。

（三）远期汇率是进口商延期付款时接受进口报价软币加价幅度的依据

虽然在国际贸易中进口商更愿意用软币支付货款，但是此时出口商肯定要求对商品加价。所以进口商要把握加价的幅度以防止进口成本增加。进口用软币付汇时的加价幅度要以远期汇率为最高界限，否则不如用硬币支付。

【例5-16】假设某企业进口商品原以瑞士法郎报价，商品单价为100瑞士法郎，3个月后付款。与出口商协商后可以改用美元支付货款。但由于3个月远期美元为贴水，因此用美元支付时必须加价。交易当天苏黎世外汇市场美元对瑞士法郎即期汇率为USD1=CHF1.6130/1.6140，3个月远期汇率贴水点数为135/125。求该进口商所能接受的商品报价最高是多少？

解：首先明确苏黎世外汇市场上瑞士法郎是本币，美元是外汇。计算该进口商品改为美元报价需要分为两个步骤：

第一步，折算出瑞士法郎对美元的汇率。

先折算出瑞士法郎对美元的即期汇率的卖出价和买入价（美元是外汇），即：

CHF1=USD1/1.6140 ~ 1/1.6130=USD0.6196/0.6200

再利用公式 $P^* = P/（S×F）$ 折算出瑞士法郎对美元的3个月远期点数，即：

0.0125/［1.6140×（1.6140-0.0125）］~0.0135/［1.6130×（1.6130-0.0135）］

=0.0125/（1.6140×1.6015）~0.0135/（1.6130×1.5995）

=0.0048/0.0052

因此，瑞士法郎对美元的3个月远期升水点数为48/52。

第二步，用瑞士法郎对美元的买入汇率加上其3个月远期点数折算出该商品的美元报价。

之所以选用买入汇率，是因为进口商支付美元货款，本应是进口商买入美元，银行卖出美元，用卖出汇率，但是进口商所能接受的最高报价不会超过其用硬币瑞士法郎的报价，即需要卖出美元买入瑞士法郎，进口商卖出美元的过程是银行买入美元，应用买入价。其道理同出口商用软币报价要将软币贬值的幅度加到商品价格里时选用买入价一样。进口商接受的该商品进口报价的最高界限为：

（0.6200+0.0052）×100=0.6252×100=62.52（美元）

若超过这一数额，则该进口商宁肯接受硬币报价。

（四）远期套算汇率的计算

远期套算汇率是指两种货币的远期汇率以第三种货币为中介而折算出来的交叉汇率。远期交叉汇率的计算方法与即期交叉汇率相似，不过要注意的是：如果远期汇率采用直接报价法，可按交叉汇率的计算方法直接计算；如果远期汇率采用间接报价法，则需要根据升（贴）水情况，首先分别计算出两种货币与第三种货币之间的远期汇率，然后将远期基本汇率根据不同的标价方法，交叉相除或同边相乘得到远期交叉汇率。

【例5-17】某日国际外汇市场牌价即期汇率分别为USD/HKD：7.7972/7.7982，GBP/USD：1.8324/1.8329。对应3个月远期差价分别为135/139，192/184。求GBP/HKD的3个月远期汇率。

解：①分别计算USD/HKD和GBP/USD的3个月远期汇率。

USD/HKD：7.7972+0.0135=7.8107，7.7982+0.0139=7.8121

GBP/USD：1.8324-0.0192=1.8132，1.8329-0.0184=1.8145

因此，USD/HKD的3个月远期汇率为7.8107/7.8121，GBP/USD的3个月远期汇率为1.8132/1.8145。

②按一般交叉汇率的计算方法计算GBP/HKD的3个月远期交叉汇率。

美元对港元汇率属美元标价法，英镑对美元汇率属非美元标价法，采用同边相乘方式计算。

GBP/USD　　1.8132　1.8145

（同边相乘）↓　　↓

USD/HKD　　7.8107　7.8121

GBP/HKD的远期买入价=1.8132×7.8107=14.162

GBP/HKD的远期卖出价=1.8145×7.8121=14.175

因此，GBP/HKD的3个月远期汇率为14.162/14.175。

【例5-18】已知某日外汇市场即期汇率和1个月远期汇率如下：

美元对瑞士法郎	1.4860/1.4870	55/44
美元对日元	104.00/104.20	218/208

求瑞士法郎对日元的1个月远期汇率是多少？

解：第一步，计算美元对瑞士法郎的1个月远期汇率。

1.4860−0.0055=1.4805

1.4870−0.0044=1.4826

因此，美元对瑞士法郎的1个月远期汇率为1.4805/1.4826。

第二步，计算美元对日元的1个月远期汇率。

104.00−2.18=101.82

104.20−2.08=102.12

因此，美元对日元的1个月远期汇率为101.82/102.12。

第三步，计算交叉汇率。美元对瑞士法郎与美元对日元均属美元标价法，美元同属于基础货币，若求两种标价货币即瑞士法郎对日元之间的远期汇率，可按交叉相除规则计算。

美元/日元　　　　　　　　101.82/102.12

（交叉相除）

美元/瑞士法郎　　　　　　1.4805/1.4826

瑞士法郎对日元的远期买入价=101.82÷1.4826=68.6766

瑞士法郎对日元的远期卖出价=102.12÷1.4805=68.9767

因此，瑞士法郎对日元的1个月远期汇率为68.6766 / 68.9767。

三、合理运用汇率的买入价和卖出价

汇率的买入价和卖出价之间一般相差1‰~3‰，进出口商如果在货价折算、对外报价与履行支付义务时考虑不周全，计算不精确，就会遭受损失。

对出口商而言，在运用汇率的买入价和卖出价进行折算报价时，由于涉及不同货币之间价格的比例关系及其转换，因此必须明确市场所采用的汇率标价是直接标价法还是间接标价法，进而弄清买入价和卖出价的前后位置；同时了解折算货币与外汇市场所在地的关系，即明确折算货币是本币还是外币，才能在汇率折算的环节避免遭受损失。为此，出口商在进行汇率折算和报价时，需要遵循以下一些基本原则。这些原则在即期汇率和远期汇率折算中都适用。

（一）本币折外币时应使用买入价

如果出口商品底价为本币，而要改为外币报价时，则以单位外币/本币或单位本币/外币的买入价进行折算。其道理在于：出口商原为收取本币，现改为收取外币，因此收到货款后需将外币卖给银行换回本币。而在出口商卖出外汇时，银行为买入外汇，则用买入价进行折算。

例如，假设某香港企业出口产品底价为100 000港元，应客户要求改为以美元报价，则应以买入价折算该出口商品的美元报价。如果交易当天香港外汇市场美元对港元的汇率为USD1=HKD7.7970/7.8160，或HKD1=USD1/7 .8160~1/7.7970，则该出口商品的美元报价应为：

USD1/7.7970 ×100 000=USD12 825.45

否则，以卖出价折算为USD 1/7.8160×100 000=USD12 794.27，出口商将遭受损失。

（二）外币折本币时应使用卖出价

如果出口商品底价为外币，而要改为本币报价时，则应该以外币/本币或本币/外币的卖出价来折算。其道理在于：出口商原为收取外币，现改为收取本币，因此收到货款时，需将本币卖给银行换回外币。而出口商卖出本币，买入外币，银行为卖出外币，则用卖出价进行折算。

例如，某港商出口商品底价为100美元，应客户要求改为港元报价，则应以卖出价折算该商品的港元报价。如果交易当天香港外汇市场美元对港元的汇率为USD1=HKD7.7970/7.8160，则该出口商品的港元报价为：

HKD7.8160×100=HKD781.6

否则，以买入价折算为HKD 7.7970×100=HKD779.7，出口商将遭受损失。

（三）按市场牌价进行汇率折算时视外汇市场所在地货币为本币

在不同标价方法下，无论买入价和卖出价的位置如何排列，遇到两种外币互相折算时，都应视国际外汇市场所在地货币为本币。然后，按照本币折外币用买入价、外币折本币用卖出价的原则进行折算报价。

例如，假设港商出口产品底价为100美元，应客户要求改为英镑报价。对港商而言，美元和英镑均属外币，这种情况就属于以一种外币折算为另一种外币，可应用上述原则。如果按照纽约外汇市场外汇牌价折算，则应视美元为本币；如果按照伦敦外汇市场外汇牌价折算，则应视英镑为本币。然后，按照本币折外币时用买入价，外币折本币时用卖出价的原则进行折算。无论按照哪个外汇市场的外汇牌价折算，同一笔交易都会出现大致相同的结果。

（1）假设当时纽约外汇市场外汇牌价为GBP1=USD1.6532/1.6558。在纽约外汇市场上，英镑/美元的汇率采用直接标价法，买入价在前，卖出价在后。按此牌价计算该出口商品的英镑报价，本币折外币应用买入价，则英镑报价为：

GBP1/1.6532×100=GBP60.49

（2）假设同日伦敦外汇市场外汇牌价为GBP1=USD1.6537/1.6563。在伦敦外汇市场上，英镑/美元的汇率采用间接标价法，卖出价在前，买入价在后。按此牌价计算该出口商品的英镑报价，外币折本币应用卖出价，则英镑报价为：

GBP1/1.6537×100=GBP60.47

上述原则主要针对出口商，这是由于在国际贸易中，出口商是从出口报价的角度，以某币种报出出口商品的底价，或应进口商要求改变报价货币的币种，因而在出口报价时就要面对不同币种之间比较复杂的汇率折算问题。

而对进口商而言，进口商主要是从询盘问价的角度，或直接接受出口商报出的底价，或要求出口商进行改变。而在进口商认可或接受报价后，只需按照双方约定的货币进行支付。如果约定的结算货币为本币，则直接用本币支付，一般不涉及汇率折算问题。如果约定的结算货币为外汇，则用购买合同约定的外汇来支付货款。当进口商在为满足支付货款的需要而购买外汇时，是银行在卖出外汇，因而用卖出价。所以，尽管进口商也需要掌握汇率折算关系，但是所遇到的问题相对于出口商所面对的问题而言就比较简单。而且，由于进出口商双方所持立场是相对的，因此进口商也可以站在相反的立场上运用上述原则，或视具体情况的不同而采取相应的方法。

第三节 即期外汇交易与远期外汇交易

知识链接 5-3

我国各外汇银行办理人民币结汇、售汇、付汇业务。结汇是指外汇收入所有者将外汇卖给外汇指定银行，外汇指定银行根据交易行为发生之日的人民币汇率付给等值人民币的行为。售汇是指外汇指定银行将外汇卖给外汇使用者，并根据交易行为发生之日的人民币汇率收取等值人民币的行为。付汇是指经批准经营外汇业务的金融机构，根据有关售汇以及付汇的管理规定，审核用汇单位和个人提供的符合规定的有效凭证和商业单据后，从其外汇账户中或将其购买的外汇向境外支付的行为。

一、即期外汇交易

（一）即期外汇交易的概念和交割时间的确定

1.即期外汇交易的概念

即期外汇交易（spot exchange transaction），又称现汇交易，是指外汇买卖双方以即期汇率成交后，在两个营业日内完成交割的外汇买卖，如图5-2所示。

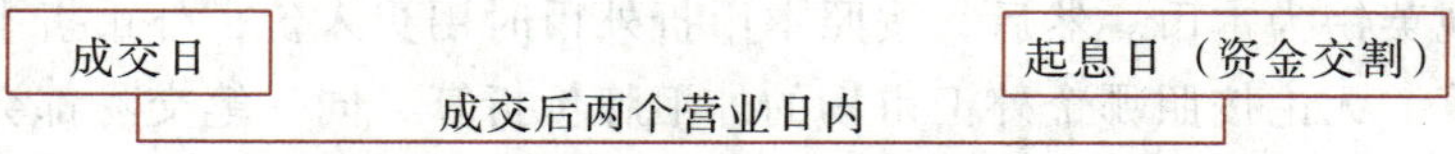

图5-2 即期外汇交易的含义

即期外汇业务是外汇市场上其他外汇交易的基础，也是最常见、最普通的交易形式。即期外汇交易量占整个外汇市场交易量的60%~70%，远远大于其他交易方式的交易量。而银行同业间的即期外汇交易又占了其中的95%，金额巨大。一般而言，在国际外汇市场上进行外汇交易时，除非特别指定日期，一般都视为即期交易。即期外汇交易的汇率为即期汇率或现汇汇率，它构成整个外汇市场汇率的基础。

2.即期外汇交易交割时间的确定

在外汇交易中，成交是指确定外汇买卖协议。该协议规定了外汇交易的买方和卖方，买卖的币种、数量和价格以及交割标准。成交仅指确定买卖关系，并不发生实际收付货币的行为。成交日即交易双方达成外汇交易的日期，通常用“T”表示。交割（delivery）是指买卖双方钱货两清或货币两讫的行为，即买卖双方实际收付货币，分别按照对方的要求使卖出的货币进入对方指定的银行账户中。交割发生的当天称为交割日或起息日、结算日。成交和交割是外汇买卖中两个重要的环节，成交在前，交割在后，成交是交割的基础和前提，交割是成交的结果。只有完成了成交和交割，外汇买卖行为才算完成。例如，2020年1月23日，某公司用100万美元按当日市场汇率USD1=JPY108.56向银行申请购入日元，银行于2020年1月25日向该公司支付1.0856亿日元，同时该公司从其账户中支付100万美元给银行。

即期外汇交易的交割时间有三种情况：

一是第二个工作日交割（value spot，VAL SP）的即期外汇交易。它是指在成交后第二个营业日进行交割。按惯例，这是标准的即期外汇买卖。因为在这两天内，买卖双方留有充足的时间确认交易、安排清算以及银行账户借记和贷记工作。目前，大部分即期外汇交易都采用这种方式。

二是翌日交割（value to tomorrow，VAL TOM）的即期外汇交易。它是指在成交后第一个营业日进行交割。按惯例，美元和加拿大元之间的即期外汇交易通常在交易完成后的第一个工作日（T+1）结算，因为加拿大和美国同处一个时区，缩短了结算时间。

三是即日交割（value to day，VAL TOD）的即期外汇交易。它是指在成交当日进行交割。1989年前在香港外汇市场用美元兑换港元的交易就采取了即日交割形式。

营业日（business day），也称工作日，是指两个清算国银行全都开门营业的时间，即将法定节假日除外的工作日。在外汇市场上，由于涉及两种不同的货币，交割日必须是两种货币共同的营业日，至少应该是付款地市场的营业日，否则就无法将货币交付对方。由于大多数国家实行每周五天的工作制，因此两种货币交割时，如果遇到交易双方中任何一方的收款行处在星期六、星期日或国家的公共假日，则根据以下相应准则之一进行调整：①下一营业日：顺延至下一营业日；②经调整的下一营业日：顺延至下一营业日，但如果下一营业日跨至下一月，则提前至上一营业日；③上一营业日：提前至上一营业日。例如，一笔在5月26日成交的标准即期外汇买卖，如果5月27日、28日都是营业日，则28日就是双方交割付款的时间。双方应当保证自己的付款能使对方开户银行在28日收妥交易货币，并开始计息，因此28日就是交割日。假如5月27日和28日是周六、周日，银行不对外经营外汇业务，因此标准的交割日就是5月30日（周二）。又如，假定某笔外汇交易的起息日恰好为20×4-11-30（星期日），因为是非营业日，应进行调整。若采用“下一营业日”，则调整至20×4-12-01；若采用“经调整的下一营业日”，因“下一营业日”跨月，则提前至上一营业日20×4-11-28；若采用“上一营业日”，则调整至20×4-11-28（20×4-11-29是周六）。

综上所述，即期交易的相关起息日规则如下：

（1）计算货币对起息日，应分别计算该货币对中两种货币的起息日，最终起息日取两者中较晚者。例如，一笔USD/CNY交易，人民币起息日为20×4-05-19，美元起息日为20×4-05-20，则该笔交易起息日为20×4-05-20。

（2）人民币外汇即期交易和外币对即期交易（USD/CAD除外）起息日为成交日后第二个营业日，简称“T+2”；USD/CAD起息日为成交日后第一个营业日，简称“T+1”。例如，20×4-05-19成交的USD/CNY即期交易，起息日为20×4-05-21；同一日成交的USD/CAD即期交易，起息日为20×4-05-20。

（3）任何货币对（USD/CAD除外），若T+1日为美元假日，则该货币对即期起息日不受影响；若T+1日为货币对中非美元货币的假日，则该货币对即期起息日按“下一营业日”准则进行调整；若T+1日既为美元假日，又为货币对中非美元货币的假日，则该货币对即期起息日按“下一营业日”准则进行调整。例如，20×4-11-10成交一笔USD/CNY即期交易，虽然20×4-11-11是美元假日，但该笔交易起息日不受影响，仍是20×4-11-12。又如，20×4-12-24成交一笔GBP/USD即期交易，20×4-12-25是英镑假日和美元假日，该笔交易起息日延至20×4-12-30（27日、28日是周末，26日也是英镑假日）。再如，20×4-05-30成交一笔GBP/CNY即期交易，20×4-05-31是人民币假日，该笔交易起息日延至20×4-

06-04（5月31日、6月1日、6月2日均是人民币假日）。

（4）任何货币对，如果T+2日（USD/CAD为T+1日）为美元假日或货币对中任意一种货币的假日，即期起息日按照“下一营业日”准则进行调整。例如，20×4-11-25成交一笔EUR/JPY即期交易，20×4-11-27是美元假日，该笔交易起息日延至20×4-11-28。又如，20×4-05-27成交一笔USD/CHF即期交易，20×4-05-29是瑞士法郎假日，该笔交易起息日延至20×4-05-30。再如，20×4-04-17成交一笔USD/CAD即期交易，20×4-04-18是加拿大元假日，该笔交易起息日延至20×4-04-21（19日、20日是周末）。

（5）若某交易日外币对即期交易的起息日为人民币假日，则该交易日外币对竞价交易不被允许，询价交易仍可进行。例如，20×4-10-01是人民币假日，则20×4-09-29的所有外币对（USD/CAD除外）的竞价交易都不被允许，20×4-09-30USD/CAD的竞价交易不被允许（除非另外约定起息日）。

即期外汇交易从表面上看似乎是同时收、付，没有风险，但是由于各国清算制度和技术上的差异，只能在1天后才能知道该笔交易是否已收妥，因此要承担信用风险。此外，由于欧、亚、美三大洲之间各有6~8小时的时差，有时遇到交易对方营业时间结束而延长了交割时间，因此会产生信用风险和汇率变动风险。

（二）即期外汇交易的作用

即期外汇交易的基本作用如下：

1.可以满足临时性的支付需要

通过即期外汇业务，可以建立各种货币头寸，满足对不同货币的需要。例如，某公司持有美元，但要对外支付的商务合同的货币是欧元，该公司便可以通过现汇买卖，卖出美元，买进欧元，满足对外支付欧元的需要。

2.可以调整现有外汇头寸的不同货币比例，防范汇率风险

例如，某公司遵循“不要把所有的鸡蛋放在同一个篮子里”的原则，通过即期外汇买卖，将其全部外汇资产调整为美元占40%、港元占30%、欧元和日元各占15%的比例，用以分散外汇风险。

3.便于进行外汇投机

即期交易可以随时买卖外汇，便于个人和公司进行短期外汇投机。例如，某日即期市场上1欧元=1.3000美元，投机者预期3个月后欧元将升值10%，为1.4300美元，认为可以进行投机操作。于是，以1欧元=1.3000美元的即期价格购买欧元，并存到银行赚取利息，3个月后再以1欧元=1.4300美元的即期价格卖出欧元。假设3个月后欧元即期汇率果然上升为1.4300美元，则该投机者预期准确，并且在不考虑生息收入的情况下，1欧元将赚得0.13美元的利润。由此可见，现汇投机交易的原理是：低买高卖，在此过程中有时间差，并且两笔交易一笔是现实汇率，一笔是预期汇率，预测准确则获利；反之，则受损。

（三）即期外汇交易的基本程序

一笔完整的外汇交易包括五个步骤：询价、报价、成交、证实和结算。即期外汇交易的成交金额一般都比较大，交易单位以百万美元计，而且交易时间不超过半分钟，所以在实际外汇交易中为节约时间将许多单词、数字进行简化，并且由于历史、习惯等原因还有许多特殊的“行话”。下面进行简要的说明。

1.询价（asking）

外汇交易中向对方提出交易请求，要求对方报价的一方，即询价者，又称发起方。在有外汇交易需求时，询价者通常要自报家门，询问有关货币的即期汇率的买入价和卖出价，以便对方制定交易对策。询问的内容必须简洁、完整，包括币种、金额等。此外，询价时不透露自己是想买进还是卖出，以防止对方抬价或压价。

2.报价（quotation）

外汇交易中应对方交易请求而进行报价的一方，即报价方。当一家银行的外汇交易部门接到询价时，一般要求做出回答，即报价，形成买入报价和卖出报价，通常是报价方为买入或卖出基准货币而报出的价格。报价是外汇交易的关键环节，报价合理与否，关系到外汇买卖能否成交。报价时必须遵守"一言为定"原则和"我的话就是合同"的惯例，只要询价者愿意按报价进行交易，报价行就要承担按此报价成交的责任，不得反悔或变更。

3.成交（done）

当报价行报出买入价或卖出价后，询价者要立即做出答复，买进还是卖出，以及买或卖的货币金额。若不满意此报价，询价者可回答"Thanks Nothing"，表示谢绝交易，此时报价便对双方无效。成交日（trade date/deal date），即交易双方达成外汇交易的日期，通常用"T"表示。

4.证实（confirmation）

证实，即进行交易确认（trade confirmation）。在报价行做出交易承诺后，通常是回答"Ok. Done"，交易双方还应将买卖货币的名称、汇率、金额、起息日及结算办法等交易细节再相互证实或确认一遍。

5.结算（settlement）

结算，也称清算（clearing），这是外汇交易的最后一道程序，即双方交易员将交易的文字记录交给交易后台，由后台根据交易要求，指示其代理行将卖出的货币划入对方指定的银行账户的处理过程。清算包括集中清算和双边清算两种模式，也可分为全额清算和净额清算两种模式。

集中清算是指外汇交易达成后，第三方作为中央清算对手方分别向交易双方独立进行资金清算。双边清算是指外汇交易达成后，由交易双方按交易要素直接进行资金清算。

例如，2020年4月21日，机构A和机构B达成一笔美元对人民币即期交易，机构A以6.1600的价格向机构B买入USD10 000。

采取双边清算：2020年4月23日，机构A向机构B支付CNY61 600，同时机构B向机构A支付USD10 000。

采取集中清算：2020年4月23日，机构A向中央清算对手方支付CNY61 600，同时中央清算对手方向机构A支付USD10 000；机构B向中央清算对手方支付USD10 000，同时中央清算对手方向机构B支付CNY61 600。

全额清算是指交易双方对彼此之间达成的交易，按照交易要素逐笔进行办理资金清算。净额清算是指对同一清算日的交易按币种进行轧差，并根据轧差后的应收或应付资金进行结算。在我国，银行间外汇市场的竞价交易模式中（包括人民币外汇交易和外币对交易），上海清算所作为中央清算对手方与交易双方按集中净额清算方式进行资金清算；询价交易模式中（仅人民币外汇交易），上海清算所作为中央清算对手方与指定会员按集中净额清算方式进行资金清算。

例如，20×9年8月11日，机构A和机构B达成了三笔美元对人民币即期交易：机构A以6.8327的价格向机构B买入10 000美元；机构A以6.8329的价格向机构B卖出10 000美元；机构A以6.8300的价格向机构B买入10 000美元。

采取双边全额清算：20×9年8月13日，机构A分三次向机构B支付CNY68 327、USD10 000、CNY68 300，同时机构B分三次向机构A支付USD10 000、CNY68 329、USD10 000。

采取双边净额清算：20×9年8月13日，机构A只需向机构B轧差支付CNY68 298（68 327+68 300-68 329），同时机构B只需向机构A轧差支付USD10 000（10 000-10 000+10 000）。

（四）即期外汇交易的报价

外汇交易的核心成员是外汇银行，中介机构主要是外汇经纪人，辅助成员是公司、个人和中央银行。外汇银行随时为前来询价的其他外汇银行、公司、个人和中央银行提供各种货币的汇价并承诺以此汇价与其成交。如前所述，在外汇市场上，把提供汇价的银行称为报价者（price maker），并把报价者向市场所有成员随时提供即时汇价的行为称为维持市场（maintain a market）。与此相对的是，把向报价者索价并与之成交的其他外汇银行、外汇经纪人、公司、个人和中央银行等称为发起方或询价者、取价者（price hitter）。例如，机构A向机构B发起一笔外汇交易，希望买入1 000万美元，机构B给出报价为USD/CNY：6.8321/6.8323，则机构A为发起方，机构B为报价方。

在即期外汇市场上，报价环节有一些约定俗成的惯例。具体包括：

（1）多数报价的中心货币是美元，即采用“单位美元”标价法（1美元等于若干其他货币）。例如，“SP CAD”为1美元兑换若干加拿大元的即期汇价。只有英镑、澳大利亚元、新西兰元、欧元采用该种货币等于若干美元的标价方法，如EUR/USD：1.4553/1.4575。

（2）一般采用“双价”报价的原则，即报价行必须同时报出买入价和卖出价，不能只报买入价不报卖出价，也不能只报卖出价不报买入价。例如，USD/CHF：1.1078/1.1100；GBP/USD：1.9618/1.9640。习惯上，汇率报价只写出前一个汇率和后一个汇率的最后有变化的几位数。正如上面的牌价可以写成：USD/CHF：1.1078/100和GBP/USD：1.9618/40。对于报刊公布的外汇交易中间价，只是供读者参考，不能作为外汇交易的依据。

之所以采用双向报价制，是因为即期外汇交易成交前，询价者通常不会向报价方透露其交易意图，因此报价行必须向询价者同时提供买入价和卖出价，即使报价行无意与其成交，也只能通过拉开买入价与卖出价的差距来婉拒询价者。当报价行对询价者报出某种货币的买入价或卖出价时，它就承担了以这种价格买进或卖出该种货币的义务，但这一义务是在询价者同意在此报价基础上立即成交时报价行才承担。如果买卖双方未成交或询价者转向其他货币的报价，或者询价者在得到报价后讨价还价，则此报价无效，报价行不承担任何义务。

（3）外汇市场上汇率通常有5位有效数字（含小数位数），这5位数字可以分成两个部分：大数（big figure）和小数（small figure）。大多数的汇价，其小数点后第二位以前的数据为大数，以后的数据为小数，如瑞士法郎对美元的汇价为USD/CHF：1.3420/30，其中

1.34是大数，20/30是小数。也有少数几种汇价，其整数部分为大数，小数部分是小数，如日元对美元的汇价为USD/JPY：124.75/85，其中124是大数，75/85是小数。习惯上，汇率报价只写出前一个汇率和后一个汇率的最后有变化的几位数，如GBP/USD：1.9618/40。交易员未报出的原因是：在短短数秒的询价、报价及成交的过程中，汇率通常不会有非常大的变动，于是大数便可省略不报。

当通过电信设备（如电话、电传等）报价时，银行之间的报价只报后两位数字。例如，美元对日元的汇率为USD1=JPY115.70/80，报价行的交易员一般只报出70/80。一旦成交后，再确认全部的汇率是115.70或115.80。

（4）银行报价采用点数标价法。

例如，20×9年2月3日国际外汇市场上某银行报价情况如下：

USD/CNY	6.1347/647
USD/JPY	108.12/18
USD/CHF	1.0962/68
EUR/USD	1.3719/25
GBP/USD	1.6493/99

从报价行的角度来看，斜线左边是买入价，右边是卖出价。如上述报价中，USD/JPY的报价，表示报价方愿意以108.12的汇率买入美元、卖出日元；同时愿意以108.18的汇率卖出美元、买入日元。又如，EUR/USD的报价，表示报价方愿意以1.3719的汇率买入欧元、卖出美元；同时以1.3725的汇率卖出欧元、买入美元。

卖出报价与买入报价的差额或者汇率变动的幅度计量通常用基点（basis point，BP）来表示，一般为汇率最小变动单位。银行报价的5位有效数字中，从右向左依次为：第一位称为“×个（基）点”，第二位称为“×十个（基）点”，第三位称为“×百个（基）点”，第四位称为“×千个（基）点”。1个基点的数值通常为0.0001，但USD/JPY和EUR/JPY为0.01。例如，美元对人民币的汇率由6.1347/647变为6.1147/447，就表明美元下跌了200个点；美元对日元的汇率由108.12/18变为108.32/38，就表明美元上升了20个点。

（5）外汇交易数量固定，一般以100万为单位，报价中的“1”表示一个标准单位，即100万美元，交易金额很大。例如，“Five Dollar”表示500万美元。如果交易额低于100万美元，应在询价时预先说明是小额的，并且报出具体交易金额。

（6）报价速度与价差的宽窄。报价速度是指报价行的外汇交易员接到询价后直到报出汇率所需时间的长短。在即期外汇市场中，汇率瞬息万变。对询价者来说，时间就是金钱，有时报价仅耽搁30秒，询价者就可能失去成交的机会或付出高成本，报价行也失去了一个客户的信任。一般而言，报价行对经常交易的货币（如美元、日元、英镑等）的报价时间应在10秒内，有些国际大银行对外汇交易员的要求更严格，报价时间压缩在5秒内。

对报价行来说，价差是外汇交易业务利润的来源，而对询价者来说，价差则是其作为交易主动方所付出的代价。价差越窄，意味着报价行获利越小，询价者买卖成本就越低。因此，价差的宽窄是询价者成交时最关心的因素之一。在即期外汇市场上，常见交易货币价差一般为5~10个点。一些国际大银行在向其主要客户报价时价差常压到1~3个点，有时甚至报“选择价（choice price）”，即买入价和卖出价相同的报价。但此价格一经报出，询价者必须以此价格成交。一个合格的外汇交易员必须熟练掌握外汇交易的术语、行话以及交易报价规范。

（五）即期外汇业务的种类

现汇交易不同于现钞交易，现钞交易可以在同一时间、同一地点进行不同货币现钞的兑换，而现汇交易有可能在同一时间，却绝不可能在同一地点进行交易。它只能是在此地付出此货币，在彼地收进彼货币。其结算方式有三种：电汇汇款方式、信汇汇款方式和票汇汇款方式。因此，即期外汇业务也可分为三种类型：

1.电汇（telegraphic transfer，T/T）

电汇是指外汇买卖成交后用电报、电传等电信手段通知对方银行将外汇交易金额收付记账。由于用电信方式收付外汇的时间短，一定程度上可以减少汇率风险，因此目前大多数外汇交易都以这种方式进行结算，从而使电汇汇率成为外汇市场上的基本汇率，其他汇兑方式的汇率也均以电汇汇率为基础进行核算。同时，正是由于电汇时间短，银行不能利用客户资金，再加上电报、电传的费用高，因此电汇汇率比信汇汇率和票汇汇率都要高。电汇的结算凭证是加注密码的电信付款委托书。

2.信汇（mail transfer，M/T）

信汇是指外汇买卖成交后，用信函方式通知对方银行将交易金额收付记账。信汇的结算凭证是信汇付款委托书，不必加注密码。

3.票汇（demand draft，D/D）

票汇是指外汇买卖成交后，用开立汇票、本票、支票进行交割的方式。汇出行应汇款人的申请，开立以汇入银行为付款人的银行汇票，交由汇款人自行寄送给收款人或亲自携带出国，汇入银行向收款人解付汇款。票汇的凭证是银行汇票。

无论信汇汇款方式，还是票汇汇款方式，从汇款人汇出款项一直到收款人收到款项，都要经历一段邮程或路程的时间。因此，银行在国内为客户办理信汇或票汇业务而收进客户的汇款后，一直到国外代理行解付汇款前的这段时间里，可以利用客户这部分信汇或票汇的资金进行营运并获取收益。这也就是信汇汇率和票汇汇率比电汇汇率低的原因，其差额相当于邮程或路程期间的利息。

（六）即期外汇业务的常见方式

外汇银行与客户之间的即期外汇交易方式一般有四种：汇出汇款、汇入汇款、出口收汇和进口付汇。

1.汇出汇款

汇出汇款是指需要支付外币的客户首先向银行付出本币，再委托银行向国外的收款人汇款。银行接受汇款人委托后，通知其国外分支机构或代理机构向收款人支付相应款项。汇出汇款实际上是客户买进外汇、外汇银行卖出外汇的一种即期交易。

例如，美国进口商向英国出口商买入100万英镑的商品。美国进口商要求其开户银行电汇这笔款项。当日的即期汇率为GBP1=USD1.6120，则美国银行借记美国进口商161.2万美元，并汇出100万英镑。在这笔即期外汇交易中，美国银行卖出100万英镑，买进161.2万美元。

2. 汇入汇款

汇入汇款是指收款人收到国外以外币支付的款项后，通过结汇卖给银行，得到本币款项。一般是由办理汇款的境外银行（汇出行）将外币资金转入收款人的银行（汇入行）结算账户中。汇入汇款实际上是客户卖出外汇、银行买入外汇的即期外汇交易。

3. 出口收汇

出口收汇的结算方式有很多，常用的一种是出口商将出口货物装船后，立即开立以交易双方商定的计价结算货币汇票，并附有关单证，请银行议付货款，议付行将货款记入出口商结算账户中，同时议付行将汇票等单据寄往境外付款行，按照汇票即期支付的条件收取以外币支付的款项。在此结算过程中，实际上是客户向议付行卖出、议付行买入即期外汇的交易。

4. 进口付汇

进口付汇结算方式是与出口收汇结算方式相对应的。常用的一种结算方式是为进口商开出信用证的银行，按照约定的付款条件对出口商开出的即期汇票付款，即开证行将外币计价的货款通过外币结算账户垫付，然后向进口商提示汇票，请其按照即期付款条件支付。进口商以本币向银行支付了进口货款，进口付汇就完成了。在此结算过程中，实际上进口商作为客户向开证行买入一笔即期外汇，开证行做了一笔卖出外汇的即期交易。

综上所述，汇出汇款和汇入汇款是纯粹的、基本的外汇交易形式，可以是出于任何目的的外汇交易；出口收汇和进口付汇是因进出口贸易产生的外汇交易。

（七）即期外汇交易的应用

首先，通过一笔银行间外汇交易范例来说明即期外汇交易所涉及的要素。

范例一：2020年4月22日，机构A通过外汇交易系统与机构B达成了一笔美元对人民币即期询价交易，机构A为发起方。约定机构A以USD/CNY=6.1600的价格向机构B卖出USD10 000 000。即期外汇交易涉及的交易要素见表5-4。

表5-4　即期外汇交易涉及的交易要素

发起方	机构A	报价方	机构B
成交日	2020-04-22	交易模式	询价交易
货币对	USD/CNY	价格	6.1600
交易货币	USD	对应货币	CNY
交易货币金额	USD10 000 000	对应货币金额	CNY61 600 000
折美元金额	USD10 000 000		
交易方向	机构A卖出USD买入CNY；机构B买入USD卖出CNY		
期限	SPOT	起息日	2020-04-24
清算模式和方式	双边全额清算		

其次，通过两笔即期外汇交易的过程来说明这种交易方式的一般做法。

即期外汇交易范例二和范例三分别见表5-5和表5-6。

表5-5　　即期外汇交易范例二

交易过程	意义说明
ABC：CHF 1 MIO	与“USD 1 MIO AG CHF”的含义一样，即ABC（询价者）询价：美元对瑞士法郎，金额为100万美元（这里美元是被报价货币，所以买卖的是美元）
XYZ：1.3213/18	XYZ（报价行）报价：USD1=CHF1.3213/18
ABC：13 Done CHF to ABC ZURICH A/C	ABC：在买入价1.3213的价位卖出美元 将瑞士法郎汇入ABC苏黎世银行账户
XYZ：Agree CFM at 1.3213 We Buy USD 1 MIO AG CHF Val May 20，USD to XYZ NY	XYZ：同意成交 证实在价格1.3213买入100万美元 起息日5月20日，将美元汇入XYZ纽约银行账户
ABC：TKS For Price，BIBI	谢谢你的报价，再见

表5-6　　即期外汇交易范例三

交易过程	意义说明
A：GBP 8 MIO	A（银行）询价：英镑对美元，金额为800万英镑（这里英镑是被报价货币，所以买卖的是英镑）
B：1.9920/30	B（银行）报价：GBP1=USD1.9920/30
A：My Risk	A：不满意B的报价（在此价格下不做交易，即此价格不再有效。A可以在数秒内再次向B询价）
A：Now Pls	A：再次向B询价
B：1.9925 Choice	B：以1.9925的价格任A选择要买或卖（一般当报价行报出“Choice”时，表示一定要做交易，不可以用价格不好为借口而不做）
A：Sell Pls My USD to A NY	A：选择卖出英镑，金额为800万英镑 请将美元汇入A纽约银行账户
B：Ok，Done At 1.9925 We Buy GBP 8 MIO AG USD Val Feb 28，GBP to My London TKS for Deal，BIBI	B：同意成交 在1.9925的价位买入800万英镑 交割日2月28日，将英镑汇入我的伦敦银行账户 谢谢惠顾，再见

二、远期外汇交易

（一）远期外汇交易的概念和特点

1.远期外汇交易的概念

在对外贸易和其他国际经济交往中，由于市场竞争激烈和交易的复杂性，交易双方债权债务的两清常采用远期收、付汇的结算方式，如给予进口商延期支付进口货款、出口商延期收汇的短期商业信用。但是，远期收、付汇会遇到汇率涨跌的风险，为了规避风险，客观上产生了远期外汇交易。

远期外汇交易（forward exchange transaction），又称期汇交易，是指买卖双方成交后即签订远期外汇合同（合约），将外汇交易方向（买进或卖出）、交易币种、数量、远期汇率和到期日等在合同中确定下来，并在两个营业日之后（非即期起息日）办理交割的外汇交易活动（如图5-3所示）。由于国际上即期交易的运作是在成交日之后的两个工作日内结算或交割的，因此任何在成交日之后的两个工作日以后进行交割的外汇买卖，都被视为远期交易。远期合约的期限一般为1~12个月，常见的期限有1个月、2个月、3个月、6个月和12个月，1年以上的远期交易被称为超远期外汇买卖。

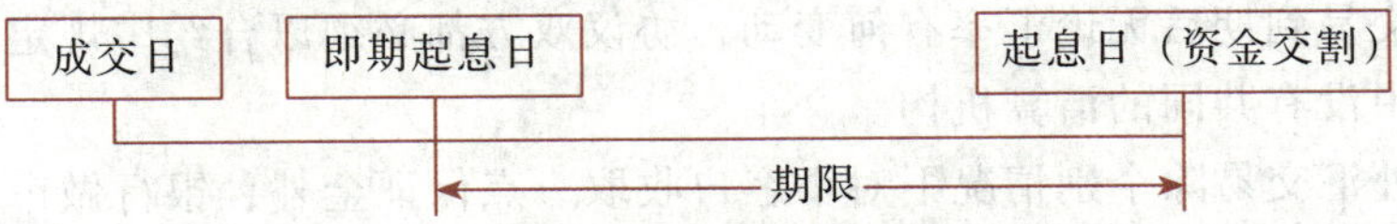

图5-3 远期外汇交易的含义

远期外汇的起息日（value date），在大部分国家是按月而不是按天计算的，即起息日与货币对即期交易起息日时间差为固定时间段的标准期限，如1周、1月、1年等。但在少数情况下，有的客户由于某种特殊需要，也可以同银行签订特殊日期或带零头日期的远期外汇合约，即外汇交易起息日落在标准期限日期以外的非标准期限，如23天、100天等。这类合约被称为零星交易（odd date或broken date transaction）。在日常交易中，任何一个月份的任何一个营业日都可以作为远期外汇买卖的起息日。并且，在日历的日数上，远期起息日的日数与即期起息日的日数相同，这就是所谓的“日对日”原则，即远期交易起息日等于即期起息日加上双方约定的期限。

例如，某公司于某年3月14日与日商签订了一份进口日本机器的合同，合同规定2个月后支付货款，那么该公司将于该年5月14日或者5月16日（因为即期交易的标准起息日为3月16日）支付该笔日元货款。

另外，远期外汇起息日的确定还要遵循“节假日顺延”和“不跨月”的原则。

所谓“节假日顺延”，与即期外汇交易中的节假日顺延的含义和做法相同。如上例中，如果结算时间为3个月后，即在6月16日支付货款，由于该日是交易双方某国的星期六，因此起息日应顺延至6月18日。

所谓“不跨月”，是指远期外汇起息日遇上节假日顺延时，不能跨过起息日所在月份。假如2个月期的远期外汇交易的成交日为5月28日，即期起息日为5月30日，那么对应的远期外汇起息日为7月30日、31日，均不是营业日，但起息日不能顺延，否则就跨过了7月份。因此，按此规则这笔远期外汇起息日应调整至7月29日，如果7月29日仍为节假日，则再向前调整至7月28日，依此类推。

例如，20×1-04-09成交了一笔1W GBP/CNY远期交易，即期起息日为20×1-04-11，远期起息日本应为20×1-04-18，但因为20×1-04-18是英镑假日，根据“下一营业日”准则，该笔远期交易的起息日调整至20×1-04-22（19日、20日是周末，21日也是英镑假日）。又如，20×9-03-27成交一笔2M GBP/CNY远期交易，即期起息日为20×9-03-31（29日、30日是周末），远期交易起息日本应为20×9-05-31，但因20×9-05-31是人民币假日，根据“经调整的下一营业日”准则，该笔远期交易的起息日调整至20×9-05-30。

2.远期外汇交易的特点

（1）远期外汇交易主要是在无形市场上进行，通过电话、电报、电传等通信工具，按照牌价成交。

（2）在远期外汇合约中，货币种类、汇率、交易金额、交割日期等没有统一标准的限制，由买卖双方自行商定。

（3）远期外汇交易是无限制的公开活动，任何人都可以参加，买卖双方可以直接进行交易，也可以通过经纪人进行交易。但远期外汇交易主要为银行间同业市场业务，合同金额一般比较大，个人和小公司参与买卖的机会较少。

（4）远期汇价由银行报出，买卖双方都要分别报出买入价和卖出价。

（5）期汇交易到期后无论汇率有何变动，协议双方都必须以合约中规定的远期汇率进行交割。交易中没有共同的清算机构。

（6）远期外汇交易除个别情况下对小客户收取一点保证金外，银行做市商或中间商不要求合同双方缴纳保证金，因此对入市的机构信誉要求比较高，款项交收全凭信用，有一定风险。

（二）远期外汇交易的作用

1.利用远期外汇交易进行保值以防范汇率风险

对进出口商和外汇投融资者而言，远期外汇交易为其提供了基本的保值手段。例如，在进出口贸易中，一笔交易从合同的签订到货款的结清通常要经过一段或长或短的时间，为了避免这一过程中因汇率变动带来的损失或不确定性，有时需要进行远期外汇交易。从进口商的角度来说，会遇到支付外币货款时因外汇汇率上升而使其购汇成本增加的风险，因而可以采取先行买进期汇的做法。在签订进口合同时就买进相当于货款价值、起息日为付款日的外汇，等到付款时，该进口商只需按与银行商定的远期汇率用本币购买外币即可。如果远期汇率低于付款时的即期汇率，则该进口商就减少了汇率风险的损失。当然，汇率的实际变动总是存在两种可能性。如果外汇汇率不升反跌，远期汇率高于付款时的即期汇率，该进口商就失去了降低成本的机会。但需要明确的是，进口商是汇率风险的厌恶者，其从事外汇交易的目的是保值，而不是为了利润。相反，从出口商的角度来说，出口商会遇到收回外币货款时外汇汇率下降带来的收益减少的风险，因而可以先行出售期汇。在签订出口合同当日就同银行做一笔与收回货款金额和日期相吻合的远期外汇交易，以锁定汇率，这样在收款日不管汇率如何变动，都不会影响到出口商的出口利润。

例如，某澳大利亚进口商从日本进口一批电视机，日本厂商要求该进口商在3个月内支付100亿日元。当日外汇市场行情如下：即期汇率为1澳大利亚元=100.00/20日元，3个月期的远期差价为2.00/1.90。

那么，3个月期的远期汇率为1澳大利亚元=98.00/30日元。该进口商以1澳大利亚元=98.00日元的远期汇率从银行购买100亿日元，将进口成本锁定在10 000 000 000÷98.00=102 040 816.33澳大利亚元，从而可以消除外汇风险敞口。如果当时该进口商没有对这笔外汇风险敞口采取任何保值措施，而是等到3个月后再以即期汇率从市场买进100亿日元，那么一旦澳大利亚元对日元贬值，购买日元的澳大利亚元成本将大大上升，该进口商将因汇率下跌而遭受损失。

例如，美国某出口商向英国出口价值200万英镑的货物，预计3个月后收汇。当日外

汇市场行情为：　　　　　　　　　　　GBP/USD

即期汇率　　　　　　　　　　　　　1.8520/30

远期汇率（90天）　　　　　　　　　1.8520/10

假如3个月后英镑对美元的汇率下跌，即GBP/USD：1.8115/45，那么如果该出口商事先不进行保值，则3个月后将面临什么样的结果？如果该出口商利用远期外汇市场进行保值，结果又将如何？

情形一：该出口商不采取保值措施，3个月后收到200万英镑，按3个月后GBP/USD即期汇率兑换成美元为：

200×1.8115=362.3（万美元）

而按照贸易合同签订时的即期汇率兑换成美元为：

200×1.8520=370.4（万美元）

由于汇率变动，英镑贬值，美元升值，该出口商的损失为：

370.4−362.3=8.1（万美元）

情形二：该出口商运用远期外汇交易进行保值，3个月远期汇率为GBP/USD：1.8500/20。在外汇市场卖出远期英镑200万，锁定了出口收益，兑换成美元为：

200×1.8500=370（万美元）

相比不采取保值措施而等到3个月后收到货款时，按市场汇率卖出英镑多兑换美元为：

370−362.3=7.7（万美元）

2.利用远期外汇交易保持银行外汇头寸平衡

对银行而言，远期外汇交易为其调整外汇持有额和外汇资金结构提供了方便。进出口商同银行进行外汇买卖之后就把汇率风险转嫁给了外汇银行。外汇银行在买卖某种远期外汇时，或者买入多于卖出而处于“多头”或“超买”地位，或者卖出多于买入而处于“空头”或“超卖”地位。外汇银行总是处于现汇或期汇的超买或超卖的地位。无论哪种情况，都会使银行承受汇率变动的风险。以多头为例，当形成某种远期外汇的多头而银行又未及时抛出时，如果在抛出时其汇率下降，银行将会遭受损失。因此，为了避免这种风险，银行就可以利用远期外汇交易，对不同期限、暴露额不同的货币，或抛出（超买时）或补进（超卖时），以保持远期外汇头寸的平衡。例如，如果某银行在与客户的远期交易中共卖出远期欧元1 000万，同时买进了500万同期的远期欧元而形成超卖，那么该银行可再买进到期日相同的远期欧元500万，以轧平头寸。

3.利用远期外汇市场进行投机

对投机者而言，在汇率波动频繁的情况下，远期外汇市场的存在为其外汇投机创造了一定的条件。当投机者预测未来某种货币汇率将下跌时，可以在汇价相对较高时预约卖出这种货币，一旦今后汇率果真下跌，再在现汇市场上低价补进，从而赚取高卖低买的利润。由于这是以预约形式进行的交易，卖出当时自己手中实际并没有的外汇，所以称之为“卖空”或“做空头”。相反，当投机者预测未来某种外汇汇率将上升时，则预约买进这种外汇，待日后汇率上涨时再卖出，赚取低买高卖的差价收益，所以称之为“买空”或“做多头”。

利用外汇交易进行投机，与保值有所不同。第一，投机者是风险的偏好者，投机交易没有实际的商业或金融业务为基础，其进行交易不是因为对外汇有实际需求，而是为了利用汇率差异赚取投机利润。第二，投机交易在买进或卖出时，并非真有足额的资金。第三，投机交易在远期外汇市场上起着一种微妙的平衡作用，投机者与保值者都是外汇市场上不可或缺的参与者。

外汇投机既可在现汇市场上进行，也可在远期外汇市场上进行。两者的区别在于：在现汇市场上投机，必须立即进行交割，投机者手中必须有足额的本币资金或外汇资金；在期汇市场上投机，由于成交时不立即进行交割，因此不必有足额的外汇或本币资金。举例说明如下：

在现汇市场上投机：美元的即期汇率是1美元=106日元，投机者认为1个月后美元即期汇率将上升，于是入市买入10万美元，交付1 060万日元。如果1个月后汇率变动为1美元=116日元，投机者再次入市卖出10万美元，得到1 160万日元，投机者获利100万日元。当然，如果投机者预测失败则承担相应的损失。不管怎样，投机者手中必须有入市所需的货币资金。

在期汇市场上投机：假设在香港外汇市场上，某年3月5日的3个月期的远期汇率为1美元=7.7875港元。投机者预测美元在以后的3个月内会贬值，于是在远期外汇市场上抛出美元100万，交割日为6月5日。假如到5月5日时，1月期美元汇率为1美元=7.6875港元，投机者再次进入远期外汇市场，买入100万美元，交割日为6月5日。到6月5日交割时，投机者获利100 000港元（1 000 000× 7.7875-1 000 000×7.6875）。与现汇市场上的投机不同的是，投机者在3月5日和5月5日入市成交时，投机者只需签订合约，而无须立即付款。

（三）远期外汇交易的类型

远期外汇交易按交割日是否固定分为定期远期外汇交易和择期交易两种类型。

1.定期远期外汇交易

定期远期外汇交易是交割日期固定的远期外汇交易。它是最常见的远期外汇交易类型。这类交易的交割日不能提前，也不能推迟。到交割日，按对方的要求，将货币存入对方指定的银行账户内。如果一方提前交割，另一方既不用提前交割，也无须因对方提前交割而支付利息；但如果有一方推迟交割，则必须向对方缴纳滞付利息。对使用远期交易避险保值的进出口商来说，在签订进出口贸易合同时，他们无法知道付款或收款的确切日期，而定期远期外汇交易的交割日期是固定在某一时日或某一时点上，带有很大的局限性。

2.择期交易

择期交易是一种可以选择交割日的远期外汇买卖，即买卖双方在签订远期合约时，事先确定交易货币的种类、数量和汇率，但具体交割的日期不固定，只规定交割的期限范围，客户可在这一期限内的任何日期买进或卖出一定数量的外汇。在国际贸易中，进出口商常常遇到无法肯定付款或收款的确切日期，而只是知道大约在哪一段时间内收、付款的情况，择期交易由此产生。

择期交易可分为完全择期和部分择期两种。完全择期是指客户可以选择从双方成交后的第三个营业日起至远期合约的到期日止的任何一个营业日作为交割日。部分择期是买卖双方约定从签约日至到期日这一段期间内某两个具体日期之间或具体的月份，由客户任意选择一个营业日作为交割日。

例如，某出口商在9月22日成交一笔出口业务，预计3个月内收到货款。该出口商马上在外汇市场上卖出一笔3个月期的远期外汇，并约定择期日期为9月25到12月22日。这就意味着该出口商在这段时间内，随时可以将收到的外汇卖给银行。如果该出口商知道第一个月、第二个月肯定收不到货款，择期可以从第三个月开始，选择部分择期交易。对客户来说，尽量缩小择期的范围，可以减少成本，获得更有利的远期汇率。

（四）远期汇率的定价原则

远期外汇交易使用远期汇率。远期汇率以即期汇率为基础，但又不同于即期汇率，两者之间存在远期差价，即升水、贴水或平价。形成升水或贴水的因素有很多，如货币的法定升值或贬值、市场上的投机行为、各国的财政金融政策、国际政治局势或经济格局的变化等，但主要原因是受到有关两种货币利率的差异和外汇供求状况的影响。这是因为远期外汇交易在成交和实际交割之间存在时间差，而货币的时间价值通常是以利息表示的，所以远期汇率的定价必须考虑这段时间内相交换的两种货币的不同的利率和由此产生的利息。

高利率货币能带来较高的利息收益，市场上对其现汇需求量大，即期汇率上升。但是，高利率货币也会有后期下降的可能性，套利者必然在远期外汇市场抛出该种货币，即在买入高利率货币现汇的同时，卖出相同期限、相同金额的该货币期汇，使该种货币的远期货币供给增多，从而导致其远期汇率贴水；相反，低利率货币带来较低的利息收益，市场对其现汇需求量小，即期汇率下降。但是，低利率货币也会有上升的可能性，必然刺激该货币期汇需求量增加，从而导致其远期汇率升水。

因此，远期汇率与有关货币的利率有密切关系，表现为利率高的货币，其远期汇率必然贴水；利率低的货币，其远期汇率必然升水。远期汇率的升（贴）水率大约等于两种货币的利率差。它们之间的关系可以用公式表示为：

$$\frac{F-S}{S}\approx I_A-I_B$$

式中：S为即期汇率，F为远期汇率，I_A为A国利率，I_B为B国利率，I_A和I_B与F同期。该公式阐述了利率平价理论的基本思路。

在实务中，远期汇率的升（贴）水，也被称为远期汇水、远期点数或掉期率，一般由即期汇率、货币对中两种货币的利差和远期期限等因素决定，可以为正，也可以为负。其计算公式为：

升（贴）水=即期汇率×（A货币利率-B货币利率）×天数÷360

或：

升（贴）水=即期汇率×两种货币利差×月数÷12

由此可见，远期汇率的升（贴）水是以即期汇率为本金，以两种货币利差为利率，从成交日到交割日这段时间内所产生的利息。那么：

远期汇率=即期汇率+即期汇率×（A货币利率-B货币利率）×天数÷360

例如，某时期纽约货币市场上3个月期的同业拆借利率为3.09%，东京市场上日元的同期该利率为0.55%。东京外汇市场上美元对日元的即期汇率为106.32。由此可得，3个月期的远期差价=106.32×（0.55%-3.09%）×3÷12=-0.68（掉期率为负，表示基础货币贴水，标价货币升水）。这表明3个月美元贴水68个点，远期汇率为1美元=105.64日元（106.32-0.68）。

（五）远期汇率的报价方式

1.定期远期外汇交易远期汇率的报价

在国际外汇市场上，报价行每天都要报出或公布即期汇率和远期汇率，远期汇率也采用双向报价，并且有两种不同的报价或公布方式。

（1）直接报价。直接报价，又称完整汇率报价，是指在外汇牌价上直接报出远期外汇的买入价和卖出价。这种报价方式最大的优点是一目了然，通常适用于银行与客户之间的远期外汇买卖。日本和瑞士外汇市场银行同业间的远期交易就采用这种报价方式。

（2）间接报价。间接报价，又称掉期率报价，包括差价报价和点数报价，是指外汇银行只报出即期汇率和远期差价或升（贴）水点数而不直接公布远期汇率，远期汇率是在即期汇率的基础上，通过远期差价或升（贴）水点数来表示的。用掉期率报价的好处是简明扼要。虽然在即期汇率变动的同时远期汇率也进行着相应变动，但是通常远期差价比较稳定，用间接报价比用直接报价要省事。这种报价方式适用于银行同业之间的远期外汇买卖。英国、德国、法国和美国等国家习惯上也采用这种方法。

例如，某日纽约的银行报出港元买卖价为：

	USD/HKD
即期汇率	7.7972/80
1个月掉期率	7.7913/10
2个月掉期率	7.7948/33
3个月掉期率	7.7970/50

在第三章第二节中我们已经指出，在不同的汇率标价方法下，远期汇率的计算方法不同，可归纳为：

在直接标价法下：

远期汇率=即期汇率+升水

远期汇率=即期汇率-贴水

在间接标价法下：

远期汇率=即期汇率-升水

远期汇率=即期汇率+贴水

升（贴）水的幅度一般用基点（basic point，BP）来表示，外汇市场上每一“点”为万分之一，即0.0001。但USD/JPY和EUR/JPY的升（贴）水点数为0.01。在通常情况下，银行报出的升（贴）水点数只有两位数或三位数。如果报两位数，则表示这两位数是升（贴）水点数的小数点后第三和第四位数；如果报三位数，则表示这三位数是升（贴）水点数的小数点后第二、第三和第四位数。

银行公布升（贴）水点数时，不必直接说明这是升水还是贴水。根据风险与收益的关系，外汇买卖成交后交割的期限越长风险越大，银行的兑换收益也就要求越高。因此，远期外汇的买卖差价总是大于即期外汇的买卖差价，且期限远的远期差价大于期限近的远期差价。根据这一原则，按照远期点数的排列顺序，即可判断出远期差价是升水还是贴水。在直接标价法下，小数在前，大数在后，即远期点数按“小/大”排列为升水；大数在前，小数在后，即远期点数按“大/小”排列为贴水。在间接标价法下则刚好相反，按“小/大”排列为贴水；按“大/小”排列为升水。于是，在实际中，不管哪种标价法，远期汇率的计算都可以遵照一个简单的规则进行：若远期差价以“小/大”排列，则远期汇率等于即期汇率加上远期差价；若远期差价以“大/小”排列，则远期汇率等于即期汇率减去远期差价。也就是说，“前小后大往上加，前大后小往下减”。

需要指出的是，无论采用直接标价法还是间接标价法，升水均指外币升水，贴水均指外币贴水（直接标价法下外币是被报价货币，间接标价法下外币是报价货币）。当然，就两种货币而言，一种货币远期升水必然是另一种货币远期贴水。

上例中，按计算规则可知，远期汇率=即期汇率-远期差价。各期远期汇率分别计算如下：

USD/HKD1个月期的远期汇率=7.7959/7.7970

USD/HKD2个月期的远期汇率=7.7924/7.7947

USD/HKD3个月期的远期汇率=7.7902/7.7930

分析：上述报价为纽约银行的报价，应是间接标价法，港元是外币。由此可知，港元升水，美元贴水。

又如，某日纽约银行的报价为：

	GBP/USD
即期汇率	1.8324/29
3个月期的远期差价	1.8380/70

分析：美元对英镑汇率采用直接标价法，美元是本币，英镑是外币。由此可知，英镑贴水，美元升水。

GBP/USD 3个月期的远期买入价=1.8324-0.0080=1.8244，GBP/USD3个月期的远期卖出价=1.8329-0.0070=1.8259，即GBP/USD 3个月期的远期汇率为1.8244/59。

再如，一笔美元对人民币远期交易在成交时，报价方报出的即期汇率为6.1575/6.1578，远期点数为45.01/50.33。若发起方为卖方，则远期全价为6.1575+45.01‱=6.162001；若发起方为买方，则远期全价为6.1578+50.33‱=6.162833。

我们可以用下面的方法来检验计算结果：如果得到的远期汇率买卖差价比即期汇率差价大，即期汇差价>现汇差价，则计算结果正确；如果得到的远期汇率买卖差价反而比即期汇率差价小，则计算结果错误。这是因为远期交易包含时间因素，承担的交易风险较大，银行报出的远期汇率的买卖差价也相应扩大。正如上例所示，即期汇率买卖差价为5个点，远期汇率买卖差价为15个点。

2.择期交易远期汇率的报价

在择期远期外汇交易中，客户拥有选择具体交割日的主动权，既便利，又避免了汇率风险，银行则处于被动地位，要承担更多的成本和汇率变动带来的损失。因为如果银行按择期第一天的报价卖出一种升水货币，而客户在择期最后一天办理交割，那么银行就要付出这笔升水，或者如果银行按择期最后一天的报价卖出一种贴水货币，而客户在择期第一天就办理交割，那么银行将遭受贴水损失；相反，如果银行按择期第一天汇率买入一种贴水货币，而客户在最后一天交付该货币，那么银行将遭受贴水损失，或者如果银行按择期最后一天的汇率买入一种升水货币，而客户在第一天就办理交割，那么银行就要支付这笔升水。前者为贱卖，后者为贵买，两种情况都与银行低买高卖、获取差价收入的基本准则相悖。所以，为平衡收益与损失，择期交易的报价原则是：银行将选择从择期开始到择期结束期间最不利于客户的汇率作为择期交易的汇率。具体来说就是：在支出的货币贴水时，按可交割的第一天的汇率报价，以尽量提高所卖货币的价格；在卖出的货币升水时，则按可交割的最后一天的汇率报价，同样以最高价卖出。

操作时可按以下步骤进行：①确定客户选择期的第一天和最后一天；②计算出这两天的远期汇率（如果最早日期为即期，则取即期汇率）；③比较第一天和最后一天的远期汇率，选择一个对银行最有利和对客户最不利的汇率作为择期远期汇率。

其具体做法是：①在基础货币贴水、标价货币升水的情况下，银行买入基础货币、卖出标价货币，按择期最后一天的远期汇率计算；反之，银行卖出基础货币、买入标价货币。如果择期从即期开始，则按即期汇率计算；如果择期从将来某一天开始，则按择期开始的第一天远期汇率计算。②在基础货币升水、标价货币贴水的情况下，银行卖出基础货币、买入标价货币，按择期最后一天的远期汇率计算；反之，银行买入基础货币、卖出标价货币。如果择期从即期开始，则按即期汇率计算；如果择期从将来某一天开始，则按择期开始的第一天远期汇率计算。择期交易远期汇率的报价原则见表5-7。

表5-7 **择期交易远期汇率的报价原则**

类型	基础货币贴水、标价货币升水		基础货币升水、标价货币贴水	
	从即期开始	从将来某一天开始	从即期开始	从将来某一天开始
买入基础货币 卖出标价货币	最后一天	最后一天	即期汇价	第一天
卖出基础货币 买入标价货币	即期汇价	第一天	最后一天	最后一天

例如，美国的某进口商同英国的某出口商于2020年8月18日签订进出口合同，从英国进口100万英镑的货物，合同要求货到后1个月付款。按合同规定，货物必须在2个月内到达，但具体在哪一天到达事先无法确定。当日纽约外汇市场外汇牌价如下：

	GBP/USD
即期汇率	1.5611/17
1个月期的远期汇率	1.5610/20
2个月期的远期汇率	1.5630/50
3个月期的远期汇率	1.5660/80

该进口商为防范英镑升值的风险，就在贸易合同签订的同时与银行签订了一个买进远期英镑的择期合同，择期日在10月18日至11月18日之间。因此，银行将会在2个月期和3个月期的远期汇率中选择一个对自己最有利的价格卖出英镑。

首先，把点数报价改成直接报价，运用“前小后大往上加”的规则得出远期汇率。

	GBP/USD
即期汇率	1.5611/17
1个月期的远期汇率	1.5621/37
2个月期的远期汇率	1.5641/67
3个月期的远期汇率	1.5671/97

其次，按报价原则，银行会选择最贵的价格，即按1英镑=1.5697美元的远期汇率卖

出远期英镑。相应地，该进口商付出较高的价格取得了择期的灵活性。

又如，在苏黎世外汇市场上，某日USD/CHF牌价为：

	USD/CHF
即期汇率	1.5850/60
2个月期的远期差价	62/68
3个月期的远期差价	156/164

客户根据业务需要：①如果卖出美元，择期从2个月到3个月；②如果买入美元，择期从2个月到3个月。分别计算两种情况下报价行报出的择期远期汇率。

分析：从已知的即期汇率和远期差价可知，美元为被报价货币，且2个月和3个月远期均为升水，因此远期汇率等于即期汇率加远期差价。

①客户卖出美元，即报价行买入美元。对报价行而言，若所加的远期差价越小，则买入被报价货币的价格就越低，对报价行越有利。因此，由定价原则可确定此择期远期汇率为UDS1=CHF1.5912（1.5850+0.0062）。

②客户买入美元，即报价行卖出美元。对报价行而言，若所加的远期差价越大，则卖出被报价货币的价格就越高，对报价行越有利。因此，由定价原则可确定此择期远期汇率为UDS1=CHF1.6024（1.5860+0.0164）。

（六）远期外汇交易范例

下面通过两笔远期外汇交易范例说明远期外汇交易的要素及交易过程，分别见表5-8和表5-9。

范例一：2019年3月25日，A银行通过外汇交易系统与B银行成交一笔美元对人民币的远期交易。约定A银行卖出USD15 000 000，买入CNY。A银行为发起方，B银行报出的即期汇率为USD/CNY=6.1300，远期点数为40.00，即A银行以USD/CNY=6.1340的价格在2020年3月27日向B银行卖出USD 15 000 000。该笔交易所涉及的交易要素见表5-8。

表5-8　远期外汇交易范例一

发起方	A银行	报价方	B银行
成交日	2019-03-25	远期汇率	6.1340
货币对	USD/CNY	折美元金额	USD15 000 000
交易货币	USD	交易货币金额	USD15 000 000
对应货币	CNY	对应货币金额	CNY92 010 000
即期汇率	6.1300	远期点数	40.00
交易方向和金额	A银行卖出USD15 000 000，买入CNY92 010 000 B银行买入USD15 000 000，卖出 CNY92 010 000		
期限	1年	起息日	2020-03-27
清算模式和方式	双边全额清算		

表 5-9 远期外汇交易范例二

交易过程	意义说明
A：GBP 0.5 MIO	A询价：GBP/USD的即期汇率，金额为50万英镑
B：1.8480/86	B报价：GBP/USD即期汇率为1.8480/86
A：Mine，Pls adjust to 1 Month	A：买入英镑，并调整为一个月后的交割日期
B：Ok，Done，Spot/1 Month 93/89 At 1.8397 We Sell GBP 0.5 MIO AG USD Val June 20，USD to My NY	B：同意成交，即期到一个月的掉期汇率为93/89 在1.8397的价位卖出50万英镑，交割日为6月20日，将美元汇入我的纽约银行账户
A：Ok，All agreed，GBP to My London，Tks and BIBI	A：好的，同意，将英镑汇入我的伦敦银行账户，谢谢，再见
B：Ok，Tks and BIBI	B：好的，谢谢，再见

第四节 套汇交易、掉期交易与套利交易

套汇交易有广义和狭义之分，广义的套汇交易是指利用不同的外汇市场、不同的交割期限在汇率上的差异而进行贱买贵卖以获取差价收益的外汇交易活动，包括地点套汇、时间套汇和利息套汇三种类型。狭义的套汇交易一般仅指地点套汇。我们在这里所说的套汇交易是狭义的套汇，是指在即期外汇市场上进行的外汇交易活动。时间套汇，又称掉期交易，而利息套汇，又称套利交易。

一、即期外汇市场的套汇交易

套汇交易（arbitrage transaction）是指利用同一时间、不同外汇市场上相同货币间的汇率差异，在低价买进某种货币的同时再以高价卖出该种货币，以赚取利润的外汇交易。

一般说来，要进行套汇交易必须具备以下三个条件：①不同外汇市场的汇率存在差异；②套汇者必须拥有一定数量的资金，且在主要外汇市场拥有分支机构或代理行；③套汇者必须具备一定的技术和经验，能够判断各外汇市场上汇率的变动趋势，并根据预期采取行动。

套汇交易的参与者众多，但其主体是拥有雄厚资金的金融机构或非金融机构，如商业银行是最大的套汇投机者。这些银行在国外主要金融市场上都设有分支机构或代理行，通过国际通信网络快捷迅速地调整头寸。其套汇的额度一般都很大，即使在不同市场上汇率差异较小的情况下，也可获得丰厚的利润。由于汇率出现较大差异的时间很短，因此套汇业务一般都采用电汇方式，以捕捉最佳套汇时间。套汇交易一般没有外汇风险。

套汇交易按涉及外汇市场的多少，可分为直接套汇和间接套汇两种。

（一）直接套汇

直接套汇，又称双边套汇、两角套汇、两地套汇，是指套汇者利用某种货币在两个不同地点的外汇市场上同一时间的汇率差异，在这两个外汇市场上买卖该种货币，以赚取汇率差额的外汇交易活动。这是一种较简单的套汇方式，能够清楚地表明哪种货币在哪个市场上贵或便宜，很容易判断有无套汇机会和确定交易方向。

【例 5-19】同一时间内，伦敦和纽约外汇市场的汇率如下：

伦敦市场　　GBP/USD：1.5230/40

纽约市场　　GBP/USD：1.5260/70

请问能否进行套汇？如果以100万英镑入市，套汇毛利是多少？如果套汇费用为500英镑，套汇者可获得净利多少？

解：由于两地英镑与美元的汇价不一致，从而产生了套汇机会。显然，在伦敦市场上英镑便宜、美元贵，在纽约市场上英镑贵、美元便宜。因此，根据贱买贵卖的原则，套汇者可在纽约外汇市场上用100万英镑买进152.6万美元，同时电汇至伦敦的分支行卖出152.6万美元买进100.1312万英镑（152.6÷1.5240），赚得毛利为1 312英镑。扣除套汇费用500英镑，套汇者可获净利为812英镑。

（二）间接套汇

间接套汇，又称多边套汇、三角套汇、交叉套汇，是指利用三个或三个以上的外汇市场在同一时刻存在的汇率差异，在三地市场上进行贱买贵卖以赚取汇差利润的外汇交易活动。间接套汇中最简单的是三地套汇。

三个或三个以上的外汇市场以及三种或三种以上的货币之间是否存在套汇机会，需要通过下面的原则进行判断：先将三个或更多个外汇市场上的汇率按同一种标价法，即直接标价法或间接标价法列出，将所有的基础货币单位都统一为"1"；再把它们依次连乘，如果乘积为1，则说明汇率间没有价差，无利可图，因而没有套汇机会；反之，如果乘积不等于1，则有套汇机会。

在汇率相乘时会遇到这样的问题，汇率报价采用双价制，即外汇市场报出的汇率包括买入汇率和卖出汇率，所以三地汇率共有六个数字。到底用哪三个数字相乘来判断有无套汇机会，其方法可以有两种：一种是先分别计算出各汇率的中间汇率，然后将三个中间汇率连乘；另一种是以三个市场外汇卖出汇率相乘，因为套汇时一般是客户买入外汇，而银行则是卖出外汇。

【例5-20】同一时间在以下三个市场汇率的情况分别是：

法兰克福市场　　1美元=1.1335欧元

巴黎市场　　1英镑=1.5174欧元

伦敦市场　　1英镑=1.72美元

请判断上述情况下有无套汇机会？若有，套汇者应如何进行套汇？

解：首先把伦敦市场的汇率变为直接标价法，即1美元=0.5814英镑（1÷1.72），然后将三地市场的汇率依次相乘得：1.1335 × 1.5174 × 0.5814=1。由此可知，无套汇机会。

【例5-21】某日，三个外汇市场的汇率情况如下：

纽约市场　　1美元=1.1335欧元

巴黎市场　　1英镑=1.1565欧元

伦敦市场　　1英镑=1.6543美元

请判断上述情况下有无套汇机会？若有，套汇者应如何进行套汇？

解：首先把巴黎市场的汇率变为间接标价法，即1欧元=0.8647英镑（1÷1.1565），然后将三地市场的汇率依次相乘得：1.1335×0.8647×1.6543=1.6214，1.6214>1。由此可知，存在套汇机会，且可以正向套汇，即以美元兑换成欧元，再以欧元兑换成英镑，最后以英镑兑换成美元。其具体操作过程如下：第一步，在纽约外汇市场卖出1美元、买进1.1335

欧元；第二步，将1.1335欧元电汇到巴黎外汇市场卖出，买进0.9801英镑（1.1335×0.8647）；第三步，将英镑电汇到伦敦外汇市场卖出，买进1.6214美元（1.1335×0.8647×1.6543），可获利0.6214美元。若用100万美元进行套汇，则可赚得毛利62.14万美元。

【例5-22】某日，三个外汇市场的汇率情况如下：

纽约市场　　美元/欧元=1.1325/1.1345

巴黎市场　　英镑/欧元=1.8005/1.8045

伦敦市场　　英镑/美元=1.6513/1.6573

请判断上述情况下有无套汇机会？若有，套汇者应如何进行套汇？假如套汇者手里有100万美元，其套汇毛利是多少？

解：首先判断有无套汇机会。

第一种判断方法：用中间汇率相乘，看乘积是否为1。

①先求出三地汇率的中间价，分别为：

纽约市场　　1美元=1.1335欧元

巴黎市场　　1英镑=1.8025欧元

伦敦市场　　1英镑=1.6543美元

②把巴黎市场汇率变为间接标价法，可得：1欧元=0.5548英镑（1÷1.8025）。

③将三地市场的汇率依次相乘，可得：1.1335×0.5548×1.6543=1.0403，1.0403>1，所以有套汇机会。

第二种判断方法：用卖出汇率相乘，看乘积是否为1。

1.1325×（1÷1.8045）×1.6513=1.0364，1.0364>1，所以有套汇机会。

因此，三个外汇市场之间存在汇差，可以进行套汇。

套汇时，首先应确定套汇路线，方法是计算套算汇率并进行比较。

由：

巴黎市场　　1英镑=1.8025欧元

伦敦市场　　1英镑=1.6543美元

得出交叉汇率为：

1美元=1.8025÷1.6543=1.0896欧元

与纽约市场1美元=1.1335欧元相比，可知美元在纽约市场上比较贵，在其他两个市场上比较便宜。

由：

纽约市场　　1美元=1.1335欧元

伦敦市场　　1英镑=1.6543美元

得出交叉汇率为：

1英镑=1.6543×1.1335=1.8751欧元

与巴黎市场1英镑=1.8025欧元相比，可知在巴黎市场上英镑更便宜，欧元更贵。

因此，套汇者可以正向套汇，即先以美元兑换成欧元，再以欧元兑换成英镑，最后以英镑兑换成美元。其具体操作过程如下：第一步，在纽约外汇市场卖出1美元、买进1.1325欧元；第二步，将1.1325欧元电汇到巴黎外汇市场卖出，买进0.6276英镑［1.1325×（1÷1.8045）］；第三步，将英镑电汇到伦敦外汇市场卖出，买进1.0364美元

[1.1325×（1÷1.8045）×1.6513]，可获利0.0364美元。若用100万美元进行套汇，则可获得毛利3.64万美元。

关于套汇交易需要说明以下几点：①套汇交易涉及一些成本，包括获得信息的费用以及电报费、电传费、付给外汇经纪人的佣金、某种货币买入和卖出的价差等交易费用，因此，套汇的净利润取决于汇率差价和套汇成本两个因素；②套汇交易获利机会不会一直存在，当外汇市场上的汇率差等于套汇成本时，套汇交易就会停止；③国际金融中心分散在不同时区，只有比较营业时间重叠的外汇市场的报价才有意义；④套汇活动是市场不均衡的产物，它使得套汇者能赚到无风险利润，但同时套汇交易又使得市场重新回到均衡，即汇率在全世界范围内趋向一致。套汇资金流动与汇率的统一关系如图5-4所示。

	伦敦市场	纽约市场
第一时点	1英镑=1.7810美元	1英镑=1.7810美元
第二时点	1英镑=1.7810美元	1英镑=1.7820美元
持有美元者 低价买进高价卖出	卖出美元、买入英镑 ↓ 英镑需求增加、汇率上升 ↓	同时：卖出英镑、买入美元 ↓ 英镑供给增加、汇率下跌 ↓
第三时点	1英镑=1.7815美元	1英镑=1.7815美元

图5-4　套汇资金流动与汇率的统一

二、掉期交易

（一）掉期交易的概念和特点

掉期交易（swap transaction），也称时间套汇，是指在外汇市场上买进或卖出一种货币的同时，卖出或买进金额相等但交割日期不同的该种货币的外汇交易行为。

掉期交易的特点是：买和卖同时进行，币种相同，数额相等，但期限不同。掉期交易不会改变交易者的外汇持有额，改变的只是交易者所持有的外汇的期限结构，其实质上是一种套期保值的做法，但又不同于一般的套期保值。第一，掉期交易强调买入和卖出的同时性，即两笔交易必须同时进行，而一般套期保值两笔交易有先有后；第二，掉期交易绝大部分是针对同一对手进行的。

进行掉期交易的目的主要是轧平外汇头寸，以避免外汇风险。银行同业之间常用掉期交易，以使某种货币头寸在某一特定日期为零，同时可以通过掉期交易，贱买贵卖，赚取买卖差价收益。

（二）掉期交易的类型

每笔掉期交易包含一个近端期限和一个远端期限，分别用于确定近端起息日和远端起息日。近端起息日是指第一次货币交割的日期。远端起息日是指第二次货币交割的日期。掉期汇率包括近端汇率和远端汇率。近端汇率是指交易双方约定的第一次交割货币所适用的汇率。远端汇率是指交易双方约定的第二次交割货币所适用的汇率。远端汇率与近端汇率之差的基点数称为掉期点。掉期点可以为正，也可以为负。

掉期交易根据交割日不同可分为三种类型，如图5-5所示。

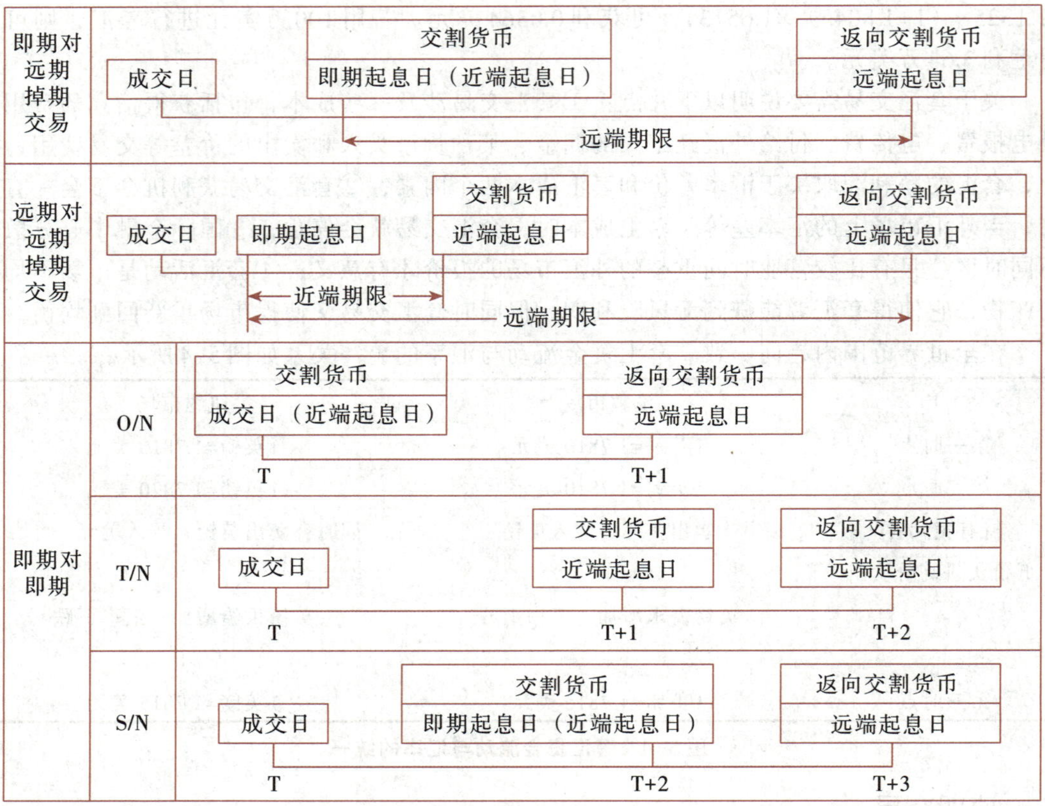

图5-5　掉期交易的类型

1.即期对远期（spot-forward）掉期交易

即期对远期掉期交易是指买进或卖出某种即期外汇的同时，卖出或买进同种货币的远期外汇。这是外汇市场上最常见的掉期交易形式，应用范围较广，如国际投资者的投资保值、进出口商的远期交易的展期、外汇银行筹措外汇资金及调整外汇头寸等都可以利用这种掉期交易。

例如，美国某公司因业务需要，以美元购买10万欧元存放于巴黎法国银行，期限1个月。为防止1个月后欧元汇率下跌，存放于法国银行的欧元不能换回如数的美元而蒙受损失，该公司在买进欧元现汇的同时，卖出10万欧元的1个月期汇。假设纽约外汇市场欧元即期汇率为EUR/USD：1.5073/75，1个月期的远期点数为30/28，那么该公司的损益情况如何？

由上述外汇牌价可知，1个月期的远期汇率为EUR/USD：1.5043/47。该公司买进10万欧元现汇需支付150 750美元（100 000×1.5075），卖出10万欧元期汇可收回150 430美元（100 000×1.5043）。这样，该公司只需支付即期汇率与远期汇率之间十分有限的买卖差额320美元（150 750−150 430），就可固定成本，不管1个月后欧元如何下跌，都不会再蒙受更多损失。

2.远期对远期（forward-forward）掉期交易

远期对远期掉期交易是指对不同交割期限的期汇做币种和金额相同而方向相反的两笔交易。比如，买入较短期限的远期外汇，卖出较长期限的远期外汇；或者买入较长期限的远期外汇，卖出较短期限的远期外汇。

例如，香港一家银行1个月后有200万加拿大元的支出，而3个月后将有200万加拿大元的收入。该银行可做一笔1个月对3个月的掉期交易，即买入1个月的远期加拿大元200万，同时卖出3个月的远期加拿大元200万以避免汇率变动的风险。这种形式的掉期交易除保值外，还可以使银行利用有利的汇率变动机会从中获利，所以逐渐受到重视。

3.即期对即期（spot-spot）掉期交易

即期对即期掉期交易，又称“一日掉期”或“隔夜掉期”，是指同时做两笔金额相同、交割日相差一天、交易方向相反的即期外汇交易，一般用于银行同业之间的隔夜资金拆借。这种形式的掉期交易常见的安排有：①今日（T）对明日（T+1）的掉期O/N（over-night），即将第一笔即期交易的交割日安排在成交的当天，将第二笔反向即期交易的交割日安排在第二天，即成交后的第一个营业日；②明日（T+1）对后日（T+2）的掉期T/N（tomorrow-next），即将第一笔即期交易的交割日安排在成交后的第一个营业日，将第二笔反向即期交易的交割日安排在成交后的第二个营业日；③即期起息日（T+2）对成交后的第三个营业日（T+3）的掉期S/N（spot-next），即将第一笔即期交易的交割日安排在成交后的第二个营业日，将第二笔反向即期交易的交割日安排在成交后的第三个营业日。

例如，2020年4月16日，机构A通过外汇交易系统与机构B成交一笔O/N美元对人民币掉期交易，约定机构A在近端卖出USD50 000 000，在远端买入USD50 000 000。机构A为发起方，成交时机构B报出的即期汇率为6.1585，近端远期点数为-2.60，远端远期点数为-1.45。也就是说，机构A会在2020年4月16日以USD/CNY=6.158240的价格向机构B卖出USD50 000 000，在2020年4月17日以USD/CNY=6.158355的价格从机构B买入USD50 000 000。这种掉期交易涉及的交易要素见表5-10。

表5-10　即期对即期掉期交易涉及的交易要素

发起方	机构A	报价方	机构B
成交日	2020-04-16	即期汇率	6.1585
货币对		USD/CNY	
交易货币	USD	对应货币	CNY
清算模式和方式		双边全额清算	
交易模式		询价	
近端交易			
交易货币金额	USD50 000 000	对应货币金额	CNY307 912 000
折美元金额		USD50 000 000	
近端期限	TOD	近端起息日	2020-04-16
近端远期点数	-2.60	近端掉期全价	6.158240
交易方向和金额		机构A卖出USD50 000 000，买入CNY307 912 000 机构B买入USD50 000 000，卖出CNY307 912 000	
远端交易			
交易货币金额	USD50 000 000	对应货币金额	CNY307 917 750
折美元金额		USD50 000 000	
远端期限	TOM	远端起息日	2020-04-17
远端远期点数	-1.45	远端掉期全价	6.158355
交易方向和金额		机构A买入USD50 000 000，卖出CNY307 917 750 机构B卖出USD50 000 000，买入CNY307 917 750	

三、套利交易

套利交易（arbitrage transaction）也称利息套汇，是指两个国家短期利率不同时，投资者将资金从低利率国家调往高利率国家，以赚取利差收益的外汇交易。

根据投资者是否对套利交易涉及的外汇风险进行弥补，套利交易可分为未抵补套利和抵补套利两种。

（一）未抵补套利

未抵补套利，也称无抛补套利，是指资金持有者利用两个金融市场上存在的短期利率差，将资金从利率低的国家或地区调往利率高的国家或地区进行投资，以获取利差收益，而不同时进行反方向交易轧平头寸的交易活动。

由于未抵补套利在买进利高货币现汇的同时不做卖出其期汇的对冲交易，因此在赚取利差收益的同时，承受了汇率变动的风险，要么获得高利率货币汇率上升的收益，要么遭受利高货币汇率下跌的损失，具有投机性质。这种套利形式适用于汇率比较稳定的情况，或者建立在对高利率货币未来汇率看涨预期的基础上。

例如，美国金融市场1年定期存款利率是3%，而英国金融市场1年定期存款利率是5.25%。纽约外汇市场即期汇率为GBP/USD：1.9880/85。美国某投资者手中有闲置资金100万美元，欲进行1年投资。在这种情况下，该投资者可以有两种选择：一是在本国投资以获取3%的利息收益；二是将美元兑换成英镑，再投资于英国以获取5.25%的高利息，到期后再换成美元。

①假设不套利，1年后在美国可获得的投资本利和为：

1 000 000×（1+3%）=1 030 000（美元）

②假设套利，先将美元按即期汇率换成英镑，再投资到英国。如果美元与英镑的汇率在这1年中保持不变，则1年后该投资者可获得的投资本利和为：

1 000 000÷1.9885×（1+5.25%）×1.9880=1 052 235（美元）

由此可见，在不考虑汇率变动的情况下，套利要比不套利多收入22 235美元（1 052 235−1 030 000）。

但是，一般情况下，1年后汇率都会有所波动，因此当该投资者把在英国获得的英镑收益换回美元时，将面临较大的不确定性，有遭受汇差损失或获得额外汇差收益的可能。

①假设1年后英镑相对美元升值，即GBP/USD：2.0080/85，则该投资者可获得的投资本利和为：

1 000 000÷1.9885×（1+5.25%）×2.0080=1 062 821（美元）

该投资者不仅获得利差收益，而且还获得了汇差收益，获利总额为：

1 062 821−1 030 000=32 821（美元）

其中，汇差收益为：

32 821−22 235=10 586（美元）

或：

1 000 000÷1.9885×（1+5.25%）×（2.0080−1.9880）=10 586（美元）

②假设1年后英镑相对美元贬值，即GBP/USD：1.9600/85，则该投资者可获得的投资本利和为：

1 000 000÷1.9885×（1+5.25%）×1.9600=1 037 415（美元）

显然，该投资者遭受了汇差损失，但此时利差收益仍大于汇差损失，仍可获利7 415美元（1 037 415-1 030 000）。

但如果市场汇率变为GBP/USD：1.9400/85，则：

1 000 000÷1.9885×（1+5.25%）×1.9400=1 026 829（美元）

该投资者遭受了较大的汇差损失，套利的结果是-3 171美元（1 026 829-1 030 000）。

可以看出，只有当两国利率差异大于高利率货币的汇率下跌幅度时，进行未抵补套利才能获利。因此，这种纯粹的套利行为面临汇率变动不确定性所带来的风险。投资者在进行套利活动时往往要考虑汇率因素，通常的做法是将套利活动与掉期交易结合在一起，进行抵补套利。

（二）抵补套利

抵补套利也称抛补套利，是指投资者为防范投资期间的汇率变动风险，在进行套利交易的同时进行掉期抛补，即在买进高利率货币的现汇的同时，在远期外汇市场上卖出利高货币的期汇，以获得毫无风险的利差收益。

按照一般原理，高利率货币的远期汇率是贴水。这就可能使投资者在赚取利差收益的同时，蒙受远期汇率下跌的损失。由于投资者的抵补套利不涉及任何汇率风险，因此套利交易一般多为抵补套利。

承接上例，假设1年期英镑对美元的远期汇率为1.9830/45，该投资者进行抵补套利，即在即期市场将美元兑换成英镑投放于英国金融市场获取高利息的同时，在远期外汇市场卖出同样数量的英镑，可获得的投资本利和为：

1 000 000÷1.9885×（1+5.25%）×1.9830=1 049 589（美元）

投资者可获得的利差收益为：

1 049 589-1 030 000=19 589（美元）

由于英镑远期贴水，该投资者进行抵补套利付出了相应的掉期成本2 646美元（1 052 235-1 049 589，或22 235-19 589），但其19 589美元的收益已不存在任何汇率风险。

关于套利交易的几点说明：

第一，套利交易以有关国家对货币兑换和资金转移不加任何限制为前提，即在严格外汇管制国家之间一般不会发生套利交易。

第二，货币市场上不同国家有不同利率，套利是针对同一性质或同一种类金融工具的名义利率的高低不同，否则不具有可比性。

第三，套利的前提条件是两地利差大于升（贴）水年率（即掉期成本年率）。因为进行抵补套利需要考虑升（贴）水年率与利率差异率的关系问题，如果升（贴）水年率大于两地利差，说明套利成本太高，无利可图；如果升（贴）水年率小于利差，说明利差没有完全被掉期成本抵消，有利可图，可以进行抵补套利，直到两者相等，套利活动终止，外汇市场与货币市场处于均衡状态。计算升（贴）水年率可用下面的公式：

$$\text{升（贴）水年率（或掉期成本年率）}=\frac{\text{升水值或贴水值}}{\text{即期汇率}}\times\frac{12}{\text{远期月数}}\times 100\%$$

第四，套利的结果使利率在世界范围内趋向一致，套利交易使高利率货币存在汇率下浮趋势，而低利率货币则存在汇率上升趋势。原因是：高利率国家会吸引大量资金流入，使货币供给增加、市场利率必然下跌。在利率下跌的预期下，套利者必然选择在远期外汇市场卖出高利率货币，其结果是高利率货币远期供给增加、汇率下跌。在高利率国家资金大量流入的同时，低利率国家资金大量流出、资金供应减少、市场利率上升。在利率上升的预期下，套利者在远期外汇市场上又兑换成该种货币，其结果是低利率货币远期需求增加，汇率上浮。

第五，因为套利资金是源源不断的，所以市场上两国货币的利率差总是约等于即期、远期汇率差，不存在抵补套利机会。换言之，抵补套利机会是短暂的。另外，两国货币市场上又总是存在明显的利率差，导致投资者试图获取这个利率差，所以未抵补套利机会与活动总是存在的。其原因是，如在上述例子中，如果1年后英镑汇率下跌至1.9460（此时，美国投资者的收益为1 000 000÷1.9885×（1+5.25%）×1.9460=1 030 005美元，几乎等于在美国的投资）以下时，美国投资者可以不急于将英镑兑换成美元，而是继续在英国市场投资，直到英镑汇率上升。

第六，套利存在交易成本，如外汇经纪人做即期和远期外汇买卖时所收取的佣金；资金借贷中除了利息以外，有时还涉及其他诸如管理费、手续费、杂费等费用；在纳税方面增加的支出等，这些都需要在做套利交易时统筹考虑。

第五节　外汇期货交易、外汇期权交易和货币互换

一、外汇期货交易

（一）外汇期货交易的概念、特点和交易规则

外汇期货交易（foreign exchange futures transaction），也称货币期货交易，是指在固定的有形交易场所，根据交易币种、成交单位、交割时间标准化的原则，按约定价格买进或卖出远期外汇的一种外汇交易。

外汇期货交易起源于商品期货，是金融期货的一种。自20世纪70年代以来，国际汇率制度逐渐由固定汇率制度转向浮动汇率制，从而使汇率风险剧增。为了有效防范风险，外汇期货交易应运而生。外汇期货最早产生于美国。1972年5月16日美国芝加哥商品交易所建立“国际货币市场（international monetary market，IMM）”，首次开始经营外汇期货业务。其后，1982年9月，伦敦国际金融期货交易所（London International Financial Futures Exchange，LIFFE）宣告成立，也开始进行外汇期货交易。接着，新加坡、中国香港、日本等10多个国家和地区相继建立了金融期货交易所。目前，IMM和LIFFE的交易规模最大，其中IMM的交易量占世界外汇期货交易的50%左右。

外汇期货交易是一种“见钱不见物”的交易，其交易对象是外汇期货合约，交易实施有规范的市场组织结构，因此这种交易方式有其独特之处，具体体现在外汇期货合约的规格以及外汇期货市场的制度规则上。

（1）外汇期货合约是一种标准化的合约。所谓的标准化主要体现在以下方面：

①交易币种。各外汇交易所都对外汇期货交易的货币种类有特别的规定，在该市场只能进行规定币种的期货交易。例如，芝加哥国际货币市场主要做美元对英镑、加拿大元、欧元、日元、瑞士法郎、澳大利亚元等货币的期货，而伦敦国际金融期货交易所只做英

镑、美元、瑞士法郎和日元四种货币的期货。

②交易单位。各外汇市场对不同外汇期货交易的合同金额有特别的规定，各种货币的交易量必须是合约面额的整数倍。例如，IMM规定各种货币每份合约的交易单位分别是25 000英镑、100 000加拿大元、125 000欧元、12 500 000日元、125 000瑞士法郎、100 000澳大利亚元。

③交割月份和交割日。交割月份是交易所规定的期货合约的到期月份，大多数期货交易所一般都以3月份、6月份、9月份和12月份作为交割月份。一年中其他月份可以购买但不交割。交割日是进行期货合约实际交割的日期，即交割月份中的某一天，不同的交易所有不同的规定，如IMM规定交割日为到期月份的第三个星期的星期三。如果在合约到期前（一般为交割日的前两天），交易者未做对冲交易（即进行反向交易），那么就必须在交割日履行合约，进行现货交割。例如，某人买入一份到期月为3月份的英镑期货合约，如果到期前没有对冲，则他必须在3月份的第三个星期的星期三，用英镑现汇交割。

④价格波动。在外汇期货交易中，每种货币的期货合约都规定有最小价格变动和日价格波动的最高限度。最小价格变动是指在外汇期货买卖时合约每次变动的最低数额。例如，IMM规定英镑的最小波动单位为5个基点，即0.0005美元，意味着每份英镑合约最小价格变动应为12.5美元（25 000×0.0005）。日价格波动的最高限度是指一个营业日内期货合约价格波动的最高幅度，一旦期货合约的价格波动达到或超过这一限度时，交易即自动停止。例如，IMM规定英镑的日价格波动的最高限度为500个基点，即0.05美元，意味着每份英镑合约日价格波动的最高限度为1 250美元（25 000×0.05）。

（2）在外汇期货市场上主要以美元为标价货币，即以每一单位外币（日元为每100日元）兑换多少美元来报价；而在即期外汇交易和远期外汇交易中，美元只对英镑、澳大利亚元、新西兰元及欧元作为标价货币，对其他货币都作为基础货币。

（3）外汇期货交易是在一个固定的场所，通过喊价的方式进行的。在交易大厅内，声音嘈杂，交易双方可能听不清，所以双方必须借用约定俗成的交易手势，手心向内表示买入，手心向外表示卖出，并且十个手指的不同位置和形状表示不同的数字。

（4）外汇期货交易实行保证金制度。在期货市场上，买卖双方在开立账户进行交易时，都必须缴纳一定数量的保证金。交易所的清算机构（如期货清算所）为保证其会员有能力应付交易需要，要求会员开立保证金账户，储存一定数量的货币；非会员则必须向经纪公司即会员交付保证金，同样需要开立保证金账户。保证金的高低取决于外汇市场的变动情况，一般为合同价值的5%~10%。

保证金分为初始保证金和维持保证金。初始保证金是期货交易成交时必须缴存的。维持保证金是指外汇期货交易的双方开立合同后，如果由于汇率变动而发生亏损，致使保证金账户上的资金数额下降，直到客户必须补进保证金时的最低保证金限额，即保证金账户余额的最低水平。一旦保证金账户余额降到维持水平线以下，客户必须再缴纳保证金，并将保证金恢复到初始水平；否则，交易会强行平仓。维持保证金一般是初始保证金的70%~80%。

保证金制度决定了外汇期货交易是一种以小博大的投资形式，只要外汇期货市场价格出现微小波动，交易者就有可能获得较高的投资收益，也可能遭受较大的资本损失。保证金制度的作用有三个方面：一是可以防止交易者违约，确保买卖双方能履行合同义务；二是可以控制交易者投机；三是能够成为期货市场每日清算制度的基础。

（5）外汇期货交易实行每日清算制度。每日清算制度，又称逐日盯市制度，是指当每个营业日结束时，清算所要对每笔交易进行清算，一般以每种期货合约在交易日收盘前最后30秒或60秒交易的平均价作为当日的结算价，与交易所会员进行每笔交易的价格比较，计算出会员在当日交易中的损益，并将损益计入交易者的保证金账户。盈利的一方可以提出高于初始保证金水平的金额，亏损的一方若保证金账户上的金额低于维持保证金，则必须在规定期限内向清算所缴纳保证金至初始保证金的水平上，否则交易所将停止其交易并强行平仓，损失由保证金余额支付。由于实行每日清算，客户的账面余额每天都会发生变化，每个交易者都十分清楚自己在市场中所处的地位。如果想退出市场，则可做相反方向的交易来对冲。

（二）外汇期货交易与远期外汇交易的比较

（1）外汇期货交易是在远期外汇交易的基础上发展而来的，但它们之间既有联系，又有区别。其联系是：①以外汇作为交易客体；②通过合约形式将汇率固定下来；③由交易双方协商在未来某一时间，按一定条件交收一定金额的某种货币；④为了防范或转移风险，以求保值或作为投机套利的手段。

（2）外汇期货交易与远期外汇交易之间的区别主要表现在：

①买卖双方的合同与责任关系不同。外汇期货是买方或卖方与期货市场的清算所签约，与清算所发生直接合同关系，买卖双方无直接合同责任关系；而远期外汇交易是买卖双方签约，形成合同责任关系。

②买卖远期外汇的标准化规定不同。外汇期货是标准化、格式化的远期外汇交易，外汇期货市场对买卖外汇期货的成交单位、价格、交割期限、交割地点均有统一的规定，按规定的原则买卖，不得逾越；而远期外汇交易是非标准化的，它是任意数量、任意期限、任意币种的远期外汇买卖，一切由交易双方自行商议。

③实现交易的场所与方式不同。外汇期货交易在集中的、有组织的公开市场通过竞价进行交易；而远期外汇交易是通过银行柜台或电话、电传、电脑终端等的报价进行交易。

④报价内容不同。外汇期货交易的买方只报买价，卖方只报卖价；而在远期外汇交易中买卖双方都要分别报出买价和卖价两种价格。

⑤是否直接成交与收取佣金不同。外汇期货交易所实行会员制，非会员要进行外汇期货买卖必须通过经纪人，所以要向经纪人缴纳佣金；远期外汇交易一般不通过经纪人，无需缴纳佣金。

⑥是否最后交割不同。外汇期货交易一般不以最后的交割来结束，往往是在交割日之前做一笔币种相同、数量相同、方向相反的交易，以对冲结束，即“以买冲卖”或“以卖冲买”，且实际交割量通常不到交易额的1%；而远期外汇交易最后要进行交割。

⑦保证金规定不同。外汇期货交易实行保证金制度，买卖双方都必须向交易所的结算部门缴纳保证金；而远期外汇交易一般不收保证金。因此，这也决定了外汇期货交易一般无信用风险，而远期外汇交易信用风险较大。

（三）外汇期货交易的功能

外汇期货有两大基本功能，即套期保值和投机。套期保值交易和投机交易的主要区别是：投机交易是以投机者自愿承担价格波动风险为前提，利用外汇期货市场的价格波动频繁进行买空、卖空交易（投机者一般不做现货交易），从而获得差价收益；而套期保值者则是为了转移价格风险，利用期货市场的价格波动，使现货市场和期货市场紧密结合，用一个市场的盈利去弥补另一个市场的亏损，从而达到规避汇率风险的目的。

1.套期保值

套期保值是外汇期货市场首要的经济功能，是指交易者为回避或减少外汇风险，而在外汇期货市场建立与外汇现货市场相反的头寸部位，并在期货合约到期日前对冲以结清头寸的交易方式。套期保值的原理是利用期货市场和现货市场价格走势一致的规律，交易者在期货市场建立与现汇市场相反的部位后，不管汇率如何变动，都必然在一个市场受损，而在另一个市场获利，以盈利补平亏损，实现保值。

外汇期货的套期保值可分为买入套期保值和卖出套期保值两种。买入套期保值，又称多头套期保值，即先在期货市场上买入而后卖出与支付货币币种和数量相同的期货合同。例如，进口商或需要付汇的人因担心本国货币汇率下浮、外汇汇率上浮而增加付汇成本，往往会买入套期保值。卖出套期保值，又称空头套期保值，即先在期货市场上卖出而后买进与应收货币币种和数量相同的期货合同。例如，出口商和从事国际业务的银行预计未来某一时间会得到一笔外汇，为了避免外汇汇率下浮造成的损失，一般会卖出套期保值。

买入套期保值举例如下：

美国某进口商在某年3月1日签订合同，从德国进口价值250万欧元的货物，双方约定3个月后收付货款。3月1日现汇汇率为1欧元=1.5025/35美元，期货价格为1欧元=1.5055美元。为避免3个月后欧元升值而增加进口成本，该进口商决定进行期货套期保值，在贸易合同签订当天委托其外汇期货经纪人买入20份6月份到期的欧元期货合约。假设6月1日的现汇汇率与期货价格分别如下：1欧元=1.5325/35美元，1欧元=1.5955美元。其交易过程及损益情况见表5-11。

表5-11 买入套期保值

现汇市场	期货市场
3月1日现汇汇率：1欧元=1.5035美元 购买250万欧元理论上需支付375.875万美元（250×1.5035）	3月1日买入20份于6月份到期的欧元期货合约，期货价格为1欧元=1.5055美元 支付376.375万美元（250×1.5055）
6月1日现汇汇率：1欧元=1.5335美元 购买250万欧元实际支付383.375万美元（250×1.5335）	6月1日卖出20份同类欧元期货合约，期货价格为1欧元=1.5955美元 收入398.875万美元（250×1.5955）
理论上多支付：7.5万美元（383.375-375.875）	盈利22.5万美元（398.875-376.375）
净盈利：15万美元（22.5-7.5）	

在本例中，付款当日出现了欧元升值美元贬值的汇率变动，该进口商买入套期保值，虽然在现汇市场上亏损了7.5万美元，但在期货市场上进行对冲，即贱买贵卖，却盈利了22.5万美元，所以盈亏相抵净盈利了15万美元。

当然，如果到付款日欧元贬值美元升值，则该进口商买入套期保值会在现汇市场上有盈利，但在期货市场对冲时由于贵买贱卖将出现亏损，盈亏相抵后可能有净盈利，也可能有净损失。但该进口商套期保值的目的是避免在欧元汇率上升、美元汇率下跌时蒙受更大的损失，并不在于从中获利。

卖出套期保值举例如下：

美国某跨国公司设在英国的分支机构急需25万英镑现汇支付当期费用。此时该跨国公司正好有一笔美元资金暂时闲置，于是在6月10日向其分支机构汇去了25万英镑，并要求其分支机构3个月后偿还。当日的即期汇率为GBP1=USD1.9790/1.9806，3个月期的远期期货汇率为GBP1=USD1.9900。假设3个月后可能出现两种情况：一是9月10日即期汇率为GBP1=USD1.9600/1.9603，期货价格为GBP1=USD1.9603；二是9月10日即期汇率为GBP1=USD1.9876/1.9879，期货价格为GBP1=USD1.9983。为了避免汇率变动风险，该跨国公司便在外汇期货市场上做英镑空头套期保值业务。其交易过程见表5-12。

表5-12 卖出套期保值

现汇市场	期货市场
6月10日，按当日汇率GBP1=USD1.9806买进25万英镑，折合495 150美元	6月10日，卖出10份于9月份到期的英镑期货合约，每份25 000英镑，汇率为GBP1=USD1.9900，价值497 500美元
情况一：9月10日，按当日汇率GBP1=USD1.9600，卖出25万英镑，价值490 000美元	情况一：9月10日，按汇率GBP1=USD1.9603买进10份于9月份到期的英镑期货合约，折合490 075美元
盈亏：-5 150美元（490 000-495 150）	盈亏：7 425美元（497 500-490 075）
净盈利：2 275美元（7 425-5 150）	
情况二：9月10日，按当日汇率GBP1=USD1.9876，卖出25万英镑，价值496 900美元	情况二：9月10日，按汇率GBP1=USD1.9983买进10份于9月份到期的英镑期货合约，折合499 575美元
盈亏：1 750美元（496 900-495 150）	盈亏：-2 075美元（497 500-499 575）
净亏损：325美元（2 075-1 750）	

通过上述交易过程可知，该跨国公司3个月后收回25万英镑时：在第一种情况下，由于英镑汇率下浮，其在现汇市场损失5 150美元，但在期货市场空头套期保值交易中盈利7 425美元，盈亏相抵，净盈利2 275美元（未考虑相应的交易费用）。如果该跨国公司不做空头套期保值，则会损失5 150美元。在第二种情况下，由于英镑汇率上浮，该跨国公司收回的英镑升值了1 750美元，但由于该跨国公司在外汇期货市场上对25万英镑做了空头套期保值，亏损了2 075美元，盈亏相抵，净亏损325美元（未考虑相应的交易费用）。如果该跨国公司不做空头套期保值，将在英镑汇率上升中获利1 750美元。因此，虽然套期保值可以规避汇率波动带来的风险，但是也可能会抵消潜在的收益，甚至出现净亏损。

2.外汇投机

投机是外汇期货市场的另一个重要经济功能。外汇期货市场上的投机者，是指那些往往无具体的外汇需求，而是基于自己对未来汇率走势的预测，甘愿利用自己的资金，借汇率涨落波动之机，不断地买进和卖出外汇期货合约，希望从汇价的变化中获得利润的机构和个人。由于外汇期货交易实行保证金制度，而保证金不高于合约价值的10%，这就为投机者提供了以小额资金获取巨额利润的机会，因此外汇期货交易明显体现出以小博大的投机特点。国际金融市场正是由于投机者的参与，才使保值者的愿望得以实现，外汇期货市场才有了更大的流动性。

外汇期货市场的投机活动可分为多头投机和空头投机两种。多头投机，也称买空，是指投机者预测某种货币汇率上升，先买后卖该种货币的期货合约，将先前设立的多头地位了结，从中获取盈利的行为。进行多头投机的前提是预测某种货币汇率上升，投机者先进行买入期货，如果汇率按其预测方向变动，交割之前进行卖出，就会盈利；反之，不管是做对冲结束还是进行实际交割，都会亏损。空头投机，也称卖空，是指投机者预测某种货币汇率下跌，先卖后买该种货币的期货合约，了结先前的空头地位，从中获取盈利的行为。进行空头投机的前提是预测汇率下跌，投机者先进行卖出期货，如果汇率按其预测下跌了，在交割日到来之前进行买入，就会盈利；反之，不管是做对冲结束还是进行实际交割，都会亏损。

3.价格发现功能

价格发现也是外汇期货市场的经济功能之一。所谓价格发现，是指外汇期货合约的价格只有在外汇期货市场买卖双方相互作用的过程中，才能发现并形成竞争性价格。因此，价格发现，又称价格形成。外汇期货市场之所以具有价格发现功能，是因为外汇期货市场的透明度高、流动性强，这里集中了众多的买者和卖者，这些买者和卖者通过公开喊价、讨价还价的方式形成的外汇期货价格，是反映当时外汇期货合约供求平衡的价格。它综合地反映了外汇期货市场上许多买者和卖者对当时和以后某一时间，对各种上市外汇期货合约价格的观点。这种通过竞争形成的外汇期货合约的价格被期货交易所记录下来后，迅速地传播到世界各地，不仅给外汇现货市场提供了重要的参考依据，而且促进了全球外汇期货价格的形成。

二、外汇期权交易

（一）外汇期权交易的概念

期权，也称选择权，是指具有在约定的期限内，按照事先确定的执行价格，买入或卖出一定数量的某种商品、货币或某种金融工具契约的权利。期权交易把权利作为可自由买卖的商品，通过买卖期权合同来进行。

外汇期权交易也称货币期权交易，是指期权的买方在支付给期权的卖方一笔期权费后，即获得一种可以在合同到期日或期满前按合约规定的币种、数量和汇率购买或出售某种货币（或不买不卖）的权利。而期权的卖方则有义务在买方要求履约时，卖出或买进该种货币，或在买方放弃权利时不卖出或不买进。

外汇期权交易是继外汇期货交易以后在20世纪80年代开展起来的一项衍生金融业务。1973年布雷顿森林货币体系崩溃，国际金融市场汇率波动频繁，给国际贸易和国际投资带来很多的不便，越来越多的交易商面对汇率变动的风险，寻求更为有效的、低成本的回避汇率风险的金融工具，外汇期权交易应运而生。1982年12月，美国费城股票交易所（Philadelphia Stock Exchange，PSE）首先开始外汇期权交易。由于期权交易有远期外汇交易和外汇期货交易无法比拟的优点和灵活性，因此其发展十分迅速。目前，外汇期权交易市场的组织形式既有有形市场（期权交易所），也有无形市场（场外交易市场）。有形市场是外汇期权交易最主要的市场组织形式。经营外汇期权业务的交易所遍布世界各地，除费城股票交易所外，还有芝加哥期权交易所（CBOE）、芝加哥商品交易所（CME）、纽约商品交易所、加拿大蒙特利尔交易所（MX）、温哥华证券交易所（VSE）、阿姆斯特丹证券交易所、伦敦国际金融期货交易所等数十家。其中，以费城股票交易所的外汇期权交易最为活跃。亚洲方面，韩国的期权市场发展迅速，并且其交易规模巨大，目前是全球期权交易发展最快的国家，中国香港地区以及中国台湾地区都有期权交易市场。

自2005年人民币汇率形成机制改革以来，我国外汇市场加快发展，交易品种日趋丰富，银行对客户市场和银行间外汇市场相继推出远期、外汇掉期和货币掉期等人民币外汇衍生产品。2011年4月1日，我国银行间外汇市场正式开展人民币对外汇期权交易。人民币对外汇期权交易的推出，标志着我国外汇市场已初步形成完整的基础类汇率衍生产品体系，为今后外汇市场的创新发展奠定了基础。

（二）外汇期权合约的内容

期权合约是期权交易双方确定交易关系的正式法律文件，是一种标准化的契约。期权合约的内容一般包括买方、卖方、期权价格、执行价格、通知日和失效日等。期权的卖方，即出售期权合同的一方，也称合同签署人，一般为银行；期权的买方，即购买期权合同的一方，也称合同持有人，一般为企业。当然，银行与银行之间也可以订立期权合同。期权合约的主要内容包括：

1.交易数量标准化

以费城股票交易所为例，期权交易币种和合同规格见表5-13。

表5-13　期权交易币种和合同规格

货币种类	合同规格
澳大利亚元	50 000澳大利亚元
英镑	31 250英镑
加拿大元	50 000加拿大元
欧元	62 500欧元
日元	6 250 000日元
瑞士法郎	62 500瑞士法郎

2.到期月份

通常规定为每年3月、6月、9月、12月为到期月份。

3.到期日和失效日

到期日是指期权买方有权履约的最后一天，通常定于到期月份的第三个星期的星期三。失效日是指在此之前未做出选择即为放弃，通常为有效月份的第三个星期的星期三之前的星期六。

4.保证金

期权的卖方在买方要求履约时，有依照执行价格进行交割的义务，而为确保合同义务的履行，必须在签约时缴付保证金。卖方所缴保证金缴存于清算所的保证金账户内，随市价涨跌，并于必要时追加。

5.期权价格

期权价格，也称期权费或保险费、权利金，是指期权合约成立后，由期权的购买方向期权的出售方支付的合同费用，无论合同购买者最终是否履行合同，这笔费用都归合同出售者所有。期权价格的标价方式可以是按每个期权合同总共多少美元来报出，但为方便起见，通常都是以每单位标的物的美元（或美分）数来表示。

6.执行价格

执行价格，也称协定价格或履约价格、敲定价格，是指期权交易双方所约定的期权到期日或到期日之前双方交割外汇时所采用的汇率。只有当期权购买方要求行使期权时，双方才会据此汇率进行实际的货币收付。外汇期权交易有场内交易和场外交易之分。场内期权交易的执行价格通常由交易所事先确定。

（三）外汇期权交易的种类

按照不同的标准，外汇期权交易可以划分为不同的种类。

1.按照行使期权的时间不同，分为美式期权和欧式期权

美式期权是指期权的买方可在期权到期日之前的任何一个工作日，向对方宣布决定执行或不执行买（或卖）的期权合约。欧式期权是指期权的买方只能在期权到期日当天向对方宣布，决定执行或不执行买（或卖）的期权合约。美式期权比欧式期权灵活，期权费用也比较高。

2.按照购买者买卖货币的方向不同，分为买入期权和卖出期权

买入期权，又称看涨期权，简称买权，是指期权合约的购买者有权在合约期满或期满之前，以履约价格买进约定数量的外汇（也有权不买），以避免该种货币汇率大幅度上涨带来的损失。卖出期权，又称看跌期权，简称卖权，是指期权合约的购买者有权在合约期满或期满之前，以履约价格卖出约定数量的外汇（也有权不卖），以避免该种货币汇率大幅度下跌带来的损失。

3.以基础资产为标准期权，分为现汇期权、外汇期货期权

现汇期权是指期权买方有权在期权到期日或到期日之前，以协定汇价购入或出售一定数量的某种外汇现货。外汇期货期权是指期权买方有权在到期日或到期日之前，以协定汇价买进或出售一定数量的某种外汇期货。例如，买入看涨期权，使期权的买方按协定价格取得外汇期货的多头地位，或者买入看跌期权，使期权的买方按协定价格建立外汇期货的空头地位。

（四）外汇期权交易的特点

1.期权交易双方的权利和义务是不对称的

外汇期权交易的标的物是一种将来可以买卖某种货币的权利，而不是货币本身，期权的买方有权利但不承担义务，期权的卖方只有义务而没有权利，所以买卖双方的权利和义务是不对称的。因此，无论购买者是否履行合约，期权费都不能收回。期权费既是期权的买方购买期权、获得选择权利的固定成本，也是期权的卖方出售期权、承担接受对方选择义务的固定收益。

2.外汇期权交易使外汇交易的灵活性增强

因为在期权合约有效期内，如果即期汇率对期权合同持有人有利，则可按约定汇率及金额行使自己拥有的买或卖的权利，即与期权合同签署人进行实际外汇交割。如果即期汇率对其不利，则可放弃执行合约的权利，即不行使买或卖的权利，让合约过期而自动作废。这一优越性是远期外汇交易与外汇期货交易无法比拟的。

3.外汇期权交易的收益和损失对买卖双方是不同的

购买期权可能收益无限，而损失有限；出售期权则可能损失无限，而收益有限。

4.期权的价格受多种因素的影响而不固定

影响期权价格的因素主要有：

（1）期权的供给与需求。外汇期权供过于求时，期权价格低；供不应求时，期权价格高。

（2）即期汇率。一般情况下，随着期权交易货币的即期汇率的上升或下跌，看涨期权的价格与市场即期汇率成正比；看跌期权的价格与市场即期汇率成反比。因为即期汇率越高，买入看涨期权规避风险越合适，能够实现低买高卖，因而期权费越高，而此时买入看跌期权避险越不合适，不能够做到高卖低买，因而期权费也就越低；反之，即期汇率越低，买入看涨期权规避风险越不合适，不能实现低买高卖，因而期权费越低，而此时买入看跌期权避险越合适，能够做到高卖低买，因而期权费也就越高。即期汇率对期权价格的影响见表5-14。

表5-14　即期汇率对期权价格的影响

市场汇率变动	期权类型	可能结果	对期权的需求	期权的价格
即期汇率上升	看涨期权	低买高卖	需求增加	期权费上升
	看跌期权	低卖高买	需求减少	期权费下降
即期汇率下跌	看涨期权	高买低卖	需求减少	期权费下降
	看跌期权	高卖低买	需求增加	期权费上升

（3）期权的执行价格。看涨期权的执行价格越低，买者就越有可能获利，因而要支付更多的费用；反之，则可支付较少的费用。看跌期权的执行价格越高，买者获利的机会也就越大，因而要支付更多的费用；反之，则可支付较少的费用。由此可见，看涨期权的价格与执行价格成反比；看跌期权的价格与执行价格成正比。

（4）预期汇率波动。一般而言，较稳定的汇率比汇率波动大的外汇期权的价格低。因为期权交易的目的是消除汇率变动带来的风险，当市场汇率波动幅度较大时，意味着参加期权交易越有必要，期权交易的需求也就越大；同时，期权买者在期权到期前掌握有利汇价的机会更多，而期权卖者的风险更大，所以卖者要求获得较高的风险补偿。由此可知，期权价格与汇率的波动幅度成正向关系，汇率波动幅度越大，期权价格越高，汇率波动幅度越小，期权价格越低。

（5）期权的有效期。期权合同有效期越长，期权费越高；反之，则越低。所以，期权价格与期权到期时间成正比。

（6）远期性汇率（远期汇率或期货汇率）。看涨期权的价格会随远期性汇率的升高而上涨，而看跌期权的价格则会下跌。

（7）利率水平及利差的变动。由利率平价理论可知，当某种货币的利率相对低于另一种货币的利率时，其远期汇率会上升，则该货币的看涨期权价格上升、看跌期权价格下降，而另一种货币的看涨期权价格下降、看跌期权价格上升。

（8）期权的类型。欧式期权购买者决定行使权利的时间严格，因此期权费相对低；而美式期权购买者决定行使权利的时间灵活，卖方的被动性强，因此期权费相对高。

（五）外汇期权交易的功能

外汇期权交易的功能主要有两个：一是避险保值；二是投机。

1.外汇期权交易的避险保值功能

运用外汇期权交易保值的原理与运用外汇期货交易保值的原理是相同的，都是通过避免和减少汇率波动风险而达到保值目的。但是，对买方而言运用外汇期权更能增强交易的灵活性，因为买方可以选择有利于自己的汇率进行外汇买卖，一方面可以消除汇率变动带来的损失，另一方面可以获得汇率变动带来的收益。例如，美国某进口商3个月后需要支付一笔澳大利亚元货款，在不能肯定澳大利亚元汇率是上升还是下降的情况下，该进口商可选择购买澳大利亚元买入期权。如果3个月后澳大利亚元汇率上升、美元汇率下降，则可以按照3个月前签订的合约，即按约定汇价和约定数量行使买的权利；如果3个月后澳大利亚元贬值、美元升值，则可让期权过期作废，即行使不买的权利，而到现汇市场上按即期汇率买进澳大利亚元，从中取得澳大利亚元汇率下跌的好处。又如，美国某出口商3个月后要收到一笔澳大利亚元货款，该出口商能肯定澳大利亚元汇率将大幅度波动，但不能肯定澳大利亚元汇率的变动趋势。若不在远期外汇市场卖出，该出口商担心到收回货款时澳大利亚元汇率下跌而蒙受损失，使其出口利润受损。若在远期外汇市场卖出，该出口商又担心到交割时澳大利亚元汇率上升了，使其丧失澳大利亚元升值带来的好处。因此，该出口商最好的选择是参与外汇期权交易，即购买澳大利亚元卖出期权。这样既能避免汇率下跌遭受的损失，又能获得汇率上升带来的利润。

2.外汇期权交易的投机功能

利用外汇期权交易投机，也具有很强的灵活性，可以控制投机失误的损失。当投机者预期汇率趋涨时，做“多头”投机交易，即购入外汇买权（看涨期权）。如果汇率果然上升，就行使买的权利；如果汇率下跌，就行使不买的权利，付出的代价仅仅是数额很小的期权费。当投机者预期汇率趋跌时，做“空头”投机交易，即购入外汇卖权（看跌期权）。同样，预测准确可获投机利润，预测失误则可避免巨大的损失，其成本仅为期权费。例如，某投机者预测3个月后加拿大元对美元的汇价将上升，于是按协定价格购买1份加拿大元看涨期权。如果3个月后加拿大元汇价正如该投机者所预期的那样上升了，他可以立即执行协定汇价购入加拿大元，然后再按上升了的加拿大元汇价卖出加拿大元，收入的美元大于协定价格加期权费，就可获利。如果3个月后加拿大元的汇价没有变化或者下降了，该投机者则可放弃执行期权，其损失仅为期初所支付的期权费。

（六）外汇期权交易的应用

美国某进口商于2020年3月19日同瑞士某出口商签订进出口合同，货款价值625 000瑞士法郎，双方约定6个月后支付这笔货款。当日即期汇率为USD1=CHF1.2000。该进口商担心瑞士法郎6个月后升值使其蒙受损失，便在费城股票交易所以2.56%的期权价购买了10

份瑞士法郎欧式看涨期权（每份期权合约为62 500瑞士法郎）。期权合约要素见表5-15。

表5-15 期权合约要素

买入：10份瑞士法郎欧式看涨期权
执行价格：USD1=CHF1.1800
有效期：6个月
签约日：2020年3月19日
货款支付日：2020年9月19日
期权合约失效日：2020年9月15日
期权合约到期结算日：2020年9月19日
期权价：2.56%
期权费：CHF62 500×10×2.56%÷1.2000=USD16 000÷1.2000=USD13 333

假设6个月后出现下列三种情况，该进口商应怎样做才合适？

情况一：

2020年9月14日，瑞士法郎汇率为USD1=CHF1.2100，美元升值，瑞士法郎贬值，且美元汇率高于执行价格。该进口商不需要行使买入期权，因为在现汇市场上付出1美元换回1.2100瑞士法郎，较使用期权多换回0.0300瑞士法郎。整个交易过程的成本为：

①在现汇市场上购买瑞士法郎的成本：CHF625 000÷1.2100=USD516 529；

②期权费用支出：USD13 333；

③总成本：USD529 862（516 529+13 333）。

情况二：

2020年9月14日，瑞士法郎汇率为USD1=CHF1.1600，美元贬值，瑞士法郎升值，且美元汇率低于执行价格。该进口商应行使买入期权，因为行使期权时1美元能折合1.1800瑞士法郎，比现汇市场汇率高。整个交易过程的成本如下：

①按期权交易的协定价格买进瑞士法郎的成本：CHF625 000÷1.1800=USD529 661；

②期权费用支出：USD13 333；

③总成本：USD542 994（529 661+13 333）。

情况三：

2020年9月14日，瑞士法郎汇率为USD1=CHF1.2200，同第一种情况，则该进口商不需要行使买入期权。整个交易过程的成本为：

①在现汇市场上买进瑞士法郎的成本：CHF625 000÷1.2200=USD512 295；

②期权费用支出：USD13 333；

③总成本：USD525 628（512 295+13 333）。

由上述分析可知，在收付款时间、金额等条件允许的情况下，用期权交易规避汇率风险是一种合适的选择。因为当美元汇率跌至USD1=CHF1.1800以下时，该进口商的交易成本被固定在542 994美元，避免了更大的损失；当美元汇率升至USD1=CHF1.1800以上时，该进口商则可以获得成本不断下降的好处。

三、货币互换

货币互换是指交易双方通过签订互换协议，在一定期限内将以不同货币计价的本金进行互换，并互相支付利息，到期后将本金换回。例如，两个持有不同的货币或利率品种的债务人相互交换货币或利息的支付，以期达到双方均可减轻融资成本、规避汇率变动风险的目的。互换双方在一定的时期内按约定汇率直接或通过中介机构签订货币互换协议，双方交换支付实际债务本金与利息的责任。在货币互换交易的安排下，交易双方首先按固定汇率在期初交换两种不同货币的本金，然后按预定的日期和利率进行一系列的利息互换，到期日按事先约定的汇率将本金再换回来。在某些情况下，期初可以不交换本金。在利息方面，可以是浮动利率对浮动利率的不同货币互换，固定利率对固定利率的货币互换，也可以是固定利率对浮动利率的货币互换。

例如，甲公司有一笔5年期的美元债务，本金为2亿美元，到期一次偿还，年息11%，付息日为每年7月1日。乙公司有一笔5年期的英镑债务，本金为1亿英镑，到期一次偿还，年息12%，付息日为每年7月1日。为了减少外汇风险，甲公司希望将负债换成固定利率的英镑，乙公司希望将负债换成固定利率的美元。A银行作为中间人为甲、乙公司安排货币互换。因为两项债务都是过去发生的，所以开始时可以不交换本金。以第一个付息日为互换的开始日，假设当日汇率水平为GBP1=USD1.6，因此互换的本金金额为1亿英镑和1.6亿美元。这样，乙公司将其全部英镑负债换为美元负债，而甲公司将其部分（80%）美元负债换为英镑负债。A银行每年收取本金金额的0.125%作为风险费，加在由乙公司支付的名义美元利息上。

在以后的5年中，甲公司每年通过A银行向乙公司支付1 200万英镑（100 000 000×12%）的利息，并在第5年的7月1日支付1亿英镑本金加上1 200万英镑利息。乙公司公司每年向A银行支付1 780万美元（160 000 000×11.125%），A银行扣除收取的费用20万美元（160 000 000×0.125%）后，向甲公司转付1 760万美元（160 000 000×11%）。这样，甲公司80%的美元债务转换成了实际年息12%的英镑负债；乙公司的全部英镑债务转换成了实际年息11.125%的美元负债。

再如，2020年5月19日，机构ABC通过中国外汇交易系统与机构XYZ达成了一笔美元对人民币的掉期交易，机构ABC为发起方。约定机构ABC在2020年5月21日以USD/CNY=6.8256的价格从机构XYZ买入USD1 000 000，在2021年5月21日以同样价格向机构XYZ卖出USD1 000 000。

双方约定每3个月向对方支付以换入货币计算的利息金额，机构ABC按照USD 3M Libor向机构XYZ支付美元浮动利率，定价日为起息日前两个营业日，日基准为A/360。机构XYZ按照3M Shibor-50.01基点向机构ABC支付人民币浮动利率，定价日为起息日前一个营业日，日基准为A/360。

因此，在暂不考虑节假日因素的前提下，逢2020-08-21、2020-11-21、2021-02-21、2021-05-21，机构ABC需要分别按照2020-05-19、2020-08-19、2020-11-19、2021-02-19的USD 3M Libor向机构XYZ支付美元浮动利率，而机构XYZ需要分别按照2020-05-20、2020-08-20、2020-11-20、2021-02-20的3M Shibor-50.01基点向机构ABC支付人民币浮动利率。例如，2020-05-19的USD 3M Libor为0.7525%，2020-05-19的3M Shibor-50.01基点为0.7062%，2020-05-21至2020-08-21共有92天，因此在2020-08-21，机构ABC需要向机构XYZ支付USD 1 000 000×0.7525%×92/360=USD1 923.06，机构XYZ需要向机构ABC支付CNY6 825 600×0.7062%×92/360=CNY12 318.39。

第六节　我国的外汇市场和外汇交易

一、我国外汇市场的层次

1994年1月1日，我国外汇管理体制进行了重大改革：汇率并轨，实行以市场供求为基础的、单一的、有管理的浮动制度；取消外汇留成和上缴，实行银行结售汇制度；建立全国统一、规范的银行间外汇市场。同年4月，中国外汇交易中心成立，推出外汇交易系统，提供银行间外汇交易，办理外汇交易的资金清算、交割。自2005年7月21日起，我国开始实行以市场供求为基础、参考一篮子货币进行调节、有管理的浮动汇率制度。2006年1月3日，中国人民银行发布《中华人民银行关于进一步完善银行间即期外汇市场的公告》，在银行间即期外汇市场上引入询价交易方式和做市商制度，标志着人民币汇率形成机制改革进入操作阶段，我国外汇市场进一步发展和完善。

同国际外汇市场一样，我国外汇市场也包括批发外汇市场和零售外汇市场两个层次，即银行间外汇市场和银行与客户之间的外汇市场。

银行与客户之间的外汇市场主要是指银行与客户在银行的网点柜台或通过网上银行、电话银行等方式完成外汇交易的市场，包括银行与客户之间的结售汇市场、外汇理财市场、外汇买卖市场等。

银行间外汇市场是银行同业之间通过中国外汇交易中心的统一、高效的电子交易系统进行交易的外汇市场，参与者包括外汇指定银行、具有交易资格的非银行金融机构和非金融企业。目前，我国银行间外汇市场主要包括银行间即期外汇市场、银行间远期外汇市场、掉期外汇市场、期权外汇市场和外币买卖市场等。银行间外汇市场以中国外汇交易中心的交易平台为依托，实行会员制，凡是符合条件的银行、非银行金融机构及非金融企业均可申请成为交易中心会员，可在交易中心现场或通过远程终端进行交易。银行间外汇市场的交易机制是做市商制度和经纪商制度。

二、人民币汇率中间价的形成及汇率浮动幅度的规定

2005年7月21日之前，中国人民银行公布人民币汇率基准价。2005年7月21日，人民币汇率形成机制改革实施后，中国人民银行于每个工作日闭市后公布当日银行间外汇市场美元等交易货币对人民币汇率的收盘价，作为下一个工作日该货币对人民币交易的中间价。

历经不断改革，目前人民币汇率中间价是指中国外汇交易中心根据中国人民银行的授权，每日计算和发布人民币对美元等主要外汇币种汇率中间价。

（一）人民币汇率中间价币种选择

中国人民银行所确立的人民币对非美元货币中间价最初主要是人民币对日元和人民币对港元，之后货币种类不断增加。

（1）自2002年4月2日起公布人民币对欧元汇率中间价。

（2）自2006年8月1日起公布人民币对英镑汇率中间价。

（3）自2010年8月19日起公布人民币对马来西亚林吉特（MYR）汇率中间价。

（4）自2010年11月22日起公布人民币对俄罗斯卢布（RUB）汇率中间价。

（5）自2011年11月28日起公布人民币对澳大利亚元、加拿大元汇率中间价。

（6）自2014年3月19日起公布人民币对新西兰元汇率中间价。

（7）自2014年10月28日起公布人民币对新加坡元汇率中间价。

（8）自2015年11月10日起公布人民币对瑞士法郎汇率中间价。

（9）自2016年6月20日起公布人民币对南非兰特（ZAR）汇率中间价。

（10）自2016年6月27日起公布人民币对韩元（KRW）汇率中间价。

（11）自2016年9月26日起公布人民币对阿联酋迪拉姆（AED）、沙特里亚尔（SAR）汇率中间价。

（12）自2016年12月12日起公布人民币对匈牙利福林（HUF）、波兰兹罗提（PLN）、丹麦克朗、瑞典克朗、挪威克朗、新土耳其里拉（TRY）、墨西哥比索（MXN）汇率中间价。

（13）自2018年2月5日起公布人民币对泰铢汇率中间价，2018年2月5日前为人民币对泰铢参考价。

例如，2021年4月30日，中国人民银行授权中国外汇交易中心公布，当日银行间外汇市场人民币汇率中间价为：1美元对人民币6.4672元，1欧元对人民币7.8397元，100日元对人民币5.9382元，1港元对人民币0.83306元，1英镑对人民币9.0201元，1澳大利亚元对人民币5.0287元，1新西兰元对人民币4.6854元，1新加坡元对人民币4.8760元，1瑞士法郎对人民币7.1147元，1加拿大元对人民币5.2676元，人民币1元对0.63416马亚西亚林吉特，人民币1元对11.5349俄罗斯卢布，人民币1元对2.2101南非兰特，人民币1元对171.30韩元，人民币1元对0.56803阿联酋迪拉姆，人民币1元对0.58003沙特里亚尔，人民币1元对45.9428匈牙利福林，人民币1元对0.58247波兰兹罗提，人民币1元对0.9485丹麦克朗，人民币1元对1.2943瑞典克朗，人民币1元对1.2663挪威克朗，人民币1元对1.26975新土耳其里拉，人民币1元对3.0995墨西哥比索，人民币1元对4.8246泰铢。

（二）人民币汇率中间价的形成机制

（1）人民币对美元汇率中间价的形成方式为：中国外汇交易中心于每日银行间外汇市场开盘前向外汇市场做市商询价。外汇市场做市商参考上日银行间外汇市场收盘汇率，综合考虑外汇供求情况以及国际主要货币汇率变化进行报价。中国外汇交易中心将全部做市商报价作为人民币对美元汇率中间价的计算样本，去掉最高和最低报价后，将剩余做市商报价加权平均，得到当日人民币对美元汇率中间价，权重由中国外汇交易中心根据报价方在银行间外汇市场的交易量及报价情况等指标综合确定。

（2）人民币对港元汇率中间价由中国外汇交易中心分别根据当日人民币对美元汇率中间价与上午9时国际外汇市场港元对美元汇率套算确定。

（3）人民币对欧元、日元、英镑、澳大利亚元、新西兰元、新加坡元、瑞士法郎、加拿大元、马亚西亚林吉特、俄罗斯卢布、南非兰特、韩元、阿联酋迪拉姆、沙特里亚尔、匈牙利福林、波兰兹罗提、丹麦克朗、瑞典克朗、挪威克朗、新土耳其里拉、墨西哥比索和泰铢汇率中间价形成方式为：中国外汇交易中心于每日银行间外汇市场开盘前向银行间外汇市场相应币种的做市商询价，去掉最高和最低报价后，将剩余做市商报价平均，得到当日人民币对欧元、日元、英镑、澳大利亚元、新西兰元、新加坡元、瑞士法郎、加拿大元、马亚西亚林吉特、俄罗斯卢布、南非兰特、韩元、阿联酋迪拉姆、沙特里亚尔、匈牙利福林、波兰兹罗提、丹麦克朗、瑞典克朗、挪威克朗、新土耳其里拉、墨西哥比索和泰铢汇率中间价。

（4）此外，根据中国人民银行的授权，为便于有关主体了解未在中国外汇交易中心挂牌交易货币对人民币的折算汇率情况，中国外汇交易中心计算并公布人民币参考汇率。其具体计算方法是：中国外汇交易中心分别根据每月最后一个交易日人民币对美元汇率中间价与上午9时国际外汇市场相应货币对美元汇率套算形成。该汇率每月最后一个交易日更新，仅供参考使用。

（三）人民币中间价的汇率浮动幅度

为加大市场决定汇率的力度，建立以市场供求为基础、有管理的浮动汇率制度，中国人民银行决定扩大外汇市场人民币对美元汇率浮动幅度。自2014年3月17日起，银行间即期外汇市场人民币对美元交易价浮动幅度由1%扩大至2%，即每日银行间即期外汇市场人民币对美元的交易价可在中国外汇交易中心对外公布的当日人民币对美元中间价上下2%的幅度内浮动。这是自2005年7月人民币汇率形成机制改革以来，中国人民银行第3次扩大人民币对美元汇率浮动幅度。前两次的人民币汇率浮动幅度分别为：2007年5月21日由0.3%扩大至0.5%；2012年4月16日由0.5%扩大至1%。

此外，2014年7月2日，取消银行对客户美元挂牌买卖价差管理。中国人民银行将继续完善人民币汇率市场化形成机制，进一步发挥市场在人民币汇率形成中的作用，增强人民币汇率双向浮动弹性，保持人民币汇率在合理、均衡水平上的基本稳定。

现阶段关于每日银行间即期外汇市场外币对人民币中间价的汇率浮动幅度的规定（见表5-16）是：美元对人民币的交易价在中国外汇交易中心对外公布的美元交易中间价上下2%的幅度内浮动；人民币对瑞士法郎、马来西亚林吉特、俄罗斯卢布、韩元、阿联酋迪拉姆、沙特里亚尔、匈牙利福林、波兰兹罗提、丹麦克朗、瑞典克朗、挪威克朗、新土耳其里拉和墨西哥比索的交易价在中国外汇交易中心对外公布的该货币交易中间价上下5%的幅度内浮动；银行间外汇市场人民币对南非兰特、泰铢的交易价在中国外汇交易中心对外公布的该货币交易中间价上下10%的幅度内浮动；其他非美元货币对人民币的交易价在中国外汇交易中心对外公布的该货币交易中间价上下3%的幅度内浮动。

表5-16　　人民币中间价的汇率浮动幅度

货币对	汇率浮动幅度
USD/CNY	2%
EUR/CNY JPY/CNY HKD/CNY GBP/CNY AUD/CNY NZD/CNY SGD/CNY CAD/CNY	3%
CHF/CNY CNY/MYR CNY/RUB CNY/KRW CNY/AED CNY/SAR CNY/HUF CNY/PLN CNY/DKK CNY/SEK CNY/NOK CNY/TRY CNY/MXN	5%
CNY/ZAR CNY/THB	10%

注：银行间外汇市场仅人民币外汇即期交易（包括T+0、T+1和T+2）设置汇率波动幅度，人民币外汇远期、掉期、货币掉期、期权和外币对交易无汇率波动幅度限制。

本章专栏

无本金交割远期外汇交易

焦点关注：人民币汇率中间价形成方式的变化及人民币汇率浮动幅度的最新规定

关键术语

外汇市场　竞价驱动模式　报价驱动模式　做市商　经纪商　交割　即期外汇交易　远期外汇交易　择期交易　套汇交易　掉期交易　套利交易　未抵补套利和抵补套利　外汇期货交易　买入套期保值和卖出套期保值　多头投机和空头投机　外汇期权交易　看涨期权和看跌期权　货币互换交易

问答和思考题

1.外汇市场的参与者有哪些?

2.远期外汇交易的作用有哪些?

3.为什么会出现远期汇率与即期汇率的差异?

4.外汇期货交易与远期外汇交易有何区别?

5.外汇期货交易与外汇期权交易的异同点有哪些?

6.美式外汇期权交易与择期远期外汇交易的不同点在哪里?

7.掉期交易与套利交易有什么联系?

8.哪些外汇交易方式可以用来规避汇率风险?

9.试对本章主要内容进行总结。

实务操作题

一、案例题

1.某日外汇市场行情如下:

新加坡市场:即期USD1=SGD1.5113/25，3个月期的远期升(贴)水为210/220;

伦敦市场:即期GBP1=USD1.4689/94，3个月期的远期升(贴)水为120/110。

请问:USD/SGD、GBP/USD的3个月期的远期汇率分别是多少?各货币远期差价情况如何?

2.某年10月中旬外汇市场行情为:即期汇率USD1=JPY116.40/116.50。3个月期的远期汇率USD1=JPY116.23/116.35，可以看出美元表现为贴水。

美国某进口商从日本进口价值10亿日元的货物，双方约定在3个月后支付货款。为了避免日元可能升值所带来的外汇风险，该进口商采取了远期外汇交易进行套期保值。

请问:(1)若该进口商不采取避免汇率变动风险的保值措施，现在就支付10亿日元则需要多少美元?

(2)假定3个月后的汇率为USD1=JPY115.00/115.10，若该进口商到第二年1月中旬才支付10亿日元，则需要多少美元?比现在支付日元预计要多支付多少美元?

(3)该进口商利用远期外汇市场进行套期保值是怎样操作的?

3.我国某外贸公司向法国出口商品，9月2日装船发货，收到价值100万欧元的3个月期的远期汇票。该外贸公司担心到期结汇时欧元对美元汇价下跌，会减少美元创汇收入，于是采取欧式外汇期权交易进行保值。

已知9月2日现汇汇率为EUR1=USD1.3500/10，协定价格为EUR1=USD1.3800，期权

费为EUR1=USD0.0212，期权交易佣金占合同金额的0.5%。

请问：假设3个月后欧元对美元汇价分别为EUR1=USD1.3000/12与EUR1=USD1.5000/12，在这两种情况下，该外贸公司各收入多少美元？

4.我国某外贸服装厂向丹麦出口服装一批，每套服装报价为100元人民币，现丹麦进口商要求我国出口商向其发出丹麦克朗的报价。已知交易当天我国某商业银行外汇牌价为DKK100=CNY142.69/143.83。

请问：我国出口商应报多少丹麦克朗为宜？

二、实训题

1.网络实训

（1）登录中国外汇交易中心网站（http://www.chinamoney.com.cn），点击相关内容，了解人民币汇率基准价格和外汇市场行情，了解我国银行间外汇市场交易品种和交易模式。

（2）利用深圳智盛金融投资实战平台教学软件，模拟外汇交易操作。

2.课外实训

选择几家银行，了解其开办的外汇业务种类，比较其挂牌汇率及交易币种。

第六章
外汇风险及防范实务

【学习目标】

通过本章学习，应该达到以下学习目标：

知识目标：理解外汇风险的含义、外汇风险的构成要素；掌握外汇风险的类型及其区别；掌握外汇风险防范的基本方法。

技能目标：能够运用外汇风险管理的方法分析实际案例。

各经济主体在开展对外贸易、国际投融资等对外经济活动中都会涉及货币兑换和外汇买卖，可能因汇率变动而蒙受损失，因此如何规避和降低外汇风险就是一个十分重要的现实问题。本章主要介绍外汇风险的概念及类型，并着重分析涉外企业如何防范外汇风险。

第一节　外汇风险概述

一、外汇风险的概念

风险是经济主体资产或负债的预期收益和成本的不确定性。在国际经济活动中，因汇率的变化而导致未来收益或未来成本支出的不确定性就是外汇风险（foreign exchange exposure）。对拥有外币资产与负债的关系人来讲，外汇风险可能的结果是获得利益（gain）或遭受损失（loss）。

进出口企业货款的收付，跨国公司海外的投资、融资活动，金融机构、企业和个人在国际金融市场中的金融资产交易等，都会遭遇汇率变动带来的外汇风险。外汇风险的构成要素有两个：一是货币兑换。外汇风险的产生源于货币兑换，如本外币兑换。一般来说，本币是衡量一笔国际经济交易效果的共同指标，外币的收付均以本币进行结算，并考核其经营成果。例如，一笔国际经济交易以外币收付，就涉及本外币的兑换。因此，如果国际经济交易是以本币计价结算，就不存在本币与外币兑换而产生的外汇交易风险。二是时间。这是因为在国际经济交易中应收款的实际收进、应付款的实际付出、借贷本息的最后偿付都有期限，即时间因素。在确定的期限内，外币与本币的折算汇率可能会发生变化，从而产生外汇风险。通常，时间间隔越长，汇率在此期间波动的可能性就越大，外汇交易风险相对就大。货币间的兑换，成为外汇交易风险产生的先决条件，而时间因素则是外汇交易风险产生的催化剂。

二、外汇风险的类型

经济主体在进行国际交往时所面临的外汇风险可分为三类：交易风险、会计风险和经济风险。

（一）交易风险

交易风险（transaction exposure）是指以外币计值的现存合约债权债务以本币进行结算时因汇率变动而导致的收益或成本的不确定性。交易风险是一种流量风险，是涉外经济活动中经常面临的风险，其本质是由于交易合同中的计价货币与本币不一致所带来的风险。交易风险的成因包括：①买卖以外币表示的商品或劳务；②在国际金融市场上借贷以外币表示的资金；③买卖远期、期货外汇合约等；④其他以外币表示的资产或负债。当经济主体的外汇债权或债务已经产生，而在汇率发生变动后才进行实际收付，就会产生交易风险。交易风险的计量是比较预期汇率与实际收付时的汇率而计算的成本和收益的增减部分。

例如，在南航订购空中客车约85亿美元的案例中，当日成交时的汇率为1美元=6.235元人民币，在汇率不变的情况下，南航需支付约530亿元人民币。若在付款时，人民币汇率为1美元=6.10元人民币，南航这笔订单需花费的人民币是518.5亿元，南航将少支付

11.5亿元人民币。但若人民币汇率降到1美元=6.40元人民币，这笔订单花费的人民币将是544亿元，南航的购机成本将增加14亿元人民币。

（二）会计风险

会计风险（accounting exposure），又称折算风险、评价风险，是指涉外经济主体在进行会计处理和对以不同货币计价的债权债务进行财务决算，将功能性货币转换成记账货币时，因汇率变动而呈现账面价值变化的可能性。换言之，会计风险就是因为在评价外币计价的债权债务及决算时采用的汇率和初始计账时的汇率不同，从而产生的账面上的损益差异的可能性。这是一种存量风险。功能性货币是指经济主体在经营活动中流转使用的各种货币，通常是所在国当地货币。记账货币是指经济主体在编制财务报表时使用的报告货币，通常是母国货币。由于子公司不同的报表项目采用不同的汇率（如现行汇率、历史汇率、平均汇率）进行折算，因此导致了账面的损失。

例如，一批存货1 000美元，购买时汇率为USD1=CNY7，折算日汇率为USD1=CNY6.5。按购买时汇率，存货价值为7 000元人民币；而按折算日的汇率，存货价值则为6 500元人民币，这就导致存货价值降低了500元人民币。

又如，中国香港某公司因业务需要在英国银行中存了100万英镑，存款时英镑的汇率为1英镑对15港元，在该公司的资产负债表上这笔存款折算成港币有1 500万港元。如果经过一段时间后英镑汇率降到1英镑对13港元，则在该公司的资产负债表上这笔存款折算成港币只有1 300万港元；相反，如果英镑汇率升到1英镑对18港元，则该公司资产负债表上这笔存款折算成港币增加至1 800万港元。因此，汇率变动会对该公司的利润产生直接影响，并影响公司的应纳税额。

会计风险多产生在跨国公司将世界各地的子公司或海外分支机构的财务报表进行合并统一处理的过程中。在此过程中，各子公司必须把各自不同的货币转化为统一的记账货币才能衡量综合的收益水平。这种财务报表的“换算”使得股东权益因会计方式不同产生权益变动的情形。美国许多跨国公司在合并利润时对汇率都非常敏感，因为其1/3以上的资产和销售收入都在海外，所以当外币对美元贬值时，公司在国外的利润减少。当跨国公司的国外子公司在当地有增长机会时，较少考虑折算风险；当跨国公司的国外子公司在当地没有增长机会时，需要兑换为本币，折算风险就会很突出。

（三）经济风险

经济风险（economic exposure），又称经营风险，是指意料之外的汇率变动通过影响企业生产价格、销售数量、利润和成本，而引起企业未来一定期间内收益或现金流量发生变化的一种潜在风险。与前两种风险相比，经济风险对企业的影响是长期的和复杂的，经济风险是企业，尤其是从事跨国经营的企业最为关心的一种风险。而交易风险和会计风险均是一次性的。

经济风险程度的高低主要取决于企业销售额、产品价格等关键指标对汇率变动的敏感性。一般情况下，本国货币实际汇率的上浮不利于出口企业和进口替代行业，但有利于减少进口原材料成本；本国货币实际汇率的下浮会增强出口产品和进口替代产品的竞争力，但会增加进口成本。因此，一个涉外企业在将来的纯收入可能增加，也可能减少，汇率变动影响其生存与发展潜力。

第二节　外汇风险防范

一、外汇交易风险的防范

交易风险是国际性企业面临的一种最主要的外汇风险，因而外汇风险的管理主要是指交易风险的管理。其方法可以分为三类：一是签约时的风险管理，包括做好计价货币的选择、加列合同保值条款、调整价格法等；二是签约后利用外汇交易转嫁外汇风险，包括远期外汇交易、掉期交易、外汇期货交易、外汇期权交易、货币互换交易等；三是其他风险管理方法，包括提前或延期结汇、平衡与组对、借款与投资、国际信贷法、保险法等。

（一）签约时的风险管理

为了有效防范交易风险，企业在签订合同时，应该考虑采取一些防范风险的措施。

1.做好计价货币的选择

在商品进出口、劳务输出入、资本借贷等国际经济交易中，需要双方签订合同，合同中都有支付条款，载明结算货币。选择何种货币作为签订合同的计价结算货币或清偿货币，直接关系到交易主体是否承担汇率风险损失。因此，选择结算货币是交易双方在谈判过程中的重要议题，其重要程度不亚于谈判价格和利率。结算货币一般在本国货币、交易对方国和第三国货币之间选择。在选择计价货币时通常遵循以下原则：

（1）在对外交易中应尽力争取使用本国货币计价结算。无论对外贸易还是资金借贷，选用本币作为合同货币，可以在结算或偿还时收付本币，都不会发生本国货币与外国货币的兑换问题，也就从根本上消除了外汇风险。但是，这一方法一般只适用于实行货币自由兑换的国家，否则，交易对方一般不会轻易接受。因为采用本币作为合同货币，事实上是将外汇风险完全转嫁给交易对方承受。按照国际惯例，国际黄金、石油等交易均以美元计价结算，所以黄金、石油交易也难以用本币计价结算。

（2）争取收汇时用硬货币，付汇时用软货币。硬货币的汇率具有上升的趋势，软货币的汇率具有下降的趋势。如果出口商和债权人以硬货币作为合同货币，在结算或清偿时，合同货币汇率的上升将使出口商和债权人换回更多的本国货币，即使合同货币在结算期不一定升值，也至少不会贬值，因而具有保值的作用，使出口利润不会因计价货币贬值而减少。如果进口商和债务人以软货币作为合同货币，在结算或清偿时，合同货币汇率的下跌将使进口商和债务人支付较少的本国货币。但是在实际中，各种货币的“软”或“硬”并不是绝对的，其软、硬货币局面往往会出现转变，因此这种方法并不能保证经济主体免遭汇率变动的损失。同时，贸易双方也不能不分对象、不分市场，僵硬地套用这一原则。在对外贸易中，如果出口商坚持收硬货币，或进口商坚持付软货币，往往会相持不下而影响成交。因此，交易双方应根据进出口商品的供求状况，灵活运用这个原则，可以适时地做出一些让步。

（3）软、硬货币搭配法。如果交易双方都坚持收硬货币、付软货币，则会导致双方因采用何种货币计价结算发生争执而影响成交，此时可以采用软、硬货币搭配法，即对外贸易货款，一半以硬货币支付，一半以软货币支付；对外借贷资本，一半使用硬货币，一半使用软货币。这样出口商或债权人的软货币损失可以被硬货币收益所抵消，进口商或债务人的硬货币损失可以被软货币收益抵消。交易双方共同承担汇率变动的损失，体现了风险共担、相对公平的原则。

（4）以多种货币报价。在国际外汇市场上，各国货币汇率的变动在一定时期往往不一致，如果在一项交易中使用“一篮子”货币计价就可能综合抵消降低风险。“一篮子”货币是多种货币加权组合的复合货币，各货币间呈负相关的关系，当其中一种或几种货币升值，另一种或几种货币贬值时，用升值的货币带来的收益抵消贬值的货币带来的损失，或者反之，从而减少外汇风险。

（5）结合进出口使用的币种进行对外报价。在选择合同货币币种时，企业应尽可能与企业经常收入和支付的外币币种一致。例如，企业在出口时使用何种货币报价，在进口时也应争取使用这一货币报价，或者企业在进口时使用哪种货币报价，在出口时也应使用这种货币报价，这样外汇应收账款和应付账款的汇兑就会互相抵消。

2.加列货币保值条款

为了转移或者分摊汇率变动所造成的经济损失，在签订合同时，可以考虑加列一些保护性的合同条款，如货币保值条款，即选择某一种或几种与合同货币不一致的货币，将合同金额转换为由所选货币来表示，在结算或清偿时，按所选货币表示的金额以合同货币完成收付。货币保值条款有三种：

（1）黄金保值条款。这是一种传统的货币保值条款，是指在签订贸易合同时，按当时黄金市场价格将支付的货币金额折合为若干盎司的黄金，到实际支付日时，若黄金价格波动，合同货币的黄金平价发生变动，支付的货币金额也随之做相应调整。该方法通行于固定汇率时期，从第二次世界大战到20世纪70年代初的30年左右的时间里，黄金的美元价值基本是固定的，因此黄金具有保值作用。但自1974年之后，黄金不再是货币的定值标准，各国也不再宣布黄金平价，黄金的价格开始随市场供求关系的变化而出现剧烈的波动，因此黄金保值条款也就失去了存在的基础。

（2）“一篮子”货币保值条款。该方法是目前采用比较多的货币保值条款。在签订合同时，确定好所选择的多种货币与合同货币之间的汇率，并规定每种所选货币的权数。如果汇率发生变动，则在计算或清偿时，根据当时汇率变动的幅度和每种所选货币的权数，对收付的合同货币金额做相应调整。由于在“一篮子”货币中，货币汇率有升有降，升降相抵使外汇风险分散，从而有效规避外汇风险。在实际操作中，有时选用临时确定的篮子货币进行保值，但在一些中长期进出口贸易合同和国际信贷合同中，通常选择固定的篮子货币作为计价货币来进行保值，如特别提款权这种复合货币经常被选用。

利用“一篮子”货币保值的步骤是：第一步，在合同签订时确定以何种货币作为支付货币；第二步，选定保值的篮子货币，确定每种货币所占的权数，并按签约时的即期汇率折算出各种货币的金额；第三步，在付款日，根据当时外汇市场上的即期汇率，将各种保值货币折合成合同规定的支付货币的金额，然后加总作为实际支付额。

例如，假定韩国企业与美国出口商签订贸易合同，于2021年3月11日从美国进口一批货物，价值1 000万美元，双方约定6月11日用美元结清货款。韩国企业为避免美元汇率上涨带来付款成本加大的风险损失，决定采用“一篮子”货币来保值。双方商定用美元、日元、欧元、英镑组成“一篮子”货币，并且每种货币所占权数为25%。3月11日某国际外汇市场即期汇率为1美元 = 98.45日元，1欧元 = 1.2700美元，1英镑 = 1.3770美元。

1 000万美元的进口货款分别折合为250万美元（1 000×25%），24 612.5万日元（1 000×25% ×98.45），196.85万欧元（1 000×25%÷1.2700），181.55万英镑（1 000×25%÷1.3770）。

假定6月11日付款时该外汇市场即期汇率变为1美元 = 108.45日元，1欧元 = 1.3700美元，1英镑 = 1.4050美元。按照货币保值条款，韩国企业在进行支付时要做如下计算：

日元部分：24 612.5÷ 108.45 = 226.95（万美元）

欧元部分：196.85× 1.3700 = 269.68（万美元）

英镑部分：181.55× 1.4050 = 255.08（万美元）

因此，韩国企业共需支付1 001.71万美元（250 + 226.95 + 269.68 +255.08）。

由于美元对日元、欧元、英镑汇率的不同变动，韩国企业实际支付的美元数额为1 001.71万美元，比签约时多了1.71万美元，但避免了美元汇率更大程度的上浮风险。实际上，进出口商共同承担了汇率变动的风险。

例如，在某出口合同中，合同货币为美元，金额为100万美元，在合同中加列货币保值条款，保值货币为特别提款权。签约日的汇率为USD1=SDR0.6836，则68.36万特别提款权与100万美元等值。假定结算日美元对特别提款权升值，汇率变为USD1=SDR0.6936，要使出口商仍得到68.36万特别提款权，进口商只需支付98.56万美元（68.36÷0.6936），而不是100万美元，比签约时少了1.44万美元。

（3）货币风险条款，又称约定风险分摊协定，是指交易双方可以根据签订的协议，确定产品的基价和基本汇率，确定汇率变化幅度以及交易双方分摊汇率变化风险的比率，视情况协商调整产品的基价。也就是说，在合同中明确规定从签约成交到实际结算付款这段时间内，交易结算货币若发生贬值或升值以及贬值或升值超过双方“商定汇率”一定幅度（如1%、2%、3%）时，则对原货价进行调整，由买卖双方按一定比例共同承担外汇风险的损失。

例如，我国某企业从德国进口了一套设备，货款为1 000万欧元。签约时双方商定以欧元计价、美元支付，付款时间为6个月后。签约时，汇率为1欧元=1.20美元，货款折合美元为1 200万；半年后因欧元升值，汇率变为1欧元=1.30美元，货款折合美元为1 300万。如果不采取任何规避汇率风险的对策，则该企业要损失100万美元。但是，由于该企业在与外商签约时加列了货币保值条款，进口设备的货款从1 000万欧元调整为960万欧元。调整过程的计算公式为：

2×（10 000 000×1.20）÷（1.20 +1.30）=960（万欧元）

该企业买进960万欧元需要支付1 248万美元，比签约时多支付48万美元，损失约4%；而出口方实收货款960万欧元，较原货款少收了40万欧元，损失约4%。双方平均分摊了汇率风险带来的损失。

3.价格调整法

价格调整法可分为加价保值与压价保值两种。通常情况下，出口商或债权人希望使用硬货币，进口商或债务人希望使用软货币，但在一笔经济交易中，交易双方都想争取到对己有利的合同货币是不可能的。如果不能做到收硬货币、付软货币，即出口商不得不以软货币成交，进口商不得不以硬货币支付，这时就可通过调整价格来减少外汇风险。

（1）加价保值。加价保值主要用于出口贸易，是指出口商接受软货币计价成交，将汇率损失摊入出口商品价格中，以转嫁外汇风险损失。加价保值的计算公式为：

加价后的商品价格 = 原商品价格×（1 + 计价货币预期贬值率）

例如，英国某公司出口货物，合同签订以软货币计价，6个月后收汇。已知1英镑 = 1.8600美元，英镑对美元6个月期的远期汇率升水为60个点。如果按合同签订时的现汇汇率1英镑 = 1.8600美元来计算，其价值100万英镑的货物的美元报价应为186万美元。但是，若英镑升水，则美元贴水，美元为软货币。即：

贴水年率=0.0060÷1.8600×（12÷6）×100% = 0.65%

该公司考虑到6个月后美元对英镑要贬值，选择卖出美元远期以防范风险损失，因此到期收汇时需按远期汇率交割结汇。

远期汇率为1英镑 = 1.8600+0.0060=1.8660美元，其186万美元仅能兑换到99.68万英镑（186÷1.8660），亏损0.32万英镑。

该企业采用加价保值策略，将美元贴水率计入美元报价中，则美元报价为：

186×（1 + 0.64%×6÷12） = 186.6（万美元）

因此，该公司按186.6万美元报价，到期可兑换到100万英镑而不至于亏损。

（2）压价保值。压价保值主要用于进口贸易，是指进口商接受硬货币作为合同货币，将汇率变动可能造成的损失从进口商品价格中剔除。压价保值的计算公式为：

压价后的商品价格=原商品价格×（1-计价货币预期升值率）

（二）签约后通过外汇交易转稼外汇风险

在合同签订之后，交易主体可以利用外汇市场上的外汇交易进行套期保值，即通过创造与未来外汇收入或支出相同币种、相同金额、相同期限的债务或债权，以控制和消除汇率风险。具体的交易方式已在第五章中详细介绍，这里只做总结性概述。

1.远期外汇交易

远期外汇交易是按照事先规定的汇率和金额在既定的未来某一时间交割的外汇交易。远期外汇交易经常被用于避免贸易和金融上的外汇风险，即具有远期外汇债权或债务的企业与银行签订卖出或买进远期外汇的合约来消除外汇风险。借助远期外汇合约，企业可以创造与未来外汇流量相反的头寸，固定未来外币现金流量的本币价值，消除汇率变动的风险。一般来说，当出口商持有净外汇债权时，将承受外汇贬值而引起的本币收入减少的损失，应卖出远期外汇；当进口商持有净外汇债务时，将承受外汇升值而引起的本币支出增加的损失，应买入远期外汇。

2.掉期交易

掉期交易是指将币种相同、金额相同，而方向相反、交割期限不同的两笔或两笔以上的外汇交易结合起来进行。也就是说，同时买进并卖出同一种货币，买卖的金额相同，但交割期限不同。掉期交易通常并不改变交易者的外汇持有额，但是会使其持有货币的期限发生变化。掉期交易的基本用途是对冲期限不一致的风险。

3.外汇期货交易

外汇期货交易是指在固定的期货交易所内，买卖双方各自交付一定数量的保证金与佣金，通过经纪人或交易所，买卖外汇期货合约的行为。利用外汇期货市场，企业可以灵活地买入或卖出外汇期货来对冲现货外汇的空头或多头头寸，通过用一个市场的盈利来补偿另一个市场的亏损，以达到控制交易风险和锁定成本与收益的目的。外汇期货交易包括多头套期保值和空头套期保值两种方式。

多头套期保值是指进口商为防范付款日计价结算货币汇率上浮带来的风险损失，在签订贸易合同时在期货市场上先买进外汇期货，在期货交割日到来之前再卖出期货合同进行对冲。若在付款日计价结算货币升值，则进口商在现汇市场上为支付进口货款而购买计价结算货币所蒙受的损失，可由期货市场上“贱买贵卖”所获得的盈利来弥补。若在付款日计价结算货币贬值，则进口商在期货市场上“贵买贱卖”所蒙受的损失，可由现汇市场上购买现汇所减少的支出来补偿。这样无论付款日计价结算货币的汇率如何变动，进口商都可以避免外汇风险带来的损失。

空头套期保值是指出口商为防范收款日计价结算货币贬值带来的风险损失，在签订贸易合同时在期货市场上先卖出外汇期货，在期货交割日之前再买进外汇期货合同进行对冲。若收回货款时计价结算货币贬值，则出口商在现汇市场上收回外币蒙受的损失，可由期货市场上“贵卖贱买”所获得的盈利来弥补。若收回货款时计价结算货币升值，则出口商在期货市场上“贱卖贵买”所蒙受的损失，可由在现汇市场上所获得的盈利来补偿。这样无论收款时计价结算货币的汇率如何变动，出口商都可以避免汇率变动带来的风险损失。

4. 外汇期权交易

外汇期权交易是期权买方以一定的保险费为代价，获得在一定时期内或一定时期后按照协议价格买进或卖出一定数量某种外汇的权利。期权买方可以在不利情况下放弃行使合约所赋予的权利，也可以在约定时间内行使权利，与期权的卖方按约定价格交换约定数额的外汇。为获得这一权利，期权的买方向卖方支付了一笔期权费。期权的卖方因卖出期权，承担了今后汇率波动可能带来的风险，所以必须以期权费作为对其的补偿。外汇期权交易具体包括看涨期权和看跌期权。当企业持有净外汇债务时，将承受外汇升值而引起的本币支出增加的损失，企业应购买看涨期权；当企业持有净外汇债权时，将承受外汇贬值而引起的本币收入减少的损失，企业应购买看跌期权。

进口商选择买进看涨期权，即在签订贸易合同时签订看涨期权合约。若付款日计价结算货币汇率高于协定汇率，进口商就执行期权合约，即按约定汇率买进该货币，从而消除该货币汇率上升带来的损失；若付款日计价结算货币的汇率下跌，且跌至协定汇率以下，进口商可执行不按协定汇率买进的权利，而是在现汇市场上按较低的汇率买进该货币，从而获得因汇率下跌带来的利益。当然无论汇率如何变动该企业都要承担期权费。

出口商选择买进看跌期权，即在签订贸易合同时签订一份看跌期权合约。若收款日计价结算货币汇率下跌，且低于期权合约中的协定汇率，出口商则履行卖出外汇期权合约，按约定好的协定汇率卖出其出口收汇，从而避免汇率下跌带来的损失；若收款日计价结算货币汇率上升，且高于期权合约中的协定汇率，出口商则执行不按协定汇率卖出外汇的权利，而是把出口收汇按现汇市场汇率卖出，从中获取汇率上升带来的利益。当然，无论哪种情况，出口结汇收益都要扣除期权费。

（三）其他风险管理方法

1. 提前或推迟结汇法

提前或推迟结汇法，也称迟收早付法或迟付早收法，是指经济主体根据对计价货币汇率走势的预测，将收付外汇的结算日期提前或者推迟，以达到防范外汇风险或获取汇率变动收益的目的。这种方法适用于国际贸易支付结算，国际借贷，利息、股利、服务费用等国际经济往来。其基本原则是：对出口商和债权人来说，如果预测计价结算货币的汇率下跌，可以征得交易对方的同意，争取提前收入外汇，以避免由于汇率下跌造成本币收入减少的损失；反之，如果预测计价结算货币的汇率上涨，可以征得交易对方的同意，争取延期收进外汇，以获得汇率上升增加本币收入的好处。对进口商和债务人来说，如果预测计价结算货币的汇率下跌，可以征得交易对方的同意，争取延期支付外汇；反之，如果预测计价结算货币的汇率上涨，可征得交易对方的同意，争取提前支付外汇。

需要注意的是，提前或推迟结汇的原理虽很简单，但实施起来会遇到一些问题：①这种办法要受进出口合同中既定支付条件的限制，临时更改支付日期不仅会打乱资金计划，还会增加相应的结算成本，并带来一定的风险。②这种措施可能会使企业面临资金筹措和运用的困难。一方面提前支付和延期收汇的企业必须为此筹措所需资金；另一方面，延期支付和提前收汇的企业也必须及时为这笔资金找到合适的运用渠道。③提前结汇使受险部分在结汇后就消失了，但延期结汇却把受险部分保留下来，以期获得外汇风险收益，具有投机性质。因此，严格来说，这种方法并不能完全消除外汇风险，它涉及在预期基础上采取行动，一旦预测失误就会遭受损失。④有些国家对提前或延期结汇的运用会加以限制，如对外汇管制严的国家鼓励迟付早收而不支持早付迟收。

2.平衡抵消法

平衡抵消法是一种使外币债权和外币债务相互抵消以消除外汇风险的管理方法。其主要包括搭配和组对两种方法。

（1）搭配（matching）法是指交易者在一笔交易发生时或发生后，再进行一笔与存在风险相同货币、相同金额、相同期限，但资金流向相反的交易，使两笔交易面临汇率变动的影响相互抵消的一种方法。例如，某公司进口一批价值100万加拿大元的货物，预计6个月后支付货款，该公司应设法出口同等加拿大元金额的货物，使6个月后有一笔同等数额的加拿大元应收货款，借以抵消加拿大元应付货款，从而消除加拿大元涨跌的风险。

（2）组对（pairing）法是指企业利用两种资金的流动对冲来抵消风险，即一种货币的外汇风险用另一种货币的金额相同、时间相同、流向相反的资金流动来对冲。例如，如果预测英镑与欧元对人民币汇率在某一时期有稳定的正相关关系，企业就可以将英镑收入与欧元支付配对，或者将欧元收入与英镑支付配对，两者同升同降，避免较大的汇率风险。

组对法与搭配法的区别在于：搭配法基于同一种外币的对冲，而组对法则基于两种外币的对冲，即具有外汇风险的货币对本币升值或贬值时，作为组对的第三国货币也随之升值或贬值。

可见，组对法的实际条件是：作为组对的两种货币，其汇率常常呈现高度正相关关系。组对法比搭配法灵活，也易于采用，但组对法并未使外汇风险完全消失，一旦这些币种之间的相关程度发生了变化，甚至相关关系发生了逆转，期望中的资金组对就不能实现，并有可能承受双重的外汇损失。当然，若两种货币呈现稳定的负相关关系，则同时保有两种货币的多头或空头，也可避免风险，减少损失。

3. BSI法与LSI法

这两种方法是外汇风险管理的综合方法，即综合利用外汇业务、货币市场业务、提前收付法等，以消除全部外汇风险。

（1）BSI法。BSI是borrowing-spot-investing的缩写，即借款—即期合同—投资方法。BSI法是指具有外汇应收账款或应付账款的企业，综合运用借款、即期合同和投资方法，以避免外汇风险。BSI法具体可分为外汇借款法和外汇投资法两种。

①外汇借款法用于有未来外汇收入的场合。当企业拥有预期外汇收入时，如出口商在签订合同之后，可向银行借入一笔与未来外汇收入相同币种、相同金额和相同期限的外币资金，并立即在现汇市场上将其出售换成本币，到期用出口收入的外汇偿还借款，避免汇率波动的风险。其具体程序是：

第一步，出口商在签订贸易合同后，立即在金融市场上借入所需外币；

第二步，在即期外汇市场卖出外币取得本币，将本币资金在货币市场投资取得收益；

第三步，执行贸易合同后，出口商收汇，用收回的货款偿还贷款本金和利息。

例如，某出口企业有一笔100万美元的外汇收入，3个月后收汇。为防止美元贬值的风险，该企业从银行借入3个月期限的美元100万，并将这笔美元在现汇市场上卖出。3个月后，用到账的100万美元外汇收入偿还银行贷款本息。这样，即使美元严重贬值，对该企业也无影响。

值得注意的是，由于外汇借款法要支付银行贷款利息，因此这种方法有一定的成本，只有利息的支出小于汇率波动所造成的损失，才能起到保值和避免风险的作用。

②外汇投资法用于有未来外汇支出的场合。当企业有预期外汇支出时，如进口商在签订合同之后，可在现汇市场上买入与将要支付的外汇币种、金额相同的外汇，或者可以从银行借入相同期限的本币贷款，以此购买外汇，将其投放于货币市场，如银行定期存款、国库券、商业票据、银行承兑汇票、大额定期存单等，其投资期限与未来外汇支出的期限相同。等到付款日或投资到期，用收回的外汇支付货款，同时偿还银行的本币贷款。

需要注意的是，投资者若用本币投资只能消除时间风险，只有把本币换成外币再投资，才能同是消除货币兑换的价值风险。在实际操作中，只有那些暂时的闲置资金才能用于短期投资，否则需要从银行借款。

综合上述两种情况，在存在外汇风险的情况下，外汇借款法与外汇投资法都是通过改变外汇风险的时间结构来避险，但外汇借款法是将未来的收入转移到现在，外汇投资法是将未来的支付转移到现在。同时，前者借款是借外币，投资用于本币；后者借款是借本币，投资用于外币。

（2）LSI法。LSI是lead-spot-investing的缩写，即提早收付—即期合同—投资方法。LSI法是指具有外汇应收账款或应付账款的企业，在征得债务方或债权方的同意后，综合运用提前或延期收付货款、即期外汇合同兑换和投资方法，以规避外汇风险。LSI法常应用于出口与进口贸易的外汇风险防范中。

①LSI法在出口贸易应收账款中的做法是：出口商在征得付款人即进口商的同意后，以一定折扣为条件请其提前支付货款，以消除时间风险，并通过与银行签订即期合同，将收取的外币兑换成本币，从而消除价值风险。最后，将换回的本币进行投资，所获得的收益用以抵补因提前收汇造成的折扣损失。LSI法和BSI法的做法基本相似，不同的是，BSI法的第一步是从银行借款，而LSI法的第一步是以给予债务方一定的折扣为成本，请其提前支付货款。

②LSI法在进口贸易应付账款中的具体做法是：进口商先从银行借入本币，然后按即

期汇率兑换成外币，最后用购买的外币提前支付货款（从出口商处获得一定的折扣数额），这样可以消除全部风险，将来只有一笔借款到期时的本币流出。实际上，进口商运用LSI法规避外汇风险的程序是先借款（borrow），再与银行签订即期合同（spot），最后再提前支付（lead）货款，应简化为borrow-spot-lead，但国际上惯用的说法不是BSL，而是LSI。

4. 国际信贷法

国际信贷法是指在国际收付中，企业利用出口信贷、“福费廷”、保付代理等国际信贷形式，在获得资金融通的同时冲销或转嫁外汇风险的方法。

（1）出口信贷。出口信贷是国际贸易中最常用的一种资金融通方式，是指在大型成套设备出口贸易中，由出口方银行直接或间接向本国出口商或外国进口商提供低利率贷款，以解决本国出口商资金周转困难或满足外国进口商资金需要的一种融资业务。通过出口信贷方式，出口商的外汇风险就转嫁给银行抵消了。出口信贷又分为卖方信贷和买方信贷。

卖方信贷是指出口方银行以优惠利率向出口商提供中长期贷款，再由出口商以分期付款或赊销的方式，将成套设备卖给进口商，使出口商的外币负债（从本国银行取得的外币贷款）与其外币资产（应向进口商收取的货款）轧平，消除了风险。至于所借外汇贷款的利息支出也可用提前兑换的本币在国内的投资收益来弥补。

买方信贷是指出口方银行直接向进口商或进口方银行提供贷款，用于支付货款，其信贷额一般是合同金额的85%，其余的15%是定金。买方信贷分为直接买方信贷和间接买方信贷两种。直接买方信贷是直接贷款给外国的进口商，即借款人是外国进口商，但需要进口方银行的担保。间接买方信贷是贷款给外国的进口方银行，即借款人是进口方银行，无需其他银行的担保，再由进口方银行将贷款给进口商。

卖方信贷与买方信贷均属于中长期贸易信贷，但两者有一定的区别。从总体来讲，卖方信贷对进口商有利有弊，但对出口商则是有利的；买方信贷，尤其是间接买方信贷对进口商、出口商和银行都是有利的。因此，买方信贷是出口信贷中应用最广泛的形式。卖方信贷与买方信贷的区别为：

①虽然卖方信贷最终表现为出口商与本国银行之间的借贷关系，但交易是直接以赊销出售、延期付款的方式实现的，基本上属于商业信用，信用能力受厂商资金规模限制。买方信贷直接由银行出面，由出口方银行贷款给进口商或进口方银行，属于银行信用，信用扩张能力超过一般企业。

②对进口商而言，与卖方信贷相比，买方信贷手续费较低廉。利用卖方信贷，不仅设备本身的价格、借贷利息，而且信贷保险费、承担费、管理费等附加费用都包括在出口商的货价之中，使进口商不得而知。利用买方信贷，进口商对设备的价格都比较熟悉，在与出口商的贸易谈判中，不涉及信贷方面的费用，可以争取到物美价廉的商品。另外，进口商可以在签订贸易合同的同时，获得大部分的贷款，应付账款可以提前以现汇完成支付，避免了远期汇率变动带来的风险损失，有效地防范了汇率风险。

③对出口商而言，买方信贷可以简化手续和改善财务报表。利用卖方信贷，不仅增加了销售难度，而且以赊销方式销售的商品会反映在“资产负债表”上，由于存在巨额欠债，会影响出口商资信状况，而买方信贷则不存在上述问题。这是因为：一方面，出口商

出口货物时收入的是现汇，制定出口价格时无需考虑附加的信贷手续费等费用，只需根据同类商品的国际市场价格制定出口价格；另一方面，由于收入现汇，没有卖方信贷形式下的应收账款，可以改善财务报表情况。

④对出口方银行而言，买方信贷是向进口方银行提供的，与贷款给国内的出口商相比，银行信用大大高于商业信用，风险更小，贷款的安全收回较为可靠，出口方银行也更愿意接受买方信贷。

⑤对进口方银行而言，承做买方信贷业务可拓宽与本国企业的联系渠道，扩大业务量。

（2）福费廷（forfeiting）。福费廷，又称票据包买，是指在延期付款的大型设备贸易中，出口商把经过进口商承兑的期限在半年以上到5年或6年的远期汇票无追索权地向出口商所在地的银行或金融机构贴现，以便提前获得资金，并免除一切风险的融资形式。

福费廷的特点主要有：首先，福费廷涉及的都是金额大、付款期限长的大型设备的出口；其次，出口商开出的汇票必须经过进口商往来银行担保；最后，叙作福费廷后，出口商必须放弃对所出售债权凭证的一切权益，而包买商也必须放弃对出口商的追索权。

福费廷与一般贴现业务的最大区别是：当出口商把票据贴现给银行时，实际上是一种卖断行为，如果发生票据遭到拒付的情况，则与出口商无关。也就是说，出口商可以立即获得现款，转换成本币，而将票据拒付的风险、汇率风险等完全转嫁给办理福费廷的银行。

（3）保付代理。保付代理简称“保理”，又称承购应收账款业务，是指出口商以商业信用方式出售商品时，在货物装船后立即将发票、汇票、提单等有关单据卖断给承购应收账款的财务公司或专业机构，收取全部或大部分货款，从而取得资金融通的业务。当出口商争取不到以进口方银行开立信用证的方式收取货款的情况下，对进口商的资信不太了解时，可以利用保理业务避免风险。由于出口商能够及时获取发票应收金额的大部分，与托收结算方式相比，不仅避免了信用风险，还减轻了汇率风险。

5. 投保货币风险保险法

投保货币风险保险法是指进出口企业在缴纳一定的保险费给专门的外汇保险机构后，当汇率变动使其蒙受损失时，就会得到保险机构的补偿。目前，许多国家的政府都设有专门的机构办理汇率风险保险业务，如美国进出口银行、日本输出入银行等，这些保险机构所提供的汇率风险保险的标的不同，做法也不尽相同。但一般的做法是，投保企业向保险机构按期缴纳一定比例的保险费，由保险机构负担全部或部分的汇率风险，包括损失和收益。如果汇率波动幅度在保险公司规定的幅度内，则由保险公司负责赔偿企业遭受的损失，但是对超过规定波动幅度的汇率损失，保险公司不负责赔偿。尽管投保货币风险保险法可在一定程度上补偿企业的风险损失，但其不足之处是企业运用这种方法避免外汇风险的成本很高，而且汇率变动超过规定幅度所产生的外汇收益必须归保险公司所有。

二、外汇会计风险的防范

会计风险是跨国公司的母公司与海外子公司在合并财务报表时，由于汇率变化而引起资产负债表中某些以外币计量的资产、负债、收入、费用等项目，在折算为本币时产生的金额变动的风险。由于折算损益是一种会计账面上的损失，一般并不涉及企业真实价值的变动，在一定程度上具有“未实现”的性质，除非有关的会计准则规定必须将所有外汇损益在当期收益中予以确定。因此，会计风险不同于交易风险或经济风险，这种账面风险主要影响到向股东和债权人提供的会计报表。但是，这种折算损益也在一定程度上反映了企业所承担的外汇风险，这种“未实现”的账面损失有可能在未来成为实际的损失。

会计风险管理的基本原则是：增加强势货币资产，减少强势货币负债；减少疲软货币资产，增加疲软货币负债。通常的做法是实行资产负债的匹配保值。这种方法要求在资产负债表上以各种功能货币表示的受险资产与受险负债的数额相等，以使其会计风险头寸（受险资产与受险负债之间的差额）为零。因此，无论汇率如何变动，都不会带来会计折算上的损失。其具体操作步骤是：

第一步，计量资产负债表各科目中各种外币的规模，确定净转换风险头寸的大小。

第二步，根据风险头寸的性质确定受险资产与受险负债的调整方向。如果以某种外币表示的受险资产大于受险负债，则需要减少受险资产，或增加受险负债，或者两者同时进行；反之，如果以某种外币表示的受险资产小于受险负债，则需要增加受险资产，或减少受险负债，或者两者同时进行。

第三步，在明确调整方向和调整规模后，要进一步确定对哪些科目进行调整。这正是实施资产负债匹配保值的难点所在，因为有些科目的调整可能会带来相对于其他科目调整更大的收益性、流动性损失，或者会造成新的其他性质的风险（如信用风险、市场风险等）。从这一点上来说，通过资产负债表保值获得会计风险的减轻或消除，是以经营效益的牺牲作为代价的。因此，需要认真地对具体情况进行分析与权衡，决定科目调整的种类和金额，才能使调整的综合成本达到最小。

一般来说，会计风险与交易风险的管理方法一样，也可在货币市场、远期市场、期货市场和期权市场使用合同来避险，或者使用提前或推后、选择结算与借贷货币、冲抵头寸、货币和信用互换、合同价格调整等方法来避险。

三、外汇经济风险的防范

企业可能处于国际化进程的不同阶段，其经济风险的表现不完全相同，因此采取的措施也不一样。国际企业可分为三类：非经常性的大宗商品出口商、具有庞大出口市场的制造企业和从事多国经营活动的大规模的跨国公司。对于非经常性的大宗商品出口商，主要面向国内市场，偶尔接到国外订单，可以考虑是直接面对外汇风险，还是用期货或者期权进行套期保值。对于具有庞大出口市场的制造企业，没有过多的选择，需要经常进行套期保值；对于从事多国经营活动的大规模的跨国公司，其有多个生产和销售地点，可用多元化的分散经营来管理和防范风险。

（一）多样化分散经营

经营多样化是指分散生产、销售的地点与原材料的来源，具体体现为在生产管理与营销管理两个方面所做出的多样化经营策略调整。

在生产管理方面，应考虑选择合适的厂址，变更投入物的来源地、削减成本、制订计划等。在营销管理方面，市场的选择应将有关国家的货币变动对未来销售收入的影响放在第一位，选择合适的市场和分销渠道。从长远来看，从软货币国家进口更多的原材料和零部件是非常有利的。因此，在世界各地都设有工厂的跨国公司，通常会根据货币变动的情况，将其生产任务在不同的国家之间转移。应对外汇风险的最好办法是提高自身生产力，削减国内成本，使产品价格有更大的调整空间。在制订生产计划时需考虑汇率变化因素，这样可确保当汇率变化时企业能够很快地适应新情况。

本章专栏

应收货款的保值——应用金融市场工具避险案例

（二）财务活动多样化

由于经济风险会影响企业未来的现金流量，因此外汇风险的财务管理主要是利用一些财务手段，通过对财务状况的调整来抵消负面影响。这些财务手段包括多样化分散融资、转移定价、利用现金管理工具等。多样化分散融资是指在一个或一个以上的市场以一种或一种以上的货币融资，并利用各种保值方法控制汇率风险。转移定价，是指跨国公司提高或降低内部销售价格，以实现在公司内部转移收入的效果。利用现金管理工具，是指将收入从软货币国家转移到硬货币国家，将税前收入从高税率国家转移到低税率国家。

关键术语

外汇风险　交易风险　会计风险　经济风险　远期市场保值　期权合约保值　BSI法　搭配法　组对法

问答和思考题

1.简要说明外汇风险的构成要素。

2.如何定义交易风险？它与经济风险有什么不同？

3.试举一会计风险的例子。

4.举例说明企业一旦遇到外汇风险，在金融市场上有哪些避险方法可以选择？

5.比较远期市场套期保值与期权合约保值的区别。

6.简述使用货币市场保值的一般做法，并分析其保值的原理。

7.企业在签订涉外经济合同时，应从哪些方面注意防范外汇风险？

8.对外汇经济风险管理的一般策略有哪些？

9.试对本章主要内容进行总结。

实务操作题

一、案例题

1.某进出口公司出口一批货物，合同金额为100万美元。该公司意识到汇率波动的风险，就在合同中加列了货币保值条款，即以特别提款权（SDR）作为保值货币。假定签约时SDR与美元的汇率为1SDR=1.3110美元，6个月后结算日当天的即期汇率为1SDR=1.4230美元。

请问：（1）该公司运用货币保值条款怎样达到汇率风险控制的目的？

（2）说明货币保值条款对汇率风险的规避效果。

2.美国通用公司向新加坡航空公司出售飞机发动机叶片，合同总价为2 000 000新加坡元，以新加坡元为结算货币，付款期限为6个月。为规避汇率风险，美国通用公司决定使用金融市场工具来套期保值。目前，市场即期汇率为1.6000新加坡元=1美元，6个月期的远期汇率为1.6120新加坡元=1美元，美国通用公司预测6个月后的即期汇率为1.6200新加坡元=1美元。美国通用公司可以购买6个月期的期权来套期保值，美国市场上6个月期的看涨期权的执行汇率为1.6000新加坡元=1美元，期权费为1%；同时，看跌期权的执行汇率为1.6000新加坡元=1美元，期权费为2%。此外，目前美元年利率为5%，新加坡元年利率为6%。

请问：（1）美国通用公司将买入看涨期权还是看跌期权？若最终市场汇率果真是预测的汇率，请计算这笔期权交易的盈亏。

（2）比较远期市场、货币市场和期权市场的保值效果，你认为美国通用公司应选择哪个保值方案？

3. 国内某IT企业最近与德国电信公司签订了5亿欧元的天线采购合同，助力德国市场LTE及载波聚合等关键设施的建设。合同将延续3年，德国电信公司以欧元付款。据测算，德国电信公司的采购量约占该IT企业销售量的60%，其经营支出的10%用欧元支付，30%用美元支付，其余用人民币支付。

请问：（1）分析该IT企业在未来3年面临的外汇风险类型。

（2）该IT企业可采取哪些行动来降低汇率波动所产生的风险？

二、实训题

1. 网络实训

登录复旦大学金融研究院的复旦人民币汇率指数网站（http://ifsfd.fudan.edu.cn/rmbei/），了解我国人民币汇率的波动情况，分析外向型企业面临的外汇风险。

2. 课外实训

与一家涉外企业建立联系，了解并分析其在从事进出口活动时是如何避免外汇风险的。

第七章
国际金融机构

【学习目标】

通过本章学习，应该达到以下学习目标：

知识目标：理解各国际金融机构的宗旨及作用；了解各国际金融机构的资金来源及主要业务活动；明确我国与国际金融机构之间的合作。

技能目标：分析我国应如何加强与国际金融机构的联系。

本章将介绍各类国际金融机构的特点及作用，重点分析国际货币基金组织、世界银行集团、国际清算银行和亚洲开发银行的宗旨、组织结构、资金来源及主要的业务活动，并阐述这些国际金融机构与我国的关系。

国际金融机构（international financial institution）是由一些国家政府通过签署国际条约或协定而建立的从事国际金融业务、协调国际金融关系、维系国际货币和信用体系正常运作的超国家金融机构。国际金融机构多以银行形式出现，少数采用了基金组织、协会或金融公司等名称。国际金融机构的特点是：①国际金融机构是超国家性质的，对任何国家而言都是非居民的；②国际金融机构的经营管理不以盈利为目的，其主要目标是协调国际货币关系，促进国际经济合作，推动全球经济发展；③国际金融机构不按某一国家的法律或惯例建立并运作，有自己独特的运营方式；④国际金融机构的基本业务多以贷款这种最基本的金融工具为主，但不完全按照市场经济原则来进行；⑤各国在国际金融机构中的地位并不是完全平等的。

事实上，各国在国际金融组织内的发言权是以其在世界经济中的经济实力为基础的。因此，西方发达国家在国际金融机构中有较大的话语权，而发展中国家的地位和影响力十分有限。

第一节　国际货币基金组织

一、国际货币基金组织的建立和宗旨

（一）国际货币基金组织的建立

国际货币基金组织（International Monetary Fund，IMF）是根据1944年7月在布雷顿森林会议签订的《国际货币基金协定》于1945年12月27日在华盛顿成立的全球性政府间国际金融机构。1947年3月1日，国际货币基金组织开始正式运作，随后成为联合国的专门机构，在经营上有其独立性。国际货币基金组织与世界银行集团、世界贸易组织共同构成国际经济秩序的三大支柱。

（二）国际货币基金组织的宗旨

IMF作为永久性机构，其宗旨是：①促进国际货币合作，为国际货币问题的磋商和协作提供方法；②促进国际贸易的扩大与平衡发展，以提高和维持高水平就业和实际收入，以及开发成员的生产资源；③稳定国际汇率，在成员之间保持有秩序的汇价安排，避免竞争性的汇价贬值；④协助建立成员经常性交易的多边支付制度，消除妨碍世界贸易的外汇管制；⑤向成员提供临时性资金，帮助其纠正国际收支失衡。

二、国际货币基金组织的组织机构

国际货币基金组织的管理机构由理事会、执行董事会、总裁和业务机构组成。其成员实行会员制，包括初始成员和其他成员，两者在权利和义务上没有区别，参加基金组织的每个成员都要认缴一定的基金份额。基金份额的多少决定着成员投票权的多寡和向基金组织取得贷款权利的多少。国际货币基金组织的最高权力机构是理事会，由各成员委派理事和副理事各1名组成。执行董事会是负责处理基金组织日常业务的机构，共由24名执行董

事组成。国际货币基金组织的重大决策由成员投票表决，每个成员都有750票基本投票权，以及根据各国所缴基金份额所得到的加权投票权。由于基本票数各国一样，因此在实际决策中起决定作用的是加权投票权。加权投票权与各国所缴基金份额成正比，而基金份额又是根据一国的国民收入总值、经济开放度、经济波动性和国际储备等多种因素确定的。

三、国际货币基金组织的资金来源

（一）基金份额

基金份额是成员向国际货币基金组织认缴的资金，是基金组织最主要的资金来源。在国际货币基金组织建立之初，以黄金和本币的形式来缴纳。每个成员应缴纳的基金份额由国际货币基金组织理事会决定。1978年，该组织取消了基金份额的25%必须以黄金缴付的规定，改为以外汇或特别提款权（SDR）缴付，其余部分仍以本国货币缴付。基金份额中的外汇存放在有关国家的中央银行，本币则存放在本国中央银行的基金组织账户中。在国际货币基金组织创始初期，基金份额总数为100亿美元，到2007年，国际货币基金组织的基金份额总计已达到3 380亿美元。各成员基金份额的大小决定了其在国际货币基金组织的投票权、借款数额、分配的特别提款权额度。2006年，在新加坡举行的国际货币基金组织和世界银行年会上，通过了中国、韩国、墨西哥、土耳其在国际货币基金组织中拥有更多份额的议案。

（二）借款

国际货币基金组织另一重要的资金来源是借款。国际货币基金组织通过成员或其他途径对外借款弥补份额作为资金来源的不足，对外借款在紧急情况下向基金组织提供暂时性补充资金方面发挥了重要作用。

（三）信托基金

信托基金是一项临时性的资金来源。国际货币基金组织于1976年决定将其所持有的黄金的1/6，即2 500万盎司分4年按市价出售，并将所获利润的一部分作为建立“信托基金”的资金来源，向低收入发展中国家提供优惠贷款，其总额有30亿美元特别提款权。

此外，捐款和经营收入也构成了基金组织少量的资金来源。

四、国际货币基金组织的主要业务活动

（一）向成员提供各种贷款

国际货币基金组织主要的日常业务活动是向国际收支出现困难的成员提供不同类型的贷款。国际货币基金组织最初只发放普通贷款，后来陆续增加了中期贷款、补偿贷款、缓冲库存贷款和一些临时性贷款。

普通贷款也称基本信用贷款，是国际货币基金组织为解决成员的暂时性国际收支困难，利用成员认缴的份额形成的基金，向成员提供分步审批的贷款。国际货币基金组织对普通贷款的发放，以成员所缴纳的份额为基础，最高额度为成员所缴纳份额的125%。基金组织对这部分贷款实行分档管理政策，即将成员份额的125%分成五等份，每一部分均为25%。第一个25%为储备部分贷款，其余的统称为信贷部分贷款。

（1）储备部分贷款，即成员申请的不高于本国份额25%的贷款。成员份额的25%由

最初的用黄金缴纳变成现今的用SDR或指定的外汇缴纳。这部分贷款实质上没有构成基金组织的债务，因而这部分贷款的获取是无条件、无须批准、无须支付利息且可自动提用的。国际货币基金组织储备部分中未提取的部分，被视为成员方政府的自由储备，属于其国际储备。

（2）信贷部分贷款，即成员申请的在其所缴纳份额的25%~125%的贷款。储备部分贷款使用完后，可依次使用第一、第二、第三、第四档信用部分贷款，档次越高，审批手续越严。申请第一部分信用贷款的成员只有提交了克服国际收支困难的具体计划，才能获得基金组织的批准。而在申请高档信用部分贷款时，成员既要提供完善的国际收支方案，也要制订全面的财政稳定计划和相对合理适当的财政、货币、汇率政策等。同时，在之后的贷款使用过程中，基金组织会对其有一定程度的监督。一旦发现没有履行计划，基金组织将采取进一步措施以保证目标的实现。

（二）汇率监督与政策协调

除了提供贷款之外，国际货币基金组织的主要活动还包括：

（1）通过发行特别提款权来调节国际储备资产的供应和分配。

（2）通过汇率监督促进汇率稳定。

（3）协调成员的国际收支调节活动。

（4）取消货币兑换限制。

（5）促进国际货币制度改革。

（三）为成员提供培训、咨询等服务

（1）向成员方政府提供专家咨询、官员培训等技术援助。

（2）收集和交换金融信息。

五、我国与国际货币基金组织

我国于1945年加入国际货币基金组织，是该组织的创始国之一。1980年4月17日，该组织正式恢复了我国的代表权。

我国自1980年恢复在国际货币基金组织的席位后，单独组成一个选区并派出一名执行董事。1991年，该组织在北京设立常驻代表处。

国际货币基金组织创立时我国在其中的基金份额是5.5亿美元，1980年我国在国际货币基金组织的合法席位被恢复后，增加到12亿美元特别提款权。2006年，在新加坡举行的国际货币基金和世界银行年会结束后，我国在国际货币基金组织的特别提款权已经超过了80亿美元，位居第六位。2010年11月5日，国际货币基金组织执行董事会通过了基金份额改革方案。我国的基金份额从3.72%升至6.39%，投票权从3.65%提高到6.07%。截至2014年3月，中国占总投票权的6.17%，超越德国、法国和英国，位列美国和日本之后，在这一国际组织中，中国得到了更多的话语权。

2010年，国际货币基金组织将中国纳入全球五大具有系统稳定重要性的经济体。

第二节　世界银行集团

一、世界银行

（一）世界银行的建立和宗旨

世界银行集团（World Bank Group，WBG），是一个不断发展的国际金融机构，由成立之初的国际复兴开发银行（International Bank for Reconstruction and Development，IBRD）不断发展到后来的国际开发协会（International Development Association，IDA）、国际金融公司（International Finance Corporation，IFC）、多边投资担保机构（Multilateral Investment Guarantee Agency，MIGA）和国际投资争端解决中心（International Centre for Settlement of Investment Disputes，ICSID）。目前，世界银行集团由五个相对独立的机构组成。

国际复兴开发银行简称世界银行，是根据布雷顿森林会议上签订的《国际复兴开发银行协定》于1945年成立的政府间国际金融机构，是世界银行集团中成立最早、提供贷款最多的金融机构，也是联合国下属的一个专门机构。只有国际货币基金组织的成员才有资格申请加入世界银行。

世界银行的宗旨主要是通过向发展中国家提供中长期资金和投资来帮助发展中国家实现长期稳定的经济发展，具体包括：

（1）为用于生产目的的投资提供便利，协助成员恢复受战争破坏的经济。

（2）通过提供担保和参与私人投资，促进私人对外投资。

（3）鼓励开发生产资源，促进国际贸易长期均衡发展。

（4）对有用的而急需的项目优先提供贷款和担保。

（二）世界银行的组织机构

1.理事会

世界银行的最高权力机构是理事会，由每个成员选派理事和副理事各一人组成。他们的任期为5年且可以连任，副理事在理事缺席时才有投票权。理事会每年举行一次会议，一般与国际货币基金组织的理事会联合举行。理事会的主要职权包括批准接纳新成员、增加或减少银行资本、停止成员资格、决定银行净收入的分配，以及其他重大问题。

2.执行董事会

世界银行董事会共有25名常驻执行董事，代表世界银行的188个成员。执行董事按照理事会的授权，负责处理世界银行的日常业务。按照世界银行的章程规定，世界银行的25名执行董事中，6名由持股最多的美国、日本、中国、英国、德国和法国委派，其余的19名由组成选区的成员方政府选举产生，选举每两年举行一次。执行董事们负责选举行长，行长同时担任执行董事会主席。

3.行政管理机构

世界银行的行政管理机构由行长、若干副行长、局长、处长、工作人员组成。行长是行政管理机构的首脑，其在执行董事会的有关方针政策的指导下，负责银行的日常行政管理工作，任免银行高级职员和工作人员。行长没有投票权，只有当执行董事会表决双方的票数相等时，才可以投关键性的一票。

（三）世界银行的资金来源

1.成员实际缴纳的股本

参加世界银行的成员方都需认缴股份，认缴额按申请国的经济和财政力量分摊。与IMF一样，每个成员拥有250票的基本投票权。此外，每认缴1股（10万美元，后改为10万美元特别提款权）增加1票投票权。世界银行成立之初，法定资本为100亿美元，分为10万股，成员认缴的股份实缴20%，其余80%存于世界银行，等到催款时再行缴纳。由于新的认股中实缴的股金比重较低，因此股本资金不是其贷款资金的主要来源。

2.借款

借款即世界银行以自身的名义通过发行债券的方式来筹集资金。在世界银行贷款中，约70%依靠发行债券作为资金来源。

3.债权转让

世界银行将贷出的债权转让给商业机构为主的私人投资者，可以提前收回一部分资金，以扩大其贷款能力。商业机构也借此机会利用世界银行的投资能力，获得比较安全的投资渠道。

4.留存的业务净收益

世界银行留存净收益一部分以赠款形式拨给国际开发协会，大部分作为留存的净收益而成为贷款的资金来源。

（四）世界银行的主要业务活动

1.贷款

世界银行最主要的业务是向成员尤其是向发展中国家发放贷款。

（1）世界银行的贷款原则包括：①只有成员才能申请贷款；②贷款可以贷给成员方政府或由成员方政府、中央银行所担保的借款人；③世界银行不与其他贷款机构竞争，世界银行只对经其确认确实无法以合理的条件从其他来源获得资金的成员，考虑发放贷款；④申请贷款必须有项目计划，个别情况下才发放非项目贷款；⑤世界银行只向有偿还能力的成员发放贷款；⑥世界银行的贷款总额一般不到借款国项目所需全部资金的一半，并且只满足项目建设中所需的外汇。

（2）世界银行的贷款种类主要有项目贷款、部门贷款、结构调整贷款、联合贷款和第三窗口贷款五种类型。①项目贷款，又称特定投资贷款，是世界银行最主要的贷款，是指贷款的发放用于资助成员的某个具体的发展项目，目的在于支持各国经济的稳步发展。②部门贷款，由部门投资及维护贷款、部门调整贷款和中间金融机构贷款组成。③结构调整贷款，是指主要用于帮助借款国在宏观经济、部门经济和结构体制等方面进行必要的调整和改革，更有效地利用资金和资源。④联合贷款，是世界银行同其他贷款者一起，共同为借款国的项目融资，以帮助缓和世界银行有限的资金来源与不断增长的成员资金需求之间的矛盾。联合贷款的具体方式是：世界银行确定了借款国家的项目后，即与其他贷款人签订联合贷款协议；然后，世界银行和其他贷款人按自己通常的贷款条件分别同借款国签订贷款协议。⑤第三窗口贷款，于1975年设立，其贷款条件介于世界银行硬贷款和国际开发协会软贷款之间的限于援助低收入国家的贷款。其贷款利率（4.5%）与世界银行一般贷款利率（8.5%）的差额由利息补贴基金弥补，该基金来源于发达国家和石油输出国的自愿捐助。该项贷款宽限期长达25年，人均国民生产总值低于375美元的发展中国家才可以申请此项贷款。

2.提供投资担保

1988年，世界银行推动发达国家向发展中国家进行直接投资而设立了多边投资担保机构。该机构的主要业务活动是对发达国家投资人所面临的非商业性风险提供担保。

第一，转移风险。这是指因东道国政府限制货币兑换和转移而产生的转移风险。

第二，所有权和控制权风险。这是指因东道国政府采取法律和行政行为而造成投资者丧失所有权和控制权的风险。

第三，违约风险。这是指有关国家的政府撤销与投资者签订的合同而产生的违约风险。

第四，政治风险。这是指东道国内的武装冲突和动乱所造成的政治风险。

3.提供技术援助

世界银行提供各种培训和咨询服务，培训内容涉及经济政策、项目管理和金融知识。世界银行提供技术援助的形式有：派遣专家、代聘咨询人员；"政策对话"，提供咨询意见；培训人员。

（五）我国与世界银行集团

中国是世界银行集团的创始国之一。1980年5月15日，中国在世界银行集团和所属国际开发协会及国际金融公司的合法席位得到恢复。同年9月3日，该行理事会通过投票，同意将中国在该行的股份从原来的7 500股增加到12 000股。在世界银行集团的执行董事会中，中国单独派有一名董事。目前，中国已成为世界银行第三大股东国，仅次于美国和日本。

中国自1980年5月恢复在世界银行集团的合法席位以来，一直与其保持着良好的合作关系，在贷款合作、知识合作和国际发展合作三个方面成果显著。中国与世界银行集团的合作，推动了中国交通运输、行业改造、能源、农业等国家重点建设以及金融、文卫、环保等事业的发展，世界银行集团还通过本身的培训机构，为中国培训了大批了解世界银行业务、熟悉专业知识的管理人才。

二、国际开发协会

（一）国际开发协会的建立和宗旨

国际开发协会（IDA）于1960年设立，是世界银行专门向发展中国家提供增款和长期优惠贷款的附属机构。国际开发协会按股份公司方式组建，其投票权的分配与成员认缴的股份挂钩。就经营活动而言，其与世界银行共用一套人员体系，其理事、执行董事、经理和工作人员都由世界银行的相应人员兼任。从这个意义上来说，国际开发协会可以被理解为世界银行的一套独立的账户体系。

国际开发协会的宗旨是专门向不发达国家提供比世界银行的贷款条件更为优惠的长期信贷，以促进其经济发展和国内居民生活水平的提高，并作为世界银行贷款的补充，推动世界银行目标的实现。

（二）国际开发协会的组织机构

国际开发协会在组织机构上与世界银行是"两块牌子，一套班子"，不过在财务上是独立分开的。国际开发协会的最高权力机构是理事会，理事会下设执行董事会，负责日常业务工作。不过，其正、副理事和正、副执行董事实际上就是世界银行的正、副理事和正、副执行董事；经理、副经理由世界银行行长、副行长兼任；办事机构各部门负责人也都由世界银行相应部门的负责人兼任。理事会每年召开年会一次，出席会议的法定人数应为过半数理事，并持有不少于2/3的总投票权。理事会第一创始成员享有500票的投票权，另按其首次认缴额每5 000美元增加一票。首次认股以外的股金所在地应享有的投票权，由理事会视情况决定，除另有特殊规定外，协会一切事务均采取简单多数原则通过。

（三）国际开发协会的资金来源

第一，成员认缴的股份。其中，发达国家必须用可兑换货币认缴，发展中国家可以用本国货币认缴90%的股份，其余10%需要用外汇认缴。

第二，由成员方政府定期提供援助性的补充资金。

第三，世界银行每年的赠款。

（四）国际开发协会的主要业务活动

1.发放贷款

国际开发协会主要针对低收入发展中国家发放贷款。贷款不收利息，仅收0.75%的手续费，贷款期限长达50年，前10年不必还本，从第二个10年起每年还本1%，其余30年每年还本3%，贷款可以全部或部分用本国货币偿还。实际上，这是一种长期低利息贷款，也称软贷款。

2.建立赠款制度

因许多发展中国家的高债务负担制约其发展，国际开发协会特意建立一个根据国家债务压力风险分配赠款的制度，以帮助借款国确保债务的可承受性。

3.建立衡量效果的指标体系

衡量效果的指标体系能够适时监控借款国的发展进度，适时将效果和产出与国际开发协会的国家方案和项目相联系，以便更好地完善项目方案。它可以更好地评估这些国家和国际开发协会的工作，加强捐赠资源使用问责制，并最终惠及贫困人口。为了解决现有数据的缺陷，国际开发协会的重点目标之一就是在国家战略中提高对效果的重视，扩大对国家提高衡量效果能力的直接支持。

4.依据政策业绩分配资源

国际开发协会根据国家政策业绩分配资源，政策业绩的实力是有效利用资源的最佳指标。国际开发协会将大部分资源分配给制度有效、公共部门管理良好、腐败程度较低的国家。

5.实现基础广泛增长

国际开发协会还通过改善公共部门治理、反腐败，以及加强制度与能力建设支持国家实现基础广泛增长。国际开发协会在这一领域的战略包括经济政策改革、公共部门管理改革、法律和司法改革，以及加强公共资源使用的监督、透明度和问责制。

（五）我国与国际开发协会

我国于1980年恢复了在国际开发协会的席位，成为协会的第二类成员，即借款国。我国在协会里的投票权为219 696票，占总投票权的1.88%。截至1999年9月，国际开发协会共向我国提供了102亿美元无息贷款（软贷款）。国际开发协会向我国提供的长期低息贷款，用于我国基础设施的建设与完善，为我国经济的发展做出了一定的贡献。

三、国际金融公司

（一）国际金融公司的建立和宗旨

国际金融公司（IFC）也是世界银行下属机构之一，于1956年7月正式成立，总部设在华盛顿。虽然国际金融公司是世界银行的附属机构，但是其本身具有独立的法人地位。国际金融公司是首个将推动私营企业发展作为其主要目标的政府间组织。

国际金融公司的宗旨是：配合世界银行的业务活动，向成员特别是其中的发展中国家的重点私人企业提供无须政府担保的贷款或投资，鼓励国际私人资本流向发展中国家，以推动这些国家的私人企业的成长，促进其经济发展。

（二）国际金融公司的组织机构

国际金融公司的组织机构和管理办法与世界银行相同，其最高权力机构是理事会；理事会下设执行董事会，负责处理日常事务，正、副理事和正、副执行董事也就是世界银行的正、副理事和正、副执行董事。

（三）国际金融公司的资金来源

国际金融公司的资金来源主要包括：成员缴纳的股金；从世界银行和其他来源借入的资金；国际金融公司业务经营的净收入。

（四）国际金融公司的主要业务活动

国际金融公司致力于促进发展中国家私营部门的可持续发展，且通过促进成员方生产企业和高效资本市场的成长来推动经济发展。国际金融公司的经营活动主要是投资和贷款。其基本特点是：

第一，以私人企业，特别是中小企业为经营对象。

第二，贷款发放无须政府担保，当然要以政府不反对为前提。

第三，以入股方式对私人企业投资，但是其股份不超过企业总资本的25%，也不承担对被投资企业的经营管理责任。

第四，注重与国际金融市场上的私人金融资本合作，强调与私人金融机构共同为私人企业提供贷款。

第五，不优惠却有利于借款人资金周转的信贷条件。其主要表现为：贷款金额较小，不超过项目金额的25%，每笔贷款通常为200万~400万美元；采用固定利率形式且高于世界银行贷款利率；以7~15年的中长期贷款为主，但其宽限期较长。

（五）我国与国际金融公司

目前，我国是国际金融公司投资增长最快的国家之一。国际金融公司在我国投资的重点是鼓励包括中小企业在内的我国本土私营部门的发展；支持我国西部和内陆省份的发展；促进基础设施、社会服务和环境产业的私营投资。国际金融公司对中小企业的支持可以减轻国企改革带来的压力。同时，我国对金融行业的开放将为国际金融公司进一步支持具有商业可行性的私营金融机构，尤其是银行业和保险业的发展带来新的机遇。

2013年12月26日，中国人民银行与国际金融公司签署了《中国人民银行代理国际金融公司投资中国银行间债券市场的代理投资协议》。此协议的签署体现了国际金融公司对我国经济和金融市场发展的信心，也有利于国际金融公司实现资产多样化和加强流动性管理，将进一步增进我国与世界银行集团的金融合作。

第三节　国际清算银行

一、国际清算银行的建立和宗旨

国际清算银行（Bank for International Settlements，BIS）是英国、法国、德国、意大利、比利时、日本等国的中央银行与代表美国银行界利益的摩根银行、纽约和芝加哥的花旗银行组成的银团，根据海牙国际协定成立于1930年，后演变为一家各国中央银行合作的国际金融组织，总部设在瑞士巴塞尔。2019年，国际清算银行宣布分阶段在不同城市设立创新中心，首先设立的两个中心分别位于瑞士巴塞尔和中国香港，第三个位于新加坡。

国际清算银行是最早出现的国际金融机构，最初创办的目的是处理第一次世界大战后德国的赔偿支付及有关的清算等业务问题。第二次世界大战后，它成为经济合作与发展组织成员之间的结算机构。国际清算银行的宗旨也逐渐转变为促进各国中央银行之间的合作，为国际金融业务提供便利，并接受委托或作为代理人办理国际清算业务等，被人们称为中央银行的银行。

国际清算银行是一个重要的国际金融机构，在中央银行外汇储备管理和国际金融研究方面享有很高的声誉。

二、国际清算银行的组织机构

国际清算银行是以股份公司的形式建立的，组织机构包括股东大会、董事会和管理委员会。

（一）股东大会

国际清算银行的最高权力机关为股东大会，只有各成员方中央银行的代表参加表决且选票按有关银行认购的股份比例分配。在决定修改银行章程、增加或减少银行资本、解散银行等事项时，应召开特别股东大会。除各成员方中央银行行长或代表作为有表决权的股东参加股东大会，所有与该行建立业务关系的中央银行代表均被邀请列席。

（二）董事会

董事会是国际清算银行的经营管理机构，由13名董事组成。董事会设主席1名，副主席若干名，每月召开1次例会，审议银行日常业务工作，决议以简单多数票做出，票数相等时由主持会议的主席投决定票。董事会主席和银行行长由1人担任。董事会根据主席建议任命1名总经理和1名副总经理，他们就银行的业务经营向银行负责。

三、国际清算银行的资金来源

（一）成员缴纳的股金

国际清算银行建立时，法定资本为5亿金法郎，1969年增至15亿金法郎，以后几度增资。该行股份的80%为各国中央银行持有，其余20%为私人持有。

（二）借款

国际清算银行向各成员中央银行借款，补充该行自有资金的不足。

（三）吸收存款

接受各国中央银行的黄金存款和商业银行的存款。

四、国际清算银行的主要业务活动

（一）处理国际清算事务

第二次世界大战后，国际清算银行先后成为欧洲经济合作组织、欧洲支付同盟、欧洲煤钢共同体、黄金总库、欧洲货币合作基金等国际机构的金融业务代理人，承担着大量的国际结算业务。

（二）办理或代理有关银行业务

国际清算银行可从事的业务主要有：接受成员方中央银行的黄金或货币存款；买卖黄金、货币和可供上市的证券；向成员方中央银行提供贷款或存款服务；与商业银行和国际机构进行类似业务。国际清算银行不得向政府提供贷款或以其名义开设往来账户。

（三）定期举办中央银行行长会议

国际清算银行于每月的第一个周末在巴塞尔举行西方主要国家中央银行的行长会议，商讨有关国际金融问题，协调有关国家的金融政策，促进各国中央银行的合作。

五、国际清算银行的巴塞尔银行监管委员会

巴塞尔银行监管委员会简称巴塞尔委员会，原称银行法规与监管事务委员会，是由美国、英国、法国、德国、意大利、日本、荷兰、加拿大、比利时、瑞典十大工业国的中央银行于1974年年底共同成立的，作为国际清算银行的一个正式机构，以各国中央银行官员和银行监管当局为代表，总部设在瑞士的巴塞尔。

巴塞尔委员会本身不具有法定跨国监管的权力，所做出的结论或监管标准与指导原则在法律上也没有强制效力，仅供参考，但因该委员会成员来自世界主要发达国家，影响力很大。在“国外银行业务无法避免监管”与“适当监管”的原则下，消除世界各国监管范围差异是巴塞尔委员会追求的目标。巴塞尔委员会制定了一系列协议、监管标准与指导原则，如《关于统一国际银行资本衡量和资本标准的协议》《有效银行监管核心原则》等。这些协议、监管标准与指导原则统称为巴塞尔协议。巴塞尔协议的实质是为了完善与补充单个国家对商业银行监管体制的不足，减轻银行倒闭的风险与代价，是对国际商业银行联合监管的最主要形式。巴塞尔协议的制定与推广对稳定国际金融秩序起到了积极的作用。

六、我国与国际清算银行

我国于1984年与国际清算银行建立了业务联系，中国人民银行则于1986年开始与国际清算银行办理外汇与黄金业务。中国人民银行参加该行年会的行为能促使中国广泛获知国际经济和金融状况，且发展与各国中央银行之间的关系。自1985年起，国际清算银行已开始向中国提供贷款。

1996年9月9日，国际清算银行董事会通过决议，决定接纳中国、巴西、中国香港、印度、韩国、墨西哥、俄罗斯、沙特阿拉伯、新加坡的中央银行和货币当局为该行的新成员。香港回归之后，其在国际清算银行的地位保持不变，继续享有独立的股份与投票权。我国加入国际清算银行，有助于我国及时了解国际金融界主要决策者的政策取向，更好地把握国际金融体系和国际金融市场的重要动态，增进我国金融监管人员与国际银行监管人

员之间的密切合作，促进我国金融业监管水平的提高。

第四节　亚洲开发银行

一、亚洲开发银行的建立和宗旨

亚洲开发银行（Asian Development Bank，ADB）简称“亚行”，是亚洲和太平洋地区的区域性金融机构。根据1963年12月在菲律宾首都马尼拉由联合国亚太经社会主持召开的第一届亚洲经济合作部长级会议的决议，1965年11月至12月在马尼拉召开的第二届会议通过了亚洲开发银行章程。该章程于1966年8月22日生效，11月在东京召开首届理事会，宣告该行正式成立，同年12月19日该行正式营业，总部设在马尼拉。

亚洲开发银行的宗旨是帮助发展中成员减少贫困，提高人民生活水平，以实现“没有贫困的亚太地区”这一终极目标。亚洲开发银行主要通过开展政策对话、提供贷款、担保、技术援助和赠款等方式支持其成员在基础设施、能源、环保、教育和卫生等领域的发展。

二、亚洲开发银行的组织机构

（一）理事会

亚洲开发银行的最高权力和决策机构是由所有成员代表组成的理事会，通常每年举行一次会议。理事会一般由各成员方财长或中央银行行长组成，每个成员在亚洲开发银行有正、副理事各一名。行长是亚洲开发银行的合法代表，由理事会选举产生，任期5年且可连任。亚洲开发银行在成立之初只有31个成员，如今成员数量已增至68个，其中49个成员来自亚太地区。理事会的主要职责是接纳新会员、改变注册资本、选举董事或行长和修改章程。

（二）董事会

亚洲开发银行的董事会由12名董事和12名副董事组成，其68个成员分成12个选区，每个选区各派出1名董事和副董事。68个成员中，日本、美国和中国三大股东国是单独选区，各自派出自己的董事和副董事。其他成员组成9个多国选区，董事和副董事一职由选区内不同成员根据股份大小分别派出或轮流派出。

三、亚洲开发银行的资金来源

（一）普通资金

亚洲开发银行最主要的资金来源是普通资金，是由股本、储备、净收益以及从国际资本市场的借款构成。亚洲开发银行从建行时的10亿美元法定股本增加到1996年年底的501.3亿美元核定股本，其中493.68亿美元已被各成员认缴。认缴股本中包含7.03%的实缴股本和92.97%的待缴股本。实缴股本可用于普通资金贷款的拨付，而待缴股本则作为亚洲开发银行从国际资本市场筹集资金的后盾。目前，日本、美国和中国是亚洲开发银行主要的出资国，其认缴股本占股本总额的比例分别为16.054%、16.054%、6.628%。

（二）开发基金

开发基金主要是来自亚洲开发银行发达成员国或地区成员的捐赠，用于向亚太地区贫困国家或地区发放优惠贷款。同时，亚洲开发银行理事会还按有关规定从各成员国或地区成员缴纳的未核销实缴股本中拨出10%作为基金的一部分。此外，亚洲开发银行还从其他渠道取得部分赠款。

（三）技术援助特别基金

1967年，亚洲开发银行成立了技术援助特别基金，用以提高发展中国家成员或地区成员的人力资源素质和加强执行机构的建设。该项基金的来源：一是赠款；二是在为亚洲开发基金增资36亿美元时将其中的2%拨给技术援助的特别基金。

（四）日本特别基金和日本扶贫基金

亚洲开发银行理事会于1988年3月10日决定成立日本特别基金。这部分资金或以赠款的形式，资助在成员国或地区成员的公营、私营部门的开发项目，或以单独或联合赠款的形式，对亚洲开发银行向公营部门开发项目进行贷款的技术援助部分予以资助。2000年5月23日，亚洲开发银行决定建立日本扶贫基金，用以资助扶贫项目。扶贫基金重点支持那些直接向贫困人口提供经济和社会服务的项目，帮助贫困人口获得自我发展的能力，使贫困成员的脱贫计划能持续进行。

（五）联合融资

亚洲开发银行可通过联合融资的形式为本地区的经济发展筹集更多的开发资金。联合融资是指一个或一个以上的外部经济实体与亚洲开发银行共同为某一开发项目融资。目前，亚洲开发银行最大的融资伙伴是官方机构，官方融资177.23亿美元，占联合融资总额的72.04%；商业融资24.88亿美元，占联合融资总额的10.12%；出口信贷43.9亿美元，占联合融资总额的17.84%。

四、亚洲开发银行的主要业务活动

（一）贷款

按贷款发放的条件划分，贷款有硬贷款、软贷款和赠款三类。硬贷款的贷款利率为浮动利率，每半年调整一次，贷款期限为10~30年（2~7年宽限期）。软贷款是优惠贷款，只提供给人均国民收入低于670美元（1983年的美元）且还款能力有限的成员国或地区成员，贷款期限为40年（10年宽限期），没有利息，仅有1%的手续费。赠款用于技术援助，资金由技术援助特别基金提供，赠款额没有限制。

（二）股本投资

股本投资是对私营部门开展的一项业务，也不需要政府担保。除亚洲开发银行直接经营的股本投资外，还通过发展中成员的金融机构进行小额的股本投资。

（三）技术援助

技术援助可分为项目准备技术援助、项目执行援助、咨询技术援助和区域活动技术援助。

（四）联合融资和担保

亚洲开发银行不仅自己为其发展中成员提供资金，而且吸引多边、双边机构以及商业金融机构的资金投向共同的项目。我国上海南浦大桥项目是亚洲开发银行在中国开展的第一个联合融资项目，亚洲开发银行提供了7 000万美元的贷款，从商业渠道联合融资4 800万美元。亚洲开发银行对参加联合融资和私营机构所提供的贷款还提供担保服务。担保服务可以帮助发展中成员从私营机构那里争取到优惠的贷款。

五、我国与亚洲开发银行

本章专栏

是"苦药"还是"良方"——国际货币基金组织贷款条件

我国从1986年加入亚洲开发银行开始，双方在发展经济、消除贫困、保护环境等方面开展了广泛合作，合作项目从最初的几个已发展到2013年的90多个。亚洲开发银行对华贷款全部为硬贷款，年利率为6.5%~6.9%，贷款期限为15~25年，贷款涉及多个行业和领域。截至2013年，我国已是亚洲开发银行世界范围内第二大借款国、技术援助赠款的第一大使用国以及第三大股东。我国积极参与亚洲开发银行的其他事务，如大湄公河次区域经济合作、中亚区域经济合作以及中蒙经贸合作等区域合作项目。

知识链接7-1　　亚洲基础设施投资银行

亚洲基础设施投资银行（Asian Infrastructure Investment Bank，AIIB），简称"亚投行"，是一个政府之间性质的亚洲区域多边开发机构，是首个由中国倡议设立的多边金融机构，总部设在北京，法定资本1 000亿美元。

2014年10月24日，包括中国、印度、新加坡等在内21个首批意向创始成员国的财长和授权代表在北京签约，共同决定成立亚投行。2015年12月25日，亚洲基础设施投资银行正式成立。2016年1月16日至18日，亚投行开业仪式暨理事会和董事会成立大会在北京举行。

亚投行的治理结构分理事会、董事会、管理层三层。理事会是最高决策机构，每个成员在亚投行有正、副理事各一名。董事会有12名董事，其中域内9名，域外3名。管理层由1名行长和5名副行长组成。

亚洲基础设施投资银行的宗旨是促进亚洲区域的建设互联互通化和经济一体化的进程，并且加强中国及其他亚洲国家和地区的合作。通过在基础设施及其他生产领域的投资，促进亚洲经济可持续发展，创造财富并改善基础设施互联互通；与其他多边和双边开发机构紧密合作，推进区域合作和伙伴关系，应对发展挑战。

根据协定，亚投行的业务分为普通业务和特别业务。普通业务是指由亚投行普通资本（包括法定股本、授权募集的资金、贷款或担保收回的资金等）提供融资的业务。特别业务是指为服务于自身宗旨，以亚投行所接受的特别基金开展的业务。两种业务可以同时为同一个项目或规划的不同部分提供资金支持，但在财务报表中应分别列出。

关键术语

国际金融机构　国际货币基金组织　信托基金　世界银行集团　普通贷款　债权转让　项目贷款　硬贷款　软贷款　国际开发协会　国际金融公司　国际清算银行　亚洲开发银行

问答和思考题

1. 如何理解国际金融机构的定义?
2. 国际货币基金组织的资金来源和主要业务活动有哪些?
3. 世界银行的资金来源和贷款特点有哪些?
4. 国际开发协会的主要业务活动有哪些?
5. 国际清算银行的资金来源和主要业务活动有哪些?
6. 亚洲开发银行的资金来源和主要业务活动有哪些?
7. 目前,我国与国际金融机构之间的合作活动主要有哪些?
8. 试对本章主要内容进行总结。

实务操作题

一、案例题

1. 苏联解体后,俄罗斯加入国际货币基金组织和世界银行。国际开发协会向俄罗斯提供项目资助。投资保障多边代理公司为俄罗斯企业获得各种投资贷款提供担保,并建立了向"俄罗斯私有化"提供无偿援助的机制。国际金融公司主要向私有经济部门投资,鼓励发展俄罗斯的资本市场。

请查阅相关信息,探讨各种国际金融机构对世界经济的发展产生了哪些影响?

2. 2014年7月15日,中国、巴西、俄罗斯、印度和南非5个国家签署了成立金砖国家开发银行的协议。金砖国家开发银行初始资本为1 000亿美元,由5个创始成员平均出资,总部设在中国上海。各国派人轮流担任该银行总裁,首任总裁来自印度。在金砖国家应急储备安排中,将建立达1 000亿美元的应急基金。金砖国家开发银行的建立将推动金砖国家积极参与国际金融治理,加强其与世界其他国家的交流合作,推动国际金融体制改革,促进世界金融新秩序的形成。

请分析:金砖国家开发银行对国际货币基金组织和世界银行可能产生什么样的冲击?

二、实训题

网络实训

登录以下四个国际金融机构的网站,了解其基本情况,并了解我国与这四个国际金融机构之间的合作交流活动。

(1)国际货币基金组织网站,http://www.imf.org。

(2)世界银行网站,http://www.worldbank.org.cn。

(3)国际清算银行网站,http://www.bis.org。

(4)亚洲开发银行网站,http://www.adb.org。

第八章

国际金融市场

【学习目标】

通过本章学习，应该达到以下学习目标：

知识目标：了解国际金融市场的分类；明确国际货币市场和资本市场的基本情况；理解欧洲货币市场的形成原因及特点；了解我国的离岸金融市场业务活动。

技能目标：要求能够分析我国参与国际金融市场活动的现状。

国际金融市场是指各国居民从事国际金融活动的场所。国际金融市场通常在具有稳定的政治经济环境、健全完备的金融体系、宽松的外汇管理制度、现代化的通信设施以及优越的地理位置中形成。本章将介绍国际金融市场的内涵和类型、产生与发展，以及当前国际金融市场的特点，并对国际货币市场、国际资本市场、欧洲货币市场和国际黄金市场进行阐述。此外，本章还将介绍我国离岸金融市场的发展以及人民币离岸业务状况。

第一节　国际金融市场概述

一、国际金融市场的概念

广义的国际金融市场（international financial markets）是指从事各种国际金融交易（如国际外汇交易、国际黄金交易、国际证券交易、国际信贷业务、衍生金融交易等）的场所。狭义的国际金融市场是指从事国际资金借贷和融通的场所，主要包括国际信贷市场和国际证券市场。

商品与劳务的国际性转移、资本的国际性转移、黄金输出与输入、外汇的买卖和国际货币体系的运转等各方面的国际经济交往都离不开国际金融市场。随着融资手段、投资机会和投资方式的创新，金融活动也逐渐凌驾于传统的实体经济之上，因而国际金融市场在国际经济领域中占有十分重要的地位。

二、国际金融市场的分类

（一）按市场形态划分

国际金融市场既有具体的有形市场，也有通过现代通信手段让金融机构完成交易的无形市场。随着电子信息网络的发展，国际金融市场更多的活动已通过网络来实现。

（二）按资金融通期限划分

按资金融通期限划分，国际金融市场可分为国际货币市场和国际资本市场。

（三）按经营业务种类划分

按经营业务种类划分，国际金融市场可分为国际借贷市场、国际外汇市场、国际证券市场和国际黄金市场。

（四）按性质不同划分

国际金融市场既有以市场所在国发行的货币为交易对象的传统市场，也有以境外货币为交易对象的离岸金融市场。

传统国际金融市场，也称在岸金融市场，是指从事市场所在国货币的国际信贷和国际证券业务，交易主要发生在市场所在国的居民与非居民之间，并受市场所在国政府的金融法律法规管制。

离岸金融市场上的交易涉及市场所在国之外的货币，而且大部分交易是在市场所在国的非居民之间进行的，业务活动也不受任何国家金融体系、金融法律法规的管制。

三、国际金融市场的形成与发展

（一）萌芽与初步形成阶段

19世纪以前，国际金融市场的产生与初步形成是伴随国际贸易的发展而完成的。这一时期的市场交易主要集中于同实体经济发展紧密联系的国际结算、货币兑换、票据贴现等业务领域。

（二）国际金融中心涌现阶段

19世纪英国的工业革命给欧洲经济带来了极大的推动力，国际金融业务从以往单纯的国际贸易融资拓展到国际性的资金借贷和直接融资，促使伦敦等国际金融中心不断涌现。

（三）两次世界大战的调整阶段

战争改变了国际金融格局，英镑的地位直线下降，逐步被美元取代，纽约市场迅速崛起。此外，没有受到战争破坏性影响的苏黎世国际金融中心的地位有所提高。国际金融中心格局由伦敦居优势地位变为纽约、伦敦、苏黎世各有优势的局面。

（四）欧洲货币市场的兴起与发展阶段

升级的东西方冷战、严格的美国金融管制以及有所恢复的欧洲地区经济，促成了欧洲货币市场的出现。离岸金融市场，包括加勒比海地区的簿记型离岸金融市场，推动了新兴国际金融市场在全球范围内的扩散，使之成为国际金融市场体系中的主流。国际金融市场实现了资金借贷交易业务真正意义上的国际化。

（五）新兴市场的崛起与发展阶段

因全球性的放松管制、技术革新、金融创新和筹资证券化浪潮，金融市场上呈现出生产和资本国际化的趋势。随着新兴工业化国家经济的迅速发展，新兴市场上出现了较高的投资回报机会，这也推动了新兴国际金融市场的发展。

四、国际金融市场的形成条件

一国国内金融市场的发展达到一定条件时就可以成为国际金融市场。

（一）稳定的经济和政治环境

国际金融市场的建立意味着一个连接各国金融交易者的业务网络的形成，而稳定的经济和政治环境是其形成的最基本条件。金融市场所在国或地区的政治、经济局势的稳定情况，能够直接影响投资者的利益保障、业务发展、交易风险和费用等因素，进而影响其国际金融市场的建立。

（二）健全完备的金融体系

一个高度成熟发达的国内金融市场能有效保障国际金融活动高效率、高质量地进行。它包括拥有一套完善、健全的信用制度、金融管理制度及法律法规，也包括拥有从事国际金融业务的专业人才，这些条件决定了是否具备组织起相当规模的金融资产交易的能力。

（三）宽松的外汇管理制度

国际金融市场需要国际资金能自由出入，从而成为国际资金的集散地。这就要求有一个开放的外汇市场，外汇市场实施宽松的外汇管制。例如，货币能自由兑换、没有资金流动和信贷控制、金融管理较宽松、非居民参加金融业务活动享有与居民同等待遇等。

（四）现代化的通信设施和优越的地理位置

国际金融市场所处的地理位置优越和时区适中，更能吸引各地投资者的参与。现代化的通信设施能保证国际贸易信息通畅，更能适应国际金融业务活动的开展。

五、国际金融市场的作用

国际金融市场是经济全球化的重要组成部分，对世界经济的发展产生极其重要的作用。

（一）有效调节资金，加速生产和资本国际化

国际金融市场的存在和发展为国际投资的扩大和国际贸易的发展创造了条件，从而加速了生产和资本的国际化。

（二）调节各国国际收支

国际金融市场的存在能够让各国汇率自动调节，并且合理动用国际储备或在金融市场上筹措资金，以维护一国国际收支。

（三）畅通国际融资渠道

国际金融市场能给各国提供一个集聚闲散资金的场所，这有利于保持国际融资渠道的畅通。

（四）银行业务国际化

跨国银行的存在，使各国银行通过市场有机地联系在一起，在国际上建立了良好的信用关系。

第二节　国际货币市场与国际资本市场

一、国际货币市场

国际货币市场，又称国际短期资金市场，主要是指经营1年以内的国际资金借贷业务的市场。常用的借贷方式有银行信贷、同业拆放等。它的特点是期限短、风险小、变现能力强和流动性强。国际货币市场的主要功能是聚集各国暂时闲置的资金并提供短期资金融通以便在国家间调拨。国际货币市场的主体主要包括各国商业银行、投资银行、证券公司、票据承兑和贴现公司、中央银行等。

国际货币市场主要包括银行短期信贷市场、短期证券市场和贴现市场。

（一）银行短期信贷市场

银行短期信贷市场主要包括银行对工商企业的信贷业务和银行同业拆放业务。前者主要解决企业流通资金的需要，后者主要解决银行平衡一定头寸、调节资金余缺的需要。

在银行短期信贷业务中，银行同业拆放业务相当重要。伦敦银行同业拆放市场是典型的拆放市场，它的参与者有英国的商业银行、票据交换银行和外国银行等。伦敦同业银行拆放利率是国际金融市场贷款利率的基础，即在这个利率的基础上再加一定的附加利率。伦敦银行同业拆放利率有两个：一个是贷款利率，另一个是存款利率，两者一般相差0.25%~0.5%。假设报价是9%~9.25%，那么9%为存款利率，9.25%为贷款利率。

（二）短期证券市场

短期证券市场是指在国际上进行短期有价证券的发行和买卖活动的市场，其交易对象是短期信用工具，包括国库券、可转让的银行定期存单、商业票据和银行承兑汇票。

（三）贴现市场

贴现市场是指为客户提供短期资金融通，对未到期票据进行贴现的市场。它是商业票据市场的重要组成部分。西方国家贴现市场的参与者主要有商业票据持有人、商业银行、中央银行以及专门从事贴现业务的承兑公司和贴现公司。商业银行、承兑公司和贴现公司为企业及个人办理贴现业务，中央银行则为商业银行、承兑公司和贴现公司办理贴现业务。可贴现的票据主要有商业本票、商业承兑汇票、银行承兑汇票、政府债券和金融债券等。贴现市场是商业银行运用资金的有利场所，商业银行办理贴现比直接放款更有利。这种市场不仅便利了票据持有人的资金周转，同时为中央银行实行宏观调控创造了条件。

二、国际资本市场

国际资本市场是指国际金融市场中，期限在1年以上的各种资金交易活动所形成的市场。国际资本市场的特点是：市场机制吸收、组织国内外资金，对其进行中长期的分配和再分配；交易注重安全性、盈利性和流动性，借贷双方都很重视双方稳定的长期合作关系；存在政治风险、违约风险、利率风险、汇率风险、经营风险等多种风险，需要采取多种避险措施。国际资本市场主要由以下三个部分组成：

（一）国际银行中长期信贷市场

国际银行中长期信贷市场是指由一国的一家商业银行，或者一国（或多国）的多家商业银行组成的贷款银团，向另一国银行、政府或者企业等借款人提供的期限在1年以上的贷款，它是国际资本市场的重要组成部分。

中长期信贷市场的主要业务有：银行中长期贷款、1年以上的大面额可转让存单、房地产抵押等。它包括两种方式：一是双边贷款，又称独家银行贷款，是一国银行向另一国的政府、银行、企业等借款人发放的贷款。二是国际银团贷款，又称辛迪加贷款，是由若干家银行组成银团，按共同的条件向借款人提供巨额信贷的一种国际中长期贷款。20世纪70年代以来，辛迪加贷款已成为国际信贷市场上的主要贷款形式。

（二）国际中长期证券市场

1. 国际债券市场

国际债券是一国政府、企业、金融机构等为筹措外币资金在国外发行的以外币计值的债券。国际债券市场（international bond markets）是指由国际债券的发行人和投资人所形成的金融市场，具体可分为发行市场和流通市场。发行市场组织国际债券的发行和认购；流通市场安排国际债券的上市和买卖。这两个市场相互联系、相辅相成，构成了统一的国际债券市场。

主要的国际债券市场有美国的外国债券市场、日本的外国债券市场、瑞士的外国债券市场和欧洲债券市场。其中，美国的外国债券，又称“扬基债券”，日本的外国债券，又称“武士债券”。

2. 国际股票市场

国际股票市场是指在国际范围内发行并交易股票的场所或网络。在国际股票市场中，股票的发行和买卖交易是分别通过一级市场和二级市场实现的。一级市场即股票发行市场，二级市场即对已发行的股票进行买卖的市场。另外，根据二级市场的结构，股票市场可分为证券交易所市场和场外交易市场两部分。国际股票市场的主要交易品种包括股票现货、股票期货、股票指数期货、股票期权、存托凭证等。国际股票的发行程序包括：①组建承销团，股票发行通常必须依赖承销商；②推销股票，包括起草招股说明书和进行推销展示，吸引投资者的关注；③发行股票的定价，对股票能否顺利发行至关重要；④后市支持。

第三节 欧洲货币市场

知识链接 8-1

20世纪50年代初，美国政府在朝鲜战争中冻结了中国存放在美国银行的资金，苏联和东欧各国为了防止它们在美国的美元存款也被冻结，就把它们的美元资金转存于其设在巴黎和伦敦的银行以及其他国际商业银行。后来，其他一些持有美元的银行、公司等为了避免它们的“账外资产”被公开暴露出来，引起外汇管理当局和税务当局的追查，也不愿公开和直接地把美元存放在美国，而愿意间接地存放在欧洲的各家银行。这就是欧洲美元（即存放于美国之外的美元）最初的由来。

一、欧洲货币与欧洲货币市场

欧洲货币，又称境外货币、离岸货币，是在货币发行国境外被存储和借贷的各种货币的总称。例如，欧洲美元（eurodollar）是存放在美国以外银行的不受美国政府法令限制的美元存款，或者从这些银行借到的美元贷款。由于这种境外存款、借贷业务开始于欧洲，因此称其为欧洲美元。它与美国境内流通的美元是同样的货币，并具有同样的价值，它们之间的区别只是账务上的处理不同。

欧洲货币市场就是经营欧洲美元和欧洲一些主要国家境外货币交易的国际资金借贷市场。它主要是为非居民提供境外货币借贷或投资、贸易结算、外汇黄金买卖、保险服务及证券交易等金融业务和服务，因此欧洲货币市场，又称离岸金融市场。其特点可简单地概括为市场交易以非居民为主，基本不受所在国法规和税制限制。离岸金融市场的兴起，使国际金融市场的发展进入了一个全新的发展阶段。

二、欧洲货币市场产生的原因

欧洲货币市场的发端是欧洲美元市场。

（一）英镑危机是欧洲美元形成的主要原因之一

1957年，“苏伊士运河事件”导致了英镑危机，英国政府为了维持英镑的稳定加强了外汇管制，禁止英国银行向第二次世界大战前英镑区以外的居民发放英镑贷款。于是，英国的各大商业银行为逃避外汇管制和维持其在国际金融领域的地位，纷纷转向经营美元业务，吸引美元存款并向海外发放贷款，从而造就了一个在伦敦大规模经营美元存款和放款业务的境外美元资金市场。

（二）美国的国际收支逆差和相应的国内政策

20世纪60年代后，美国的国际收支开始出现持续性赤字，促使美元大量外流，为欧洲美元市场的形成提供了条件。大量的美元外流，迫使美国政府采取一系列措施限制国内资本外流。例如，1963年7月美国政府开征的“利息平衡税”，1965年颁发的“自愿对外贷款指导方针”等。它们在限制美国银行的对外贷款能力的同时，强化了美国银行海外分行的借贷活动，促成了欧洲美元存贷款业务迅速扩张。

（三）欧洲一些主要国家解除外汇管制，实行货币自由兑换

从1958年12月开始，西欧主要国家允许出口商和银行拥有外币资金，这些资金主要是美元资金。西欧各国解除了对外汇的管制，各国货币可以自由兑换为美元。这些措施使得欧洲银行的美元存贷业务迅速增长，同时促进了美国银行的分支机构大量增加。

（四）跨国公司的迅速兴起，要求在世界范围内进行融资

20世纪70年代起，迅速兴起的跨国公司将闲置的资本投放到欧洲货币市场，在其资金短缺时又需要面向欧洲市场筹集，这也扩大了欧洲货币市场的规模。

（五）石油美元为欧洲货币市场注入了资金

两次石油危机使石油输出国获得了巨额石油美元。这些石油美元成为欧洲美元市场的主要资金来源。

三、欧洲货币市场的特点

欧洲货币市场是一个有很大吸引力的市场，这个市场与西方国家的国内金融市场以及传统的国际金融市场有很大的不同，关键在于这是一个完全自由的国际金融市场。

（一）欧洲货币市场经营自由

欧洲货币市场不受任何国家政府管制和税收限制，因此经营非常自由。例如，借款条件灵活，借款不限制用途等。

（二）欧洲货币市场资金规模庞大

资金来源广泛且数额庞大的欧洲货币市场能满足不同的国家及其银行、企业对于不同期限和不同用途的资金需要。其资金来源逐渐从吸收短期资金到发行大额可转让存单。在资金运用上，中长期贷款、买方信贷及欧洲债券的业务量急剧增加。

（三）欧洲货币市场资金调度灵活、手续简便，有很强的竞争力

欧洲货币市场的资金不受任何管制，资金周转极快且调度灵活方便。

（四）欧洲货币市场具有独特吸引力

欧洲货币市场不受法定准备金和存款利率最高额的限制，有独特的利率体系，即相对较高的存款利率和较低的放款利率。此外，还有日益分散的国际借贷业务和向发展中国家渗透的国际金融垄断组织的活动。因此，欧洲货币市场对存款人和借款人都更具吸引力。

（五）欧洲货币市场是一个“批发市场”

欧洲货币市场银行同业间的资金拆借量非常大，并且欧洲货币市场上大部分都是大客户，每笔交易数额都很大，因而是一个资金批发市场。

四、欧洲货币市场的类型

欧洲货币市场，又称离岸金融市场，从不同的角度来看，离岸金融市场有不同的类

型。从业务范围来看，有混合型、分离型、避税或避税港型和渗漏型等离岸金融市场；从市场形成的动力来看，有自然渐成型和政府推动型离岸金融市场；从市场功能来看，有世界中心、筹资中心、供资中心和簿记中心等离岸金融市场。下面仅从业务范围来考察离岸金融市场。

（一）混合型离岸金融市场

混合型离岸金融市场中交易的币种是市场所在地国家以外的货币。这个市场既可经营无须向金融当局申请批准的离岸金融业务，也允许非居民经营在岸业务和国内业务，但必须缴纳存款准备金和有关税金。例如，我国香港离岸金融市场就属于此种类型。

（二）分离型离岸金融市场

分离型离岸金融市场是指没有实际的离岸资金交易，只是办理其他市场交易的记账业务而形成的一种离岸金融市场。离岸业务所经营的货币包括境外货币和本国货币，但是离岸金融业务和传统业务必须分别设立账户。经营离岸业务的本国银行和外国银行，必须向金融当局申请批准；经营离岸业务可获得豁免缴纳存款准备金、存款保险金的优惠，并享有利息预扣税。纽约、东京、新加坡等地的离岸金融市场就属于此种类型。

（三）避税或避税港型离岸金融市场

这种类型的离岸金融市场的特点是：市场所在地政局稳定、税负低、没有金融管制，可以使国际金融机构达到逃避资金监管和减免租税的目的。巴哈马、开曼和百慕大等地的离岸金融市场就属于此种类型。

（四）渗漏型离岸金融市场

这种类型的离岸金融市场兼有分离型离岸金融市场的特点，但最突出的特点是离岸资金可贷放给居民，即国内企业可以直接在离岸金融市场上融资。

五、欧洲货币市场的构成

欧洲货币市场按借贷方式、借贷期限和业务性质，可分为欧洲短期资金借贷市场、欧洲中长期资金借贷市场和欧洲货币债券市场。

（一）欧洲短期资金借贷市场

该市场主要进行1年以内的短期资金拆放，最短的为日拆。在拓展的国际金融业务中，有的拆放期限延至1~5年。欧洲短期资金借贷市场的借贷业务具有依赖信用，无须担保、电话或电传的成交方式，以百万或千万美元以上为单位的成交额等特征。其存款大多数是企业、银行、机关团体和个人在短期内的闲置资金。这些资金又通过银行提供给另一些国家的企业、银行、个人和官方机构进行短期周转。具体来说，欧洲短期资金借贷市场的特点如下：

（1）期限短，一般为3个月以内。

（2）批发性质，一般借贷额都比较大，有的年份有1亿美元，甚至更大的交易额。

（3）灵活方便，即在借款期限、借款货币种类和借款地点等方面都有较大的选择余地。

（4）双方商定的利率，介于各国专业银行对国内大客户的优惠放款利率与伦敦银行同业拆放利率之间，由经营欧洲货币业务的大银行于每个营业日按伦敦银行同业拆放利率商定并公布。

（二）欧洲中长期资金借贷市场

这个市场与欧洲货币债券市场合称为欧洲资本市场，其信贷期限都在1年以上。这个市场的筹资者主要是世界各地私营或国有企业、社会团体、政府以及国际性机构，资金绝大部分来自短期存款，贷款额多在1亿美元以上。欧洲中长期借贷市场的贷款通常期限较长，自然风险较大，因此该种贷款利率多为浮动利率，并根据市场利率变化每3个月或半年调整一次。其贷款利率一般以伦敦银行同业拆放利率为基础，根据贷款金额大小、时间长短以及借款人的资信，再加上不同幅度的附加利息（一般为0.25‰ ~ 0.5‰）。欧洲中长期资金借贷市场的主要特点如下：

（1）期限长，数额大，一般为1~3年，有的是5年或更长，最长的可达10年以上。

（2）以辛迪加贷款为主，分散了提供中长期贷款的风险。

（3）吸引力强，它对贷款人和借款人都非常方便，从而极具吸引力。

（4）必须签订贷款协定，有的还要政府提供担保。协定内容主要包括币种、期限、数量、利率、货币选择权条款、违约和保证条款等。

（三）欧洲货币债券市场

欧洲货币债券市场是指发行欧洲货币债券进行筹资而形成的一种长期资金市场。它是国际中长期资金市场的重要组成部分，也是欧洲货币市场的重要组成部分。它产生于20世纪60年代初。20世纪70年代后，各国对中长期资金的需求日益增加，以债券形式出现的借贷活动迅速发展。在欧洲债券结构中，主要有欧洲美元债券、联邦德国马克债券、欧洲瑞士法郎债券、欧洲荷兰盾债券等，欧洲日元债券在1980年对非政府机构开放。目前，欧洲货币债券市场上的债券种类主要有普通固定利率债券、浮动利率债券、可转换债券、授权证债券、合成债券五种。

六、欧洲货币市场的作用与影响

（一）欧洲货币市场的积极作用

第一，欧洲货币市场使国际金融市场的联系更加密切。

第二，欧洲货币市场促进了一些国家的经济发展。

第三，欧洲货币市场加速了国际贸易的发展。

第四，欧洲货币市场帮助一些国家解决了国际收支逆差问题。

（二）欧洲货币市场的消极影响

第一，经营欧洲货币业务的银行风险增大。

第二，影响各国金融政策的实施。

第三，加剧了外汇证券市场的动荡。

七、我国离岸金融业务的开展以及人民币离岸业务

我国离岸金融业务从1989年开始，招商银行充分利用深圳的地理优势，大胆提出了开办离岸业务的想法。我国离岸业务不断探索，各种规章制度逐渐健全。许多银行也相继开办了离岸金融业务。目前，国内银行离岸业务范围包括外汇存贷款、国际结算、发行大额可转让存款证、外汇担保等。

在国内离岸金融业务快速发展的同时，我国人民币的离岸业务也在全球重要的金融中

心开展起来。人民币离岸业务是指在中国境外经营人民币的存放款业务。当前的跨境贸易人民币结算是在资本项下人民币没有完全可兑换的情况下开展的，通过贸易流到境外的人民币不能够进入到国内的资本市场。在这种情况下，发展人民币贸易结算，就需要解决流出境外的人民币的流通和交易问题，使拥有人民币的企业可以融出人民币，需要人民币的企业可以融入人民币，持有人民币的企业可以获得相应收益，这就需要发展离岸人民币市场，使流到境外的人民币可以在境外的人民币离岸市场上进行交易；使持有人民币的境外企业可以在这个市场上融通资金、进行交易、获得收益。在中国人民银行的支持下，香港特别行政区已经建立了人民币离岸中心。一些重要的国际金融中心如伦敦、纽约、法兰克福、卢森堡、苏黎世、悉尼等也都在积极培育人民币离岸市场。

2013年9月，我国境内第一个自由贸易区——上海自贸区正式挂牌成立。2013年9月28日，银监会发布了《中国银监会关于中国（上海）自由贸易试验区银行业监管有关问题的通知》，对中外资银行入区经营发展、区内设立非银行金融公司以及区内开展离岸业务等八项内容予以明确。上海自贸区自成立以来，积极探索人民币的国际化，人民币的自由兑换，以及离岸金融市场的发展。通过离岸金融市场和在岸市场的协调联动来推进中国金融的国际化，推进人民币的国际化，推动人民币发展成为国际清算、定价、交易、投资与储备货币，包括避免目前因货币错配而出现的中国巨额外汇储备资产价值不断缩水的风险。

第四节 国际黄金市场

一、国际黄金市场的业务

（一）国际黄金市场的参与者

1.国际金商（做市商）

国际金商中最典型的就是伦敦黄金市场上的五大金行，其自身就是黄金交易做市商。五大金行与世界上各大金矿和许多金商有广泛的联系，而且其下属的各个公司又与许多商店和黄金顾客联系。因此，五大金行会根据自身掌握的情况不断报出黄金的买价和卖价。当然，黄金做市商要承担金价波动的风险。

2.银行

国际黄金市场中的银行可以分为两种：一种是仅仅为客户代行买卖和结算，本身并不参与黄金买卖，只是充当生产者和投资者之间的经纪人，在市场上起到中介作用，以苏黎世的三大银行为代表；另一种是做自营业务的，如在新加坡黄金交易所里就有多家自营商会员是银行。

3.对冲基金

对冲基金尤其是美国的对冲基金在整个国际金融市场中十分活跃。黄金价格的下跌大部分都与基金公司借入短期黄金在即期黄金市场抛售和在黄金期货交易所构筑大量的空仓有关。一些规模庞大的对冲基金与各国政治、工商、金融界的联系密切，往往能较早捕捉到经济基本面变化的信息，因而能利用管理的庞大资金进行买空和卖空，从而加速黄金市场价格的变化而从中获利。

4.各种法人机构和私人投资者

这里既包括专门出售黄金的公司，如各大金矿、黄金生产商、专门购买黄金的黄金制品商、首饰行以及私人购金收藏者等，也包括专门从事黄金买卖业务的投资公司、个人投资者等。但是，从对市场风险的偏好程度来划分，其又可以分为风险厌恶者和风险喜好者：前者希望回避风险，将市场价格波动的风险降到最低程度，包括黄金生产商、黄金消费者等；后者就是各种对冲基金等投资公司，希望从价格涨跌中获取利益。也就是说，前者希望黄金可保值，转嫁风险；后者则希望获利，愿意承担市场风险。

5.经纪公司

经纪公司是专门代理非交易所会员进行黄金交易，并收取佣金的经纪组织。有的交易所将经纪公司称为经纪行。在纽约、芝加哥、中国香港等黄金市场上活跃着许多经纪公司，其本身并不拥有黄金，只是派场内代表在交易厅里为客户代理黄金买卖，收取客户的佣金。

（二）国际黄金市场的交易方式

1.亚式黄金交易（Asian gold trading）

亚式黄金交易以香港金银业贸易场和新加坡黄金交易所为代表，这类黄金交易所一般有专门的黄金交易场地，同时进行黄金的现货和期货交易。只有达到一定要求的公司和银行才可以成为会员，交易所对会员的数量配额有极为严格的控制。虽然进入交易场内的会员数量较少，但是信誉极高。以香港金银业贸易场为例，其场内会员交易采用公开叫价、口头拍板的形式。由于场内的金商严守信用，鲜有违规之事发生，其交易方式采用现货交易和期货交易两种。

2.美式黄金交易（American gold trading）

美式黄金交易以美国的纽约商品交易所（COMEX）和芝加哥商品交易所（CME）为代表，这类黄金市场实际上建立在典型的期货市场基础上，其交易类似于在该市场上进行交易的其他品种。期货交易所作为一个非营利机构，其本身不参加交易，只是为交易者提供场地和设备，同时负责制定有关法规，确保交易公平、公正地进行，对交易进行严格监控。

3.欧式黄金交易——伦敦金（London gold）

伦敦金通常被称为欧式黄金交易，它以伦敦黄金市场和苏黎世黄金市场为代表。投资者的买卖交易记录只在个人预先开立的“黄金存折账户”上体现，而不必进行实物黄金的提取，其买入价与卖出价之间的差额要小于实物黄金买卖的差价。这类黄金交易没有一个固定的场所。在伦敦黄金市场，整个市场由各大金商及其下属公司间的相互联系组成，通过金商与客户之间的电话、电传等进行交易；在苏黎世黄金市场则由三大银行为客户代为买卖并负责结账清算。

二、黄金价格及影响黄金价格的因素

（一）黄金价格

1.市场价格

市场价格主要包括现货价格和期货价格。一般来说，现货价格和期货价格所受的影响因素类似，因此两者的变化方向和幅度都基本一致。但由于市场走势的收敛性，黄金的基差（即黄金的现货价格与期货价格之差）会随期货交割期的临近而不断减小，到了交割期，期货价格和交易的现货价格大致相等。从理论上来说，期货价格应稳定地反映现货价格加上特定交割期的持有成本。因此，黄金的期货价格应高于现货价格，远期的期货价格应高于近期的期货价格，基差为负。由于决定现货价格和期货价格的因素错综复杂，在极少数的情况下，也会出现例外情况。

2.生产价格

生产价格是根据生产成本建立一个固定在市场价格上的明显稳定的价格基础。生产价格往往与技术条件、主要黄金生产国货币与美元之间的汇率等密切相关。随着技术的进步，各项开采费用一直在降低，黄金开采成本有一定的下降趋势。

3.准官方价格

准官方价格是被中央银行用作与官方黄金进行有关活动而采用的一种价格，在世界黄金交易中已成为一种较为重要的黄金价格。中央银行是黄金的最大持有者，世界官方（包括国际组织和各中央银行等官方机构）的准官方价格又分为抵押价格和记账价格。

（二）影响黄金价格的因素

金价的变动，绝大部分原因是受到黄金本身供求关系的影响。影响黄金价格的因素包括：

1.美元走势

美元与黄金相比，稳定性差，但流动性好。当国际政局紧张或不明朗时，人们会因预期金价上涨而购入黄金。简单地说，美元强则黄金弱，黄金强则美元弱。

2.战争及政局动荡时期

战争和政局动荡时期，经济的发展会受到很大的限制。任何当地的货币都可能因通货膨胀而贬值，黄金的重要性就凸显出来了。黄金是国际公认的交易媒介，此时，人们都会把保值手段转向黄金，也必然会造成金价的上升。

3.世界金融危机

世界金融危机可能会使资金投向黄金，黄金需求增加，金价上涨。

4.通货膨胀

当一国的物价稳定时，其货币的购买能力就相对稳定，这种货币就越具有吸引力，此时投资者首选持有现金。一旦通货膨胀严重，持有现金没有保障，收取利息相对较少，通过黄金来保值的动机就会更加强烈，人们会转向采购黄金，金价会走高。

5.石油价格

石油一向以美元标价，石油价格上涨意味着美元贬值，自然导致人们抛售纸币抢购黄金来保值，进而刺激黄金价格上涨。

6.本地利率

投资黄金的利润来源于价格的上升而不是利息，因而在利率偏低时，投资黄金会有一定的益处，但是当利率升高时，收取利息会更加吸引人，无利息黄金的投资价值就会下降。特别是当美国的利率升高时，美元会被大量吸纳，金价势必受挫。利率与黄金有着密切的联系，如果本国利率较高，就要重新考虑放弃利息收入去买黄金是否值得。

7.经济状况

在发生经济危机或经济衰退时，利润率会降到最低限度，人们对经济前景缺乏信心，于是纷纷抛售纸币去抢购黄金以求保值，从而增加对黄金的需求，进而刺激黄金价格上涨。

8.黄金供需关系

金价最终要取决于黄金的供求关系。如果黄金的产量大幅增加，金价会受到影响而回落；如果产量停止增加，金价就会在供不应求的情况下升值。此外，采金及冶炼技术的创新、新矿的发现，均会导致黄金供给的增加，表现在价格上会令金价下跌。另外，一些地区也可能出现投资黄金的风潮，使黄金需求大大增加，从而导致黄金价格节节攀升。

三、世界主要的黄金市场

目前，世界上比较著名的黄金市场主要集中在伦敦、苏黎世、纽约和中国香港，此外还有新兴的迪拜等。

（一）伦敦黄金市场

伦敦黄金市场是世界上最重要的黄金现货市场，由五家大型黄金交易公司组成。受两次世界大战的影响，伦敦黄金市场走过一段开放—关闭—开放的历程。最初，该市场是世界上唯一可以成吨购买黄金的市场。后来，由于英国经济受到美元危机爆发的影响，伦敦黄金市场黄金价格上涨，出现了抢购黄金风潮，在黄金储备大量流失的情况下，英国被迫实行了黄金双价制。1979年10月，英国废除了全部外汇管制，英国居民可以自由买卖黄金，伦敦黄金市场作为世界上最重要的黄金现货交易市场，其价格变化成为国际黄金市场价格的晴雨表。伦敦黄金市场交易的黄金数量巨大，多采用批发交易。该市场现货交易为美元计价，期货交易为英镑计价。

（二）苏黎世黄金市场

苏黎世黄金市场是第二次世界大战后发展起来的国际黄金市场。瑞士特殊的银行体系和辅助性的黄金交易服务体系，为黄金买卖提供了一个既自由又保密的环境。由于瑞士与南非的优惠协议使其能获得80%的南非金，再加上20世纪60年代开始聚集的苏联的黄金，因此瑞士不仅成为世界上新增黄金的最大中转站，也成为世界上最大的私人黄金的存储中心。苏黎世黄金市场在国际黄金市场上的地位仅次于伦敦。

（三）美国黄金市场

纽约和芝加哥黄金市场是在1977年后美元贬值的影响下，美国人（主要是以法人团体为主）为了套期保值和投资增值获利而迅速发展起来的。目前，纽约商品交易所和芝加哥商品交易所是世界上最大的黄金期货交易中心。两大交易所对黄金现货市场的金价影响很大。以纽约商品交易所为例，该交易所本身不参加期货的买卖，仅提供一个场所和设施，并制定一些法规，保证交易双方在公平和合理的前提下交易。该交易所对进行现货和期货交易的黄金的重量、成色、形状、价格波动的上下限、交易日期、交易时间等都有极为详尽和复杂的描述。

（四）香港黄金市场

香港黄金市场的形成以香港金银业贸易场的成立为标志。1974年，香港撤销了对黄金进出口的管制，此后香港金市发展极快。香港黄金市场在时差上刚好填补了纽约、芝加哥市场收市和伦敦市场开市前的空当，可以连贯亚、欧、美，形成完整的世界黄金市场。由于香港具有优越的地理条件，引起了欧洲金商的注意，伦敦五大金商、瑞士三大银行等纷纷来港设立分公司，将在伦敦交收的黄金买卖活动带到香港，逐渐形成了一个无形的当地“伦敦黄金市场”，促使香港成为世界上主要的黄金市场之一。香港黄金市场还是全球唯一在周六上午还交易的黄金市场。

本章专栏

离岸金融中心

（五）迪拜黄金市场

迪拜黄金市场是一个新兴的黄金市场。在迪拜，有1 000多个分布在传统贸易中心的商店和贸易公司从事黄金交易。此外，还有110多个以卓越设计满足所有消费者口味的黄金和贵重珠宝制造商。当地的黄金行业覆盖了国内大部分市场，每年约有50吨黄金被当地的黄金成品制造商所购买，其中只有一小部分用于出口。迪拜的黄金和珠宝集团是一个由500家店铺组成的协会，它不仅在阿联酋发挥着重要作用，而且在世界黄金再分配中心的进口黄金业务中排名第一。世界黄金协会在阿联酋每年举行的加强宣传工作活动中也发挥着类似的作用。此外，在迪拜的黄金和钻石园区有118家黄金和钻石加工基地、30家产品展示和销售店铺，以及来自10多个国家及地区的熟练技术工人，使当地市场生产出具有独特风格的珠宝。

知识链接8-2　　上海黄金市场

上海黄金交易所是专门从事黄金交易的金融要素市场，于2002年正式运行。它的成立实现了中国黄金生产、消费、流通体制的市场化，是中国黄金市场开放的重要标志。上海黄金交易所已逐步成为中国黄金市场的枢纽以及全球重要的黄金、白银、铂金交易中心。目前，中国已逐步形成了以上海黄金交易所集中统一的一级市场为核心，竞争有序的二级市场为主体，多元的衍生品市场为支撑的多层次、全功能的黄金市场体系，涵盖竞价、定价、询价、报价、金币、租借、黄金ETF等市场板块。2014年9月，上海黄金交易所启动国际板，成为中国黄金市场对外开放的重要窗口。2016年4月，发布全球首个以人民币计价的黄金基准价格“上海金”，有效提升了我国黄金市场的定价影响力。2018年，上海黄金交易所的黄金交易量居全球第二位。

上海黄金交易所国际板业务（SGE international），即“黄金国际板”，是在中国（上海）自贸区推出的首个国际化金融类资产交易平台。全球投资者可以通过开立FT账户，使用离岸人民币、可兑换外币参与上海黄金交易所交易，联动欧美等境外黄金市场，实现全球对接。国际板区内、区外实行分区交割，封闭清算，上海黄金交易所指定交割仓库负责办理交割相关业务。

关键术语

国际金融市场　国际货币市场　国际资本市场　外国债券　欧洲债券　欧洲货币市场　欧洲美元　离岸金融中心　国际黄金市场

问答和思考题

1. 国际金融市场形成和发展的条件有哪些？

2. 20世纪50年代后，国际金融市场得到了哪些发展？20世纪80年代以来，又体现出哪些新的特点？

3. 在岸金融市场与离岸金融市场有哪些不同？

4. 国际金融市场如何分类？
5. 国际货币市场主要包括哪些工具？
6. 什么是欧洲货币市场？它包括哪几种类型？
7. 欧洲货币市场形成和发展的原因是什么？
8. 欧洲货币市场的作用与影响有哪些？
9. 国际黄金市场的交易方式有哪些？
10. 影响黄金价格的因素有哪些？
11. 试对本章主要内容进行总结。

实务操作题

一、案例题

1967年6月，新加坡成立了货币委员会，从英国人手中收回了货币发行权，发行了自己的货币。1968年，新加坡政府创建了亚元市场，亚太地区特别是新加坡国际银行从事境外美元及其他可兑换货币的存贷款业务。1972年以后，新加坡政府取消了外汇管制。1990年，新加坡政府又进一步放宽了对外资持有银行股份的限制。经过30多年的努力，新加坡亚元市场获得较大发展，新加坡由此成为全球性的国际金融中心。

请结合上述材料，试分析新加坡金融市场国际化的成功经验。

二、实训题

网络实训

上网查询各主要国际金融市场的相关资料，了解其基本业务内容和最新动向。

第九章
国际资本流动

【学习目标】

通过本章学习，应该达到以下学习目标：

知识目标：理解国际资本流动的含义；掌握国际资本流动的影响；明确国际直接投资和国际间接投资的判断标准；掌握国际融资的具体方式；明确外债的衡量指标；掌握外债管理的主要内容。

技能目标：要求能够根据企业实际情况，给出合适的国际投资、国际融资建议；结合我国外债实际情况进行分析，得出适合我国的外债管理对策。

国际资本流动是推动世界经济增长，促进国际贸易、技术转移和国际分工，加速区域经济一体化的重要力量。2008年以来，主要的发达经济体都采取了量化宽松的货币政策，造成了全球金融市场低利率、高流动性，使得新兴经济体经常面临脱离本国基本面的资本流动冲击。本章在介绍国际资本流动基本知识的基础上，阐述了国际资本流动对一国经济的影响，介绍国际投资方式、国际融资方式、外债及外债管理等问题。本章还结合我国外债的实际情况，阐述我国外债管理的基本方法。

第一节 国际资本流动概述

一、国际资本流动的概念

国际资本流动是指资本在各国间转移，或资本在不同国家或地区之间做单向、双向或多向流动，具体包括贷款、援助、输出、输入、投资、债务的增加、债权的取得、利息收支、买方信贷、卖方信贷、外汇买卖、证券发行与流通等。

随着全球经济一体化的发展，越来越多的私人资本开始参与跨境资本流动，国际资本的构成开始出现显著变化。据国际货币基金组织统计，在21世纪初期的10年之内流入新兴市场的私人资本净值已超过国际金融机构及政府投资的4倍以上，证券投资基金、保险公司、对冲基金等机构投资者的资金占全球资本流动的3/4左右。私人资本已成为今天国际资本跨境流动的主体。

从20世纪80年代的拉美债务危机、1994年的墨西哥金融危机到1997年的东南亚金融危机，国际资本高度的投机性以及操纵市场给发展中国家带来的巨大破坏力体现得淋漓尽致。在2008年爆发的全球金融危机中，国际资本也成为推动危机跨境传导的主要途径之一。发展中国家在积极引进外资的同时，应加强国际资本流动监测，建立国际资本流动监测预警体系及应急机制，防范跨境资本冲击风险。

二、国际资本流动的类型

（一）按照资本跨国流动的方向划分

1.资本流入

资本流入是指外国资本流入本国，即本国资本输入。其主要表现为：①外国在本国的资产增加；②外国对本国债务减少；③本国对外国的债务增加；④本国在外国的资产减少。

2.资本流出

资本流出是指本国支出外汇，本国资本流到外国，即本国资本输出。其主要表现为：①外国在本国的资产减少；②外国对本国的债务增加；③本国对外国的债务减少；④本国在外国的资产增加。

（二）按照资本跨国流动的时间期限划分

1.长期资本流动

长期资本流动是指使用期限在1年以上，或者规定使用期限的资本流动。其主要包括三种类型：国际直接投资、国际证券投资和国际信贷投资。

2. 短期资本流动

短期资本流动是指期限在1年或1年以内即期支付的资本流动。其主要包括以下四种类型：贸易资本流动、银行资金调拨、保值性资本流动和投机性资本流动。

三、国际资本流动的原因

（一）过剩资本的形成或国际收支大量顺差

过剩资本的形成与国际收支大量顺差是早期也是现代国际资本流动的一个重要原因。大量的过剩资本被输往国外追逐高额利润，早期的国际资本流动由此产生。近年来，国际经济关系发生了巨大变化，国际资本、金融、经济等一体化趋势有增无减，加之现代通信技术的发明与运用，资本流动方式的创新与多样化，使当今世界的国际资本流动频繁而快捷。

（二）利用外资策略的实施

无论发达国家，还是发展中国家，都会不同程度地通过不同的政策和方式来吸引外资，以达到一定的经济目的。目前，美国是全球最大的债务国，而大部分发展中国家，经济比较落后，迫切需要资金来加速本国经济的发展，因此往往通过开放市场、提供税收优惠、改善投资软、硬环境等措施吸引外资的进入，增加或扩大对国际资本的需求，从而引起或加剧国际资本流动。

（三）利润的驱动

增值是资本运动的内在动力，利润驱动是各种资本输出的共有动机。当投资者预期到一国的资本收益率高于他国，资本就会从他国流向这一国；反之，资本就会从这一国流向他国。此外，当投资者在一国所获得的实际利润高于本国或他国时，该投资者就会增加对这一国的投资，以获取更多的国际超额利润或国际垄断利润，这些也会导致或加速国际资本流动。在利润机制的驱动下，资本从利率低的国家或地区流向利率高的国家或地区，这是国际资本流动的又一个重要原因。

（四）汇率的变化

汇率的变化也会引起国际资本流动，尤其20世纪70年代以来，随着浮动汇率制度的普遍建立，主要国家货币汇率经常波动，且幅度很大。如果一个国家货币汇率持续上升，则会产生兑换需求，从而导致国际资本流入；如果一个国家货币汇率不稳定或下降，资本持有者可能预期到所持有的资本实际价值降低，则会把其手中的资本或货币资产转换成他国资产，从而导致资本向汇率稳定或升高的国家或地区流动。

在一般情况下，利率与汇率呈正相关关系。一国利率提高，其汇率也会上浮；一国利率降低，其汇率则会下降。

（五）通货膨胀的发生

通货膨胀往往与一个国家的财政赤字有关系。如果一个国家出现了财政赤字，该赤字又是以发行纸币的方式来弥补的，必然会增加通货膨胀的压力，一旦发生严重的通货膨胀，为减少损失，投资者会把国内资产转换成外国债权。如果一个国家发生了财政赤字，而该赤字以出售债券或向外借款来弥补，也可能会导致国际资本流动，因为当某个时期人们预期到政府又会通过印发纸币来弥补债务或征收额外赋税来偿付债务时，又会把资产从国内转往国外。

（六）政治、经济及战争风险的存在

政治、经济及战争风险的存在，也是影响一个国家资本流动的重要因素。政治风险是指由于一国的投资气候恶化而可能使资本持有者所持有的资本遭受损失。经济风险是指由于一国投资条件发生变化而可能给资本持有者带来的损失。战争风险是指可能爆发或已经爆发的战争对资本流动造成的可能影响。

（七）国际炒家的恶性投机

所谓恶性投机，包含两种含义：一是投机者基于对市场走势的判断，纯粹以追逐利润为目的，刻意打压某种货币而抢购另一种货币的行为。这种行为的普遍发生，毫无疑问会导致有关国家货币汇率的大起大落，进而加剧投机，汇率进一步动荡，形成恶性循环，投机者则在“乱”中牟利。这是一种以经济利益为目的的恶性投机。二是投机者不是以追求盈利为目的，而是基于某种政治理念或对某种社会制度的偏见，动用大规模资金对某国货币进行刻意打压，由此阻碍、破坏该国经济的正常发展。但无论哪种投机，都会导致资本的大规模外逃，使该国经济衰退。

（八）其他因素

政治及新闻舆论、谣言、政府对资本市场和外汇市场的干预，以及人们的心理预期等因素，都会对短期资本流动产生极大的影响。

四、国际资本流动的影响

（一）长期资本流动的影响

长期资本流动的期限长、数量大，对经济的长期稳定和持续发展影响较大。

对资本输出国而言，长期资本流动的影响体现在：①有利于提高资本的边际收益；②有利于占领世界市场，促进商品和劳务的输出；③有助于克服贸易保护壁垒；④有利于提高国际地位。

对资本输入国而言，长期资本流动的影响体现在：①有利于缓和资金短缺的困难；②有利于提高工业化水平；③有利于扩大产品出口数量，提高产品的国际竞争能力；④有利于增加新兴工业部门和第三产业部门的就业机会，缓解就业压力。

（二）短期资本流动的影响

在短期资本流动中，贸易性流动和金融性资本流动比较稳定，并且其影响相对有利。而以投机性资本为主的国际贸易则最受国际金融界和各国货币当局所关注，原因在于其流动规模巨大，变化速度快，对一国乃至世界经济造成的影响深刻而复杂。

（1）短期资本流动对国内经济的影响主要体现在对国际收支、汇率、货币政策、国内金融市场的影响方面。

（2）短期投机资本对世界经济产生的影响主要体现在：①对国际经济和金融一体化进程的影响；②对国际货币体系的影响；③对国际金融市场的影响；④对资金在国际上配置的影响。

第二节　国际投资

国际投资（international investment），又称对外投资（foreign investment）或海外投资

（overseas investment），是指跨国公司等国际投资主体，将其拥有的货币资本或产业资本通过跨国界流动和营运，以实现价值增值的经济行为。

一、国际直接投资

国际直接投资（international direct investment）是指为了在国外投资获得长期的投资效益，并拥有对公司的控制权和企业经营管理权而进行的，在国外直接建立企业或公司的投资活动。

国际直接投资是指投资者以控制企业部分产权、直接参与经营管理为特征，以获取利润为主要目的的资本对外输出。国际直接投资往往和生产要素的跨国界流动联系在一起，这些生产要素包括生产设备、技术和专利、管理人员等，因而国际直接投资是改变资源分配的真实资本的流动。

（一）国际直接投资的特点

国际直接投资与其他投资相比，具有实体性、控制性、渗透性和跨国性的重要特点。具体表现在：

第一，国际直接投资是长期资本流动的一种主要形式，它不同于短期资本流动，它要求投资主体必须在国外拥有企业实体，直接从事各类经营活动。

第二，国际直接投资表现为资本的国际转移和拥有经营权的资本国际流动两种形态，既有货币投资形式又有实物投资形式。

第三，国际直接投资是取得对企业经营的控制权，不同于间接投资，它通过参与、控制企业经营权获得利益。

除此之外，当代的国际直接投资具有以下特点：规模日益扩大；由单向流动变为双向流动；发展中国家国际直接投资日趋活跃；区域内相互投资日趋扩大；国际直接投资部门结构的重大变化；跨国并购成为一种重要的投资形式等。

（二）国际直接投资的方式

国际直接投资一般有以下五种方式：

第一，在国外创办新企业，包括创办独资企业、设立跨国公司分支机构及子公司。

第二，与东道国或其他国家共同投资，合作建立合营企业。

第三，投资者直接收购现有的外国企业。

第四，购买外国企业股票，取得一定比例以上的股权。

第五，以投资者在国外企业投资所获利润作为资本，对该企业进行再投资。

二、国际间接投资

国际间接投资（international indirect investment），又称对外间接投资（foreign indirect investment），是指以资本增值为目的，以取得利息或股息等为形式，以被投资国的证券为对象的跨国投资，即在国际债券市场购买中长期债券，或在外国股票市场上购买企业股票的一种投资活动。投资者并不直接参与国外企业的经营管理活动，其投资活动主要通过国际资本市场（或国际金融证券市场）进行。

（一）国际间接投资的特点

国际间接投资与国际直接投资相比，其特点如下：

1.对经营活动无控制权

国际间接投资对筹资者的经营活动没有控制权，而国际直接投资对筹资者的经营活动拥有控制权。

2.流动性大，风险小

国际间接投资与企业生产经营无关（因为无控制权），随着二级市场的日益发达与完善，证券可以自由买卖，流动性大，风险小。

国际直接投资一般都要参与一国企业的生产，其生产周期较长，一般在10年以上，由企业的利润直接偿还投资。资金一旦投入某一特定的项目，要抽出投资比较困难，其流动性小，风险大。

3.投资渠道为证券交易所

国际间接投资必须通过证券交易所才能进行投资，国际直接投资只要双方谈判成功即可签订协议进行投资。

4.投资内涵相对狭窄

国际间接投资又可称为“国际金融投资”，一般只涉及金融领域的资金，即货币资本运动，运用的是虚拟资本。国际直接投资是生产要素的投资，它不仅涉及货币资本运动，还涉及生产资本和商品资本运动及其对资本使用过程的控制，运用的是现实资本。

5.表现为自发性和频繁性

国际间接投资受国际利率差别的影响而表现为一定的自发性，往往自发地从低利率国家向高利率国家流动。国际间接投资还受到世界经济、政治局势变化的影响，经常在国际上频繁移动，以追随投机性利益或寻求安全场所。第二次世界大战后，随着国际资本市场的逐步完善，国际间接投资的规模越来越大，流动速度也越来越快。国际间接投资具有较大的投机性。

6.获取收益不同

国际间接投资的收益是利息和股息，而国际直接投资的收益是利润。

（二）国际间接投资的种类

1.国际证券投资

国际证券投资，即在国际债券市场购买中长期债券，或在外国股票市场上购买企业股票的一种投资活动。从一国资本流出和流入的角度来看，购买国际证券意味着资本流出，发行国际证券则意味着资本流入。

2.国际信贷投资

国际信贷投资是指由一国政府、银行或国际金融组织向第三国政府、银行及其他自然人或法人提供借贷资金，后者要按约定时间还本付息的一种资金运动形式或投资形式。

第三节　国际融资

一、国际信贷融资

国际信贷融资是一国借款人在国际金融市场上向外国金融机构借入外币资金的一种信用活动和融资方式，是国际融资的主体。国际信贷融资方式主要包括国际贸易信贷融资、国际商业银行贷款、国际金融机构贷款和政府贷款。

（一）国际贸易信贷融资

国际贸易信贷融资是指与贸易有直接关系的信贷融资。在整个进出口贸易过程中，进出口商都想获得资金融通。这种融资行为可以看作对国际贸易的金融支持。国际贸易信贷对加速进出口商品流通，减少其资金积压，促成进出口顺利完成具有重要作用。

1.国际贸易短期信贷融资

（1）短期出口融资是指对出口贸易提供的、期限在1年以下的融资。它主要有以下六种形式：

①出口信用证押汇。出口信用证押汇是指在出口贸易中，以信用证方式结汇，出口商（受益人）以信用证项下的出口单据作抵押，请求出口地银行在收到开证行支付的货款之前，向出口商垫付信用证金额的一种融资方式。这种融资方式的融资比例通常为信用证金额的全额，以信用证项下的收汇作为还款资金来源。但若出口商无法从开证行获得货款，出口商必须以自有资金偿还押汇银行的本金和利息。由于押汇银行在垫付信用证金额时预先扣除利息和有关的费用，将其余额贷给出口商，因此出口商获得的融资金额将低于信用证金额的全额。

②出口托收押汇。出口托收押汇是指在跟单托收方式下，出口商发货后将货运单据提交给出口地托收行，请求托收行预先支付部分或全部货款，待托收款收妥后偿还银行垫款的一种出口贸易融资方式。在这种融资方式下，托收银行买入出口商开立的以进口商为付款人的跟单汇票和随附的商业单据，将货款扣除利息和有关费用后，余额付给出口商，其还款资金为进口商支付的货款。若出口商无法从进口商收回货款，则出口商必须使用自有资金偿还本金和利息。

在跟单托收中，交单的方式有付款交单（D/P）和承兑交单（D/A）两种。在付款交单方式下，进口商必须在付款后才能取得货运单据提货。若不存在进口国的政治风险，出口商收汇的风险相对较小，因而比较容易取得托收银行的融资。在承兑交单方式下，由于只要进口商承兑了汇票即可取得货运单据提货，汇票到期日进口商是否支付货款则存在较大的风险，因此在承兑交单方式下，托收银行的押汇若没有其他措施配合，银行通常不愿接受。

出口托收押汇与出口信用证押汇的主要区别在于前者没有银行的信用保证，能否收回货款完全取决于进口商的资信，因此风险较大，押汇利率也较高。

③打包放款。打包放款是指在国际贸易中，银行以该出口商为受益人的信用证作为抵押，向该出口商提供的用以生产、备货、装船的贷款。由于最初这种贷款是以处于打包阶段的货物为抵押品，因此也称之为打包贷款。现在，从接到订单到货物上船，出口商收购商品、租用运输设备等所需的流动资金，都可以凭出口订货凭证申请打包放款。公司获得短期资金周转，办理出口备货、备料、加工等，使出口贸易得以顺利进行。打包放款的金额一般不超过信用证总金额的70%，期限从银行放款之日起至信用证寄单后20天，一般控制在90天以内，利率根据银行同档次流动资金贷款利率执行。

④透支和定期放款。透支是指银行在客户的往来账户上核定一个透支额度，允许客户随时动用这笔款项，以后由客户的销售收入自动冲减透支余额的融资方式。与贷款方式相比，透支的特点在于：当客户动用透支额度时，不必负担利息；动用的款项可以随时偿还，具有高度的灵活性。但是，它的利率通常较高。采用这种融资方式，要求出口商与银

行有密切的业务关系，而且出口商要有良好的资信。

定期放款是指银行将一笔固定期限的资金转入客户的往来账户，并从贷放之日起开始计算贷款利息的融资方式。在客户未动用贷款时，它作为客户的存款而产生利息，且客户要承担存放款利息的差额费用。定期放款通常不允许提前偿还，除非客户愿意支付罚金，罚金相当于银行在该笔贷款上损失的收益。定期放款可分为抵押放款和无抵押放款。

⑤远期票据贴现。远期票据贴现是指银行或贴现公司等金融机构对于未到期的已承兑的远期票据有追索权地买入，为客户提供短期融资业务。其中，最常见的是远期信用证贴现，即出口商以远期信用证项下的远期汇票办理贴现，申请人办理贴现业务应向银行提交贴现申请书，并承认银行对贴现垫款保留追索权。贴现利率将按规定执行并计收外币贴现息，贴现息将从票款中扣除。

⑥进口商对出口商的商业信用。进口商对出口商的商业信用是指进口商通过预付款的形式对出口商提供商业信用。预付款是进口商在收到货物之前支付给出口商的款项。进口商对出口商的预付款有两种情况：一种是作为进口商执行合同的保证，称为定金，一般预付款的期限很短，占交易金额的比重不大，不被视为融资方式；另一种是进口商对出口商提供信贷，一般预付款期限较长，金额较大，而且一般要收取利息，因此这种融资方式目前并不常见。这种融资方式一般用于两种场合：一是发达国家采购发展中国家的某些初级产品时采用，以缓解对方生产和出口资金紧张；二是发展中国家采购发达国家的某些设备时采用，以减少发达国家对出口风险的顾虑。

（2）短期进口融资是指对进口商提供的、期限不超过1年的融资。它主要有以下六种方式：

①信用证业务。信用证是银行根据进口商的申请，对出口商开出的保证在收到信用证规定的单据后承兑和付款的银行保证文件，是一种有条件的银行支付承诺。信用证是一项凭合同开立但不依附于贸易合同而独立存在的文件。只要汇票和单据符合信用证条款的要求，开证行就承担起第一性付款的责任。银行把开立信用证作为一种授信业务。在开证时，银行可能要求进口商提供一定数量的押金，或者以出口商发来的货运单据为抵押，要求进口商付款赎单。因此，信用证业务具有进口押汇的性质。

②信托收据业务。信托收据是进口商以被信托人的身份将自己货物的所有权转让给银行以获取银行提供短期融资的确认书，持有该收据意味着银行对该货物享有所有权，进口商仅作为银行的受托人代其处理货物（如加工、转卖、存仓、代购保险、销售等），从而从银行获取短期融资。

③透支和定期放款。进口商也可以利用透支和定期放款方式进行短期融资。按照贷款的用途，透支和定期放款可分为：a.预付货款信贷，即进口方银行应进口商支付预付款的融资需要而向进口商提供的贷款；b.原料采购信贷，即在本国政府的支持下，进口方银行应进口商原料采购的融资需要，令其国外分支机构向本国制造商驻外采购人员垫付资金的贷款；c.商品购运信贷，即进口方银行应进口商支付到港货物货款和国内运费的融资需要，向进口商提供的贷款。

④承兑信用。承兑是指付款人在汇票上签字，表示承担汇票到期时付款责任的行为。由进口商承兑的远期汇票称为商业承兑汇票；由银行承兑的远期汇票称为银行承兑汇票。在进出口贸易中，若出口商怀疑进口商的支付能力，便会要求进口商开展承兑信用业务。

承兑信用是指银行应进口商的申请，对出口商开出的远期汇票进行承兑，从而向进口商提供信用。承兑行并不负责垫付资金，它所贷出的是自己的信誉，以换取承兑手续费。

⑤出口商对进口商的商业信用。为了提高出口商品的竞争能力，出口商可向进口商提供商业信用，即向进口商提供延期付款的融资便利，又被称为公司信贷。其基本类型是：a.往来赊欠账户信贷，即根据赊销协议，进出口商分别将应付款项和应收账款贷记或借记在相应的往来账户上的融资方式。出口商在货物上船后，将应收账款借记在进口商的账户上。进口商则同时将应付款项贷记在出口商的账户上。在约定的期限，进口商向出口商支付货款。b.票据信贷，即由进口商承兑出口商开立的远期汇票，并于汇票到期日支付票面金额的融资方式。

⑥提货担保。提货担保是指进口商开出信用证后，由于货物已抵港而正本提单尚未收到，要求银行为其开出提货担保书，交承运人先行提货，在担保书中，银行保证日后补交正本提单，负责向海运公司缴付有关费用，并赔偿海运公司由此可能产生的各种损失，待正本提单收到后向承运人换回提货担保书的一种融资方式。

2.国际贸易中长期信贷融资

（1）出口信贷。出口信贷是一种国际贸易中长期信贷方式，它是一国政府为支持和扩大本国大型设备等产品的出口，增强国际竞争力，对出口产品给予利息补贴，提供出口信用保险及信贷担保，鼓励本国的银行或非银行金融机构对本国的出口商或外国的进口商（或其银行）提供利率较低的贷款，以解决本国出口商资金周转的困难，或满足国外进口商对本国出口商支付货款需要的一种国际信贷方式。出口信贷名称的由来就是因为这种贷款由出口方提供，并且以推动出口为目的。

出口信贷具有以下主要特点：

①利率较低。对外贸易中长期信贷的利率一般低于相同条件资金贷放的市场利率，由国家补贴利差。

②与信贷保险相结合。由于中长期对外贸易信贷偿还期限长、金额大，发放贷款的银行存在较大的风险，为了消除出口国家银行的后顾之忧，保证其贷款资金的安全发放，国家一般设有信贷保险机构，对银行发放的中长期贷款给予担保。

③由专门机构进行管理。发达国家提供的对外贸易中长期信贷，一般直接由商业银行发放，商业银行资金不足时，则由国家专设的出口信贷机构给予支持。对一定类型的对外贸易中长期贷款，某些国家则直接由出口信贷机构承担发放责任。

出口信贷的基本类型包括卖方信贷和买方信贷两种。

①卖方信贷。卖方信贷是指在大型机械设备或成套项目贸易中，为便于出口商以延期付款方式出售商品，出口商所在地银行对出口商提供的中长期信贷。延期付款的货价一般高于以现汇支付的货价。

卖方信贷的流程具体如下：

a.双方签订合同后，出口商以延期支付方式向进口商出售大型设备；

b.进口商先付10%~15%的定金，在分批交货验收中，再分期付给10%~15%的货款，其余货款在出口商全部交货后由进口商在规定的期限内分期偿还；

c.出口商向其所在国银行申请卖方信贷的贷款，取得所需资金；

d.出口商以进口商分期偿还的货款向银行偿还贷款本金和利息。

卖方信贷流程图如图9-1所示。

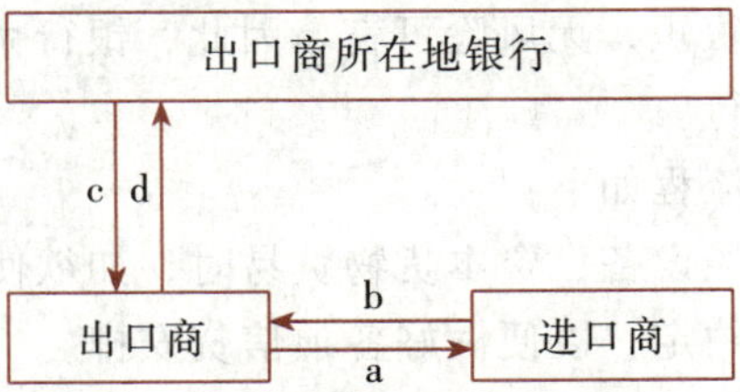

图9-1 卖方信贷流程图

②买方信贷。买方信贷是指在大型设备或成套项目贸易中，为了扩大本国设备的出口，由出口商所在地银行向外国进口商或进口商所在国的银行提供的中长期贷款。买方信贷是目前国际上出口信贷中的主要类型，它既可以贷给进口商，也可以贷给进口方银行。

买方信贷通常的做法是：

a.进出口商签订合同后，进口商先付货款的15%作为定金；

b.进口商或进口方银行与出口商所在地银行签订贷款协议；

c.进口商取得所需资金；

d.进口商用取得的贷款支付出口商的货款；

e.进口方银行根据贷款协议分期偿还出口方银行贷款；

f.进口商按贷款协议分期偿还银行的欠款。

买方信贷流程图如图9-2所示。

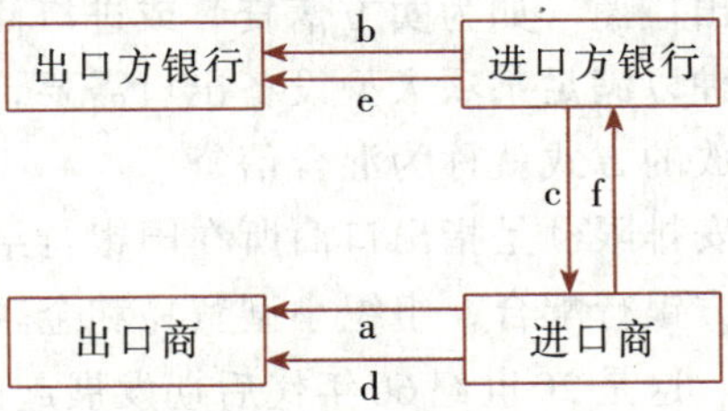

图9-2 买方信贷流程图

（2）福费廷。福费廷（forfeiting，原意为放弃，音译为福费廷），也称包买、买单信贷或者无追索权的贴现，是指在国际贸易中进行资本性物资交易，如大型成套机械设备，当出口商以赊销方式出售商品后，需要经过预先选定的贴现行或大金融公司认可的担保行担保过的本票（汇票）卖断给贴现行或大型金融公司，从而提前得到现款的一种资金融通的形式。

福费廷业务的特点是：①远期票据应产生于销售货物或提供技术服务的正当贸易；②办理包买票据业务后，出口商放弃对所出售债权凭证的一切权益，将收取债款的权利、风险和责任转嫁给包买商，而银行作为包买商也必须放弃对出口商的追索权；③出口商在背书转让债权凭证的票据时均加注“无追索权”字样，从而将收取债款的权利、风险和责任转嫁给包买商。

福费廷业务主要提供中长期贸易融资，利用这一融资方式的出口商应同意向进口商提供期限为6个月至5年甚至更长期限的贸易融资，同意进口商以分期付款的方式支付货款。除非包买商同意，否则债权凭证必须由包买商接受的银行或其他机构无条件地、不可撤销地进行保付或提供独立的担保。福费廷业务是一项高风险、高收益的业务。对银行来说，该项业务能带来可观的收益，但风险也较大；对企业和生产厂家来说，货物一出手，可立即拿到货款，占用资金时间很短，无风险可言。因此，银行做这种业务时，关键是必须选择资信十分可靠的进口方银行。

福费廷业务的具体操作流程如下：

①出口商与进口商在洽谈设备、资本货物贸易时，如欲使用这一信用方式，应事先与其所在地的银行或金融公司约定，以便做好各项信贷安排。

②出口商与进口商签订贸易合同，表明进行福费廷，出口商向进口商索取为贷款而签发的远期汇票，应取得进口商往来银行的担保；进口商往来银行对远期汇票的担保形式是在汇票上签字盖章，保证到期付款或出具保函。

③进口商的担保银行要经出口商所在地银行认可；担保行确定后，进出口商才能签署贸易合同。

④出口商发运设备后，将全套货物单据按合同规定通过银行的正常途径寄送进口商，以换取经进口商承兑的附有银行担保的承兑汇票（或本票）。

⑤出口商取得承兑汇票（或本票）后，按照与买进这项票据的银行或大型金融公司的约定，依照放弃追索权的原则，办理票据的贴现手续，取得现款。

（3）其他形式的出口信贷。在这里简要介绍一下混合信贷和信用安排限额。

①混合信贷。出口国为扩大本国设备的出口，在出口国银行发放卖方信贷或买方信贷的同时由出口国政府从预算中提出一笔资金，作为政府贷款或给予部分赠款与卖方信贷或买方信贷一并发放，以满足出口商（如为卖方信贷）或进口商（如为买方信贷）支付当地费用和设备价款的需要。这种以满足某项大型设备出口需要，将政府贷款、赠款与买方信贷和卖方信贷混合在一起发放的方式就称为混合信贷。

②信用安排限额。信用安排限额是指出口商所在国银行给予进口商所在国银行以中期贷款限额的便利，并与进口方银行配合，组织小型贸易和金融业务的成交，以促进本国一般消费品或基础工程的出口。这是20世纪60年代后期发展起来的一种出口信贷新形式。

（二）国际商业银行贷款

国际商业银行贷款，简称国际银行信贷，是指一国借款人为了本国经济建设的需要，支持某一个建设项目或其他一般用途而在国际金融市场上向外国银行借入货币资金。外国银行既包括资金雄厚的大银行，也包括中小银行及非银行的金融机构；外国银行可以是独家银行，也可以是由多家银行组成的贷款银团。

国际商业银行贷款的特点主要有：①贷款利率按国际金融市场利率计算，一般由伦敦银行间同业拆放利率再加上加息率组成，利率水平远比其他国际信贷形式高，而且其他费用也较高。②贷款可以自由使用，一般不受贷款银行的限制。政府贷款有时对采购的商品加以限制；出口信贷必须把贷款与购买出口设备项目紧密地结合在一起；项目借款与特定的项目相联系；国际金融机构贷款有专款专用的限制。国际银行贷款不受银行的任何限制，可由借款人根据自己的需要自由使用。③贷款方式灵活，手续简便。政府贷款不仅手续相当烦琐，而且每笔贷款金额有限；国际金融机构贷款多与工程项目相联系，借款手续也相当烦琐；出口信贷受许多条件限制。相比之下，国际银行贷款比较灵活，每笔贷款可多可少，借款手续相对简便。④资金供应量充沛，允许借款人选用各种货币。在国际市场上有大量的闲散资金可供运用，只要借款人资信可靠，就可以筹措到所需要的大量资金。

国际商业银行贷款的种类主要包括：

（1）按贷款期限长短，国际商业银行贷款可分为短期信贷、中期信贷和长期信贷三种。

（2）根据贷款银行的不同，国际商业银行贷款可分为单一银行贷款和银团贷款。单一银行贷款，又称双边贷款，是指仅由一家银行提供的贷款。由于国际贷款风险较大，一旦发生损失便难以挽回，因此单一银行贷款一般数额较小，期限较短。银团贷款，又称辛迪加贷款，是指多家商业银行组成一个集团，由一家或几家银行牵头，联合向借款人提供长期巨额资金，是国际商业银行贷款的主要形式。银团贷款具有贷款金额巨大，且期限较长，借款人能自由使用贷款等特点。

（三）国际金融机构贷款

国际金融机构贷款是指国际金融机构作为贷款人向借款人以贷款协议方式提供的优惠性国际贷款。国际金融机构贷款的贷款人不仅有全球性国际金融机构，如国际货币基金组织、世界银行、国际开发协会、国际金融公司，还有区域性国际金融机构，如亚洲开发银行、泛美开发银行、非洲开发银行、欧洲投资银行等。

国际金融机构贷款也是一种具有非商业性质的优惠性贷款。其基本特征如下：

（1）国际金融机构贷款的贷款人为特定的国际金融机构，而其借款人通常也受到特定范围的限制。例如，世界银行贷款的借款人仅限于基金成员方政府、政府机构、由政府机构提供担保的公私企业；国际开发协会贷款的借款人仅限于贫困发展中国家的开发项目当事人；亚洲开发银行贷款的借款人仅限于其成员方开发本地区项目的投资人。

（2）国际金融机构贷款的资金主要来源于各成员缴纳的股金、捐款以及国际金融机构从资本市场的筹资，其资金放贷宗旨通常包含鼓励成员从事开发项目、援助发展中国家特别是贫困国家经济发展的内容，不完全等同于仅以盈利为目的的商业贷款。

（3）国际金融机构贷款的条件通常较为优惠，其利率普遍低于商业银行贷款，优惠性贷款的利率可低于3%，甚至为无息，其附加费通常也包括承诺费和手续费。尽管国际金融机构贷款不完全等同于政府间的“软贷款”，但是其贷款条件的整体优惠性往往并不亚于政府贷款。

（4）国际金融机构贷款通常为中长期贷款，期限较长，其贷款期一般为10~30年（最长可达50年），宽限期通常为5年左右。

（5）国际金融机构贷款大多为开发性贷款，主要用于经济复兴或开发性项目，非项目性贷款通常为配套性使用，这与商业银行贷款也有很大的不同。

（6）国际金融机构贷款对贷款用途往往设有严格的限制，不仅贷款协议要求借款人严格遵守贷款目的和贷款用途条款，而且贷款方通常也对借款人的资金运用进行严格的监督和检查。

（四）政府贷款

政府贷款是一国政府以其预算内资金向另一国政府以特定协议方式提供的优惠性贷款。此种贷款通常依据国家间的双边协定或国家间双边关系而提供。政府贷款一般采取三种方式：一是以出口信贷方式提供的贷款；二是以单纯的中长期贷款协议方式（基本形式）提供的贷款；三是以上述两种方式提供的混合贷款。

典型的政府贷款具有以下基本特征：

（1）政府贷款的借款人与贷款人均为特定的政府组织，贷款资金主要来自贷款人的国家财政预算收入。此类贷款本质上为国家行为和国家财政收入信贷，因而较少受商业原则的支配。

（2）政府贷款具有利率低、附加费用少的优惠性质。根据国际惯例，此种优惠性贷款至少应含有不低于25%的“赠与成分”，这是根据贷款利率、偿还期限、宽限期和综合贴现率等数据计算出的一种综合性指标。政府贷款的利息率一般为1%~3%，有的甚至是无息的，附加费通常限于承诺费和手续费或其中之一。

（3）政府贷款一般为中长期贷款。其贷款期通常为10~30年，宽限期通常为5~7年，最长的可达10年。

（4）政府贷款大多带有一定的附加条件。例如，要求借款人以贷款之部分向贷款国购买设备、物资、技术成果或技术服务，以此增加贷款国的出口贸易；要求借款人在政府贷款的同时，连带使用一定比例的贷款国出口信贷，以带动贷款国民间金融资本的输出。

（5）政府贷款主要为项目贷款。其贷款用途多限于符合双边协定或双方经贸关系的重要项目，超越这一范围将可能造成贷款申请上的困难，在通常情况下，贷款国的有关机构还将按协议对借款国的项目实施过程进行监督管理。

（6）政府贷款的订约程序较为复杂。首先，此类贷款通常由借款国选定项目，准备项目文件，并向贷款国提出申请；其次，由贷款国对贷款项目的可行性、项目效益和贷款偿还计划进行审查和评估；再次，在贷款国初步同意贷款的基础上，通过使领馆将书面承诺递交借款国，双方就贷款基本条件进行“换文”谈判；最后，由借款国与贷款国放贷机构具体商定贷款协议的详细内容，并由双方签署，在签署贷款协议时，还须签署相关的物资采购协议和其他附属文件。

二、国际项目融资

国际项目融资是一种特殊的融资方式，是指以境内建设项目的名义在境外筹措资金，并以项目自身的收入资金流量、自身的资产与权益，承担债务偿还责任的融资方式，也是无追索权或有限追索权的融资方式。

国际项目融资由于金额大、期限长、风险大，往往采用银团贷款方式。其特点是：

（1）贷款人不以主办单位的资产和信誉作为发放贷款的依据，而以该工程项目预期的经济效益和承办单位资产状况作为发放贷款的依据。

（2）项目融资的还款来源是该项目未来的收益，而不像传统融资那样，以借款人的所有财产和收益作为偿债来源。项目的成败对贷款人能否收回贷款具有决定性的意义。

（3）国际项目融资风险大，需要与工程项目有利害关系的更多单位进行担保以回避风险。

（4）工程所需资金来源多样化，除从银团贷款取得资金外，还能够得到政府、国际组织的支持。

（5）项目融资以“有限追索权”筹资方式为主，利率较高。有限追索权项目融资除了以项目经营收益作为还款来源和取得物权担保外，贷款人还要求有项目以外的第三方（如项目主办人、项目产品购买人或项目设施使用人、项目工程承包人等）提供担保。当项目收益不佳或经营失败时，贷款人有权向第三方担保人追索，但担保人承担债务的责任，以其各自提供的担保金额为限。

国际项目融资的典型方式是BOT（build-operate-transfer）方式，即建设—经营—移交方式。BOT方式是政府将一个基础设施项目的特许权授予承包商（一般为国际财团），承包商在特许期内负责项目设计、融资、建设和运营，并回收成本，偿还债务，赚取利润，特许期结束后将项目所有权移交政府。实质上，BOT方式是政府与承包商合作经营基础设施项目的一种特殊运作模式，在我国称其为“特许权融资方式”。

BOT方式的通常做法是：外国投资者与东道国政府部门或其指定的国有公司（公营部门）签订合同，由外国投资者出资、引资建设这些大型基础设施项目；东道国允许其建成后经营若干年，以收回投资和获取必要的利润。合同对建设和经营的条件（如项目建成时间、项目建成后的收费原则、政府合理承担一定期限内不建竞争性项目的义务等）有比较具体的约定，合同期满时，项目、设施无偿移交政府部门或公营部门。BOT方式通常与无追索权或有限追索权融资（即项目融资）相结合，贷款银行（银团）或债权持有人主要关注项目的预期现金流量，作为贷款偿还和利息收入的保证，对项目发起人（项目公司股东）无追索权或只有有限追索权。BOT方式在具体实施中还会涉及建造承包商、设备供应商、保险公司等。

采取BOT方式，对东道国而言有以下好处：第一，项目由外国投资者投资而不需本国政府投资，无须资金投入而只要授权，若干年后即可无偿得到基础设施项目，因此BOT方式很受各地政府的青睐；第二，国家无须对项目投资的偿还提供担保，因而该项目的债务不会构成国家债务；第三，项目的绝大多数财政和投资回收风险均由投资者承担。东道国在这种条件下建成社会需要的基础设施，无疑对本国是有利的。当然，东道国政府对自己所做出的收费标准等承诺，也需要慎重考虑，以免对社会公众造成不合理的负担。

对投资者而言，BOT方式最大的特点是可以直接进入东道国具有长期发展潜力的基础建设项目，并由此获得其他商业机会。在项目建设阶段，可以获得承担项目建设的工作并推销一些设备，带动劳务和贸易的输出；在项目运营阶段，以项目的运营必须产生足够利润为前提，能够从所拥有的项目公司获得红利收入；在项目运营期满阶段，还可能从项目公司以高价出售的股份中获得投资回报。

三、国际证券融资

国际证券融资是指资金需求者在国际金融市场上通过发行各种债务性证券和股票，直接向公众筹集资金的融资活动。国际证券融资包括国际债券融资和国际股票融资两种形式。

（一）国际债券融资

国际债券融资是指一国政府、金融机构、工商企业、地方社会团体以及国际组织机构等单位，通过在国外市场发行以某种货币作为面值的债券而进行的融资活动。

国际债券融资包括外国债券融资和欧洲债券融资两种。外国债券是一种传统的国际债券，是指在发行者所在国以外的国家发行的、以发行地所在国的货币为面值的债券。欧洲债券是指在别国发行的不以该国货币为面值的债券。

外国债券和欧洲债券的区别是：第一，在发行方式方面，外国债券一般由发行地所在国的证券公司、金融机构承销，而欧洲债券则由一家或几家大银行牵头，组成十几家或几十家国际性银行在一个国家或几个国家同时承销；第二，在发行法律方面，外国债券的发行受发行地所在国有关法令的管制和约束，并且必须经官方主管机构批准，而欧洲债券在法律上所受的限制比外国债券宽松得多，不需要官方主管机构的批准，也不受发行地所在国有关法令的管制和约束；第三，在发行纳税方面，外国债券受发行地所在国的税法管制，而欧洲债券的预扣税一般可以豁免，投资者的利息收入也免缴所得税。

国际债券融资与其他融资形式相比，具有以下特点：

（1）能够为资金使用者筹措到期限较长的资金。

（2）对发行人的资信要求较高。与国内债券相比，国际债券对其发行人的要求更高，因此能够顺利发行国际债券也是发行人信誉的一种证明。

（3）发行人可以筹措到各种货币资金，除美元之外，还有欧元、英镑、日元等，也可筹集复合货币单位资金，如特别提款权。

（二）国际股票融资

国际股票融资是指符合发行条件的公司组织以筹集资金为直接目的，依照法律和公司章程的规定向境外投资者出售代表一定股东权利的股票的国际融资方式。根据多数国家证券法的规定，国际股票发行应当符合公开、公平与公正的基本原则，可以采用公开发行或私募发行两种方式。

国际股票融资具有以下特点：

（1）永久性。这是由股票融资这一方式决定的，由于股票没有期限的限定，股东在任何情况下都不得要求退股，因此引进的外资能够成为永久的生产性资金留在企业内，而不会像一般合资或合作企业一样，会因合同到期、意外变故或外方抽回资金而使企业陷入困境。

（2）主动性。通过股票吸引外资，筹资国可运用法律和政策性手段约束投资者的购买方式、购买种类、资金进出方式、税率等。

（3）高效性。国际股票融资有利于对外发行股票的企业在更高层次上走向世界。国外股票持有者从自身的利益出发，会十分关心企业的经营成果，有利于企业改善经营管理，提高盈利水平。而企业因股票在国外发行，无形中提高了国际知名度和信誉度，有利于企业开拓产品销售市场，开展国际化经营。

国际股票融资依照其发行与上市结构可分为不同的类型，在我国的国际股票融资中较普遍采用的方式和渠道主要有以下五种：

（1）境外直接上市（IPO）。内地企业以H股、N股及S股等形式在境外直接上市。中国内地的企业法人通过在香港首次发行股票（简称H股），或者在纽约首次发行股票（简称N股），或者在新加坡首次发行股票（简称S股）的方式直接在境外获得上市的方式。例如，青岛啤酒（H股）、中新药业（S股）等。

（2）涉及境内权益的境外公司在境外直接上市（如IPO、红筹股形式）。中国大陆之外的法人公司或其他股权关联公司直接或间接享有中国大陆企业的股权权益或者资产权利，并且在中国大陆之外直接上市的方式，如裕兴电脑在香港创业板上市等。中国企业在新加坡市场上市也大多采用这种方式，如大众食品等。

（3）境外买壳上市或反向兼并中国大陆或大陆之外的企业法人。在香港市场买壳上市的案例，如中信泰富；在新加坡市场买壳上市的案例，如浙江金义；在北美特别是加拿大市场一般采用反向收购上市（RTO）的方式实现挂牌上市。

（4）国内A股上市公司的境外分拆上市。例如，A股中的同仁堂、托普软件、复旦微电子、青鸟环宇等分拆子公司以H股方式在香港创业板上市。

（5）存托凭证（DR）和可转换债券（CB）。1993年7月，中国公司——青岛啤酒第一次在美国股市上露面，随后还有上海石化、马鞍山钢铁、仪征化纤等8家公司。它们通过全球存股证方式（GDR）和美国存股证方式（ADR）分别在全球各地和美国纽约证券交易所上市。

四、国际租赁融资

（一）国际租赁融资的概念和特点

国际租赁，又称跨国租赁或离岸租赁，是指处于不同国家（或地区）的出租人与承租人之间的租赁活动。由出租人在一定期限内以收取租金为条件，将资本货物等租赁物交付承租人使用的一种融物和融资相结合的活动。

国际租赁融资的特点：租赁期限较长，一般接近租赁物的寿命，且租赁期满后，承租人可以选择将租赁物退回出租人或者按残值购买。但是，国际融资租赁的租金较高。

国际租赁融资的租期届满后，有三种处置方式：一是承租人将设备退还给租赁公司；二是用户可要求续租，即按原租约继续租用（续租应减少租金）；三是按双方商定的较低价格将租赁设备买下来（有时也可无偿取得）。

利用国际租赁融资方式扩大再生产，有利于资金周转，可以很快形成生产能力，并可保证经常使用先进设备，减少自购所带来的过时风险，降低企业的经营成本，提高经济效益。国际租赁融资对使用年限大大短于设备有效寿命的通用设备，如工程建筑机械、大型电脑等尤为适用。近年来，国际租赁融资已经成为企业扩大再生产的一种重要方式。

（二）国际租赁融资的主要形式

1.金融租赁

金融租赁，又称融资租赁，是指当项目单位需要添置技术设备而又缺乏资金时，由承租人选定机器设备，出租人代其购置后出租给承租人使用，承租人按期交付租金，租赁期满后租赁设备退租、续租或拍卖给承租人的一种租赁类型。这种租赁方式以租赁机器设备为主，出租人从租金中全部收回垫付的资本，期限较长，一般为3~5年。金融租赁实质上是给予承租人以长期信贷的一种租赁方式，它的一个重要特点是在合同期内承租人无权取消合同。在合同期满后，可以延长租赁期限，或者由承租人以低价收购租赁的设备，取得所有权。

2.经营租赁

经营租赁，也称服务性租赁，即出租人除租赁物品外，还承担机器设备的保养、维修，提供燃料、原料、部件以及负责培训技术人员。承租人所支付的租金包括上述各种费用在内。在合同到期前，承租人有权发出书面通知取消合同，退还设备。这种租赁方式一般为中期租赁。

3.维修租赁

维修租赁是在金融租赁的基础上附加多种服务条件的租赁形式。它的特点与金融租赁基本一致，但租赁公司要向用户提供一切所需服务。以租赁汽车为例，出租人需提供有关购货、登记、上牌、保险、维修保养、事故处理和人员培训等方面的服务，因此租金较高。

4.杠杆租赁

杠杆租赁，又称平衡租赁，是指在一项租赁交易中，出租人提供租赁设备所需资金的20%~40%，其余60%~80%的资金由其他银行或财团借贷，出租设备的所有权属于租赁公司。出租设备由租赁公司（出租人）租赁给承租人，租金较低。这种租赁方式通常适用于大型设备的租赁交易。

5.回租租赁

回租租赁是指设备所有者将自己原来拥有的部分财产卖给租赁公司，以后再以支付租金为代价，从该公司租回已售出财产的一种交易。回租租赁主要适用于已使用的设备。当公司资金特别缺乏时，回租租赁是公司采取的一种周转资金的财务安排。

6.综合租赁

综合租赁是将金融租赁业务与某一贸易方式相结合的租赁形式。它不仅可以减少承租人的资金支出，还可以扩大承租人和出租人之间的贸易往来，促进贸易和租赁的共同发展。

租赁与补偿贸易结合时，出租人把机器设备出租给承租人，而承租人则利用所租赁设备生产的产品偿付租金；租赁与包销结合时，承租人用所租赁设备生产出来的产品由出租人包销，出租人从包销价款中扣取租赁费；租赁与加工装配结合时，承租人用租赁方式引进设备来进行加工装配业务，用工费抵交租金。

第四节　外债管理

一、外债的概念和种类

根据国际货币基金和世界银行的定义，外债是指在任何特定时间内，一国居民对非居民承担的具有契约性偿还责任的债务，包括本金的偿还和利息的支付。根据国家外汇管理局的定义，外债是指在中国境内的机关、团体、企业、事业单位、金融机构或其他机构对中国境外的国际金融组织、外国政府、金融机构、企业或其他机构用外国货币承担的具有契约性偿还责任的债务。

按照债务类型划分，外债可分为外国政府贷款、国际金融组织贷款和国际商业贷款。按照偿还责任划分，外债可分为主权外债和非主权外债。主权外债是指由国务院授权机构代表国家举借的、以国家信用保证对外偿还的外债。非主权外债是指除主权外债以外的其他外债，包括国际金融组织贷款、外国政府贷款、外国银行和金融机构贷款、买方信贷、外国企业贷款、发行外币债券、国际金融租赁、延期付款、补偿贸易中直接以现汇偿还的债务以及其他形式的对外债务。

一般而言，借入外债益处颇多，既可以弥补国内资金不足，追加发展经济所需资金的投入，扩大经济建设的规模，又可以在一定程度上加快借债国的经济发展速度。例如，外债用于发展比较薄弱的部门或产业，可以缓解原有瓶颈的制约；外债用于发展外向型经济，改善出口产品结构，可以提高出口产品的国际竞争力。

二、外债的衡量指标

1. 负债率

负债率，即一国当年未清偿外债余额与该国经济总规模（GNP或GDP）的比率。其公式为：

负债率=外债余额/经济总规模

国际公认的安全的外债负债率标准是控制在20%以下。

2. 债务率

债务率，即当年未清偿外债余额与当年货物服务出口总额的比率。其公式为：

债务率=外债余额/当年货物服务出口总额

国际公认的安全的外债债务率标准是小于100%，即外债余额增长速度应不超过外汇收入增长速度。

3. 偿债率

偿债率，即当年外债还本付息总额与当年货物服务出口总额的比率。其公式为：

偿债率=当年债务还本付息总额/当年货物服务出口总额

一般国家将该指标控制在20%以内为宜，发展中国家该指标应该控制在25%以内为宜，危险线为30%。当偿债率超过25%时，说明该国外债还本付息负担过重，有可能发生债务危机。

其中，负债率衡量的是一国对外债的承受能力，债务率和偿债率衡量的是一国对外债的偿还能力。

三、外债管理的主要内容

外债管理是指一国政府通过法规、政策和技术措施实行外债结构优化的管理行为。它是在确定的总规模范围内，结合一国建设对资金需求的特点，对构成总量的各个债务要素，即利率、期限、币种和融资形式等进行最优组合，减少风险，保证偿债能力。外债管理主要包括外债规模管理、外债结构管理、外债营运管理和外债风险管理四个方面的内容。

（一）外债规模管理

外债规模管理是指在一定时期内，确定举借外债的数量界限，即适当的外债规模。在一定时期内，如果外债规模增长过快，超过对外债的偿付能力和对外资的消化吸收能力，则有可能出现负效益。一方面会增加还债的经济负担，甚至引发偿债危机，从而影响对外信誉和筹资融资能力；另一方面会造成外汇资金的闲置与浪费，增加筹资成本和风险。但借款过少，又会使国内一部分生产资源不能及时转化为生产力，从而影响经济发展。因此，确定适度的外债规模是发展中国家有效管理外债的关键，但也是难点之一。

一般而言，影响外债规模的主要因素有：一是经济增长对外债的需求；二是国际资本市场的可供量；三是本国对外债的承受能力。外债的承受能力是确定外债规模最重要的因素。借款不仅要看需要，更要看可行性，因此加强外债规模的控制，必须通过科学的定性、定量分析，寻找最佳规模的数量界限。

一国外债规模是否合理，主要参考负债率、债务率、偿债率三个指标。根据国际上通行的标准，20%的负债率、100%的债务率和25%的偿债率是债务国控制外债规模的警戒线。也就是说，当有关的外债指标处于警戒线以下时，外债总量是适度和安全的；反之，当有关的外债指标超过警戒线时，则外债总量超过承受能力，需要进行调整。

（二）外债结构管理

外债结构管理是指一国政府通过法规、政策和技术措施实行外债结构优化的管理行为。在确定的总规模范围内，通过对国际资本市场的分析，结合国内建设对资金需求的特点，对构成总量的各个债务要素，即利率、期限、币种和融资形式等进行最优组合，以降低成本，减少风险，保证偿债能力。

外债结构的变化会引起债务总量规模的变化，进而影响到外债利用效益和外债成本。对外债结构的管理，是对各种来源和不同借款条件下外资的性质、筹措方法、利弊等进行比较，然后决定取舍，其目标是保持一个合理、灵活、均衡和适度的外债结构。

外债结构管理主要涉及以下方面的问题：

（1）利率结构。借债利率的高与低、固定与浮动，是直接影响外债成本的一个重要因素。每次借入债务的利率状况会影响总体债务的利率结构和总体债务利息的支付数额，因此借入外债不仅要考虑债务利率的高低，还要控制浮动利率的比重和保持固定利率债务的较大比重，以利于预先确定利息支付数额，明确利息负担。

（2）币种结构。选择何种货币借款，即整体债务中货币借款的构成也是外债结构管理的一个重要环节。使币种结构合理化的基本方法有：一是合理选择货币，尽可能实现出口收汇币种与借款币种相一致；二是分散风险，举债时尽可能实现币种多样化；三是采取多种措施降低汇率风险。

（3）期限结构。外债可分为中长期债务和短期债务两类：1年以上的债务为中长期债务；1年及不足1年的债务为短期债务。这主要是根据合同签订的期限来划分的。从风险角度来看，债务期限并非越长越好。在国际金融市场动荡不安的情况下，债务期限不仅取决于利率高低，还取决于债务货币的选择。一般来说，在选择趋势性升值货币为债务货币时，债务期限以短期为宜；反之，在选择趋势性贬值货币为债务货币时，债务期限以长期为宜。在决定债务期限的长短时，应根据经济发展的需要，综合考虑资金需求、资金运用收益、汇率风险等因素，并在总体上注意期限结构长短搭配，避免还本付息过分集中。

（4）来源结构。按贷款来源划分，外债由政府贷款、国际金融组织贷款和商业性贷款组成。一般来说，政府贷款和国际金融组织贷款期限长、利率低，条件比较优惠；商业性贷款往往期限短、利率高，受国际金融市场借贷关系变化的影响较大，因此优惠性的政府贷款和国际金融组织贷款在总债务中的比重是衡量资金来源结构是否合理的一个标准。

（5）使用结构。外债管理能否进入良性循环，关键在于外债的使用是否产生效益，而效益的产生往往与外债投向结构有很大关系。一般来说，外债使用结构管理的主要内容是：一方面使外债的使用与出口创汇相结合，以保证按时还本付息；另一方面使外债的用途与国内的产业政策相结合，确保资金投向国内最急需发展的产业。

（6）债务人结构。由于经济中所有制结构的不同，各个借款人所承担的债务对国民经济构成的潜在压力也不尽相同。过多的外债负担，意味着过大的偿债风险。一般来说，各国政府都力图避免外债负担全部集中在中央政府身上。

（三）外债营运管理

外债营运管理是对外债从借入到使用、产生效益再到最后偿还的整个运行过程进行管理，包括外债借入管理、外债使用管理和外债偿还管理。

1.外债借入管理

外债借入管理主要是对举借外债的具体方式或种类进行管理，如对政府贷款、国际金融组织贷款、国际商业贷款的管理以及对境外发行外币债券的管理等。

2.外债使用管理

在外债使用管理上，首先应把握最优资源配置原则、生产性原则、经济效益原则和资源转换原则，其次是对外债使用投向的监控，最后是确定外债使用效益的考核指标。

3.外债偿还管理

偿还外债是继续举借外债的前提。一国能否及时、足额地归还外债，是衡量一国国际信誉高低的标志。因此，要有效地利用外债偿还资金来源，合理地安排偿还时间，及时地偿还外债，尽量保证在偿债的同时减轻对经济的消极影响。

在外债偿还管理上应注意的是：第一，制定长期的对外经济发展战略，有计划地偿债。第二，充分利用各种金融创新手段，减轻偿债负担。第三，在一定条件下可以借新债还旧债。借新债还旧债，不仅可以在发生偿债困难时使用，更是一种债务安排技巧。在保持外债总量不变的情况下，改善外债偿还的期限结构，以争取宽松的偿债时间，以及利用国际金融市场上利率变化，借入低利率债务偿还原有的高利率债务，从而减轻总体债务负担。第四，必要时可运用行政、经济和法律手段，及时、主动地偿还外债，以维护本国的国际信誉。

（四）外债风险管理

在外债的管理和运营过程中，债务偿还受多种因素变动的影响，如国内政策的调整、国际经济形势的变化，都可以在不同程度上延缓项目效益的发挥，使回收期延长，增大偿还的风险。因此，外债风险管理在于增强应变能力，适应国际金融贸易的变化和国民经济政策与结构的调整。

外债风险管理的内容包括：

（1）应控制社会效益项目年还本付息总额小于年外汇储备增加额，这主要是保证国民经济基础产业的发展，并按时还债。

（2）在外债中长期指标分配上，要有一定的机动指标不用于项目投资，而是用于债务结构的调整。随着债务积累增大，机动比例应保持在10%左右，以防范整体债务风险。

（3）建立偿债风险基金。在每年出口收入中提取适当比例的资金建立偿债风险基金，这个比例是根据每年逾期本息占应还本息的比例，以保证呆账部分和偿付困难部分的还本付息。

（4）采用掉期、期权、远期和即期外汇买卖等金融工具，通过利率、汇率的风险调整使债务合理化。

焦点关注：我国外债现状

本章专栏

“十三五”期间我国证券投资双向开放提速

关键术语

国际资本流动　国际投资　国际直接投资　国际间接投资　国际融资　国际信贷融资　出口信贷　福费廷　国际项目融资　BOT方式　国际证券融资　国际债券投资　国际股票投资　国际租赁融资　外债　外债管理

问答和思考题

1.什么是国际资本流动？引起国际资本流动的原因有哪些？

2.阐述国际资本流动对资本输出国、资本输入国及一国国内、国际经济的影响。

3.什么是国际间接投资？与国际直接投资相比，国际间接投资有什么特点？

4.什么是国际融资？国际融资的具体方式有哪些？

5.什么是国际信贷融资？国际信贷融资的具体方式有哪些？

6.什么是国际项目融资？国际项目融资有什么特点？

7.什么是国际证券融资？国际证券融资包括哪些内容？

8.什么是国际租赁融资？国际租赁融资的主要形式有哪些？

9.什么是外债？衡量外债的指标有哪些？

10.什么是外债管理？外债管理的主要内容有哪些？

11.试对本章主要内容进行总结。

实务操作题

一、案例题

1.我国某出口企业拟向国外出口大型机器设备，但国外进口商无法实现用现汇付款。

请问：为保证贸易实现，试为该企业设计解决方案。

2.某国际租赁公司根据承租企业的选择，向设备制造商购买设备，并将其出租给承租企业使用，承租人按期交付租金，租赁期满后，设备归承租企业所有。

请问：该国际租赁融资方式是哪种类型？

3.某科技创新企业拟在海外上市融资。

请问：（1）该企业调研可选择的海外证券市场有哪些？

（2）上市融资需符合哪些条件？

4.2020年年末，某国外债余额为1 612亿美元，当年外债还本付息额为846亿美元，当年国民总收入为8 945亿美元，当年货物、服务出口总额为5 472亿美元。

请问：（1）该国2020年年末的负债率、偿债率和债务率各是多少？

（2）判断以上三个指标是否在国际公认的安全线内。

二、实训题

网络实训

（1）登录中华人民共和国商务部网站（http：//www.mofcom.gov.cn/），点击利用外资统计简表、我国对外投资简明统计表，了解我国实际使用外资情况及对外投资状况。

（2）登录国家外汇管理局网站（http：//www.safe.gov.cn/），点击中国外债数据表，中国长期外债与短期外债的结构与增长表，中国外债与国民经济、外汇收入表，中国外债流动与国民经济、外汇收入表，了解我国外债及外债流动情况，解读我国外债管理方式和手段。

第十章
国际结算

【学习目标】

通过本章学习，应该达到以下学习目标：

知识目标：了解当代国际结算的特点；掌握国际结算基本支付工具——票据知识；掌握汇款、托收、信用证等主要国际结算业务；了解国际结算业务相关的国际惯例。

技能目标：用所学理论和实践知识剖析国际结算案例；根据国际贸易实例选择合适的结算方式，熟悉结算操作流程，缮制合格有效的票据。

国际结算是关于债权债务双方如何与银行配合，在履行自身义务的基础上保护自己的利益，以顺利完成款项转移及收付过程。国际结算的主要内容包括国际结算中的票据、国际结算方式及银行其他贸易金融服务。国际结算是商业银行的一项基础业务，类属银行的中间性业务。

第一节 国际结算概述

一、国际结算的概念

国际结算是指不同国家的当事人通过银行办理的涉及商品买卖、服务供应、资金调拨、资金借贷等活动的跨国货币收付业务。

国际结算根据发生债权债务关系的原因可分为贸易结算和非贸易结算。国际结算主要通过各种信用工具和支付手段进行，以票据为基础，以单据为条件，以银行为中枢，结算与融资相结合的非现金结算。

二、国际结算方式

国际结算方式，又称支付方式，是贸易合同双方必须约定的重要交易条件。从银行的贸易金融业务角度来看，国际结算方式包括汇款、托收、信用证三种基本方式。其中，汇款与托收方式属于商业信用的结算方式，信用证属于银行信用结算方式。此外，银行等金融机构还提供了银行保函和国际保理等新型业务，降低了传统结算方式的风险，使得传统的结算方式适应了贸易新形势的发展变化。

三、国际规则与惯例

由于国际结算的复杂性，国际商会制定并不断修订和完善一系列的国际规则和惯例。国际结算各方在国际结算业务中通常会遵循这些规则和惯例，以避免法律冲突，减少纠纷，促进公平性和规范化。

目前，在国际结算业务中比较重要的国际惯例包括国际商会于1995年修订的《托收统一规则》（URC522）；2007年修订的《跟单信用证统一惯例》（UCP600）；2013年生效的《关于审核跟单信用证项下单据的国际标准银行实务》（ISBP745）；2010年修订的《见索即付保函统一规则》（URDG758）等。

四、国际结算电子化系统

随着信息技术的发展，国际结算系统的电子化程度越来越高。国际结算电子化系统包括通信服务系统及结算货币的清算系统。

目前，我国开展国际结算业务的商业银行都使用了SWIFT系统。SWIFT（society for world inter-bank financial telecommunications，环球银行间金融电信协会）系统具有自动加核密押功能，为客户提供快捷、标准化、自动化的通信服务，大大提高了银行的结算速度。

一些重要的货币清算系统包括国际美元清算系统CHIPS（clearing house inter-bank

payments system，纽约票据交易所银行同业支付系统）、欧元清算系统 TARGET（trans-European automated real-time gross settlement express transfer system，欧元自动拨付与清算系统）、英镑支付清算系统 CHAPS（clearing house automated payment system，伦敦银行自动清算系统），以及我国的人民币国际支付系统 CIPS（cross-border inter-bank payment system，人民币跨境支付系统）。

第二节　国际结算中的票据

国际结算中的票据是在国际结算业务中使用的支付凭证，包括汇票、本票和支票。在贸易结算中最常用的票据是汇票。

（一）汇票

国际结算工具是指在国际结算业务中使用的凭证，主要是指票据，包括汇票、本票和支票。

根据《英国票据法》规定，汇票（bill of exchange）是一人向另一人签发的，要求即期或定期或在可以确定的将来的时间，对某人或其指定人或持票来人支付一定金额的无条件的书面命令。汇票的必要项目有：

（1）“汇票”字样，如 bill of exchange、exchange、draft 等；

（2）无条件支付的命令（pay to）；

（3）出票地点和日期（place and date drawn）；

（4）付款期限（time of payment），又称付款到期日（tenor）；

（5）一定金额的货币，金额大小写应一致；

（6）付款人名称（drawee）和付款地点（place of payment）；

（7）收款人（payee）或其指定人，我国通常称为“抬头人”；

（8）出票人名称和签名（signature of drawer）。

汇票的样例如下：

BILL OF EXCHANGE

20 Apr.，2021 CHENGDU，CHINA

Exchange for USD11 000.00

At 90 days after sight of this First of Exchange（Second of the same tenor and date unpaid）pay to the Order of BANK OF CHINA the sum of US DOLLAR ELEVEN THOUSAND ONLY.

Drawn under L/C NO.306M062682 issued By BANK OF AMERICA，N.A. dated on 25 Feb.，2021.

To：BANK OF AMERICA，N.A.

NEW YORK　　　　For ABC CO.LTD

Li Hua

（Signature）

汇票按付款期限不同，可分为即期汇票（sight draft）和远期汇票（usance）。远期汇票必须要经过承兑，并按承兑人身份不同分为商业承兑汇票和银行承兑汇票。汇票按是否附有商业单据分类，可分为光票（clean bill）和跟单汇票（documentary bill）。

（二）本票

本票（promissory note）是一人向另一人签发的，承诺即期或在可以确定的将来时间无条件支付确定金额给收款人或者持票人的无条件支付承诺。本票的必要项目有：

（1）“本票”字样；

（2）无条件支付的承诺；

（3）确定的金额；

（4）收款人名称；

（5）出票日期；

（6）出票人签章。

本票通常以商业本票、银行本票、国际小额本票（international money order）、旅行支票（traveler's check）、可转让存单（CDs）以及各种债券等形式存在，主要用于商品交易中的远期付款、借贷凭证、筹集资金。

（三）支票

支票（check/cheque）是银行存款客户向银行签发的、授权该银行即期支付一定金额给收款人或者持票人的无条件支付命令。支票的必要项目有：

（1）“支票”字样；

（2）无条件支付的命令；

（3）确定的金额；

（4）收款人名称；

（5）出票日期；

（6）出票人签章。

国际上，支票不带划线的为现金支票（cash cheque），也称开放支票；支票带有划线的称为划线支票（crossed cheque）。此外，支票按是否有付款行保付，可分为保付支票和普通支票。

第三节　国际结算方式

一、汇款结算方式

（一）国际汇款的概念

国际汇款（international remittance）是指某一银行（汇出行）应其客户的委托，将一定货币额转移至其海外分行或代理行（解付行），指示其付款给某一指定人或公司（收款人或受益人）的结算方式。

（二）汇款结算方式的当事人（party）

（1）汇款人（remitter）是指委托银行办理汇款的人。汇款人在委托银行办理汇款时，应填具汇款申请书并签字盖章，银行即可凭此办理汇款业务。

（2）收款人或受益人（payee or beneficiary）是指接受汇款的人。收款人凭电汇或信汇通知书向汇入行领取款项。

（3）汇出银行（remitting bank），又称汇款行，是指受汇款人委托汇出款项的银行。汇出行根据汇款人出具的汇款申请书办理汇款业务，它有义务按汇款人的委托指示发出付款委托书，通过其代理银行（汇入行）解付汇款。汇出行所办理的汇款业务被称为“汇出汇款（outward remittance）”。

（4）汇入银行（paying bank），又称解付行，是指受汇出行委托解付汇款的银行。它是汇款业务的主要当事人之一。汇入行按照汇出行发生的付款委托书承担向收款人解付汇款的义务。解付行所办理的汇款业务被称为“汇入汇款”（inward remittance）。

（三）汇款结算方式的种类

1.电汇

电汇（telegraphic transfer，T/T）是汇款人将一定金额的汇款及汇款手续费付给当地一家银行（汇出行），要求该银行用电传或电报通知其国外收款人所在地的分支行或代理行（汇入行）将汇款付给收款人。电汇结算业务流程如图10-1所示。

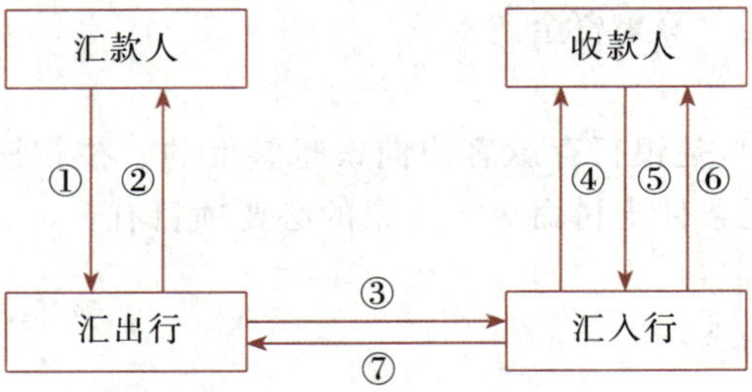

图10-1　电汇结算业务流程

①汇款人填写电汇汇款申请书，交款付费给汇出行；

②汇款人取得汇出行的电汇回执；

③汇出行电汇指令（通常是SWIFT电文）给汇入行；

④汇入行收到电报，核对密押无误后，缮制电汇通知书，通知收款人收款；

⑤收款人收到通知书后，在收款联上盖章，交汇入行；

⑥汇入行借记汇出行账户，取出头寸，解付汇款给收款人；

⑦汇入行将借记付讫通知书寄给汇出行（银行间按账户关系划拨头寸）。

2.信汇

信汇（mail transfer，M/T）是指汇出行以航邮信件的方式发送支付委托书给汇入行，指示汇入行将汇款付给收款人的汇款方式。信汇的费用较电汇低，但因需要一定的邮程时间，收款较慢，现在已经较少使用了。

3.票汇

票汇（demand draft，D/D）是汇款人向其当地银行（汇出行）购买银行即期汇票，并直接寄给收款人，收款人收到该汇票即可凭此向指定的付款银行取款。票汇结算业务流程如图10-2所示。

①汇款人填写票汇汇款申请书，交款付费给汇出行；

②汇出行开立一张以汇入行为付款人的银行即期汇票，交给汇款人；

③汇款人将汇票寄给收款人；

④汇出行将汇票通知书寄给汇入行；

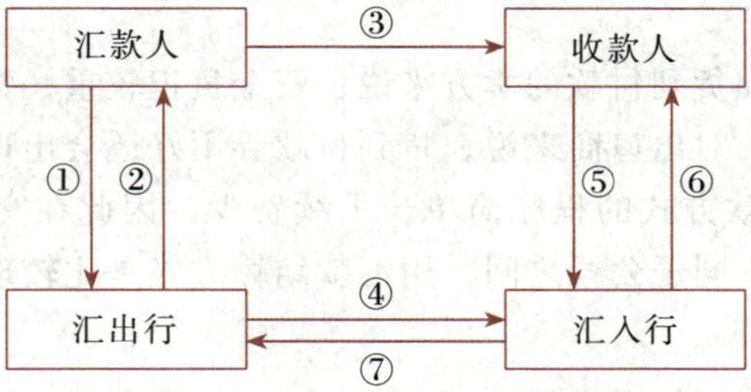

图 10-2 票汇结算业务流程

⑤收款人提示银行即期汇票给汇入行，要求付款；

⑥汇入行借记汇出行账户，取出头寸，解付汇款给收款人；

⑦汇入行将借记付讫通知书寄给汇出行，通知它汇款解付完毕。

4.三种汇款结算方式的异同和运用

（1）共同点：三者的传送方向与资金流向相同，均属顺汇。

（2）不同点：电汇是以电报或电传作为结算工具；信汇是以信汇委托书或支付委托书作为结算工具；票汇是以银行即期汇票作为结算工具。票汇与电汇、信汇的不同在于票汇的汇入行无须通知收款人取款，而由收款人持票登门取款，汇票除有限制转让和流通者外，经收款人背书，可以转让流通，而电汇、信汇委托书则不能转让流通。

（3）运用：电汇是收款较快、费用较高的一种汇款方式，汇款人必须负担电报费用，所以通常金额较大或有急用的汇款使用电汇方式。信汇、票汇都不需要发电报，以邮递方式传送，所以费用较电汇低廉，但因邮递关系，收款时间较晚。票汇与信汇一样，由于通过航邮汇票或自带出国，周期长，收费较低。票汇具有取款灵活、可代替现金流通、收款人方便、银行手续简单等特点。但是，票汇是一张独立的票据，可以通过背书流通转让，其遗失和被窃，还需要挂失止付。因此，现在对于一些金额较小，收款时间不急的汇款可使用票汇。

（四）汇款结算方式在贸易中的应用

汇款方式在贸易中主要应用于预付货款和货到付款两种支付方式。

预付货款（payment in advance）是进口商先将货款的一部分或全部汇交出口商，出口商收到货款后，立即或在一定时间内发运货物的一种汇款结算方式。通常需要预付货款的商品多是热门货。

货到付款（cash on delivery）是出口商先发货，待进口商收到货物后，立即或在一定期限内将货款汇交出口商的一种汇款结算方式。国际贸易中的货到付款主要是采用记账赊销（open account，O/A）方式。

对进出口商而言，采用预付货款或货到付款时要注意的是：

1.风险大

预付货款或货到付款依据的都是商业信用。对预付货款的买方及货到付款的卖方来说，一旦付了款或发了货就失去了制约对方的手段，其能否收货或收款，完全依赖于对方的信用。如果对方信用不好，很可能钱货两空，因此汇款只在国际贸易结算的一些特殊场合和情况下使用。

2.资金负担不平衡

对预付货款的买方和货到付款的卖方来说，资金负担较重，整个交易过程中需要的资金，几乎全部由其提供。对出口商来说，货到付款弄不好还会出现钱货两空的情况。

但是，由于银行汇款方式的程序简单、手续费少，因此在交易双方相互信任的情况下，或者在跨国公司的不同子公司之间，用汇款结算方式是比较理想的。

二、托收结算方式

（一）托收的概念

托收（collection）是出口商或债权人在货物装运后，开具金融票据（通常是汇票）连同商业单据或两者之一，委托出口地银行通过其海外分行或代理行，向进口商收取货款的一种结算方式。托收属于商业信用，采用的是逆汇法。

（二）托收结算方式的当事人

（1）委托人（principal）是委托银行办理托收业务的当事人，通常是贸易中的出口商、出票人（drawer）、发货人（consignor）等。

（2）托收行（remitting bank）是出口方银行，也称寄单行，是接受委托人的委托，代向付款方收款的银行。

（3）代收行（collecting bank），又称进口方银行（importer's bank），是接受托收行的委托，代向付款方收款的银行。若在无提示行（presenting bank）的情况下，代收行则是提示票据给付款人的银行。

（4）付款人或受票人（payer or drawee）是债务人，是贸易中的进口商、汇票上的付款人。

（三）托收结算方式的种类和业务流程

1.光票托收

光票托收（clean collection）是指卖方仅开立汇票而不附带任何货运单据，委托银行收取款项的一种托收结算方式。

光票托收一般用于收取货款尾数、代垫费、佣金、样品费、寄售费或其他贸易从属费用。

2.跟单托收

跟单托收（documentary collection），是由卖方开立跟单汇票（即汇票连同一整套货运单据一起）交给银行，委托银行代收货款。其中也有以发票代替汇票，连同货运单据一起交银行托收的，以避免印花税的负担。

跟单托收按其货运单据的货款交付是否同时进行，又可分为两种交单方式：

（1）付款交单（documents against payment，D/P），是指代收行必须在进口商付清票款后，才能将货运单据交给进口商的一种交单方式。

（2）承兑交单（documents against acceptance，D/A），是指当付款人承兑远期汇票后，代收行把货运单据交给付款人，付款人于汇票到期时，由付款人履行付款义务的一种交单方式。

托收业务流程如图10-3所示。

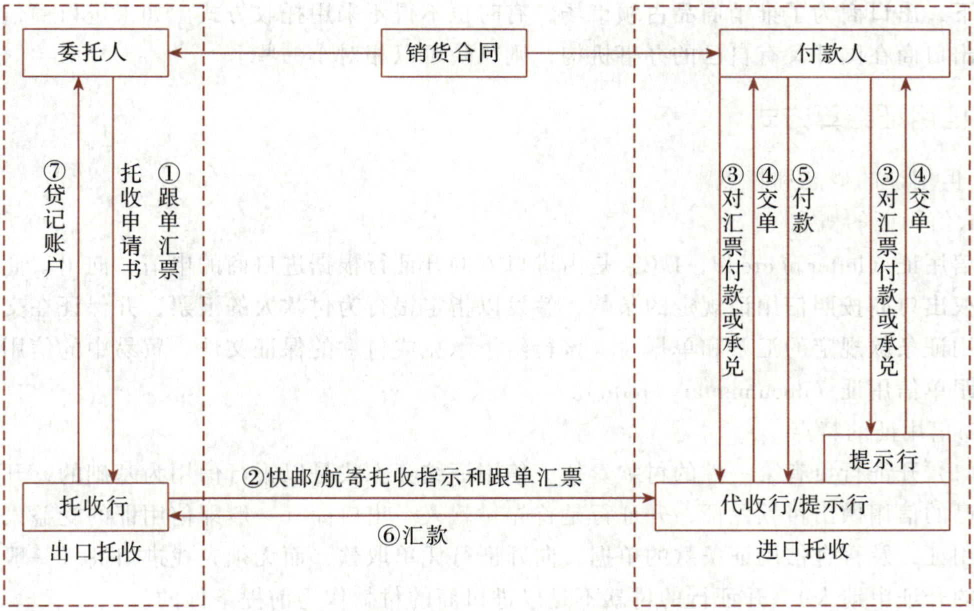

图 10-3 托收业务流程

(四) 托收结算方式的优劣

1.托收属于商业信用

银行办理托收业务时，既没有检查货运单据正确与否或是否完整的义务，也没有承担付款人必须付款的责任。虽然托收是通过银行办理，但银行只是作为出口商的受托人行事，并没有承担付款的责任，进口商不付款与银行无关。出口商向进口商收取货款靠的仍是进口商的商业信用。如果遭到进口商拒付货款，除非另有规定，银行没有代管货物的义务，出口商仍然应该关心货物的安全，直到对方付清货款为止。

2.托收手续简单、费用较低

在托收结算方式下，进口商可以免去开证的手续费和预付押金，还有可以预借货物的便利。当然，托收对进口商也不是没有任何风险。例如，进口商付款后才取得货运单据，领取货物，如果发现货物与合同规定不符，或者根本就是假的，也会因此而蒙受损失。但是，总的来说，托收对进口商比较有利。

3.出口商面临较大风险

出口商能否按期收回货款，完全取决于进口商的资信。如果进口商因商情变化而拒不付款或者拒不承兑，或者承兑后拒不到期付款，或者故意拖延付款，或者进口商事先没有领到进口许可证、没有申请到外汇、被禁止进口或无力支付外汇等，出口商就有可能迟收货款，甚至收不到货款。遇到这种情况，托收银行和代收银行是没有责任的，这也就是人们通常所说的“商业信用”。如果货物已经到达进口地，进口商借故不付款，出口商还要承担货物在目的地的提货、存仓、保险费用和可能变质、短量、短重的风险；如果货物转售他地，会产生数量与价格上的损失；如果货物转售不出去，出口商就要承担货物运回本国的费用以及承担可能因为存储时间过长被当地政府贱卖的损失等。虽然上述损失出口商有权向进口商索赔，但在实践中，在进口商已经破产或逃之夭夭的情况下，出口商即使可以追回一些赔偿，也难以弥补全部损失。尽管如此，在当今国际市场出口竞争日益激烈的情况下，出口商为了推销商品占领市场，有时也不得不采用托收方式。如果进口商信誉较好，出口商在国外又有自己的办事机构，则风险可以相对小一些。

三、信用证结算方式

（一）信用证的概念和特点

1.信用证的概念

信用证（letter of credit，L/C）是由进口方的开证行根据进口商的申请，向出口商开出的授权出口商按照信用证规定的条款，签发以指定银行为付款人的汇票，并保证在交来符合信用证条款规定的汇票和单据时，该行给予承兑或付款的保证文件。贸易中的信用证通常是跟单信用证（documentary credit）。

2.信用证的特点

（1）开证行负有第一性的付款责任。信用证结算方式是以银行信用为基础的，开证行以自己的信用做出付款保证，开证行是首先付款人。出口商（一般即信用证的受益人）可凭信用证，及符合信用证条款的单据，向开证行凭单取款，而无须先找进口商（一般即信用证的开证申请人）。开证行的付款不是以进口商的付款作为前提条件的。

（2）信用证是一项自足文件。虽然信用证的开立是以买卖合同为基础的，买卖双方要受买卖合同的约束，但是信用证一经开出，在信用证业务处理过程中，各方当事人的责任与权利都必须以信用证为准，信用证是一项与买卖合同分离的独立文件。

（3）信用证是一项单据业务。在信用证方式下，银行凭相符单据付款，而非凭与单据有关的货物、服务及/或其他行为。受益人要保证收款，就一定要提供与信用证条款相符的单据，开证行要拒付，也必须以单据上的不符点为由，因此信用证结算方式是一项“纯粹的单据业务”。

（二）信用证结算方式的业务流程

信用证业务流程如图10-4所示。

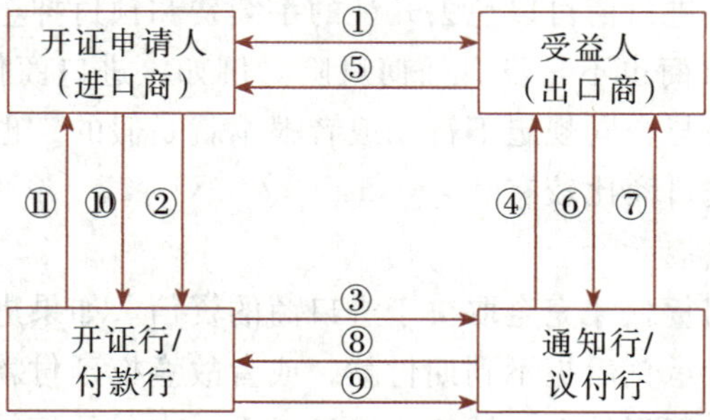

图10-4　信用证业务流程

①买卖双方经过磋商，约定以信用证方式进行结算。

②进口商向开证行递交开证申请书，约定信用证内容，并支付押金或提供保证人。

③开证行接受开证申请书后，根据申请开立信用证，正本寄给通知行，指示其转递或通知出口商。

④由通知行转递信用证或通知出口方信用证已到。通知行在开证行要求或授权下对信用证加以保兑。

⑤出口商认真核对信用证是否与合同相符。如果不符，可要求进口商通过开证行进行修改；待信用证无误后，出口商根据信用证备货、装运、开立汇票并缮制各类单据，船运公司将装船的提单交予出口商。

⑥出口商将单据和信用证在信用证有效期内交予议付行。

⑦议付行审查单据。若单据符合信用证条款，则接受单据并付款。若单证不符，则可以拒付。

⑧议付行将单据寄送开证行指定的付款行，向其索偿。

⑨开证行收到单据后，应核对单据是否符合信用证。如果正确无误，则应偿付议付行代垫款项，同时通知开证申请人备款赎单。

⑩进口商付款赎单。如果进口商发现单证不符，也可拒绝赎单。

⑪开证行将单据交予进口商。

（三）信用证结算方式的关系人及其权利和义务

信用证结算方式的基本关系人有开证申请人、开证行、通知行和受益人。此外，其他关系人有保兑行、议付行、付款行或偿付行、转证行等。现就它们之间的相互关系及其权利和义务分述如下：

1. 开证申请人（applicant）

开证申请人一般是进口商。进口商与出口商之间的权利和义务通常以签订的合同为依据，双方严格履行合同条款。当合同规定以信用证方式结算时，进口商应在合同规定的期限内，通过进口方银行开出符合合同条款规定的信用证。

2. 开证行（issuing bank）

开证行是开立信用证的银行。开证行接受进口商的开证申请书之后，这个申请书就成为他们之间履行权利和义务的契约。进口商申请开证时，应根据开证行的规定，缴纳押金和费用；开证行则应根据申请书的条款，正确、完善、及时地开出信用证。信用证开出后，开证行就要对信用证负责。不可撤销信用证的开证行，对出口商、汇票背书人、善意持票人都要承担凭单付款的责任。

3. 受益人（beneficiary）

受益人一般是出口商或贸易中间商。出口商收到信用证后，应及时与合同核对。若发现信用证条款与合同不符，则须尽早提出修改要求或拒绝接受。一旦接受信用证，出口商应在信用证规定的装船期限内装运货物，并在信用证的有效期内交单议付或得到款项。出口商不但要对单据的正确性负责，而且要对货物的合格性负责。

4. 通知行（advising bank）

通知行是开证行的代理行。通知行收到开证行发来的信用证后，经认真核对印押以鉴定信用证的真实性，然后根据开证行的要求缮制通知书，及时、准确地通知受益人，并证明信用证的表面真实性。若印押不符，则通知行不应将信用证通知受益人，待查明并核对无误后再行通知。通知行对开证行和受益人不承担必定议付或代为付款的责任。

5. 保兑行（confirming bank）

如果受益人对开证行的资信不明或者有疑义，担心受证后的风险，可以要求开证行另找一家受益人满意的银行为该信用证加具保兑。在信用证上加具保兑的银行被称为保兑行。保兑行通常是出口地的通知行或第三家信誉卓著的银行。有时开证行在委托通知行通知信用证的同时，主动要求通知行加具保兑，通知行或其他银行根据开证行的请求，可以在信用证上加具保兑，也可以不加具保兑。保兑行与开证行一样承担第一性付款责任。

6. 议付行（negotiating bank）

议付行是指在议付信用证下，对受益人提交的单据做了议付的银行。凭信用证议付票款后，即把单据寄出，并向开证行、保兑行、付款行或偿付行索回垫款。开证行收到议付行寄来的单据时，如果发现单据不符合信用证条款，则可以拒付。议付行可据以向出口商追索议付的票款。

7. 付款行和偿付行（paying bank and reimbursing bank）

付款行是信用证规定的汇票付款人一般是开证行的海外分行或代理行，信用证以进口地货币开出时，付款行就是开证行。付款行审单无误后，付款给受益人，一经付款，就无权向议付行追索票款。

8. 偿付行（reimbursing bank）

偿付行是指受开证行授权按信用证条款规定偿付给议付行的银行。一般是信用证开证行在结算货币清算中心所在地的账户行。

（四）信用证结算方式的种类

信用证种类繁多，按承付方式（即受益人交单结算方式）的不同，可分为付款（包括即期付款和延期付款）信用证、承兑信用证和议付信用证。此外，信用证根据不同的用途，还可分为可转让信用证、背对背信用证、循环信用证、预支信用证等。其中议付信用证是比较常见的信用证类型。

（五）信用证结算方式的内容

信用证结算方式的主要内容为：

（1）信用证的当事人；

（2）信用证的类型；

（3）信用证号码、开证日期与地点；

（4）信用证的有效期及到期地点；

（5）金额、币种；

（6）汇票条款；

（7）货物条款；

（8）运输的规定；

（9）单据条款（包括商业发票、运输单据、保险单据，以及其他附属单据的规定）；

（10）最迟交单时间的规定；

（11）银行费用；

（12）有关保兑的条款

（13）寄单及偿付条款；

（14）依据的惯例等。

（六）信用证结算方式的优劣

1. 安全性高

由于信用证是一种银行信用，开证行以自己的信用作为付款保证，因此对出口商来说收汇有了较高保障。有的国家存在外汇管制，该国的一切进出口业务都必须报请外汇当局批准，如果是信用证结算，则有可能有效地解决这一问题。因为银行在开出信用证之前，必须征得外汇当局的批准。只要出口商开得出信用证，就意味着该项外汇管制政策已不复存在了。

2.手续复杂、费用多

采用信用证结算方式，有关当事人必须履行开证、通知、审证、交单、审单、垫付、偿付、赎单等一系列手续，手续较为复杂。对进口商来说，除了开证费用外，通常还需要缴纳一定的押金等。这种方式的费用比汇款、托收高得多。

3.资金负担比较均衡

对进口商来说，开证时只需付出部分押金或者提供保证人做担保，收单时再支付全部货款，这比预付货款的负担要轻得多。对出口商来说，由于有信用证做保证，装运货物后可以把单据卖给出口地银行以提前获得款项，其资金负担自然比托收和货到付款轻得多。

4.采用信用证结算容易产生欺诈

由于信用证业务是纯粹的单据业务，银行只管单据，不问事实，如果受益人不根据实际货物，而是伪造符合信用证条款的单据，甚至造假单据，照样可以取得货款，这样进口商就成为欺诈行为的受害人。

四、银行保函

（一）银行保函的概念和特点

1.银行保函的概念

银行保函（banker's letter of guarantee，L/G）是指银行应委托人的申请而开立的有担保性质的书面承诺文件，一旦委托人未按其与受益人签订的合同约定偿还债务或履行约定义务时，由银行履行付款责任。

2.银行保函的特点

银行保函依据商务合同开出，但又不依附于商务合同，具有独立的法律效力。当受益人在保函项下合理索赔时，担保行就必须承担付款责任，而不论委托人是否同意付款，也不管合同履行的实际事实，即保函是独立的承诺，并且基本上是单证化的交易业务。

以银行信用作为保证，易于为合同双方接受。在国际贸易中，跟单信用证是买方向卖方提供了银行信用作为付款保证，但不适用于需要为卖方向买方做担保的场合，也不适用于国际经济合作中货物买卖以外的其他各种交易方式。然而，在国际贸易中，合同当事人为了维护自己的经济利益，往往需要对可能发生的风险采取相应的保障措施，银行保函就是以银行信用的形式提供的保障措施。

（二）银行保函的当事人及其法律关系

银行保函业务中涉及的主要当事人有委托人（principal）、受益人（beneficiary）和担保人（guarantor）。此外，其他当事人有反担保人、通知行及保兑行等。

这些当事人之间形成了一环扣一环的合同关系，他们之间的法律关系如下：

（1）委托人与受益人之间基于彼此签订的合同而产生债权、债务关系或其他权利、义务关系。此合同是他们之间权利和义务的依据，相对于保函委托书和保函而言是主合同，是其他两个合同产生和存在的前提。如果此合同的内容不全面，会给银行的担保义务带来风险。因此，银行在接受担保申请时，应要求委托人提供他与受益人之间签订的合同。

（2）委托人与银行之间的法律关系是基于双方签订的保函委托书而产生的委托担保关系。保函委托书中应对担保债务的内容、数额，担保种类、保证金的交存、手续费的收取，银行开立保函的条件、时间、担保期间、双方违约责任，合同的变更、解除等内容予以详细约定，以明确委托人与银行之间的权利和义务。保函委托书是银行向委托人收取手续费及履行保证责任后向其追偿的凭证。因此，银行在接到委托人的担保申请后，要对委托人的资信、债务及担保的内容和经营风险进行认真的评估审查，以最大限度地降低自身风险。

（3）担保银行和受益人之间的法律关系是基于保函而产生的保证关系。保函是一种单务合同，受益人可以依此享有要求银行偿付债务的权利。在大多数情况下，保函一经开立，银行就要直接承担保证责任。

五、备用信用证

备用信用证（standby letter of credit，SBLC）是开证行向受益人开立的，在开证申请人未能依约履行某一项或多项义务时，凭规定单据（如开证申请人未履行约定义务的声明）向受益人支付一定款项的书面凭证。

备用信用证是具有保函性质的特殊信用证，与商业跟单信用证不同，备用信用证不是单纯以支付商品交易中的货款为目的，而是以担保债务偿还或贷款融资为目的开立的，因此也被称为担保信用证。

六、国际保理

（一）国际保理的概念

国际保理（factoring）全称保付代理，又称托收保付，出口商将其现在或将来的基于其与买方订立的货物销售/服务合同所产生的应收账款转让给保理商（即提供保理服务的金融机构），由保理商向其提供资金融通、进口商资信评估、销售账户管理、信用风险担保、账款催收等一系列服务的综合金融服务方式。它是国际贸易中以托收、赊账（O/A）方式结算货款时，出口商为了避免收汇风险而采用的一种请求第三者（保理商）承担风险责任的做法。

（二）国际保理的作用

1.信用风险控制与坏账担保

卖方与保理商签订保理协议后，保理商会为债务人核定一个信用额度，并且在协议执行过程中，根据债务人资信情况的变化对信用额度进行调整。对于卖方在核准信用额度内的发货所产生的应收账款，保理商提供100%的坏账担保。

2.收取应收账款

保理商一般有专业人员和专职律师进行账款追收。保理商会根据应收账款逾期的时间采取信函通知、打电话、上门催款等方式催收，甚至采取法律手段。

3.销售账务处理

在卖方叙作保理业务后，保理商会根据卖方的要求，定期/不定期向其提供关于应收账款的回收情况、逾期账款情况、信用额度变化情况、对账单等各种财务和统计报表，协助卖方进行销售管理。

4. 贸易融资

国际保理项下的贸易融资是以应收账款的合法、有效转让为前提，保理商向卖方提供的融资服务，以解决卖方的流动资金短缺问题。

七、国际贸易实务中结算方式的选择

在国际贸易业务中，一笔交易的货款结算，可以只使用一种结算方式（通常如此），也可以根据需要对不同的交易商品、不同的交易对手、不同的交易做法，将两种以上的结算方式结合使用，或有利于促成交易，或有利于安全及时收汇，或有利于妥善处理付汇。常见的不同结算使用的形式有：信用证与汇款结合、信用证与托收结合、汇款与银行保函或信用证结合。

（一）信用证与汇款结合

信用证与汇款结合是指一笔交易的货款，部分用信用证方式支付，部分用汇款方式结算。这种结合形式常用于允许其交货数量有一定机动幅度的某些初级产品的交易。对此，经双方同意，信用证规定凭装运单据先付发票金额或在货物发运前预付金额若干成，余额待货到目的地（港）后或经再检验的实际数量用汇款方式支付。使用这种结合形式，必须首先说明采用的是何种信用证和何种汇款方式以及按信用证支付金额的比例。

（二）信用证与托收结合

信用证与托收结合是指一笔交易的货款，部分用信用证方式支付，部分用托收方式结算。这种结合形式的具体做法是：信用证规定受益人（出口商）开立两张汇票，属于信用证项下的部分货款凭光票支付，而其余额则将货运单据附在托收的汇票项下，按即期或远期付款交单方式托收。这种做法对出口商收汇较为安全，对进口商可减少费用和押金，易为双方所接受。但是，使用这种结合形式必须说明信用证的种类和支付金额以及托收方式的种类，并附有“在全部付清发票金额后方可交单”的条款。

（三）汇款与银行保函或信用证结合

汇款与银行保函或信用证结合使用的形式常用于成套设备、大型机械和大型交通运输工具（如飞机、船舶等）等货款的结算。这类产品交易金额大、生产周期长，往往要求买方以汇款方式预付部分货款或定金，其余大部分货款则由买方按信用证规定或开加保函分期付款或延期付款。

本章专栏

国际结算适用的惯例与规则

此外，国际贸易结算方式还有汇款与托收结合、托收与备用信用证或银行保函结合等形式。在开展对外经济贸易业务时，究竟选择哪一种结合形式，可酌情而定。

关键术语

国际结算　SWIFT　汇票　本票　支票　背书　承兑　电汇　信汇　票汇　托收　D/P　D/A　信用证　银行保函　备用信用证　国际保理

问题和思考题

1. 简述当代国际结算的特点。
2. 比较汇票、本票与支票的异同。

3. 掌握T/T、D/D、D/P、D/A、L/C的业务流程。

4. 试分析比较汇款方式、托收方式与信用证方式的优劣。

实务操作题

一、案例题

1. 国际出口公司（International Exporting Co., China）出口机器设备和零部件给环球进口公司（Globe Importing Co., USA），价值为100 000美元。国际出口公司在2020年11月10日开出汇票，要求环球进口公司在见票后30天付款给XYZ银行。

请根据上述资料制作一张汇票。

2. A公司出口一批大麻籽货物，其总价值为985 000美元。合同规定付款条件为："The buyer shall duly accept the documentary draft drawn by the seller at 20 days sight upon first presentation and make payment on its maturity. The shipping documents are to be delivered against acceptance." A公司依合同规定按时将货物装运完毕，有关人员将单据备齐，于3月15日向托收行办理D/A 20天到期的托收手续。4月25日，买方来电称，至今未收到有关该货的托收单据。A公司经调查得知，是因为单据及托收指示书上的付款人地址不详。5月15日接到代收行的拒付通知书。由于单据的延误致使进口商未能按时提取货物，货物因雨淋受潮，付款人拒绝承兑付款。

请分析该案例给我们的启示。

3. 我方某公司向美国出口一批女式套裙，合同中规定红色：绿色为3：7，美商如期开来信用证，但其信用证上写明绿色：红色为3：7，该公司仍按合同装运，取得相关单据，到银行议付时遭拒付。

请问：银行拒付有无道理？你认为该公司应从此事件中吸取哪些教训？

二、实训题

1. 网络实训

请登录汇天国际结算网（http：//www.10588.com/forum/forum.php），点击国际结算、外汇管理、贸易实务，了解我国国际贸易和国际结算业务的相关动态及业务操作。

2. 课外实训

调查了解目前我国商业银行主要开展的国际结算业务。

主要参考文献

［1］吴丽华. 外汇业务操作与风险管理［M］. 厦门：厦门大学出版社，2003.

［2］梅德平. 国际金融学［M］. 武汉：武汉大学出版社，2016.

［3］单忠东，綦建红. 国际金融［M］. 3版. 北京：北京大学出版社，2011.

［4］曲永刚. 外汇投资学［M］. 北京：清华大学出版社，2005.

［5］王应贵，甘当善. 外汇市场透视［M］. 北京：清华大学出版社，2006.

［6］梁峰. 国际金融概论［M］. 2版. 北京：经济科学出版社，2007.

［7］李文和. 国际金融理论与实务［M］. 北京：中国时代经济出版社，2007.

［8］陈中恒. 国际金融教程［M］. 广州：暨南大学出版社，2007.

［9］崔荫. 国际金融［M］. 厦门：厦门大学出版社，2007.

［10］靳玉英. 国际金融［M］. 上海：上海人民出版社，2007.

［11］许少强，庄后响. 外汇管理概论［M］. 上海：格致出版社，2008.

［12］姜波克. 国际金融学新编［M］. 6版. 上海：复旦大学出版社，2018.

［13］叶蜀君. 国际金融［M］. 3版. 北京：清华大学出版社，2014.

［14］魏秀敏. 国际金融实务［M］. 北京：对外经济贸易大学出版社，2010.

［15］克鲁格曼，奥伯斯法尔德，梅里兹. 国际经济学：理论与政策［M］. 丁凯等，译. 11版. 北京：中国人民大学出版社，2021.

［16］米什金. 货币金融学［M］. 王芳，译. 12版. 北京：中国人民大学出版社，2021.

［17］朱箴元，林琳. 国际金融［M］. 北京：中国金融出版社，2012.

［18］奚君羊. 国际金融学［M］. 3版. 上海：上海财经大学出版社，2019.

［19］苏宗祥，徐捷. 国际结算［M］. 7版. 北京：中国金融出版社，2020.

［20］杨胜刚，姚小义. 国际金融［M］. 4版. 北京：高等教育出版社，2016.